福音書研究と文学社会学

福音書研究と文学社会学

大貫　隆著

岩波書店

序

新約聖書に収められた福音書は突然天から下って来たものでも、地から涌いて出たものでもない。それは一定の歴史的コンテキストにおける人間の社会的相互行為の中から生み出され、さまざまな問題の解決のために働いたのである。そして、この働きはいずれの福音書の場合にも、広義の文学性と切り放し難く結びついている。本書は、福音書の本文を人間の社会的相互行為の中でも文学的・象徴的レベルで遂行された相互行為としてとらえ、それを規制する歴史的・社会的諸条件、および福音書本文がその歴史的・社会的条件に対して革新的あるいは追認的に働く機能を分析しようとするものである。

これまでの学問的福音書研究を導いてきたのは様式史的方法と編集史的方法の二つであった。本書がこれら二つの方法にどれほど多くを負っているかは、以下の本論の随所に明らかであろう。しかし、私の見るところでは、従来の研究、とりわけ編集史的研究は著者中心の発想に偏してきたように思われる。すなわち、それぞれの福音書の著者が置かれた歴史的状況と彼の著作意図、および本文から読み取られる彼の神学の再構成が中心的課題とされ、本文が受け手(読者)にどのような働きを及ぼし、どのような新しい社会的行動に動機づけてゆくかという問題は、必ずしも十分に分析されてきたとは言いがたい。

このため本書は従来の研究方法の枠を超えて、哲学的解釈学、文芸学(受容美学)、テキスト言語学、言語行為論、知識社会学とも積極的に対話し、その知見に学んで、福音書研究の方法論的地平を拡大するべく模索しなければならない。しかし、一方ではこれまでの福音書研究の気の遠くなるような長い閲歴と厖大な蓄積、他方ではそれぞれの隣接理論の難解を思うとき、当然のことながら、これは容易ならざるわざである。私はこのことを十二分に自覚しているつもりである。この意味で、本書は手探りで進みつつある途上でまとめられた論文集以上のものではない。

ここに収められた九編の論文は私が一九七五年から一九九〇年までの足掛け一六年間に、さまざまな学会誌ほかに発表してきたものである。今回本書に収録するに当たり、全体としての統一を図るため、相互に調整を加えたが、それでもなお多少の重複が残ってしまった。この重複を、私の問題意識と視野がこの間、少しずつ拡大してきたことの証として理解していただければ大変幸いである。

本書における私の問題関心の発端は、一九七九年七月にミュンヘン大学福音主義神学部に提出・受理された学位論文 *Gemeinde und Welt im Johannesevangelium. Ein Beitrag zur Frage nach der theologischen und pragmatischen Funktion des johanneischen "Dualismus"* (Neukirchen-Vluyn, 1984) に遡る。論文Ⅶ以外はすべてそれ以後、この学位論文で必ずしも十分に取り上げることのできなかった問題を、さらに発展させて書かれたものである。

まず論文ⅡとⅢはヨハネ福音書の本文を全体として視野に置いて、前記のような意味でのその働きを明らかにする。論文Ⅳ・Ⅴ・Ⅵはいずれも、ヨハネ福音書一三―一七章に収められた「告別説教」の本文に集中して、同じ意味での働きを分析する。この「告別説教」はヨハネ福音書の構成の上からも、また神学的にも中心的な本文である。それがヨハネ福音書という作品の本文内部で果たす働きは、この福音書全体が作品外のコンテキストで遂行する働きと一致する。この基本的な洞察を基に、隣接諸理論との突き合わせと統合が試みられる。

論文Ⅶは書かれた時期としては最も早く、前記の学位論文以前の論考である。ヨハネ福音書の著者が用いていると思われる奇跡物語集「しるし資料」を様式史的・伝承史的に位置づけることを主眼としつつも、同時に、イエスの奇跡物語伝承一般を社会学的に解明しようと努めている。論文Ⅷは、論文Ⅶに対してわが国の同学諸氏から直接・間接に表明された批判に応答する中で、本書全体が意図する方向へ方法論的反省を深めている。とりわけ、癒しの奇跡物語が集中的に取り上げられ、その伝承が元来一定の社会層の間における象徴的相互行為として成立したものであることが強調される。論文Ⅶに寄せられた批判の厳しさにもかかわらず、激しい論争を提起したことそのことに、私としてはいささかの自負を感じている。論文Ⅸは韓国の「民衆の神学」(安炳茂)と対論しつつ、マルコ福音書が描く「民衆」の問題について、文学社会学的視点からの新しい解釈を試みる。これまでヨハネ福音書に偏して行なわれてきた私の方法論的反省を他の福音書にも適用しようという試みでもある。

論文Ⅰは以上の論文Ⅱ―Ⅸが探ってきた新しい福音書研究の可能性を「文学社会学的方法」として整理するとともに、それが現代社会学の座標軸上で占める位置についての自己反省、および具体的な作業ステップの分節を理念型的に試みる。この意味で、論文Ⅰは本書全体への序論であるとともに、現時点での私の方法論的反省の一応の総括でもある。

もちろん、本書が隣接諸理論について述べることは、それぞれの専門研究者から見れば、未消化な点が多く、あるいは思わぬ誤解も犯しているのではないかと危惧している。にもかかわらず、私が自分の学問的良心に照らして恥じない一点は、本書の方法論的反省が、終始、経験的に与えられている福音書本文の具体的な釈義によって得られた洞察からまず出発し、その後で隣接諸理論との突き合わせを試みる、という仕方で少しずつ進められてきたことである。大方の諸賢においてこの点を諒とされ、一層のご教示をいただきたく願う次第である。

本書がこのような形で日の目を見るまでには、実に多くの方々のお力添えにあずかった。とりわけ荒井献先生に感謝しなければならない。私が先生に初めてお会いしたのは、一九六七年、当時非常勤講師として出講しておられた一橋大学の教室においてであった。その後私は二年間の社会人生活を経て、一九七〇年四月以降、東京大学大学院西洋古典学専門課程において、直接先生から、新約聖書および原始キリスト教の歴史的研究の手ほどきを受けることとなった。想えば今日までですでに四半世紀にも及ぼうという期間、私が教室の内外で受けた学恩は計り知れない。その中でも、テキスト(聖書のみならず、生きた他者をも含めて)の前での不断に新しい自己了解に常に開かれている先生の姿勢から、もっとも多くを学ばせていただいたように思う。本書がどこまでそれを体現できているか、甚だ心もとない限りであるが、奇しくも本書の刊行と相前後して本年三月に定年退職を迎えられた先生に、感謝のしるしとして捧げさせていただく。

佐竹明(現フェリス女学院大学教授)、R・シュナッケンブルグ(ヴュルツブルク大学名誉教授)、F・ハーン(ミュンヘン大学教授)、E・ケーゼマン(チュービンゲン大学名誉教授)、G・タイセン(ハイデルベルク大学教授)の先生方から公私にわたって受けた指導と支援も忘れることができない。この場を借りて心からの感謝の意を表わしたい。

岩波書店編集部では、当初加藤亮三さんが本書の企画を推薦して下さり、加藤さんが昨年定年で退職された後は、野口敏雄さんと林建朗さんが、終始親切かつ適切な助言をもって、本書の誕生のために力を尽くして下さった。三氏にも心からの謝意を表わしたい。巻末の人名索引を分担して作製してくれた東京大学大学院西洋古典学研究室学生、今井誠二、筒井賢治の両君にも同様の感謝の意を表わす。

一九九一年　早春

大貫　隆

目　次

目　次

略 語 表

AJBI	*Annual of the Japanese Biblical Institute*
AThD	*Acta Theologica Danica*
BEThL	*Bibliotheca Ephemeridum Theologicarum Lovaniensium*
BEvTh	*Beiträge zur Evangelischen Theologie*
BZ	*Biblische Zeitschrift*
CBQ	*Catholic Biblical Quarterly*
EvErz	*Evangelische Erziehung*
EvTh	*Evangelische Theologie*
JBL	*Journal of Biblical Literature*
JJST	*Journal of Jewish Studies*
JR	*Journal of Religion*
Kairos	*Kairos. Zeitschrift für Religionswissenschaft und Theologie*
NovTes	*Novum Testamentum*
NTS	*New Testament Studies*
QD	*Quaestiones Disputatae*
RB	*Revue Biblique*
RHPhR	*Revue d'Histoire et de Philosophie Religieuses*
Semeia	*Semeia. An Experimental Journal for Biblical Criticism*
SNTSMonSer	*Society for New Testament Studies Monograph Series*
ThB	*Theologische Bücherei*
ThR	*Theologische Rundschau*
ThWNT	*Theologisches Wörterbuch zum Neuen Testament*
VT (Suppl)	*Vetus Testamentum (Supplement)*
WMANT	*Wissenschaftliche Monographien zum Alten und Neuen Testament*
ZAW	*Zeitschrift für die Alttestamentliche Wissenschaft*
ZDP	*Zeitschrift des Deutschen Palästina-Vereins*
ZNW	*Zeitschrift für die Neutestemantliche Wissenschaft und die Kunde der äleteren Kirche*
ZThK	*Zeitschrift für Theologie und Kirche*
ZWTh	*Zeitschrift für Wissenschaftliche Theologie*

上記以外の略語については S. Schwertner(ed.), *Theologische Realenzyklopädie. Abkürzungsverzeichnis*, Berlin/New York, 1976 に準ずる.

引用文中の〔 〕で囲った部分は筆者の注釈である.

I

新約聖書学と社会学

——文学社会学的方法の位置と作業ステップ——

一　神のことばと人間のことば

「しかしもし私が歴史的・批判的方法か、昔の霊感説かを選ばなければならないとするならば、私は断固として霊感説をとるであろう」というK・バルト『ローマ書』序文の言葉以上に、新約聖書学にとって挑発的な言葉はないであろう。しかし、いかにこれが「説教のための聖書解釈にとって基本的な発言」であろうとも、関田寛雄氏の言葉を借りれば、「それは決して歴史的批評的方法の否定でも無視でもなく、説教使信の聴取のために歴史的批評的方法を位置づけて用い、その成果を十分に利用するということに外ならない」はずであり、まして歴史的・批評的方法以前の古色蒼然たる逐語霊感説(1)への退行を容認するものではないはずである。

そのような退行がいかに無責任なものとなるかは、昨今教会の内外で激しく論議されている聖書の差別語の問題を例にとってみてもはっきりする。差別語もまた霊感によるなどという説明以上に無責任な言い逃れはないであろう。仮にそこまでは言わず、かわりにすべての差別語を単語レベルで訳し替え、読み替えることによって一掃してみても、それでもなお問題は片付かない。差別の観念は一部の新約文書の著者たちの思考そのものに深く根を張っているからである。

その典型的な例はマタイ一五・一四である。――「彼ら(パリサイ人)をそのままにしておけ。彼らは盲人を手引きする盲人である。もし盲人が盲人を手引きするなら、ふたりとも穴に落ち込むであろう」。この文章に単語としての差別語はない。しかし、文章としてこれ以上の差別発言はない。しかも、マルコ福音書の並行箇所(七・一―二三)には、これに該当する文言はないから、この差別発言は明らかにマタイによって新たに書き加えられたのである。

マルコの並行箇所の方では、「すべて外から人の中にはいって、人をけがしうるものはない。かえって、人の中から出てくるものが、人をけがすのである」(七・一五)というイエスの言葉にポイントがある。この言葉は元来、汚れを外から人間に付着するものと考えるユダヤ教の浄・不浄の定め(レビ記!)に真っ向から異を唱える過激な宣言であった。「すべて外から人の中に入ってくるもの」とは、イエスによれば、決して食べ物のことだけではなく、物であれ、動物であれ、人間であれ、人間に外から接触してくるものすべてを含んでいたと思われる。それが人間を汚すのではない。人を汚すものは、イエスによれば、反対に、「人の中から出てくる」。これもまた、元来、包括的な意味で言われていたのである。つまり、人間の意志、またその意志によって決まる生の姿勢のことである。それこそが人間を神の前で浄い者、あるいは汚れた者にするというのである。

マタイはこのイエスの言葉を、先の差別発言の直前、一五・一一に書き写している。「口にはいるものは人を汚すことはない。かえって、口から出るものが人を汚すのである」。ここでは、イエスにおいて元来包括的な意味で言われていた文言、「外から人の中に入ってくるもの」が食べ物の意味に矮小化されてはいるものの、他方で「人の中から出てくるもの」が人間の日常の言葉の意味で解されているのは、妥当な解釈と言うべきであろう。人間は言葉に節度を保たねばならないのである。

しかし、マタイ一五章のイエスはそう述べた僅か四節の後に、前述の差別発言を口にするのである。これほど劇的に真理が非真理と並列し、しかもいずれもイエスの口に入れられている例は、新約聖書広しと言えども他にはないであろう。明らかに、マタイはユダヤ社会一般の差別観念から自由ではなかったのである。

もちろん、こう言ったからとて、マタイ福音書が真理を盛る器であることが否定されるわけではない。明らかなのは、マタイが一人の人間として負う欠けと限界である。マタイのみではない。新約聖書全体が人間的制約と限界、破れと欠けと隙間の只中から書き記された文書なのである。新約聖書はこの意味で、第二コリント四・七のパウロの言葉を借りて言えば、「土の器」なのだ。それが神のことばとなるのは、その中に宿る「宝」、「測り知れない神の力」が、「土の器」の欠けと破れと隙間を越えて、否、その只中から働くからである。パウロは第一コリント二・一―五においても、コリントにおける彼の最初の伝道が人間的な弱さと恐れと不安の只中から、「霊と神の力」への信頼において行なわれたことを書き記している。

このことは独りパウロのみならず、神と人の前に責任的に立つすべての説教者の思いであるに違いない。

「説教もまたまさしく人間の語る説話であり、個性的な、人間的限界をさらけ出す人間の言葉である。しかもそれが聖霊の働きによって人間を救う神の言となるのである。したがってこの言葉における人的、神的の両性格は動的な出来事において一つとなる。それは常に「聖霊の内的証示」(カルヴァン)によって新しく出来事となる性格のものであり、したがってこの二つの性格は救いの事件において常に不可分且つ不可同の関係にあるという他ない。救いという事態と関わりなく両性格について語ることは抽象の業に過ぎないであろう。欠け多き人間の言葉が、それにもかかわらず、神の言になるという、聖霊の約束の下に説教はいつも立っている。そしてそれが説教者の慰めである(2)」。

K・バルトの前記の言明も、ここに言われているのと同じ意味での聖霊の働きを指示するものに他ならないであろう。しかし、逆に、神的と人的の両性格の「常に不可分且つ不可同の関係」を信じる者は、聖霊の約束と働きを信じるのと同じ真剣さでもって、自らが負う人間的限界と社会的制約をも見ることができなければならないであろう。真の説教者とは、そのような人間的限界、破れと欠け、社会的制約を超越したかのような高みから高踏的に語る者のことではないはずである。説教者の真の権威とは、己の限界と制約の只中から語る葛藤と別物ではないはずである。

新約聖書の社会学的研究は、この意味での真の説教者、説教者の真の権威を進んで承認する。と同時にそれは、全く同じ権威が新約文書のそれぞれの著者たちにも、また彼らが依拠するさまざまな伝承にも承認されるべきことを主張する。かつて説教者の権威を「重みと力強さ」にのみ求めたコリント教会の信徒たちは、「会ってみると外見は弱々しく、話はつまらない」パウロにつまずいた(第二コリント一〇・一〇)。私たちはコリント教会の信徒たちの過ちを繰り返してはならないであろう。むしろ私達は、己の弱さと破れと葛藤をさらけ出して生きた点にこそ、パウロの真の権威を認めることができなければならない。なぜなら、「聖書の権威とは、その本文の中で自己を表現している人間たちの息遣いが聞こえるような生きた信仰の権威のことである(3)」からだ。

責任ある現代の説教者で、語る自分のみならず、聞く聴衆もまた同様にさまざまな人間的破れと欠けの限界、そして社会的制約の只中に生きているという事実に意を配らない者は誰一人いないはずである。語るべきことは何かという問題と同時に、いつ、どこで、誰に、何のために語るのか、また聴衆が抱える問題は何なのかについて反省もなく語る説教者はまずいないであろう。使信の中身(What/Was)についてのみならず、伝達の方法と効果(How/Wie)について問うことも説教者の固有な責任の一部であろう。

だからこそ最近の実践神学は、説教学も含めそのすべての領域において、社会学、社会行動の理論、コミュニケーション理論、心理学などの関連理論を参照し始めているのである。(4) この点で、独り新約聖書だけが聖なる閉域であらねばならない理由はない。すでに引いたパウロだけではなく、そのすべての著者たちも同じような問題に意を配りながら、語るべきことを語り、書くべきことを書き記したに違いないからである。ここにこそ、現代社会学および関連する諸理論を援用して新約聖書の研究を進めるべき必然性と正当性がある。

しかし、新約聖書の社会学的研究と言っても、これまでの歴史的・批評的研究方法とどう違うのか、と問われるかも知れない。この点については、以下で順次立ち入って論じることになるであろう。ここでは差し当たり、それがこれまでの歴史的・批評的方法に接続すると同時に区別されるということだけを述べておきたい。これまでの歴史的・批評的方法は様式史的方法と編集史的方法の二つを中核としてきた。しかし、前者は史的イエスと原始教団の形成物・神学の間を弁別(批判)すること、後者はさらに個々の教団伝承それ自体についても史実と解釈の間を弁別(批判)することに第一に意を用いてきた。すなわち、いずれも、それぞれがやがてその後の研究に対して結果的に齎すことになる影響の客観的な射程距離を別にして、それぞれの主観的な意図から言えば、史実と解釈の間を区別することをもって第一義とする歴史的・批評的な性格のものであった。

確かに様式史の「生活の座」、編集史の「編集の座」という概念は、伝承あるいは本文を一定の社会学的条件の中で、一定の意図と機能のために行なわれた間人間的な相互行為としてとらえる社会学的な視点を内包していた。しかし、この潜在的な視点は、一部の先駆的な例外を除いては、基本的に未開発のまま推移してきたと言うべきであろう。社会学的研究は、これまで未開発のままであったこの視点を第一義的関心に据えようとする試みであると言うことができる。それは、主観的な動機から言えば、かつて人間的・社会的制約と葛藤の只中から神のことばを語ろうとした者たちへの、より大きな共感と権威の承認から出発している。後述するG・タイセンが原始キリスト教の社会学的研究を「イエス運動」という新しいカテゴリーの下で進める場合にも、その根本的な動機は、私の見るところ、理論的というよりは、実践的なものである。そして、この点は、方法的にタイセンの社会学的方法とは区別されるべき最近の社会史的研究(ショットロフ/シュテーゲマン)の場合も同様である。

二　現代社会学における「実証主義」と「理念主義」

一口に現代社会学と言っても、その中に相互に架橋し難い二つの立場と方法を区別するのが通常である。それは、富永健一の表現を借りれば、実証主義と理念主義と呼ばれる。(5)

1　実証主義

実証主義とはT・パーソンズの構造論的機能主義社会学、およびその発展としての社会システム論によって代表されるものである。パーソンズ自身が、M・ウェーバーの行為理論に触発された「社会的行為の一般理論」という顔と社会システム論というもう一つの顔を言わばヤヌスの顔のように併せ持っていると言われる。そして、J・ハバーマスによれば、パーソンズ理論体系の発展史の中での比重は、明らかに前者から後者へ移動しているという。(6)しかし、ここでは、些か単純化の誇りを免れないかも知れないが、そのようなパーソンズ自身、あるいは彼の学派における学説史的な段階区分を度外視して、彼らの理論のもっとも中核的な部分を要約するに留めなければならない。

彼らの社会理論は、時に社会有機体説とも呼ばれるように、全体社会を一つの生物体システムとしてとらえる。さらにそれは幾つかの下位システム(部分領域)——宗教的制度は経済的制度などと並んでその一つ——からなる。それらの下位システムは相互に構造的に連関し合いながら、全体社会の保持のために一定の固有な機能を担っている。この全体システムの一定部分に外部から刺激が加えられて変化が起き、システムの均衡が破れると、システムとしての新しい均衡を求めて反応が生じる(刺激と反応の生物学的モデル!)。そのように、社会構造の一つの変数に変化が生じた場合に、その変化が波及して、再び均衡解が見いだされるに至るまでの全過程を、諸変数間の相互依存関係を踏まえながら、動態的に分析することを可能ならしめるような一般理論の構築——これがパーソンズ理論の目標とするところである。それは、近代計量経済学が投資と効果、需要と供給の連立方程式によって構築しようとする経済の一般均衡理論を、人間の社会的行為一般にまで、しかも、実際の社会運営での経験的な使用に耐えるような形で、拡大しようとするものだとも言われる。その科学論的なモデルは物理学(解析力学)に、次善のモデルは生理学に求められる。そのために、可能な限り豊富なデータが収集され、データ処理が行なわれる。つまり、人間の社会的行為が数量化・計量化されるわけである。その結果、現在では数理社会学と呼ばれる理論領域が生まれている。(7)

このような構造論的機能主義の社会理論を宗教のフィールド理論に適用した古典的著作は、最近邦訳が刊行され始めたJ・M・インガーの『宗教社会学』だと言われる。そこでは、宗教が埋め込まれている社会構造の体系、文化の体系、そして宗教を内面化しているパーソナリティー(性格)の体系という三つのシステムの間の相互作用、またそれらと宗教の相互作用が研究の目標とされる。現段階はなお歴史的に多様な宗教現象の「記述を旨とする博物学」に留まっているとしても、最終的な目標は「種」(species)ではなく、「綱」(class)としての宗教を対象とする「分析的な自然科学」の構築にあるという。そのための科学論的モデルはここでもやはり生物学と熱力学に求められる。(8)

ただし、インガーの場合には、機能主義社会理論が基本的に社会統合を旨とするために負う限界、つまり、その静態性と保守性を指摘した上で、この欠点を補うために葛藤モデルの社会理論を導入している点に注意が必要である。(9) というのは、理念主義の枠内で後述する予定のP・バーガー／T・ルックマンの理論の或る部分領域とこの点で通じるからである。

2　理念主義

理念主義とは、二〇世紀初頭のドイツ歴史主義から、その内部批判として登場したM・ウェーバーの理解社会学と学説史的にその系譜に連なる一連の社会学理論を指す。

ウェーバー社会学を直接的、かつ批判的に継承するものとして第一に挙げるべきは、A・シュッツのいわゆる「現象学的社会学」である。この社会学理論——特に彼の主著『社会的世界の意味構成』——の個々の具体的な論点については、以下で適宜触れるはずである。しかし、シュッツがウェーバーに対して示す最大の進歩は、私の見るところ、前記の主著の第二章にある。すなわち、シュッツはそこで、ウェーバーの社会的行為の理論が「行為に結びつけられた意味」の概念や動機理論において曖昧なまま放置していた問題を、E・フッサールの現象学(特に内的時間意識の理論)とH・ベルグソンの「持続の哲学」を援用して、認識論的に厳密に基礎づけているのである。(10)

一九六〇年代から七〇年代にかけてのアメリカにおいて急速に登場した象徴的相互行為論(Symbolic Interactionism)も理念主義の系譜に入れてよいであろう。もちろんこれは学説史的にウェーバーと直接の関係はなく、むしろW・ジェームズやJ・デューイなどのプラグマティズムと直接つながりながら発達したきわめてアメリカ的な社会科学であると言われる。その源流はG・H・ミード(一八六三―一九三一)にさかのぼり、現在ではH・ブルーマーを中心とするシカゴ学派とM・クーンを中心とするアイオワ学派に分けられる。その研究の目標と方法を船津衛の言葉を借りて要約すれば、「人間と他の人間とのシンボリックな相互作用過程に焦点を置き、そこにおける人間の『解釈過程』を通じての主体性の形成に着目し、積極的で能動的な主体的人間のあり方と、その人間によって形成される過程的で動的な社会の状況を明らかにしようとするものである」。[11] ウェーバーとの直接の影響関係はないとは言うものの、「人間の内的側面を、行為者の見地から把握しようとする点において、M・ウェーバーの立場と近似するものとなり、行為理論の流れの中に位置づけられるものとなる」。[12]

「日常性の社会学」と呼ばれるP・バーガーとT・ルックマンの社会理論は、前記二つの社会理論の接合を試みるものである。この二人がアメリカ亡命後のシュッツの「ニュー・スクール・フォア・ソーシアル・リサーチ」(ニューヨーク)での教え子であることはよく知られている。彼らの共著になる『日常世界の構成――アイデンティティと社会の弁証法』が副題に「一つの知識社会学論」と謳っていることからも分かるように、従来の知識社会学を意識しながらも、それとは異なる新しい知識社会学が目指されている。[13] すなわち、それまでの知識社会学で言う「知識」とは、思想家や理論家によって構築された思想、理論、イデオロギーを指し、それを例えば社会・経済的要因のような理論外的な要因に帰属させて説明するのが知識社会学とされた。それは思想や観念の「存在拘束性」を明らかにする「外在的観察法」だと言われる。[14] しかし、バーガーとルックマンによれば、そのような理論的な「知識」は人間の社会生活のごく限られた領域を占めるに過ぎず、むしろその日常生活の中で普段は特別それとして意識されることもないような「常識知」、「日常知」、またこれに基づく社会の「有意性構造」、「妥当性構造」が明らかにされなければならない。

すでにA・シュッツの前記の主著が、第三章「他者理解の理論」、すなわち「どのようにして他我は有意味的な存在として自我に与えられるか」の問題、また同第四章「社会的世界の構造分析」、すなわち「どのようにして自我は他者の行動をその主観的に思念された意味に従って理解するか」の問題の考察については、第一章での厳密に現象学的な方法を離れて、いわゆる「自然的態度の構成現象学」という独自の方法、つまり、人間が日ごろ日常生活の中で営んでいる自然的なものの見方、あるいは他者と社会の体験に即して考察する方法を取っている。バーガーとルックマンの「日常性の社会学」は学説史的にはこの立場をさらに発展させたものとして位置づけられる。[15]

ただし、バーガーとルックマンは、シュッツの社会理論が現象学的主観主義に陥っているとする批判を意識して、客観主義的――いわゆる「社会実在論的」――視点をも導入する。[16] すなわち、日常生活を営む中で主体の日常的知識・意識によって社会的現実が客観的・外在的なものとして構成されてゆく過程に対して、反対に、所与の客観的・外在的現実が個々の人間によって内在化され、主観的現実となる過程の考察、つまり、「社会化論」にかなりの精力を割いている。そして、この第二の視点においては、「日常知」、「有意性構造」、「妥当性構造」が形造る象徴的意味宇宙――すなわち、宗教的に言えば、「聖なる天蓋」――の社会的機能が問われることになるから、パーソンズ流の機能主義社会学の宗教理論に接近する結果となる。その場合、宗教の機能には統合機能のみならず、葛藤機能――すなわち、既存の全体社会の中に新しい世界定義とともに下位社会を出現させ、維持させる機能――も含まれる。もちろん、構造論的機能主義社会学の本来の見方によれば、宗教の機能は統合モデルでとらえられる。しかし、すでに触れたように、インガーにおいては統合モデルの弱点が葛藤モデルで補われている。したがって、この点では、パーソンズ／インガー対バーガー／ルックマンというような単純な二分法で片付けないように注意が必要である。

最後に、J・ハバーマスの「批判的社会学」も理念主義に数えることができる。ハバーマスは、いわゆる「フランクフルト学派」の第一世代、M・ホルクハイマー、T・W・アドルノ、W・ベンヤミン、H・マルクーゼ、E・フロムなどに続く第二世代に属し、西欧マルクス主義の再構成の旗頭としてよく知られた人物である。[17] 西欧マルクス主義によるウェーバー受容が一般にそうであるように、ハバーマスも西欧近現代の資本主義社会の合理性追求(合理化)が孕む問題性をもっとも中核的な問いとしてとりあげ、そのための社会科学の方法が基本的に意味理解的な方法でなければならないことを承認する点で、ウェーバーの理論を出発点としている。

とりわけ「コミュニケーション理論的転回」とよばれる時期以後のハバーマスは、ウェーバーの行為理論をベースに、人間の社会的行為の意味の理解はいかにして可能かという問いをめぐって、シュッツの現象学的社会学、H・ガーフィンケルのエスノメソドロジー、H・G・ガダマーの哲学的解釈学と対論しながら、現代社会における了解と合意についての新しい理論を追求している。[18] ハバーマスによれば、ウェーバーが社会的行為の合理性を測る基準は、「目的合理的」、「価値合理的」、「伝統的」、「感情的」という行為の四類型の承認にもかかわらず、あまりに目的合理性に偏向しており、今や行為の合理性を測る新しい基準が必要なのである。[19] そのためにハバーマスは、J・L・オースティンの言語行為論で言う「行為遂行的発言」(performative utterance)の下位区分、「発語媒介行為」(perlocution/perlocutionary act)と「発語内行為」(illocution/illocutionary act)の区別に注目する。そして、前者を「目的合理的」、「成果志向的」、「作戦的」行為、後者は、それとは異なって、当事者どうしの間での了解と合意の形成それ自体を志向する行為であると独自に規定する。この後者の意味での了解と合意を目指す行為を、ハバーマスは「コミュニケーション行為」と名づけ、オースティンの言う「事実確認的発言」(constative utterance)をもそれに包摂するのである。[20]

オースティン自身が「事実確認的発言」も発言の状況次第では「行為遂行的発言」となりうることを認め、この意味で「事実確認的」と「行為遂行的」の区別を最終的には相対化していたわけであるが、[21]ハバーマスはその相対化をさらに推し進めていると言えよう。オースティンの他、ウィトゲンシュタイン、J・R・サールなどのいわゆる「日常言語学派」の言語行為論が、ハバーマスにおいては語用論(効用論)を最上位の枠とする方向へ編成し直されているとも言える。この意味でハバーマスは自己のコミュニケーション理論を「普遍効用論」(Universalpragmatik)とも呼ぶ。[22]

ハバーマスによれば、了解と合意を目指す「コミュニケーション行為」は、社会科学者が現代社会の分析と記述のために用いるべき基本概念であるにとどまらない。もともと人間は、象徴的に構成された所与としての現実、つまり現象学で言う「生活世界」に帰属し、その中で了解と合意を志向しつつ生きて来たのである。しかし、近現代資本主義社会においては、意識的に目的合理的な行為の領域のみが「生活世界」そのものの構造なのである。[23]しかし、近現代資本主義社会においては、意識的に目的合理的な行為の領域のみが「生活世界」との結び付きを失って拡大し、社会システムにとっての機能性という観点からのみ行為の合理性が測られることになってしまった。ハバーマスがパーソンズの機能主義・社会システム論に決定的に欠けているとして批判するのは、まさにこのような「合理化の病理学」とも呼ぶべき視点、またそのような視点を可能にする概念装置と理論的パラダイムである。[24]

われわれは、以上のような理念主義の社会理論に共通する特徴として、富永健一とともに、[25]まず次の四点を挙げることができる。

(一) 主観主義 ——人間の認識と行動は主体としての個人の主観的要因(特殊的価値理念とそこから行なわれる意味付与)によって規定される。

(二) 反自然科学主義 ——自然科学的な客観主義を排し、数学・統計学のような推理規則の技術学の持ち込みを忌避する。

(三) 反道具主義 ——実証主義と異なり、測定とか数量的データ処理を拒否する。

(四) 科学一元論の否定 ——人間の社会的行動を対象とする科学は自然科学と全く異なるカテゴリーに属する。

これに加えて、特にシュッツとハバーマスについては、彼らの社会理論が言わば「メタ社会学」という性格のものであることを指摘できる。彼らの理論においては、社会学・社会科学の方法と認識を可能にする超越論的条件についての反省、社会学・社会科学の自己反省という側面が強固である。したがって、社会学の個別的な問題圏、例えば、社会変動・階層移動・家族・逸脱行動などの問題は具体的にはほとんど現われない。シュッツとパーソンズとの間で一九四〇年から四一年にかけて交わされた書簡による論争の終わりに近く、シュッツがパーソンズに宛てて、「私は……できるかぎり丹念に貴著(『社会的行為の構造』)を読みました。私には貴方の体系の重要性と価値、さらにはこの著作が私自身の著書(『社会的世界の意味構成』)の終ったまさしくそこから始まっているという事実がすぐに分かりました」[26]と書き送ったことにも、すでに両者の理論の次元の違いが端的に言い表されている。この論争が結局、実を結ばず、不毛なまま終わったのも、当然のことだったのかも知れない。

3　聖書釈義にとっての適合性

さて、われわれは聖書釈義にとっての方法的適合性の問題を考えなければならない。まず一般的な原則論から言えば、実証主義と理念主義の間であれかこれかのア・プリオリな二者択一は不可能である。いずれの立場が方法として適合的であるかは、問いの内容と立て方、研究対象の性質、また何より駆使可能なデータの性質による。例えば、現代日本の宗教現象を研究対象とする場合に、構造論的機能主義の立場と方法による実証的アプローチと分析が有効であることは、森岡清美の研究や若手の研究グループ「宗教社会学研究会」の活動にも明らかである。[27]また、キリスト教神学の中でも実践神学などは、社会システムの中での個人の状況と問題、またキリスト教会がそこで占める位置と果たし得る役割を機能主義的な視点から分析することなしには、その任務を果たし得ないであろう。K・F・ダイバーとH・シュレーアーの編纂になる『実践神学ハンドブック』(全四巻、一九八一―)が「機能論的な視座に立つ行動科学の方法を援用」[28]していることは当然なのである。

これに対して、新約聖書学の領域で実証主義の方法の援用はきわめて困難である。もっとも私自身の個人的な経緯を述べることが許されるなら、必ずしもその困難を自覚して実証主義を避けたわけではなく、気が付いてみたら理念主義の諸理論と方法にコミットしていたというのが正直なところである。しかし、この一〇年来、欧米において相次いで公にされている社会学的、あるいは社会史的研究の大半も基本的にはやはり理念主義の立場と方法を採用している。[29]そして、これにはそれなりの理由がなければならない。私の意見では、四つの理由が挙げられる。

第一の理由は、研究対象そのものがすでに絶対的に遠い過去となってしまっているために、インタビューや調査・観察といった直接的な方法でのデータ収集が不可能だということである。例えば、現代日本のいわゆる「新・新宗教」に対するようなフィールド研究は、採用しようにも採用できないのである。

新約聖書学にとってデータ収集のための唯一のフィールドは、新約聖書内外のテキスト(本文)である。しかも、それらのテキストはほとんど例外なく、「社会学的」関心から書かれたものではない。もちろん、このことはわれわれがそれらのテキストに向かって社会学的に設問することを決して妨げるものではない。研究者は本文の志向するところと一致する問いしか発することが許されないなどと言うことは、歴史科学・人文科学・社会科学においてと同様、新約聖書学の方法論としてもナンセンスだからである。ただし、志向において社会学的ではない本文から社会学的に有意味なデータを読み取るには、固有な方法的手続きが必要になるのは当然である。[30]

G・タイセンはそのための方法的手続きを、構成的方法、分析的方法、比較による方法の三つに整理している。[31]

構成的方法とは、社会的制度・グループ・組織などに関して直接言及する「社会誌的(soziographisch)」文言、個々の人物の出身・身分・社会的役割などについて直接言及する「人物誌的(prosopographisch)」文言を一つの有意味的な全体へ集約し、組み立てる方法を言う。

分析的方法とは、直接社会的現実に言及するわけではない詩的・教会論的・神話的なシンボル表現、さらに倫理的規範、歴史的事件についての文言や記事の一つ一つを分析・解剖して、それらの前提にある社会学的に有意味な現実を推論的に抽出する方法を言う。

最後に、比較による方法とは、新約聖書の周辺世界、特にユダヤ教とヘレニズム世界の社会学的現実との比較によって、新約聖書にも共通すると考えられるべき現実、逆に新約聖書独自の現実と考えられるべきものを区別する方法を言う。

新約聖書の場合、第一の構成的方法が大きな制約の下にあるために、どうしても第二・第三の方法が中心にならざるを得ない。もっとも、第三の方法から見ると、新約聖書――とりわけパウロと共観福音書――は、西暦紀元前後の文書としてはむしろ例外的に多くの――もちろん、近似値的にではあるが――社会学的・社会史的データの抽出を可能にするとも言うことができる。[32] それにもかかわらず、実証主義的な研究が要求する数量的・統計的処理に足るだけのデータの収集は絶対的に不可能である。[33]

第二の理由は社会システム論の静態性である。パーソンズの社会システム論が「静態主義的」、あるいは「調和主義的」な均衡理論であることは、すでに定説と言ってよいであろう。そのため、この理論では、社会システムそのものの変動・変革、それに伴う社会的葛藤を説明することが困難になる。すでに述べたように、インガーが構造論的機能主義の統合モデルの弱点を葛藤モデルで補っているのはそのためである。

「機能主義理論は、葛藤への注意を最小化するため、体系における変化を取り扱うのに苦労する傾向がある」。「あるユニットにとって機能的であるものは、体系として見ると、最初のユニットが関係しているより大きな、あるいはより小さなユニットにとっては逆機能的であるかもしれない。われわれのパースペクティヴはしたがって、葛藤(conflict)あるいは統合(integration)にそのつど焦点を絞ってよい。「あるものを見ようとすれば、別のものは見えなくなる」。このことを了解すれば、われわれは少なくとも、機能的要素と葛藤的要素とを、かわるがわる、図と地として見なければならない」。[34]

周知のように、紀元後一世紀のユダヤ社会は、第一次ユダヤ戦争(六六―七〇年)を頂点に、一大変動の渦中にあった。この社会変動はその後さらに第二次ユダヤ戦争へと続いてゆくが、すでに後七〇年のエルサレム陥落によって社会システムとしてのユダヤ国家は崩壊してしまったと言ってよい。原始キリスト教は、社会学的に見れば、このような社会システムそのものの変動と崩壊の時代のユダヤ教の中にあって、新しい価値観・人間関係・人格理解を携えた対抗的下位社会の形成を目指すものに外ならなかった。それは体制内改革として出発したが、その進展の途中で、当のユダヤ社会の体制そのものが崩壊してしまったのである。以後のキリスト教は、律法という宗教的規範のみによって自己保存を図るユダヤ教(パリサイ派)との間で、葛藤の度合いを深めてゆく。しかも、当然のことであるが、その過程のキリスト教そのものの内側にも、種々の――例えば、モーセ律法(割礼!)の拘束力をめぐって――激しい葛藤が存在した。このような原始キリスト教内外の葛藤と社会変動をとらえるのに、葛藤理論なしの静態主義的均衡理論では役に立たないのである。

ただし、原始キリスト教の枠内で見れば、そのような内部葛藤――全体教会レベル、あるいは個別教会レベルのいずれであれ――にもかかわらず、全体としては統合志向が葛藤より勝っていたと言うことができる。パウロの第三次伝道旅行がエルサレム教会との葛藤を越えて、他でもないこの教会のための献金を集めて回る一種の集金旅行であったのはそのよい例である。(35)

また、原始キリスト教は、後一世紀の半ば過ぎからは、ローマ帝国社会との葛藤をも体験するようになり、帝権による迫害も受け始める。ドミティアヌス帝の迫害下に書かれたヨハネの黙示録がローマ帝国を悪魔化して描いていることは周知のとおりである。しかし、そのような悪魔化はむしろ例外的であって、迫害という客観的な葛藤にもかかわらず、主観的にはローマ社会への統合が志向されている場合が多い。そのことは、ヨハネ黙示録以後では、「ペテロの第一の手紙」(二・一三以下、四・一二以下、五・八以下)と使徒教父やいわゆる護教論者たち(特に殉教者ユスティノス)に明らかに見て取れるが、すでに後一世紀末のルカ文書にも同じ統合志向がはっきりと現われている。

したがって、われわれは原始キリスト教を問題にする場合、全体枠をどのレベルに設定するかによって、統合理

社会領域 / 時代区分	対キリスト教会	対ユダヤ社会	対ローマ帝国社会
紀元―1世紀末	統合モデル	葛藤モデル	統合モデル
1世紀末―国教化	統合モデル	葛藤モデル	統合モデル

るであろう。

論と葛藤理論を交互に使い分ける必要がある。ごく大まかな区分を示せば、上の表のようにな

前節に挙げた理念主義の諸理論の中で、この視点からの分析に最も適合的な概念装置を用意しているのはP・バーガーとT・ルックマンの日常性の社会学である。ただし、すでに述べたように、彼らも統合(社会化)理論の側面では機能主義の社会理論に接近している点に改めて注意しておきたい。

第三の理由は、パーソンズの社会的行為論および社会体系論の方法論的全体主義、あるいは客観主義である。この方法では、新約文書の背後に前提され、その中に実現され、それによって新たに投企される人間の社会的相互行為を、それに結びつけられた主観的な意味、あるいは動機――これは当事者たちの「信仰」の内実と密接不可分であるはずである――から「理解しつつ」分析することができない。

M・ウェーバーは『経済と社会』の劈頭で、社会的行為を「行為者もしくは諸行為者によって思念された意味に従って他者の行動に関係づけられ、またその経過がこの行動に方向づけられるような行為」のことであると定義している。[36]「行為は、その場合、行為者もしくは諸行為者がそれに主観的意味を結びつけるときの、またそのかぎりでの人間の行動(外的な行ないか内的な行ないか、あるいは中止であるか忍従であるかを問わない)を指している」。[37]この意味での個人の社会的行為は、あらゆる社会関係・社会形象・文化形象を支える最も原初的な分析単位である。このような最終的な分析単位にまでさかのぼり、しかもそれに結びつけられた主観的

意味を理解しつつ分析することを重要なステップとするウェーバーの理解社会学は、よく指摘されるように、方法論的には個人主義的である。

もちろん、パーソンズもウェーバーの学説を自己の学説の重要な柱の一つにしており、社会科学における「主観的見地」の重要性を承認するばかりではなく、自分の理論を「主意主義」とさえ呼ぶことがある。[38] しかし、その内実は理念主義の系譜で同じ言葉が使われる場合とは、微妙かつ重要な点で違っているのである。この相違をA・シュッツはこう指摘している。——「行為の理論というのは主観的見地がとりいれられなければ無意味であることを、パーソンズ教授は正しく洞察している。だが彼はこの原理の根源をつきつめていない。彼は行為者の心のなかの主観的諸事象を、観察者だけに接近できるその事象の解釈図式ととり違え、したがって主観的現象の解釈のための客観的図式とこの主観的事象自体とを混同してしまっている[39]」。すなわち、パーソンズの言う「主観的見地」は、単位行為の諸要素、つまり行為者、行為の目的、そして状況の間に成り立つ主観的動機関係の分析のことではなく、全体社会においてすでに客観的に規範化されている倫理的価値の体系を参照するという意味に留まる。パーソンズ自身もこの点について答えて、「私はたえず主観的見地の使用を主張していますが、しかしそれは概念図式による主観的範疇の形式でということであって、主観的な社会的世界とは「実際には」どういうものかを考察する形式でということではありません[40]」と明言している。パーソンズの社会理論が、社会的行為論から社会システム論へより大きな比重を与える方向へ進んだことは、前述のように、ハバーマスが指摘しているとおりである。パーソンズが「主観的見地」を言葉の上では容認しながら、実際にはそれを社会システムの一部としての規範的価値の体系と同定するのも、同じ事態を証明するものに他ならない。

結局、社会システム論にとっては、個としての行為主体、彼の内面における価値理念の内容、それとの関連で行なわれる意味付与などは無視することのできるファクターなのである。それは、近代経済学における一般均衡理論が個々の当事者たちの主観的な思惑や価値理念とは無関係に成立するとされるのと類比的である。そこでは、個々の人間は意志的主体としてではなく、むしろ「過社会化された物」として現われるという批判が行なわれる所以である。(41) 確かに、インガーの場合には、パーソンズ理論を応用して、「宗教を体現している文化体系」、「宗教を担う社会構造(制度)の体系」に次いで「宗教を内面化している諸性格(の体系)」の研究の必要性が説かれてはいる。しかし、インガーの基本的視点は外在的観察法であり、「宗教を内面化している諸性格」も客観的・体系的データ処理の側面からのみ取り上げられ、個々の宗教的主体(性格)の行為の主観的意味連関は問題外に置かれたままである。

これとは対照的に、原始キリスト教における社会的行為の社会学的研究にとっては、主観的見地が絶対的に不可欠である。タイセンが「放浪のラディカリズム」と呼んだイエスと最初期の弟子たちの運動、それがやがてQ教団(Qグループ)において受けた理念化、あるいは奇跡物語伝承の最古層に認められる功利主義的な行動、パウロの苦難の生、それとは対照的な彼の論敵たち(第一コリントの霊的熱狂主義、第二コリントのいわゆる「大使徒たち」、ガラテヤのユダヤ主義者たち)の生、あるいはさらに第一ヨハネにおいて兄弟愛(物質的援助)の欠如を論難されているグノーシス主義的なグループなど、新約聖書の中に確認されるさまざまな集団と個人の生活態度は、社会的行為として見られるときには、「目的合理的行為」、「価値合理的行為」、「伝統的行為」、「感情的行為」というウェーバー的な分類、あるいはさらに追加的に補われるべきかも知れない別の類型の可能性も含めて、多様な類型を示すはずである。そのような多様な類型的差異は、それぞれの集団、あるいは個人が抱いている信仰の内実——神論、キリスト論、終末論、倫理、教会論など——から彼らの行動に対して行なわれる主観的意味付与の問題を抜きにしては理解も説明もできないであろう。

ただし、単純に主観的見地とだけ言うのでは不正確かつ不十分であって、ウェーバーの社会的行為理論がその後に受けた修正と展開に注意しなければならない。この関連で最も重要なのは、A・シュッツが現象学的な観点から行なった厳密化である。すなわち、ウェーバーが『経済と社会』の劈頭で、行為の動機の概念を説明して、「行為者もしくは観察者によって行動の有意味的「根拠」とみなされる意味連関」[42]と述べる場合、シュッツによれば、そこでは社会的行為(ひいては社会的世界一般の現象)の意味連関が間主観的——つまり自我と他我の間で——常に一致することが既に前提されてしまっている。またそこでは、「思念された意味」と動機が相互に混同されていると言う[43]。

シュッツによれば、行為者が自己の体験に付与する主観的意味連関と観察者の解釈による意味付与が相互に区別されねばならないのみならず、行為者の自我のレベルそれ自体についても、「思念された意味」が行為の動機から区別されなければならない。また行為の動機の概念そのものの中にも、未来に向かって行為を投企する「目的の動機」と過去を回顧する眼差しに明らかになる「理由の動機」が区別されなければならない。シュッツはまず行為者の自我レベルでの主観的意味を問題にして、「有意味的行為の分析は、内的時間意識における体験の意味構成という問題に還元される」と述べ[44]、これを結論的に次のように言い換えている。

「これによって有意味的な体験の第一の概念が明らかとなる。経過し生成したある体験に配意しつつ、これを持続のなかの他のあらゆる体験からはっきり区別されたものとして際立たせるような反省的な眼差しが、この体験を有意味的なものとして構成する。(中略)これに加えて反省的な眼差しは投企をも、したがって経過したであろうと未来完了時制的に想像した行動についての想像体験をも把握する。そのようにしてこの反省的眼差しは、眼差しのなかで把握した「明確に境界づけられ予め投企された、自発的能動性に基づく体験」を有意味的な行為として構成するのである」[45]。

周知のとおり、原始キリスト教会は、過去となったキリストの出来事をいかにして現在へ想起し、また他方、再臨という未来をどのように現在から予想すべきか、言わば二つの時の間に生きつつ、日々刻々の行動を投企していった。例えば、第一テサロニケ四章、マタイ二四・四二以下(忠実な僕と不忠実な僕の譬え)、第二ペテロ三章などのように、終末の遅延が切実な問題となっている状況の中で生み出された本文には、遅れている再臨を言わば未来完了的な視点から反省しようとする姿勢が確かに認められる。未来を反省するというこの逆説的な視点は、本書の第Ⅵ論文において詳しく見るように、ヨハネ福音書の告別説教の本文にはさらに顕著である。と同時に同じヨハネの告別説教は、歴史的には既に遠い過去となったイエス・キリストの出来事を、後一世紀末葉に生きる読者の現在へ想起させるものとなっている。ルカ文書の救済史的歴史神学の構築も、あるいはマルコによる福音書文学そのものの創出も、さらにさかのぼってイエス伝承の収集と文書化も、過去を回顧しつつ、新しい未来を投企する有意味的な行為として行なわれたに違いない。このような原始キリスト教の社会的行為の主観的意味連関を特に彼らの時間意識との関連で分析する上で、シュッツが現象学的視点からより厳密化して提示した前記のような有意味的行為の定義は大変基礎的であると思われる。

シュッツはさらに、行為者の自我レベルで抱かれる主観的意味を他我はいかにして理解するかという問題を固有の問題圏として立て、この点でもウェーバーの曖昧さを越えようとする[46]。ここでは聖書釈義にとって、きわめて重要な指摘を一つだけ挙げれば、自我による意味措定と他我による意味解釈について、彼は次のように言う。

「解釈者は、解釈すべく彼に提出されている措定的意味を、決して構成済みの既成の単位として受け取らない。むしろこの意味は、解釈者の眼の前で定立的に編成される意味措定作用において構築され、また意味解釈も複定立的に編成される作用のなかで位相的に構成される。解釈者は、措定作用の進行している間はこれについての意味解釈を構成的に履行しているのである。話の続くかぎり話しかける人と話しかけられる人とは、複定立的に構築される作用履行を体験しており、この作用に過去把持や未来把持が、再生や予測と交錯しながら、濃淡様々な陰影をなして相互に入り混じり合った一つの箱のなかでつながり合っているのである。また、両者は、単定立的な単位としてのこうした作用に交互に目を向けることもできる。私に話しかける人の話の意味は、彼にもまた私にもその話の個々の文の中で構成されるのであり、また個々の文の意味も、位相的な時間のつらなりのなかで文章として措定される語句によって構成される。それ故、話しかける人や話しかけられる人にとって話というのは文の意味連関なのであり、文は語句の意味連関なのである」(47)。

この指摘は直接的・対面的な会話の状況、つまり意味措定作用と意味解釈作用が同時に起きる場合についてのものである。書物を解釈者が読む場合にも、この直接的な同時性が準同時性に変わる点を別にすれば、本質的に違いがない。他者理解についてのシュッツの分析は、すでに触れたように、厳密に現象学的観点からは離れていると言われる。しかし、ここに指摘されている事態は、後述する予定のW・イーザーが読書行為の現象学的な分析として行なっている指摘と、本質的には全く同じである。そして、この指摘は、大小、口伝・文書の別を問わず聖書の本文の産出者とその受け手の間で交わされるコミュニケーションの分析にとって、死活的な重要性を持っている。この点については、後ほど(六〇―六一頁)もう一度立ち戻ってくることにしたい。

ハバーマスもウェーバーの言う「主観的意味」を吟味して、これが実際には他我との意志疎通行為に入る以前の主体が言わば「独白的」に抱く意図以外のものではないことを指摘している(48)。ハバーマスによれば、社会的相互行為は当事者同士がそれぞれの行為を相互定位するときに初めて成立する。その相互定位が起きるためには、言語的な媒体、あるいはそれと等価の非言語的媒体を用いた意志疎通によって相互的な了解と合意が形成されなければならない[49]。そして、ハバーマスの「普遍効用論」の立場からすると、文学的な物語の本文にも、個人および集団・グループの社会的アイデンティティの発見と再発見を助けるプラグマティックな働きが承認されるのである[50]。

新約聖書の社会学的な研究が理念主義の立場にならざるを得ない最後の理由は、このハバーマスの考え方にも示唆されているような視点、すなわち文学あるいは文学的本文を社会的相互行為、社会的コミュニケーション行為としてとらえる視点が、構造論的機能主義の社会理論には皆無であることである。船津衛の言葉では、「パーソンズらの理論には、シンボリックな行為についての理解が何も存しておらず、シンボルを軽視ないしは無視してしまっているのである[51]。その理由は明らかである。この社会理論では社会制度が偏重されるからである。インガーの用語を使えば、「宗教を体現している文化体系」も「社会構造(制度)の体系」に従属させられ、補充的な機能を割り振られるに過ぎない。

ハバーマスによれば、元来は文化と社会制度と性格(人格)の三つを統合的に含みながら、人間も自己をそこに内属するものとして見いだしていた「生活世界」は、本来その下位の構成部分であった社会制度がシステム的に自立してゆくに伴って、「管轄降格」(Mediatisierung)を蒙らざるを得ない[52]。原始社会から現代高度産業社会への社会進化・合理化は、この意味での「生活世界」が全体性・包括性・自明性を失って、制度的システムという下位構造がそこから離脱(entkoppeln)してゆくプロセスに他ならない。構造論的機能主義の社会理論はこのプロセスが孕む社会病理学的な問題性を見ないで、社会制度中心のシステム論に偏向している。これがハバーマスの批判である[53]。

すでに述べたとおり、新約聖書の社会学的研究にとっては、新約聖書の本文がほとんど唯一の資料である。そして、その新約聖書の本文は広義の文学的本文に属する。それ故、新約聖書の社会学的研究は文学社会学的視点と方法なしには成り立たないのである。この一〇年来、欧米において活発な社会学的、あるいは社会史的研究のブームの火付け役とも言うべきG・タイセンの場合、文学社会学はどのように構想され、どのように位置づけられ、どのように機能しているであろうか。これがわれわれの次の問いである。

なお、タイセンのこれまでの研究業績と今後に向けての企図については、次節で報告するとおりであるが、ここで人物について一言すれば、一九四三年にボンに生まれ、ボン大学およびゲッティンゲン大学神学部に学んだ(一九六八年神学博士、一九七二年教授資格)。その後、ギムナジウム教師、在外(デンマーク)客員教授などの職を経て、現在はハイデルベルク大学神学部において新約聖書学担当の正教授として教鞭を取っている。ドイツ文学と現代社会学にも造詣が深く、問題関心の鋭さと広さにおいて、現代ドイツの新約聖書学界を代表する学者の一人である。

三　G・タイセンの意図と方法

1　タイセンにおける文学社会学的方法の位置

文学社会学はタイセンの方法の一部であって、全体ではない。このことをまず初めに強調しておかなければならない。というのは、日本では、好意的であれ、あるいは批判的であれ、タイセンに言及する際に、文学社会学が彼の方法のすべてであるかのように言われることが少なくないからである。タイセンが根本的に意図するのは、彼自身の言葉で言えば、「原始キリスト教の理論」という包括的な理論の構築なのである。

「原始キリスト教の理論は四つの側面を包括する。それは史的イエスによって人間の生に呼び起こされた「突然変異」を、社会学的・心理学的および記号論的アスペクトから研究する。それは史学的にはイエスがこの発展の決定的な創始者であることを明らかにし、社会学的にはこの変異を規制した条件とそれが齎した影響を研究し、心理学的には古来のもろもろの夢想や期待を、またそれらが原始キリスト教において蒙った根本的な変容を分析し、記号論的には、これまで人間には手の届かなかった聖なるものの体験がそれによって語られる神話的かつ隠喩的な言語を解明する。これらの示唆からだけでもすでに十分明らかではないかと思われるが、宗教社会学は原始キリスト教についての一つの、より包括的な理論の一側面に過ぎない。それは未だ実在しない理論であるが、そのために労することこそ聖書釈義に携わる現今の世代に課せられた任務なのである」[54]。

事実、現在までのタイセンの研究はここに明らかにされた根本意図を実証している。イエスによって齎された人間の生の「突然変異」は、「イエス運動」に関する一連の社会学的研究によって明らかにされているだけではない[55]。それは最近の生物科学における進化論と対論しつつ使徒信条の現代的レリヴァンスを明らかにする研究としても実を結んでいる[56]。心理学的研究はパウロ神学の心理学的側面について[57]、また記号論的研究は原始キリスト教の奇跡物語の構造主義的研究としてすでに形をなしている[58]。と同時にこれらのすべての研究を一貫して、原始キリスト教の歴史の具体的な解明こそタイセンの研究の最上位の枠組みであることが明言されている[59]。宗教社会学はその他の諸理論と同様に、そのために仕える下位理論の一つに過ぎないのである。文学社会学に至っては、さらにその宗教社会学の下位理論の位置にある。したがって、われわれは何よりもまず前記のような不用意な発言の等式(タイセン＝文学社会学)から解放されなければならない。そのような等式では、タイセンが意図する「原始キリスト教の理

論」は矮小化されてしまう。(60)

宗教社会学と文学社会学の関係は、さらに厳密に言うと、後者は宗教社会学的に有意味な個別データを収集する際の補助理論の一つ、前者はそれを一つの全体像に集約するための枠理論という関係に置かれている。(61)もちろん、文学社会学という研究領域それ自体が今なお流動的な領域である。文学の「存在拘束性」という観点から行なわれるマルクス主義的文学理論から、テキスト言語学、さらに「文学の科学」を標榜する文芸学まで学際的に跨がりつつ、きわめて多様な方向性において研究が進んでいる。その中にあって、定義と方法の点でタイセンを最も強く鼓舞しているのは、H・N・フューゲンの文学社会学である。この文学社会学は「文学」概念を拡大し、従来「非文学的」として分類されてきたような本文をも包摂する形で構想されている。このことが今やタイセンをして「新約聖書の文学社会学」――タイセンは自分の文学社会学的方法を厳密にはこう呼ぶ――について語らしめる一般理論サイドからの根拠なのである。(62)

他方でタイセンは、この一般理論を「新約聖書の文学社会学」という個別理論に組み替えるにあたり、従来の新約聖書学の研究史に二つの点で批判的に接続する。第一には、新約聖書の領域ではブルトマンとディベリウスによって代表される「古典的様式史」の方法を、様式史の方法の旧約聖書学における創始者であるH・グンケル本来の意図に戻る形で拡大することである。すなわち、まず「古典的様式史」が小グループの宗教的場面に狭く限定していた「生活の座」概念を全体社会の中での小グループとその言語的・文学的活動にまで拡大すること、あるいは彼らの共同態生活を規制した非宗教的条件にも関心を払うことである。また、彼らは「古典的様式史」においては部分的ながら独自な本文生産者(いわゆる共同体伝承!)としての位置を与えられることがあるのに対して、タイセンは彼らが伝承した本文の背後に隠された役割分担と類型的行動をより重視する。この限りでは、原始キリスト教の小グループはそれぞれの独創性においてよりも、慣習的性格においてとらえられると言うことができよう。[63]

タイセンが接続するもう一つの点は、かつてはJ・エレミアス、現在ではM・ヘンゲルによって代表される時代史研究である。タイセンはこれを批判的に継承しつつ、社会史という枠組みに拡大するのである。[64] タイセンの方法がL・ショットロフ／W・シュテーゲマンの言う社会史的方法と最も接近するのはこの側面においてである。この面でのタイセンの関心と研究の蓄積がどれほどのものであるかは、すでにイエス運動とパウロの伝道活動に関する一連の社会学的研究に明らかであるが、最近では『福音書における地方色と時代史』に余すところなく現われている。[65] ただし、ショットロフ／シュテーゲマンの社会史的方法が方法論としての理論的反省において比較的単純である——もちろん、そうであるが故の強みもあることは後述するとおりである——のとは対照的に、タイセンは社会史へと拡大した時代史を「社会学的に評価する」立場である。この点で彼は、自ら言うとおり、[66] 文学史よりは文学理論、言語史よりは言語学、社会史よりは社会学により大きな関心が寄せられた時代（一九七〇年代初頭）に育った世代の一人なのである。

時代史を社会学的に評価し、社会学的に有意味なデータを収集する具体的な方法には、タイセンによれば、すでに触れたように、構成的方法、分析的方法、比較による方法の三つがある。「新約聖書の文学社会学」は、この内の分析的方法にあたる。それは新約聖書内外の宗教的・非宗教的な伝承から社会学的に有意味なデータを分析的に抽出するからである。もっと厳密に言えば、社会的規範——これもさらに正確な下位区分で言えば、言語的・文学的規範——を手掛かりに分析を行なう方法である。

「文学的様式、すなわち本文の構成を統制する規範、ジャンルごとに特殊的なものである規範が社会的諸関係の表現であること、これは古典的様式史の根本的な認識の一つである。（中略）したがってわれわれは文学的様式から、第一義的には、その文学的活動に参与している関係者たちの間の相互行為について、つまりそれが論争であるか、合意であるか、弁明であるか、教育であるかなどについて、なにがしかを知るのである。文学的様式の限界はそのまま社会的コミュニケーションの限界である[67]」。

さて、「新約聖書の文学社会学」によって分析的に収集されたデータは枠理論たる宗教社会学によって一つの全体像へ集約されなければならない。タイセンをこの段階で鼓舞しているのは、理解社会学、マルクス主義社会学およびーーさしあたり、彼自身の表現をそのまま使えばーー「機能主義社会学」の三つ、厳密には、それぞれの宗教理論である。

しかし、まず理解社会学の名の下に指摘されるのは、理念型構成についてのウェーバーの有名な、しかしきわめて原則的な定義とE・トレルチの「キリスト教信仰の三つの社会的形態」、つまり「教会」、「セクト」、「唯心主義」の区別だけである[68]。ウェーバーの社会学が正に「理解」社会学である所以、つまり、行為に結び付けられた「思念された意味」の問題をめぐる社会的行為理論は、それとしては顧慮されていない。

マルクス主義社会学の宗教理論からは、宗教が依存する非宗教的要因ーー社会政治的、社会生態学的、社会経済的、社会文化的要因ーーの分析と社会一般に関しての葛藤モデルが積極的に受容される。タイセンはこの二つを組み合わせて「イエス運動」に応用し、社会政治的にはローマ帝国、ユダヤの専制政治、神聖政治の理念の間の葛藤、社会生態学的には都市と農村(辺境)の葛藤、社会経済的には体制外極貧層、生産者階級、不労有産階級の間の葛藤、社会文化的には「新しいイスラエル」を標榜するさまざまなグループと運動の間の葛藤を、可能的な統合視点として提示している[69]。

最後に、「機能主義社会学」の名の下にタイセンが受容するのは、P・バーガー/T・ルックマンの日常性の社会学である。この社会理論が包摂するいくつかの下位領域の内、タイセンにとってとりわけ重要なのは宗教の統合(人格化、社会化)機能に関する理論である。(70) 我々もすでに確認しているとおり、バーガー／ルックマンの社会理論は基本的には理念主義と呼ぶべきものでありながら、この部分領域においては構造論的機能主義社会学に最も接近している。したがって、タイセンが彼らの宗教理論を「機能主義社会学」に算入しているのは、いちおう妥当と言わねばならない。しかし、これは学説史的に正確な整理に基づいて行なわれているものとは思われない。

このことはインガーの宗教社会学に対するタイセンの取り扱いにも見て取れる。すなわち、彼はインガーとともに宗教の社会革新的機能を最も重要視する。当然のことながら、社会革新的機能について語るには、社会を葛藤モデルでとらえることが必要である。だから、タイセンはインガーの宗教社会学の葛藤モデルにも賛同するのである。(71) そして、このことは、彼が他方でバーガー／ルックマンとともに、宗教の統合機能を強調することと矛盾するものではない。統合モデルと葛藤モデルは全体枠をどのレベルに設定するかによって交替し得るからである。これも、すでに述べたように、インガーの指摘に他ならず、この点でもタイセンはインガーに賛同している。(72) しかし、インガーは正にこの指摘においてこそ、通常言われる意味での「機能主義社会学」を越えているのである。タイセンにおいてはこの辺りの違いは無視されて、インガーの葛藤理論も「機能主義社会学」と呼ばれているので注意が必要である。

タイセンによれば、ユダヤ・パレスチナ社会を全体枠として設定した場合、「イエス運動」は統合モデルではなく、葛藤モデルでとらえられなければならない。ただしその際、行為者の主観的意図と彼(彼ら)の行為が全体社会の中で客観的に果たす機能は、相互に区別されなければならないと言う。(73) ユダヤ社会に対して逆機能であるものは、揺籃期にあるキリスト教内部においては、あるいはローマ帝国社会にとっては順機能であるかも知れない。統合機能と葛藤機能が枠の設定次第で交替することは、そのように人間の社会的行動の意図と機能が乖離し得ることに原因を持つ。これは、私の見るところ、タイセンの理論の中で社会的行為理論と最も近づいている点である。しかし、すでに理解社会学との関連で指摘したように、この問題領域は彼の場合、これ以上には展開されないのである。

2 タイセンの方法の問題点

以上、タイセンの意図と方法について報告したところからも、彼が現在のドイツ神学界において、「最もジュステマティッシュに思考する新約学者」という評価を与えられている必然性が了解されよう。[74]『イエス運動の社会学』は小著ではあるが、以上のような方法論的枠組において行なわれた一連の社会学的研究を集約するものである。[75]しかし、私はすでにその邦訳に対する書評の中で、次の二点を問題点として指摘しておいた。[76]

(一) 史料(福音書)批判が編集史的方法の成果を十分に考慮していない。

(二) 史料の伝承史的振り分けが多少不明確なため「イエス運動」という概念が拡散気味である。

もちろん二つは相互に関連するわけであるが、二番目の問題点から先に言えば、「イエス運動」が生前のナザレのイエスと「弟子たち」の運動から始まること(terminus a quo)は当然としても、歴史的にどこまで(terminus ad quem)を包摂するのかが曖昧なのである。特に、イエス伝承のさまざまな編集段階——すでにQ資料の編集段階(Q教団)から始まり、マルコ、マタイ、ルカ、ヨハネの各福音書の編集段階まで——のどこまでを包摂するのかが明らかではない。

この印象は理由もなく生まれてくるわけではない。その前提には、当時(一九七〇年前半)の編集史的研究全般に関わるタイセン自身の現状認識がある。それは、福音書の構造主義的研究(これにはタイセン自身の研究『原始キリスト教の奇跡物語』が含まれる)、文献批判的研究、そして編集史的研究のいずれもが、編集者の独自性・主権性を相対化する結論に到達しているという認識である。この関連でとりわけ好んで引かれるのが、所与のイエス伝承に対するマルコの処理法の「保守性」を論証しようとするR・ペッシュとE・ベストの編集史的研究である。タイセンにとっては、この「保守性」は福音書記者において「共同体伝承への拘束性」と「連続性」が大きいことの証明に他ならない。そこから、原始キリスト教の文学は個人の文学ではなく、宗教的グループとその生活が生み出した文学であるという「様式史的研究の中心的知見」が、福音書の編集レベルについても積極的に承認されることになる。しかもタイセンは、編集史的研究はこのような結論において、すでに方法としての有効性の一定の限界に達しており、この点を越えて決定的に新しい認識が開ける余地はあまりないという意見であるように見受けられる。(77) この点の当否は別として、タイセンの基本的姿勢が、編集史を様式史に従属させる立場であることは間違いない。

さらに注意すべきことに、そのように福音書記者を強く拘束する「共同体伝承」について語る場合のタイセンは、通常の編集史的研究の場合とは異なり、必ずしも個々の福音書、あるいはQ資料の背後にそれぞれ特定の地域に生き、個性的な伝統――つまりそれぞれの「共同体伝承」――を担う教会共同体を想定しようとはしないことである。そのような意味での地域的教会共同体の創造性はむしろ相対化される。(78) 例えば三つの共観福音書は「イエス運動」という統一的な歴史現象を再構成するための等価的資料――これをタイセンは「共同体伝承」と呼ぶ――として扱われる。その際に、口伝から文書へという伝承形態の変化の問題についてもほとんど言及がない。もっとも事実としては、タイセンが口伝段階に終始照準を合わせて「イエス運動」の再構成を図っていることは明らかであるが。そして、その前提には、文書伝承に比べて「口頭伝承の場合は伝承の柔軟性がより大きく、伝承を担うグループの生活への順応」の度合いが一般に高いという判断――それ自体妥当な判断――がある。[79] この判断からすると、当然、伝承から伝承者グループの生活と行動に関して社会学的に有意味なデータを収集できる可能性と精度は、口頭伝承の場合の方が文書化された伝承の場合よりも大きいことになる。タイセンが繰り返し伝承の背後にある生活・役割分担・行動定型について語り、それを析出することの重要性を強調する場合、[80] 彼は基本的には口頭伝承を念頭に置いているのだと思われる。

すると、ここでは一種の三段論法が成り立つわけである。

――共観福音書の著者たちは伝承に対する処理において「保守的」であるから、古い口伝段階からの「共同体伝承」を保存している。

――口頭伝承は伝承者の生活への順応度が高い。

――したがって、共観福音書を資料として、イエスを含む「イエス運動」の原初的生活様式の再構成が可能である。

この理由からタイセンは、自ら言明しているとおり、イエス伝承の史的信憑性について、「古典的様式史」よりは「保守的」、あるいは楽観的な立場を終始一貫保持している。[81] 彼によれば、家・財産・家族・故郷を放棄し、「神の国」のメッセージを携えて歩く「放浪のラディカリズム」は「イエス運動」の実際の生活形態なのであって、単に理念的なものに留まるものではないのである。

タイセンの言う「イエス運動」は集合体である。その社会学的解明が目標であるかぎり、個性化する編集史の方法より、類型化する様式史の方法――あるいは、それを拡大した「新約聖書の文学社会学」――の方がより大きな適合性を持つことは自明の理と言うべきである。しかし問題は、後者のために前者が犠牲にされているのではないかという点にある。

このことは「放浪のラディカリズム」に対する批判の多くが編集史の視点からのものであることに端的に現われている。まずL・ショットロフは「イエス運動」の概念を、歴史的な変容という観点から、「最古のイエス運動」と「語録(Q)資料」の段階のそれとに区分し、後者が自分達の生活形態に込めた独自の意図を前者のそれから区別している。[82]また荒井献は、タイセンが「放浪のラディカリズム」の典拠として挙げる箇所には多くの場合、原始教団の理念が反映しており、タイセンほど広範囲にその史実性を認め得ない、という意見である。[83]最後にW・シュテーゲマンによれば、タイセンが「放浪のラディカリスト」ものとして取り出した「所有放棄」、「脱家族」の「エートス」は、実はルカが初めて描き出した「弟子」像に固有なものであって、タイセンの意味での「イエス運動」の段階の現実と直ちに同定できるものではない。ルカの意図はその「弟子」像を後一世紀の自分の教会共同体の中にいる富める者たちへの批判として提示することにあり、そのために彼は所与の伝承に編集的に手を加えているのである。[84]

これらの批判には、それぞれの福音書の本文が——全体的・部分的のいずれであれ——それぞれの編集段階で担っている意図と間人間的・社会的機能を無視してはならないという重要な指摘が共通している。「編集」は原則として文書伝承に関わる概念である。そして、タイセン自身が、口頭伝承の場合にくらべ「文書伝承の場合には、それが伝承者グループの孕む傾向に対抗して自己主張するチャンス」を計算に入れておかなければならないことを明言している。[85]口頭伝承が文書化されることに孕まれる問題性は、つとにE・ギュトゲマンスが指摘しているところである。[86]編集史を様式史に、文書伝承を口頭伝承に従属させるタイセンの方法は、彼自身の右の言明にもかかわらず、この問題の深刻さを十分考慮したものとは言いがたいように思われる。

仮に所与の「共同体伝承」を並べるだけという「保守的」編集作業があり得るとしても、その並べる作業も一つの文学的まとまりを産出するものであれば、独自の文学的行為なのであり、読者としての教会共同体に対するおのおの個性的な語りかけであり得る。この意味で、やはりそれぞれの福音書は一定の地域の一定の教会共同体の中で生み出されたものであり、それぞれの共同体の間人間的・社会的行為を前提し、またそれを追認、あるいは革新しようとする相互行為と考えられねばならない。それぞれの福音書が相互の間で示す独自性と個性をタイセンの意味での「イエス運動」のために相対化することはできないのである。

もっとも、あらゆる聖書本文が——したがって、それぞれの福音書の本文も——「著者—媒介者—受容者の間の社会的相互行為の諸形態」であることは、タイセンも事後的に認めるところである(87)。しかし、彼はこれを、「歴史的・社会学的研究」という第一ステップの次に続くべき第二ステップ、あるいは第二度の問題圏、つまり解釈学的問題圏に属するものと考えている。第一ステップの「歴史的・社会学的研究」はその前段階として解釈学的適合性を有すると言う(88)。

これに対してわれわれは、逆に、すでに第一ステップにとっても第二の解釈学的ステップが不可欠であると考える。それぞれの福音書が証言し、体現している間人間的・社会的相互行為——教会共同体内部での役割分担と葛藤、および対ユダヤ、あるいは対ローマ全体社会の社会的行動——をそれぞれの歴史的個性において取り出すにはすでに第二の解釈学的視点が不可欠なのである。それぞれの歴史的個性において取り出された間人間的・社会的相互行為は、続いて、社会学的な類型化——例えば、ウェーバーの社会的行為の四類型、あるいはあり得べき別の類型やその他の社会学理論——に照らして評価され得る。福音書の編集レベルについては、このような視点と手続きにおいてしか文学社会学的方法は可能とならないであろう。われわれは「イエス運動」についてのタイセンの社会学的研究を、個々の具体的な論点での意見の違いは別として、総体的には受け容れる者である。しかし、彼の本来意図する社会学的研究は「イエス運動」のみに留まらず、原始キリスト教全般について行なわれるべきものである。そのとき、それぞれの福音書の編集レベルの時代のキリスト教をも固有の研究対象として扱うことを避けて通ることはできない。それぞれの福音書が体現する間人間的・社会的相互行為も「イエス運動」の歴史的変容の一節としてとらえる必要がある。これがタイセンにおいては未だ本格的には着手されないままになっている問題点である。[89] 確かにショットロフ／シュテーゲマンにおいては、この歴史的変容への視点はあるが、彼らの方法は以下に述べるわれわれの意味での文学社会学的方法とは異なる。

四　福音書の文学社会学的分析

1　基本的発想と作業ステップの分節

編集レベルでの福音書を文学社会学的に分析するための基本的発想を整理し、そこから具体的な作業ステップを分節するには、すでに触れたJ・L・オースティンの言語行為論が大きな助けになる。勿論、私はこの領域においては全くの素人であり、専門的に立ち入った議論はできかねる。にもかかわらず、隣接諸学科の知見から学ぶことを恐れてはならないであろう。

われわれがオースティンから学ぶべき最も基礎的な認識は次の三点にまとめることができる。

（一）　われわれの日常会話の中での発言は、物事の状態や事実を記述する事実確認的発言（constative utterance）と、警告・約束・任命・命令の際の発言のように、言うこと（発語行為）がそのまま一つの行為（警告・約束・任命・命令）の遂行になるような発言、すなわち行為遂行的発言（performative utterance）に分けられる。前者には真偽判断が成り立つのに対して、後者にそれは成り立たず、むしろ適切－不適切を基準として判断される。[90]

（二）　行為遂行的発言において遂行される行為は、発語内行為（illocutionary act）と発語媒介（的）行為（perlocutionary act）に下位区分される。両者の関係の一つの在り方は、前者を行なうことによって後者を行なう関係である。[91]

（三）　発語媒介行為は通常の場合、聴き手または第三者の感情・思考・行為に一定の効果を生む。その効果には、（a）話し手が計画的・意図的に生じさせる効果、（b）結果として生じる効果、がある。いずれにしても効果の内容は発言を取り巻く状況（コンテキスト）に依存する。[92]

以上の認識をわれわれは一つの具体的な例で分節してみよう。今、私は蒸し暑い大学の教室で講義中である（状況）。新鮮な空気が欲しくて、学生に窓を開けさせたいと思い、

（A）「開けて下さい」とだけ発言したとする。これは文法的には完全で意味明瞭な発言であり、明らかに行為遂行的発言（発語内行為としては命令あるいは依頼）である。しかし、窓、ノート、教科書、入り口のドアーその他、「開ける」ことのできるもののうち何が指示されているのか、また誰が頼まれているのかが不明である。

（B）「窓を開けて下さい」と言い直せば、窓が指示されていることは明らかになるが、どの窓か、全部の窓か、特定の窓かが不明であり、また誰が頼まれているのかも依然不明のままである。

(C)「南側の一番前の窓を開けて下さい」とさらに言い直せば、どの窓が指示されているかは明らかになるが、誰が頼まれているかは依然不明である。

(D)「NNさん、南側の一番前の窓を開けて下さい」という発言に至って初めて、意味的にほとんどすべてが明らかになる。話し手である私が達成したいと欲する効果は、この場合にこそ最も迅速かつ確実に実現されるであろう。ただし、この発言においては、最初の発言Aに比べて、(イ)NNさん、(ロ)南側の、(ハ)一番前の、(ニ)窓をという四つの要素だけ増加・拡大していることに注意したい。また、仮に全く同じだけの要素を使う場合でも、それらの順番や発音の仕方が変わって、

(E)「開けて下さい、NNさん、一番前の、南側の、……(そう)窓のことですよ」という発言にでもなれば、話し手が意図する効果の達成に至る速度が違ってくる。

また、話し手の私がNNさんの目の前へ行って、その顔を見ながら言う場合には、「NNさん」は不要になる。あるいはまた、NNさんが私の意図を了解した上で、一番前の窓のみならず、南側のすべての窓を開けるならば、私の発言は結果として意図した以上の効果を生むことになる。

したがって、或る人が一定の状況の中で或る行為遂行的発言によって或る効果を達成しようとする時に、その効果の達成の成否と速度(文の効用論)は、その文が対象の事柄を正しく指示(意味)できているか否か(文の意味論)、また、その文がどのような要素をどのような文法的構成で措定しているか(文の統辞論)と密接不可分に結びついているわけである。発言の状況と効果と意味と統辞は不可分なのである。

以上の例は行為遂行的発言の例であるが、端的に事実確認的な発言でも、十分に特殊な状況においては、その意図のあるなしにかかわらず、発語媒介行為を遂行し得ることをオースティン自身が指摘している。(93) 前記の例に接続

して言えば、話し手の私が同じ状況の中でNNさんの前へ行って、「この教室は異常に蒸し暑いです」と発言すれば、この発言自体は「事実確認的発言」でありながら、私は同じ効果を達成できるに違いない。ここから、オースティン自身が事実確認的発言と行為遂行的発言の間を過度に二分することを放棄していること、またハバーマスがこれをさらに展開して「普遍効用論」の立場に至っていることも既に述べたとおりである。もっとも、オースティンの場合には、日常的な言語使用の枠に留まり、虚構的言語使用、つまり多かれ少なかれ文学的な言語使用は、終始度外視されている。(94) しかし、この度外視に必然性が必ずしもないことは、ハバーマスがコミュニケーション論の立場から物語テキストについて、W・イーザーが文芸学(受容美学)の立場から文学作品一般について指摘しているとおりである。(95)

しかもハバーマスとイーザーの指摘においては、すでに問題が文のレベルからテキストのレベルへ移行していることが明らかである。ドイツの場合、一般に言語学の領域でも効用論が隆盛にあると言われるが、テキスト言語学の分野でも、テキスト効用論を最も上位の枠組みとして、順にテキスト意味論、テキスト統辞論(テキストの文法)という基礎付け関係での理論構築が進んでいる。この面で最も目覚ましいのは、私の見るところ、S・J・シュミットの研究である。(96)

先の例で明らかになった発言の状況・効果・意味・統辞の間の不可分の関係は、問題が文からテキストのレベルに移行しても原理的には変わらないのである。それぞれの福音書というテキストも一定の効果を意図した行為遂行的発言と見ることができる。それは、より厳密に言えば、イエス・キリストの歴史を物語ることによって(per !)、読者にある効果を及ぼそうとする発語媒介行為なのである。ここからわれわれがたどるべき具体的な作業ステップが次のように分節されてくる。ステップ2以下は前述のS・J・シュミットの言う基礎付け関係を逆に進むことになるが、その理由は、われわれに直接与えられているのがテキストだけであるという事実にある。
ステップ1＝発言の状況、つまりそれぞれの福音書を取り巻く歴史的・社会的状況の再構成
ステップ2＝テキストの文法、つまり構成の分析
ステップ3＝テキストの意味の分析・抽出
ステップ4＝テキストの意図的、あるいは結果的効果の分析

当然のことながら、これらのステップは福音書によってそれぞれ難易度が異なってくる。私自身が手を付けたのはヨハネ(本書第II論文)とマルコ(第IX論文)だけであり、ルカについては準備段階、マタイに至っては全く手が着いていない。したがって、以下、それぞれのステップで行なうべきこと、および注意すべきことを書き出すが、それは今後の研究のための方法論的枠組みを理念型的に示す意図のものであることを断わっておかねばならない。

2　作業ステップの理念型

a　ステップ1＝歴史的・社会的状況の再構成

このステップは、現行の編集史的研究で言う「編集の座」の推定作業に相当する。編集史的研究方法が登場した当初は、例えばH・コンツェルマンのルカ文書研究『時の中心』に典型的に見るように[97]、著者を取り巻いた思想的・神学的状況に偏向していた嫌いがあった。しかし、その後の編集史的研究の中では、時代史的に、さらには社会史的に拡大された意味での「編集の座」概念が徐々に定着して来たように思われる[98]。

領域 ＼ 要因		政治的要因	社会生態学的要因	経済的要因	文化的要因
社会的直接世界	A キリスト教 （個別教会）	☆役割分担の問題 ☆主流（初期カトリシズム）・非主流の問題 ☆制度化の問題	☆都市対農村（辺境）の問題	☆経済的貧富の問題 ☆社会層の問題	☆伝承史・神学史的位置の問題 ☆言語の問題 ☆ユダヤ人・異邦人問題 ☆思想的・神学的問題
	B ユダヤ教 社会	第一次ユダヤ戦争前後の ☆キリスト教への対応（異端宣言・迫害など） ☆ローマ帝国への対応（恭順と憎悪）	☆ユダヤ戦争後の散在のユダヤ教の問題 ☆都市対農村の問題	同上	☆宗教的制度・規範の統合力の問題 ☆宗教的・文化的シンボルの統合力の問題 ☆世界の意味的構造の統合力の問題
社会的同時世界	C ローマ帝国 社会	第一次ユダヤ戦争前後の ☆ユダヤ教への対応（公認継続，統治形式の変化） ☆キリスト教への対応（ネロ，ドミティアヌスの迫害など）	☆都市と農村の問題	同上	同上

この意味での「編集の座」を規制する社会的条件は、タイセンの要因分析とA・シュッツによる社会的世界の下位区分――「社会的直接世界」と「社会的同時世界」――を組み合わせて、前頁のようなアスペクトに分節することができる。

「社会的直接世界」と「社会的同時世界」の区別については多少説明が必要である。シュッツの定義では、前者は私・自我を汝・他我と時間的にも空間的にも共存的に結び付けている世界を指す。それは「われわれ関係」、あるいは「汝定位」による相互行為の世界であり、汝・他我の行為とその主観的意味は直接的に観察でき、解釈可能である。これに対して後者は、直接世界の彼方に広がる同時代人の世界であり、「彼ら関係」、あるいは「彼ら定位」において構成される。そこでは他我(彼ら)の行為とその主観的意味は類型的・理念型的に推測されるに留まる。二つの世界は「矛盾する対立ではなく、むしろ対極的なもの」であり、中間には変域が横たわる。(99)

この定義に沿って言えば、それぞれの福音書の著者と読者にとって、彼らが構成する教会共同体(A段)は「社会的直接世界」、ローマ帝国社会(C段)は「社会的同時世界」に相当する。彼らが全体教会としてのキリスト教(例えば、いわゆる初期カトリシズムの流れ)を自己の個別教会と区別して意識しているならば、その全体教会は「直接世界」と「同時世界」の両方に跨がることになる。ユダヤ社会(B段)はそれ以上に両方に跨がる場合が多い。その典型的な例はヨハネ福音書の教会共同体の場合である。彼らは三・一一ではイエスの口を借りて、後一世紀末の自分たちを「わたしたち」、論敵である同じ一世紀末のパリサイ派ユダヤ教を「あなたがた」と呼んで対立させている。他方でこの福音書において「ユダヤ人」が類型化された概念であることはよく知られているとおりである。従って、この福音書の著者――とともに読者――の視点は、社会学的に言えば、直接世界から同時世界へ、直接的な所与としての他我の「不信仰」から同時世界(「世」)一般の不信仰へ拡大されていると言うことができる。

ローマ帝国社会(C段)とユダヤ社会(B段)の各要因の分析には、福音書を含め新約聖書も若干の資料的寄与はなし得るものの、中心となるのはローマ史資料とユダヤ教資料である。関連するローマ史資料と一口に言っても莫大で、専門外の人間がそれに通暁するのは容易ではないが、政治史の分野はもちろん、社会経済史の領域でもすでにM・ロストフツェフ、文化史ではL・フリードレンダー、宗教史ではK・ラッテによる基準的な研究があって、参照することができる。[100] ユダヤ教資料として第一級のものはヨセフスであるが、彼の報告は第一次ユダヤ戦争終結以後の時代——とはつまり、マルコ(私見では七〇年のエルサレム陥落直後の成立)からヨハネまでの福音書の成立時期——については目に見えて手薄である。他方、いわゆるラビ文献がまとめられてくるのは後二世紀中葉以降から末期にかけてであるから、後一世紀後半の社会的状況についてそこから得られる情報は量的にも少なく、質的にも信憑性に問題がある。したがって、ヨセフスの報告との間に隙間が生じる。そのためにE・シューラーその他の基準的通史においてもあまり立ち入った論述は見られない。[101]

個別福音書の「編集の座」との関連は当然ローマ帝国社会(C段)→ユダヤ社会(B段)の順で増大する。しかし、ユダヤ社会の要因分析——これも要因ごとに精度は異なる——の結果は四福音書すべてに大差なく前提されてしかるべきもので、各福音書ごとの状況——特に解決が目指されている問題——の個性を浮き彫りにするにはまだ一般的に過ぎる。[102]

それぞれの福音書の「編集の座」との関連は、当然ながら、その著者と読者によって構成される教会共同体を取り巻く社会的直接世界(A段)が一番深い。この直接世界で彼らが直面している問題を可能な限り鮮明に析出することが我々の目的にとっては重要である。それぞれの福音書は問題解決、あるいは状況克服のために書かれたと考えなければならず、それぞれの著者が意図する効果(行為媒介的効果)がその問題ないしは状況と関連するからである。

それぞれの著者と教会共同体が抱える問題と状況の個性は、理論的に言えば、前記の表の一二のアスペクトのどれが中心となり、その周囲にさらにどの他のアスペクトが接続するかによって決まる。すべてのアスペクトは通常はそれぞれの教会共同体の「生活世界」の中に多かれ少なかれ所与として収まっている。彼らはそれを必ずしも意識的に対象化せず、それに帰属して生活している。状況あるいは問題は、その生活世界が一定の葛藤を契機に意識化・対象化されて形成される。つまりそれは生活世界のその都度の一断面なのである。[103] 生活世界がどの断面で対象化されるか、あるいはシュッツとともに言えば、「問題の事態と当然のこととして受け容れられる事態との区別は「関心状況」、その時々の今そのようにおける生への注意に依存している」のである。[104] この意味で、問題あるいは状況の対象化それ自体がすでに「実用主義的(pragmatisch)に」動機づけられていると言われる。[105]

ただし、A段の要因分析には各福音書の本文の内証がほとんど唯一の手掛かりである。ところがこの本文は建前として過去を物語る。したがって、そこに政治・社会生態・経済・文化について、古代の文書としては例外的とも言われるほどに多くの言及が行なわれているとしても、それらがそのままそれぞれの福音書の「編集の座」の要因分析に役立つわけではない。著者および読者が直面する問題状況についての直接的な言及はまず存在しない。この点が、例えばパウロの手紙などと比べた場合に、福音書がその物語性のゆえに負う特殊性である。問題状況が見えにくいのである。

このため要因分析的に有意味なデータの収集はほとんど分析的方法のみによらざるを得ない。分析的な収集にももちろん大きな限界があるが、それでもいちおう可能であるのは、福音書の本文が建前としては確かに過去を物語りつつも、実際にはところどころ著者および読者の現在をも同時に語るということが起きるからである。過去と現在が相互に浸透し合い、著者と読者の現実が本文の叙述に「反映」するのである。そして、このような事態が起きる究極的な根拠は実は深く神学的(キリスト論的)なものであるが、それについてはここでは立ち入らない。

重要なことはこの分析において節度を守ることである。著者は自分と読者を取り巻く現実を確かに福音書本文の叙述に反映はさせるのだが、そこには多かれ少なかれ、必ず文学的な虚構が含まれる。彼は——P・リクール流に言えば——現実を「再創造」しつつ模倣するのである。[106] したがって、本文に映し出された現実と実際の現実の間には、必ず裂け目と距離が生じている。この裂け目と距離こそ、後述するとおり、読者をして実際の現実を新しく発見し直させるために、したがってまた問題状況の克服と解決に導こうという意図された効果にとって不可欠条件(conditio sine qua non)なのである。しかし、同じ裂け目と距離は「編集の座」の要因分析には大きな限界を置くことになる。この限界を忘れて、福音書本文の一言一句を背後の「編集の座」へ透かして読み、そこでの現実の「反映」として扱うような極端な反映論は採るべきではない。それは方法論的反省において稚拙な読み方と言わざるを得ない。にもかかわらず、残念なことに最近は、そのような読み方が決して少なくない。[107]

第一ステップは全体としてみると資料的な限界が大きく、要因によっては大まかな推定に留まらざるを得ない場合が多い。[108]

b　ステップ2＝テキストの構成の分析

ここで第一義的に問題にすべきは、例えばE・ギュトゲマンスの「新約聖書の生成詩学」で考えられているような構造主義的意味でのテキストの深層構造(「関係のコスモス」)、あるいはそれが具体的・経験的テキストに「実現」するプロセスではなく、[109] むしろそれぞれの福音書の所与のテキスト(作品)の表層構造、つまりイエスの出来事——行動・講話そして運命——の通時的組み立て(「連辞」)である。

このイエスの出来事の通時的組み立ては、なによりもまず作品全体（マクロテキスト）について明らかにされなければならない。個々の部分段落（ミクロテキスト）の位置価はそのトータルな構造の中で初めて確定可能になる。複数の福音書に共通する記事については、それぞれの福音書のトータルな構造から受け取る位置価の違いが問題になる。ほとんどの部分段落は伝承を採録している。それらの伝承は、我々の基本的発想を説明するために引いた行為遂行的発言の例に帰って言えば、どういう文の要素をどう並べるかが問題になる時の「要素」にあたる。

もちろん、この側面ではすでに編集史的研究による蓄積が厖大である。そこでは、それぞれの福音書の著者は、タイセンの懐疑とは裏腹に、自分の福音書を文字どおり「作品」として構成するために、とりわけマクロな構造については最高度に意識的かつ独創的に作業していることが明らかになっている。ただし、編集史的研究の中には、まず一定のテーマを立て、そのテーマに対するそれぞれの福音書の意見を析出するために、個々の関連記事を編集史的に分析するというタイプの研究が少なくない。(110) それはそれとして必要かつ正当ではあるが、我々の関心からすれば、テキストの作品としてのまとまりと文学的構成というトータルな問題への視点が今一度再強化されてしかるべきであると思われる。(111) その際、編集史的研究は自分の立場が、いわゆる「全知の著者」にコミットした作品構成論の立場、あるいは、後述する予定の「受容美学」との対照で言えば、「叙述美学」の立場であることを改めて自覚し直す必要がある。

もっとも、福音書によっては、ミクロな、あるいは中規模のテキストの表層構造に「文法的な破れ」とも言うべき事態が認められることがある。人称や動詞の時称に関わる例としては、すでに引いたヨハネ三・一一の「わたしたち」と「あなたがた」の対立、その直後三・一三「天からくだってきた者、すなわち人の子のほかには、だれも天に上った（ἀναβέβηκεν）者はない」における ἀναβέβηκεν の現在完了時称が挙げられる。いずれも、生前のイエスがまだ公の活動の初期に、独りニコデモと対話しているという物語の状況には合致しない。また、中規模の文脈の破れとしてはヨハネ一四・三一から一八・一へのつながりを中断する一五―一七章、さらにはマルコ一六・八のいささか唐突な終わり方もここに挙げることができるかもしれない。

人称や時称の乱れは、写本伝承上で発生した誤りとして説明できない場合には、無理な解釈を施して除去するよりも、物語の現在と語り手(著者)の現在の相互浸透としてとらえるべきである。その場合、一方ではそこに著者および読者の現実状況が反映している可能性がないかを問い、他方ではそのような文法的乱れの神学的可能根拠を問うべきである。この第二の問いはおのずからテキストの意味論に関係してゆくはずである。

後に挙げたような文脈の乱れの場合には、まずテキスト(作品)全体の意図する効果から説明できないかを問うべきである。その説明が不可能ならば二次的追加挿入、あるいは二次的欠落・削除を想定することになる。そのうち二次的追加挿入の場合には、元来の本文の作用影響史の最も早い段階の一端が与えられることになるから、元来の本文が事実として果たした効果を知るうえで重要な手掛かりとなり得る。

c　ステップ3＝テキストの意味の分析

ここで分析の対象になるテキストの意味とは意味論で言う意味のことであって、それぞれの福音書の著者が自分の著作行為に結び付けた「主観的意味」とは別である。意味論的意味におけるテキストの意味(meaning)には、テキストが「言っていること」(sense/Sinn)とテキストが言及(指示)していること(reference/Referenz, Bedeutung)の両方が含まれる。(112) この意味はテキストを産出する書記行為によって著者の志向から自立し、あらゆる時代のあらゆる読者のあらゆる可能的な読み行為によって新しく了解され直されるものとなる。このことを指してリクールは、

「テキストの意味はテキストの背後にも、テキストの著者の推定される志向のほうにもなく、テキストの前方に、公然的でないテキストの指示の側に、テキストが開く世界のほうにある」と述べる。[113] 同じリクールに従えば、物語テキストの場合には、テキストの意味は「出来事(行動)の(連辞的)組み立て」としての「筋」によって担われる。[114]

第二ステップで明らかにされたそれぞれの福音書のトータルな構成が、ここでテキストの意味の問題に接続する。しかし、四つの福音書のそれぞれにおいて、この意味での「筋」が占める意義と比重は同一ではない。

マルコ福音書は古代教会以来、その叙述の迅速さから「飛ぶ鷲」(エイレナイオス『異端反駁』Ⅲ・一一・八)とあだ名されたように、四福音書の中で最もドラマ性が高く、言わば「筋」が生命の福音書である。その筋が担う意味はキリスト論、つまりイエス・キリストが神の子であることの逆説的な定義、あるいは同じことであるが、「マルコの十字架の神学」にある。[115]

ルカ福音書の場合も、序文(一・一—四)に「すべてのことを……順序正しくかきつづって」と明言されているとおり、やはり「筋」が生命の福音書である。しかし、イエス・キリストの出来事のドラマ性はマルコに比して低い。その理由の一つは、例えばいわゆる「大旅行記」など、マルコにない素材が挿入されることによって出来事の進展のスピードがダウンしていることにあり、今一つは使徒行伝を含めた二部作全体での筋立てに従属していることにある。その二部作全体の筋立てが担う意味は、世界史を包摂する神の救済史(摂理史)を提示し、その中でエルサレムからローマへのキリスト教の伝播の必然性をあきらかにすることにある。

これに対してマタイ福音書において顕著なのは、五—七章の「山上の垂訓」、一〇章の「弟子派遣の講話」、一三章の「譬え話集」、一八章の「教会規則」、二四—二五章の「終末についての譬え」と、前後五回繰り返されるイエスの長大な教えである。もちろん、奇跡物語や論争物語などイエスの行動についての記事もあるが、それらはこれら五つのブロックの間へ押しやられて一括されている(八—九、一二、一四章)。その結果、「出来事の組み立て」としての筋は文字どおりブロックされ、おそろしくスピードダウンしてしまっている。その筋も基本的にマルコの筋をなぞるだけである。マタイはおそらく筋にはあまり興味がないのである。そのため彼の福音書は最も物語性に乏しい福音書になっている。テキストの意味は、ここでは筋によってではなく、ブロックにまとめられた言葉がイエスの教えとしてその都度——比喩的に言えば、筋に対して「垂直的に」——提示している。その内容は倫理的なものである。

仮にマルコおよびルカを筋型、マタイを箴言型と名づけるならば、残るヨハネ福音書は混合型である。そこでは、よく知られているように、イエスの癒しや論争は直ちに長大な独白的講話へ移行してゆく。にもかかわらず、筋立てにも細心の注意がはらわれている。それは、私の見るところでは、本書の第II論文が立ち入って明らかにするとおり、プロローグとエピローグつきの三幕のドラマと言うことができる。その筋立てが担う意味を著者自身はエピローグで、「イエスは神の子キリストである」と明言している。もう少し説明的に言えば、先在の神の独り子イエス(一・一)は受肉に始まり十字架に完成する救いの出来事を経過して初めて、「我が神よ」(二〇・二八)という呼び掛けの相手となるということである。

「出来事の組み立て」としての筋あるいは物語性とその比重におけるこのような相違は、それぞれの福音書の著者が意図する効果、あるいは結果としての効果の問題とどう関係するか。この問いは、後二世紀以降の外典福音書の内、多かれ少なかれグノーシス主義の影響を受けたものが物語性を減退させて、筋型よりも箴言型になってゆく事実とも関連して、今後の福音書研究の興味あるテーマの一つであろう。

個々のイエス伝承は筋に構成的に組み入れられた形であれ、あるいはそれをブロックする形であれ、いずれにせよ、それぞれの福音書全体のテキストの意味との関連で独自の新しい意味を担うものに解釈し直され、語り直され、文脈上でも異なった位置価を与えられる。この事態をそれぞれのテキストの効果の問題との関連で考察するには、H・G・ガダマーの解釈学に学ぶべき点が多い。[116]

d　ステップ4＝テキストの効果の分析

このステップにおいては、それぞれの福音書の著者が自分の著述行為に結び付けた意図をめぐる問題と、読者の教会共同体がテキストをどう読み、その意味をどう同化するかの問題が区別されなければならない。

(i)　著者の意図

著者が自分の著述行為に結び付けた意図をめぐる問題は、ウェーバーの社会的行為論で言う「行為に結び付けられた主観的意味」の問題に他ならない。ハバーマスが指摘しているとおり、ウェーバーのこの意味概念は、その行為の可能的な構成要素であり得る言語表現の意味論的意味を指すものではなく、当の行為全体の意図を指しているからである。[117] そもそも重層的な「意味」概念が社会学と言語学の接点で、ますます重層的になるから注意が必要である。

A・シュッツがウェーバーの「行為の主観的意味」概念と動機の概念をより厳密化して、未来的な行為の「投企から出発して行為の構成過程を説明する」目的の動機と「過去完了的諸体験から投企そのものの構成過程を説明する」理由動機を区別したことはすでに述べた。この区別に即して言うと、行為者の主観的意味は目的の動機と関係する。なぜなら、「行為者は真の理由動機から行為成果へと至る構成過程をその行為の意味として捉えるのでなく、むしろその行為と投企との関係のみを行為の意味として捉える」からである。[118]

　これを福音書の著述という社会的行為に当て嵌めて言えば、それぞれの著者を著述行為へと促した状況と問題は彼のその行為の理由動機にあたる。彼が福音書の著述によって意図している効果、つまり状況の克服と問題の解決は、彼の行為の「主観的意味」、すなわち目的の動機にあたる。福音書の著述という行為は、この意味で、「目的合理的行為」、あるいはハバーマスが純然たる「了解志向的行為」と対照させる概念を使って言えば、「成果志向的行為」なのである。もちろん、これまでの編集史的研究の中でも、それぞれの福音書の「著作意図」については繰り返し論議されてきた。しかし、そこでは「意図」という概念の社会行為論的に厳密な分節は行なわれないまま、理由動機と目的動機を混同した議論が行なわれてきたのではないかと思われる。

　さて、われわれが社会学的に定義し直した意味での「著作意図」は、四つの福音書において、明示されている場合、全く明示されていない場合、さらにその中間段階と、福音書ごとに異なっている。

　明示的なのはヨハネ福音書である。そのエピローグ、「しかし(δέ)、わたしがこれらのことを書いたのは、あなたがたがイエスは神の子キリストであると信じるためであり、また、そう信じて、イエスの名によって命を得るためである」(二〇・三一)の文言は、冒頭の反接の接続詞 δέ によって、福音書の語り行為そのものから離脱している。したがって、この文言には文学的虚構はほとんどないと考えてよい。すると、ここに出る「わたし」は実際の著者、「あなたがた」は実際の読者、つまり後一世紀末葉のヨハネ教会を指すことになる。著者の意図は、キリスト論のアイデンティティが揺らいでいる状況(理由動機)を克服して、読者の信仰のアイデンティティを再強化することにある。

　ルカ福音書の著作意図は一見すると明示的であるが、実際には半明示的である。確かに、劈頭のプロローグ一・

一―四の特に四節は、この福音書の献呈先とされた「テオピロ閣下」に向かって著作意図を明示的に説明し、「すでにお聞きになっている事が確実であることを、これによって十分に知っていただきたいためであります」と述べる。ここに出る「テオピロ」は使徒行伝劈頭の一・一―二でも呼び掛けられて、「第一巻」たる福音書に次いで、今や始まろうとする使徒行伝をも献呈される形になっている。しかし、この「テオピロ」については史実としてはほとんど何も知り得ないのである。[119]むしろ、著者が自分の作品を後援者に献呈し、後援者はその作品を流布させるために経済的な負担をするという、当時のヘレニズム文学界の慣習を意識した虚構である可能性が否定できない。[120]

加えて、福音書のプロローグ(一・三)に出る「わたし」は、使徒行伝をも含めた二部作をごく自然に通読する場合には、使徒行伝一・一の「わたし」と同様、使徒行伝の後半のパウロの伝道旅行に関連して現われるいわゆる「わたしたち報告」(一六・一〇―一七、二〇・五―一五、二一・一―一七、二七・一―二八・一六)へ自然に接続し、その「わたしたち」の一人、つまりパウロの伝道旅行の同伴者となる。ここから、周知のように、ムラトリ正典目録(後二世紀)、さらにはエイレナイオス(『異端反駁』III・一・一)になると、パウロ書簡(ピレモン二四、コロサイ四・一四、IIテモテ四・一一)にパウロの同労者の一人として名前を挙げられた「医者ルカ」をルカ福音書と使徒行伝の二部作の著者とする伝統が形成されたのである。しかし、現在なおこの伝統的な見解を採る歴史家は皆無であり、実際の著者は第三世代の異邦人キリスト教徒というのが一致した見方である。

したがって、ルカ一・三と使徒行伝一・一の「わたし」は「虚構の語り手」と見なされなければならない。するとと「テオピロ」も、その歴史的実在性の問題は別にして、「虚構の受け手」である蓋然性が大きくなる。[121]実際、ルカの二部作の実際の読者が単独の一個人であったとはとても考え難いであろう。それとともに、ルカ一・四の前記の「著作意図」は実際の著者の実際の著作意図を明示するものではないと言わざるを得ない。それでは、その実際の著者の実際の著作意図にはどうすれば接近可能であろうか。このハードルは、著作意図が全く非明示的なマルコとマタイ福音書の場合には、もっと高くなる。社会的行為の一般論として言えば、目的合理的に行為する語り手は、自分が意図する行為媒介的効果をあらわにすることなく聴衆の了解を手に入れ、然るべき行動へ促すことがあり得るのである。[122] 福音書文学の場合にはむしろその方が原初的なのかも知れない。

このハードルを越える唯一の手掛かりは、文芸学で言う「内的著者」と「内的読者」の範疇を活用することであると思われる。「内的著者」・「内的読者」とは「虚構の語り手」・「虚構の受け手」と「実際の著者」・「実際の読者」の中間に位置する概念である。[123]

「実際の著者」の意識は「虚構の著者」が語るところ——多くの場合、地の文——にすべて尽くされるわけではなく、例えば物語の主人公(イエス!)、準主人公(弟子たち?)、脇役たちの台詞と行動にも託される。実際の著者は、これらすべてを自分の意図の遂行のために、相互連関させて話を構成するのである。したがって、彼の意図は物語の中のその相互連関の分析によって理論的に再構成する他はない。本文に非明示的に内包されている著者、本文の内証によって再構成される著者、それが「内的著者」である。

こう言えばはなはだ抽象的に聞こえるかも知れない。しかし、実際にはこれまでの編集史的研究もそれぞれの福音書の「実際の著者」の人物、名前、経歴などを直接知り得ないことからくる苦肉の策として、それぞれの福音書に伝統的に付された弟子名を取って、ただし、多くの場合それに鍵括弧をつけて、「マルコ」、「マタイ」、「ルカ」、「ヨハネ」と表示してきたのである。直接知り得ない「実際の著者」の代わりに、本文の内証によって再構成された「内的著者」をそう表示してきたのである。編集史的研究は文芸学で言うこの概念を知らなかったにすぎないのであるから、今改めて文芸学に学ぶことを忌避すべきではない。

「内的読者」は「内的著者」の理論的対応物である。「実際の著者」は「実際の読者」に対し、自分の作品をどう読むべきか、彼らの読み行為を一定の方向に導くための指令を、あらかじめ意識的に本文そのものの中に与えておくのである。W・イーザーはこのことを指して、「内的読者とは、本文の中にあらかじめ指示されている読み行為の行為的性格を言うのであって、可能的読者の類型論のことではない」[124]と言う。

福音書の場合、この指示は、必ずしも常にイエスの行動と言葉の真義を理解しない「弟子たち」によって担われることが多い。しかし、同じ指示は彼らのみではなく、その他の登場人物——しかも、「弟子たち」への批判者も含めて——にも託され得る。例えば、マルコ福音書の「群衆」はその典型である。また、「実際の著者」は同じ指示を、物語の流れを言わば垂直的に中断して、直接「実際の読者」に呼び掛けるような文言として、本文に埋め込むこともある。例えば、共観福音書に繰り返し現われる「聞く耳のある者は聞くがよい」という定型表現(マルコ四・九他)、マルコ一三・一四の「読者よ悟れ」、同三七節の「目を覚ましていなさい。わたしがあなたがた(=弟子たち)に言う言葉は、すべての人々に言うのである」がそれに当たる。[125]

「実際の著者」の意図は直接知ることができず、「内的著者」を理論的に再構成することを経由して、言わば間接的にしか知り得ない。この間接性は、エピローグに意図を明示するヨハネ福音書の場合にも、それをさらに立ち入って知ろうとすると、たちまち立ちはだかってくる。他方で、「実際の著者」が克服と解決を意図する「実際の読者」の状況と問題を再構成するにも、すでに前出のステップ1において確認したとおり、もちろん外部資料も駆使するものの、やはり本文の内証が一番の頼りであった。するとここに循環論法的な危険が生じてくることは誰の目にも明らかであろう。この危険はわれわれの方法に負わされた絶対的な限界であって、われわれはこの限界を隠し立てすべきではない。しかし、だからと言ってわれわれの方法による企てが正当性を失うわけでは断じてない。もしそのことのゆえに正当性がないということになれば、われわれの方法だけではなく、現行の編集史的研究の大半が成り立たないのである。同じ限界は、「編集の座」を時代史的、あるいは社会史的に多少とも拡大して考えようとする編集史的研究一般にも負わされているからである。残された道はかつてのコンツェルマンのような研究に逆戻りして、それぞれの福音書の神学的・思想的な現事実(daß)を確認することで終わらなければならないであろう。そのような退行を首肯し得ないのであれば、われわれには「前方への逃走」しかないのである。決定的なのは実践する前から正当性云々を議論することではない。決定的なのはむしろ実践的に提示された解釈全体がどこまで直接的明証性(Evidenz)を獲得し得ているかということである。

(ii) 読者の読み行為

次にわれわれは、「実際の読者」が「実際の著者」によって提示された本文をどのように読み、本文の(意味論的)意味をどう了解・同化し、「実際の著者」の意図がどこまで実現されるかを問わなければならない。つまり、文芸学的に言えば、「実際の読者」による本文の受容の問題であり、理解社会学的に言えば、社会的他者理解の問題である。この問題を考えるには受容美学および解釈学的視点が不可欠である。これまで著者中心主義と叙述美学に偏してきた編集史的研究の限界が最もあらわになるのはこの問題においてである。

ただし、直接この問題を考える以前に、すでに前提的なところで解釈学的な難問が一つ横たわっている。それは「実際の著者」と「実際の読者」の間の時間的・空間的な距離と親密さの問題である。われわれはすでにステップ1において、両者を社会的直接世界に共属し、「われわれ関係」・「汝定位」の中にあると規定した。独りルカの二部作のみが社会的直接世界に留まらず、それを越えて、社会的同時世界(「神をおそれる人々」!)にも読者を求めようとしている可能性がある。しかし、そのルカ文書も含めて、「実際の著者」と「実際の読者」の関係は社会的直接世界の「われわれ関係」・「汝定位」が基本であると考えなければならない。すると、それぞれの福音書の著者はなぜ直接的な対面状況において語らず、書記行為に訴えたのか、つまり彼はそもそもなぜ書いたのかが問題になる。なぜなら書記行為は、解釈学的に言うと、テキスト(作品)の意味を「実際の著者」の志向や社会学的条件から解放して、あらゆる可能的な読者の読み行為と解釈に対して開く行為であって、多かれ少なかれ読者との間に時間的・空間的な距離を前提しているはずだからである。

この問題に対して私は次の三つの場合を考えることによって答えたい。

(一)「実際の読者」が空間的に複数の教会共同体に跨がる場合。例えば、ヨハネ福音書の場合がこれに当たる。この福音書の読者が異なる地域の複数の教会共同体に跨がっていることは、同じ系譜に属する三通の「ヨハネの手紙」から推定される。

(二)「実際の著者」が自分の教会共同体の枠を越えて、社会的同時世界にも読者を予想している場合。すでに述べたように、ルカ文書がこれに該当する。また、マルコ福音書の「群衆」にも同じ視線をみとめ得るかも知れない。[126]

(三)「実際の著者」が自分の最期を予感しつつ書き残している場合。やはりヨハネ福音書がこれに該当すると思われる。ステップ2で言及したようなテキストの構成の「破れ」(特に一五―一七章!)は、彼の死の時点で本文が未だ最終的な構成にまでもたらされていなかった可能性を強く示唆している。

解釈学的に見たときの書記行為が前提する時間的開きは数世紀でもあり得るが、数年あるいは数ヵ月でもあり得るのであって、絶対的な基準というものはない。したがって、これら三つの場合にも著者が書記行為に訴える必然性は十分にあると言うことができる。

いずれにしてもわれわれは、史学的研究の枠に留まる限り、「実際の著者」と「実際の読者」を、少なくとも時間的には、大きくは乖離させられないのである。両者を同時代人とみなすのが基本である。われわれにとって解釈学的方法は、社会学的方法および文芸学と全く同様に、史学的研究という最上位の枠に仕える補助理論に過ぎない。それを補助理論として用いることの有効性の度合いについて議論はできるし、されなければならないが、原理的な正当性そのものを否定することはできない。そのような援用は解釈学あるいはその他の補助理論の射程を「矮小化」することになるという批判はあまりに月並みである。ここは言わば研究者の「霊の分岐点」であるから、われわれの企てをそのように批判する者は、まず自らが立っている位置そのものを鮮明に表明しなければならない。それは解釈学あるいは、その他の理論を一般理論・普遍理論として整備するために福音書あるいは新約聖書を経験的素材として扱うような立場なのであろうか。

少なくともわれわれの立場はそうではないことをここで改めて言明しておきたい。われわれの研究は具体的には確かにそれぞれの福音書についての歴史的個別研究の形で進められる。しかし、翻ってこの歴史的ケース・スタディーには、単なる歴史的実証という枠を越えて、解釈学・社会学・文芸学の一般理論・普遍理論にとっても無視できない適合性が認められて然るべきである。例えば、どのような解釈学的理論モデルであれ、ある作品本文について、一方では著者による作品制作にかかわる言語的および非言語的(歴史的・文化的・社会的)諸要因と諸条件、他方では読者による作品受容にかかわる同様の諸要因と諸条件、また著者の意図と読者の読み行為における意味構成の間の一致と乖離(後述参照)、作品が読者に及ぼす効果の問題を取り扱い、これら相互の関係を一つの一般理論モデルに組み上げようとする。ところが、そのような一般モデルの妥当性を具体的に吟味しようという段階になると、その吟味の場として、歴史的・空間的に限定された一つの閉じた領域——聖書解釈の分野で言えば、例えばマルコ福音書あるいはヨハネ福音書を生み出し、伝承した一定の教会共同体——がどうしても不可欠となる。そうでなければ、前記のような諸要因と諸条件のすべてを一時に(totum simul)視野に収めることができないからである。われわれ自身が解釈者としてその只中にあるような解釈学的状況について、それが不可能であるわけは、理論的分析に不可欠な前提条件、すなわち、対象からの歴史的・空間的距離が確保し難いからに他ならない。一定の解釈学的場面に共働するあらゆる要因と条件を同時に分析の対象とし、それによって特定の理論モデルの妥当性を検証することができるためには、それらの諸要因と条件の共働がすでに具体的に起きてしまった場合についての研究、すなわちケース・スタディー——case は周知のようにラテン語動詞 cado(落ちる、起きる)の過去分詞 casus からの派生語として「起きてしまった事例」のことである——が不可欠なのである。史学的個別研究に解釈学の、あるいはその他の一般理論を補助的に援用することが、その理論の射程距離の検証に役立つことはあっても、決して矮小化だけに終わらない所以である。[127]

さて、それでは「実際の読者」は福音書本文をどう読むであろうか。このことを直接教えてくれる外証はもちろん皆無である。われわれに与えられているのは「実際の著者」の手に成った福音書本文とその中に彼が埋め込んでいる読者の読み行為への指示だけである。つまり、ここには大きな非対称あるいは不均衡が存在しているわけであって、「実際の読者」が著者のその指示通りに本文を読むという想定からわれわれは出発せざるを得ない。言い換えれば、「実際の読者」と「内的読者」が一致するという理念型で考えるしかないのである。しかし、このことはそう異常なことではない。一般に歴史的過去の世界を理解するには、多かれ少なかれ理念型な思考が不可欠だからである。

「実際の読者」はそれぞれの福音書本文を——本文を読む読者一般がそうであるように——初めから終わりへ向

かって読み進む。「実際の著者」にとってもそれは当然の前提である。そして、その読み行為には一定の時間がかかる。これは当たり前のことのようだが、われわれの問題を考える上で最も基礎的な認識である。しかし、著者中心主義の編集史的研究ではこの基礎的な事実が容易に忘れられてしまう。「実際の著者」は、文芸学ではよく言われるように、「全知の著者」であって、終わりから初めを、全体から部分を鳥瞰して構成することができる。作品の時間軸を、言わば「空飛ぶ鳥」のように、瞬時に往来できるのである。とは言え、彼も実際に書き下ろす段になれば、読者以上に時間をかけて初めから終わりへと書き進まねばならない。ところが、例えば編集史的視点から書かれた各種の注解書は、そのようにして出来上がった本文を所与のものとして注解するだけであるから、「空飛ぶ鳥」どころではない、もっと迅速に、言わば「空飛ぶ円盤」の如く神出鬼没、本文のあらゆる細部を探査し、相互に関係づけて、一方から他方を、終わりから初めを、部分を全体から説明する。「実際の読者」の読み行為を分析するには、まず編集史的研究のこのような一般的傾向から自由にならなければならない。

「実際の読者」は「全知の著者」あるいは編集史的注解者とは対照的に、言わば地上をさまざまな道標(指示)に従って未知の目的地へ向かって歩む旅人である。彼のその都度の視界(地平)は限られているが、歩むにつれてその視界も移動し、推移する。また、旅路を進むにつれて、すでに経てきた道のり、つまり過去が記憶に保持され、蓄積されてゆくのに応じて、質的に拡大してゆく。反対に、旅路の先はその拡大された視界へ先取りされ、さらに歩むにつれてその都度現在となる。その都度の視界は旅路全体の個々の位相であって、その中のどれ一つとして旅路全体の意味を開示しない。旅路、つまり作品全体の意味は、旅人たる読者が目標点に到達した時に初めて、回顧的に、すべての位相の綜合として了解されるのである。

このことこそW・イーザーが「読書の現象学」という分析の枠内で「視点の遍歴」と呼んだ事態に他ならない。(128)

また、すでに本稿の第二節3でも報告したとおり、A・シュッツが社会的他者理解の過程について指摘しているのもこれと同じ事態に他ならない。「実際の読者」は物語を過去・現在・未来と時間軸に沿ってたどりながら、多位相的に現われてくる視界（地平）を最後に単定立的に綜合する時に初めて作品の意味を了解する。われわれがステップ2において作品全体のトータルな構成をこそまず第一に取り出すべきことを指摘し、続いてステップ3ではリクールとともに、本文全体の「筋立て」にこそ意味の担い手を見たのは、このような現象学的根拠によるのである。

もちろん、このような読み行為は、「実際の著者」が本文に埋め込んだ指示に従って行なわれるという意味で「受動的」であり、そこで起きる意味了解は「受動的綜合」と呼ばれる。[129] しかし、読者は同じ本文を繰り返し読むことができる。第一回目の読み行為の受動性にくらべ、第二回目以降の読み行為は、当然より能動的となり、第一回目に起きた「受動的意味構成」そのものの過程も顧みることが可能になる。[130]

この再読以降の読み行為の問題は、「実際の読者」が本文の意味をより能動的に自己の生に同化・受容することの問題、したがって、本文が果たす効果の問題にすでに関連している。物語られた過去の出来事が読者の今へ実存的適合性を持ったものとして蘇るのは、この時である。リクールは、これを次のように見事に言い表わしている。

「その終り方によって一つの全体として統制された、物語られる話を反復することは、過去から未来へと流れる、有名な隠喩によれば「時の矢」という時間表象に代わるものをつくりだす。それはまるで回想が時間のいわゆる「自然な」順序を逆転するかのようである。始まりの中に結果を読みとり、結果の中に始まりを読みとることは、行動の経過の最初の条件がその最終結果の中に要約反復されるものとして、時間そのものを逆に読みとることもわれわれは学ぶのである[131]」。

福音書によってはこのような再読行為への指示を含んでいるものがある。まずヨハネ福音書の場合には、すでにステップ2／3で引用したようなテキストの表層構造の「文法的」な乱れ(時称・人称の唐突な交替)が、非明示的ながら、そのような再読行為への半ば強制的な指示と言い得る。なぜなら、それらの乱れは本文が物語ろうとするイエス・キリストの出来事全体を終わりから鳥瞰する時にしか了解されないからである。私がすでに他の所で、ヨハネ福音書を「二度読まないと分からない福音書」[132]と述べたのは、この意味においてである。読者は、それらの乱れにおいて著者および自分たちの現在が物語の現在へ浸透していることを了解する時、本文が言おうとすること、つまり「イエスは神の子キリストである」ことを、過去のこととしてではなく、現在の事柄として受け取るのである。本文の実存的効果は明らかである。

マルコ福音書の場合には、一見唐突かつ不自然に見える結末(一六・一―八)が実は明示的な再読指示とも解釈できる。すなわち、一六・七で天使が女たちに向ける言葉、「今から弟子たちとペテロの所へ行って、こう伝えなさい。イエスはあなたがたより先にガリラヤに行かれる。かねて(＝一四・二八)、あなたがたに言われたとおり、そこでお会いできるであろう、と」は、周知のように、この福音書前半に描かれたイエスの登場と活動の舞台であるガリラヤを再び指示している。読者がこの指示に従って福音書前半を再読する時、そこに描かれたイエスの活動、とりわけガリラヤの民衆とともに歩む生は、この福音書がその筋全体をもって提示するテキストの意味、つまり「マルコの十字架の神学」の視界(地平)の中で捉え直され、読者の今における時務の範例となる。その時、生前のイエスの上に現在も生きる復活のイエスが二重写しになる。

このような意味での本文の効果は本文の「言わんとすること」(sense/Sinn)と同一ではなく、むしろこれが読者の実存と生において実際に働き出す時に生まれてくる。このことを指してリクールは読者による本文の意味理解に二つの階梯を区別している。――「理解には二つの階梯がある。すなわち、「意味」(Sinn)の階梯と……「意味内容」

(Bedeutung)の階梯である。この意味内容の階梯は、読者が意味を受け入れたこと、つまり(読者の)実存において意味が働き出すことである」[133]。あるいは、イーザーもこれを受けて次のように述べる。

「意味と意味内容の弁別は重要である。リクールも言うように、この二つは理解の異なった段階である。意味は、テキストのさまざまな局面に内包された指示総体であり、読むことによってしか構成し得ない。他方、意味内容は、読者が意味を自己の生活にとり入れることである。意味と意味内容、この二つが相俟って初めて、読者が(物語られている)異質の現実を構成するうちに、自分自身もある一定の仕方で構成されるという経験の働きは確実なものとなる」[134]。

ここに言う「意味内容」とはテキストの指示(Referenz)のことである。それはテキストが自己の背後にではなく、前方に、非公然的に開示する新しい生の可能性の世界である。リクールはこれを「テキスト世界」と呼ぶ[135]。また、この「テキスト世界」を読者が自己の生の新しい可能性として実際に受け入れることを「テキストの前での新しい自己了解」と呼ぶ。注意したいのは、新しい自己了解とはそのまま新しい世界了解、世界に対する新しい構え、あるいは新しい精神態度に他ならないことである。そして、ウェーバーによれば、人間の社会的行動には、外的に確認可能な行動ばかりではなく、そのような個人の目に見えない内的な精神態度も含まれて然るべきなのである[136]。したがって、テキストが媒介する自己および世界の新しい了解はそれ自体すでに一つの社会的行動であり、また多くの場合、外見的にも確認可能な新しい社会的行動を動機づけてゆくはずである。なぜなら、テキストに媒介されて自己と世界の意味論的意味を新しく再発見することは、読者が葛藤状況と問題を克服し、社会的アイデンティティを新たに確認することに他ならず、そこからまた社会的行為の新しい主観的意味づけが可能になるからである。

われわれの理念型的な方法の枠内では、それぞれの福音書の「実際の読者」が到達する新しい自己了解・世界了解、およびこれに基づく新しい社会的行為は、それぞれの「実際の著者」が意図した効果と基本的に一致すると考えざるを得ない。

ただし、テキストが実際に果たす効果は著者の意図以上に越えて進むことがあり得る。すでに触れたように、解釈学的に言えば、テキストの指示としての「テキスト世界」は著者の意図および志向から原理的に自立し得るために、違った社会的・文化的コンテキスト、違った状況と問題の中にある読者には違った「テキスト世界」が構成され、実存的に同化される可能性があるからである。そして、この可能性は「実際の読者」が「実際の著者」と社会的直接世界を共有する場合においても原理的には否定できないのである。そのよい例がヨハネ福音書の効果である。著者自身が意図する効果は、読者がイエスは神の子キリストであると信じ、そこに救いを得ること(二〇・三一)、つまり狭い意味での信仰の自己了解なのであるが、読者の教会共同体はそのような自己了解を越えて、社会的直接世界で敵対するユダヤ教、ひいてはそれをも越えた同時世界に向かって新たな宣教活動を展開するように導かれるからである。このことは本書所収の第II論文において立ち入って明らかにされるとおりである。ここで重要なことは、著者から見て「結果としての効果」とも言うべき効果への分析視点を欠いてはならないことを確認しておくことである。

おわりに

われわれが考える福音書の文学社会学的分析の基本的発想と具体的作業ステップは以上のとおりである。しかし、本稿を閉じるに当たって、第三節2の最後に述べたことをもう一度確認しておくことが必要である。すなわち、ここに理念型的に分節したステップにおいて行なわれるべきそれぞれの福音書の分析は、原始キリスト教の社会学的研究という全体枠の中では、言わば個別データの収集という身分に留まるということである。それによって、原始キリスト教の社会的行為の類型学は、それだけ豊かな素材を手にすることになる。逆に、それぞれの福音書が体現する社会的相互行為——状況と状況克服、問題と問題解決——は、そのような上位の枠組の中で社会学的な個性を明らかにされる必要がある。原始キリスト教の社会学的研究は、タイセンの定義を多少敷衍して言えば、ユダヤ教の枠内の極めてマージナルな革新運動として出現した「イエス運動」が、やがてそれとの葛藤において対抗的下位世界・象徴的意味宇宙を形成して行った歴史的プロセス、また他方ローマ帝国とも葛藤を繰り返しつつも、やがて市民権を得て行く歴史的プロセスを社会学的に解明しなければならない[137]。福音書の文学社会学的研究は、そのための極めて限られた一ステップに過ぎない。しかし、それはどうしても欠くことのできないステップである。

（1）　神田健次・関田寛雄・森野善右衛門編『総説実践神学』日本基督教団出版局、一九八九年、（第四章説教学）、一四八頁。

（2）　関田寛雄、前掲書、一四四頁。

（3）　L・ショットロフ／W・シュテーゲマン『ナザレのイエス——貧しい者の希望』(L. Schottroff/W. Stegemann, *Jesus von Nazareth, Hoffnung der Armen*, Stuttgart, 1981, 2. Aufl.)、大貫隆訳、日本基督教団出版局、一九八九年、序文（ショットロフ）九頁。

（4）　例えば Chr. Bäumler, *Kommunikative Gemeindepraxis*, München, 1984; N. Mette/H. Steinkamp, *Sozialwissenschaften und praktische Theologie*, Düsseldorf, 1983; K. F. Daiber u. a. (ed.), *Predigten und Hören*, Bd. 2: *Kommunikation zwischen Predigern und Hörern. Sozialwissenschaftliche Untersuchungen*, München, 1983; H. Sundén, *Religionspsychologie. Probleme und Methode*, Stuttgart, 1982, および前出『総説実践神学』「序説」(森野善右衛門)五一頁などを参照のこと。古いところではD. Goldschmidt/Fr. Greiner/H. Schelsky (ed.), *Soziologie der Kirchengemeinde*, Stuttgart, 1960.

(5) 富永健一『現代の社会科学者——現代社会科学における実証主義と理念主義』(「人類の知的遺産」79)、講談社、一九八四年。

(6) Jürgen Habermas, *Theorie des kommunikativen Handelns*, Bd. 2: *Zur Kritik der funktionalistischen Vernunft*, Frankfurt/M., 1982 (2. Aufl.), pp. 301, 402. なお、社会的行為理論に関するパーソンズの主著は『社会的行為の構造』稲上毅ほか訳、木鐸社、一九七四年(*The Structure of Social Action*, New York, 1937)、『行為の総合理論をめざして』永井道雄・作田啓一・橋本真訳、日本評論新社、一九六〇年(*Toward a General Theory of Action*, New York, 1951)、社会システム論における主要著作は『社会体系論』佐藤勉訳、青木書店、一九七四年(*The Social System*, New York, 1951)。

(7) 以上パーソンズの構造・機能理論についてより厳密には富永健一、前掲書、二八一頁以下、を参照。また、構造・機能分析の論理と方法および数理社会学の実際について教科書的に概説するものとしては、小室直樹「構造・機能分析の論理と方法」、福武直監修・青井和夫編『社会学講座1(理論社会学)』東京大学出版会、一九七四年、一五一八〇頁、所収、福武直監修・安田三郎編『社会学講座17(数理社会学)』東京大学出版会、一九七三年、がある。

(8) ミルトン・インガー『宗教社会学1・宗教社会学の方法』(J. M. Yinger, *The Scientific Study of Religion*, 1970)、金井新二訳、ヨルダン社、一九八九年、八四—八五、一九四頁、参照。

(9) インガー、前掲書、一八五、一九六頁以下参照。

(10) アルフレッド・シュッツ『社会的世界の意味構成——ウェーバー社会学の現象学的分析』(A. Schütz, *Der sinnhafte Aufbau der sozialen Welt. Eine Einleitung in die verstehende Soziologie*, Wien, 1932, 1960, 1974)、佐藤嘉一訳、木鐸社、一九八四年(第二章「自己自身の持続における有意味的な体験の構成」)。

(11) 船津衛『シンボリック相互作用論』恒星社厚生閣、一九七六年、二六〇頁。

(12) 船津衛、前掲書、二六頁。ミード以降、H・ブルーマー、M・クーンも含めてシンボリック相互作用論の研究史・研究者および文献等について、より詳しくは同著を参照のこと。

(13)　P・L・バーガー/T・ルックマン『日常世界の構成――アイデンティティと社会の弁証法』(P. L. Berger/Th. Luckmann, *The Social Construction of Reality, A Treatise in the Sociology of Knowledge*, New York, 1966)、山口節郎訳、新曜社、一九七七年、特に巻末の訳者解説三五三頁以下、を参照。

(14)　バーガー/ルックマン、前掲書、訳者解説三五三―三五四頁、参照。マルクス主義のイデオロギー論以外ではK・マンハイムの知識社会学(『イデオロギーとユートピア』)がこの立場の代表である。この点については、同じ山口節郎の執筆になる項目「イデオロギー」『大百科事典1』(平凡社、一九八四年)、一〇九一頁、に詳しい。W・スターク『知識社会学――思想史理解の深化のために』(W. Stark, *The Sociology of Knowledge. A essay in aid of a deeper Understanding of the History of Ideas*, London, 1958)、杉山忠平訳、未来社、一九七一年、も同じ系譜に属する。

(15)　シュッツの前掲書に付された訳者(佐藤嘉一)の解説三七六頁、参照。

(16)　バーガー/ルックマン、前掲書、訳者解説三五五頁、宇都宮輝夫「現象学的社会学とその宗教論」『北海道大学文学部人文科学論集』二一号(一九八四年)、一―二二頁、特に三―四、六―九頁などの指摘を参照。シュッツの主観主義的構成主義に対する批判としては、木田元「社会学と現象学」『社会科学の方法』八巻三号、お茶の水書房、一九七五年、六頁、永見勇『了解と価値の社会学』出光書店、一九八三年、一四四頁、の他、望月哲也「超越論的現象学と現象学的社会学のあいだ――A・シュッツにおける超越論主義回避をめぐって」『立正大学教養部紀要』第一七号(一九八四年)、四七―六〇頁、特に五六頁「結局、シュッツの現象学的社会学はその超越論主義回避の立場の故に、フッサールの超越論主義の自己展開が開示した豊かな問題地平――事実、ハイデガーを嚆矢とするフッサール以後の現象学の展開の基調はその延長線上に置かれている――に目を閉ざす結果になり、かえって中期フッサールの超越論主義に特徴的であった主観主義的構成主義を社会学的に通俗化しただけのものに終っている。フッサールが超越論主義を貫く中で構成主義の及びえない地点を開示したとすれば、シュッツは折角フッサールの超越論的構成主義の自己撞着を見てとりながら、それを深く追及せず、むしろそれを理由にして内世界的立場にふみとどまることによって、構成主義の限界内に安住してしまったのである」。

(17)　フランクフルト学派について最も新しいところでは、徳永恂編『フランクフルト学派再考』弘文堂、一九八九年、が参考になる。

(18) J. Habermas, *Theorie des kommunikativen Handelns*, Bd. 1: *Handlungsrationalität und gesellschaftliche Rationalisierung*, Frankfurt/M., 1982(2. Aufl.), pp. 152-203, 367-452.

(19) J. Habermas, *op. cit.*, pp. 384, 449.

(20) J. Habermas, *op. cit.*, pp. 385, 395 f., 410, 438.

(21) J・L・オースティン『言語と行為』(J. L. Austin, *How to Do Things with Words*, Oxford, 1962)、坂本百大訳、大修館書店、一九七八年、二五一、三二八頁。

(22) J. Habermas, *op. cit.*, p. 375; Was heißt Universalpragmatik? in: K. O. Apel (ed.), *Sprachpragmatik und Philosophie*, Frankfurt/M., 1976, pp. 174 ff.

(23) J. Habermas, *op. cit.*, pp. 171, 173, 176.

(24) J. Habermas, *op. cit.*, Bd. 2: *Zur Kritik der funktionalistischen Vernunft*, pp. 303, 420.

(25) 富永健一、前掲書、三二一―三二二頁。富永は合計六つの特徴を挙げ、それぞれを詳しく解説しているが、我々は簡略化して引用する。

(26) 一九四一年三月一七日付シュッツからパーソンズ宛書簡、W・M・スプロンデル編『A・シュッツ/T・パーソンズ往復書簡「社会理論の構成――社会的行為の理論をめぐって」』佐藤嘉一訳、木鐸社、一九八〇年、二〇八頁。シュッツの社会理論のメタ社会学(「社会学の社会学」、「再帰的社会学」)的性格については、石黒毅「社会学と現象学」『講座現象学4・現象学と人間諸科学』弘文堂、一九八〇年、一〇四―一五二頁、特に一三六、一四六頁、山口節郎『社会と意味――メタ社会学的アプローチ』勁草書房、一九八二年、二一八頁、を参照。

(27) 森岡清美「理論構成への接近」、森岡清美・山根常男編『現代社会学の根本問題』有斐閣、一九六八年、所収参照。「宗教社会学研究会」は近現代日本の「新宗教」(新興宗教)および、いわゆる「新・新宗教」の実証的共同研究で目覚ましい成果(最近のところでは、同研究会編『教祖とその周辺』雄山閣、一九八七年、参照)を挙げてきたが、一九九〇年九月一日をもって解散となった。本稿の一部(前半)は、私が一九八六年一月一八日に上智大学で行なわれた同研究会の年次総会に招かれて行った講演に基づいている。その時に示された関係者の厚意に対し、この場を借りて心からの感謝を表したい。

(28) K. F. Daiber/H. Schröer (ed.), *Handbuch der Praktischen Theologie*, Bd. II, III, IV, Gütersloh, 1981 ff. 引用文は前出『総説実践神学』の序説(森野善右衛門)、五一頁。

(29) 後述するG・タイセンを除いて、総論的なもののみに限って挙げれば、H・C・キー『初期キリスト教の社会学』(H. C. Kee, *Christian Origins in Sociological Perspective. Methods and Resources*, 1980)、土屋博訳、ヨルダン社、一九八八年、ウェイン・A・ミークス『古代都市のキリスト教――パウロ伝道圏の社会学的研究』(W. A. Meeks, *The First Urban Christians*, 1983)、加山久夫監訳、布川悦子・挽地茂男訳、ヨルダン社、一九八九年、M. N. Ebertz, *Das Charisma des Gekreuzigten. Zur Soziologie der Jesusbewegung*, Tübingen, 1987. 最後のEbertzのものは元来社会科学の領域で書かれた学位論文であり、M・ウェーバーのカリスマ論による「イエス運動」の研究である。キーのものは明確に理念主義の社会理論に依拠しているが、論理の運びがきわめて大まかで方法論的にも内容的にも教えられるところは少ない。ミークスは自らの方法論的立場を「中道的機能主義」からの「折衷主義」と呼んでいる(邦訳二三―二六頁参照)。Th. Schmeller, *Brechungen: Urchristliche Wandercharismatiker im Prisma soziologisch-orientierter Exegese*, Stuttgart, 1989, pp. 46-49, 114 も同じ立場を弁護する。

その他、H. C. Kee, *Miracle in the Early Christian World. A Study in Sociohistorical Method*, Yale Uni. Press, 1983; *Medicine, Miracle and Magic in New Testament Times*, Cambridge, 1987 (*SNTSMonSer*, 55); M. Y. MacDonald, *The Pauline Churches, A socio-historical study of institutionalisation in the Pauline and Deutero-Pauline Writings*, Cambridge, 1988 (*SNTSMonSer*, 60) など参照。一九八五年までの研究文献に対する中道・保守の聖書学からの論評は W. G. Kümmel, Das Urchristentum: Arbeiten zu Spezialproblemen; b: Zur Sozialgeschichte und Soziologie der Urkirche, *ThR* 50 (1985), pp. 327-363. 最新のものとしては G. Theißen, *Studien zur Soziologie des Urchristentums*, 3. Aufl., Tübingen, 1989 の巻末の文献表を見よ。

(30) 誤解を防ぐために言えば、本文の志向するところと一致する問いをもって本文に向かうことが聖書釈義――特に説教という具体的な実践を意識した聖書釈義——にとって死活的に重要であることを私は寸毫も否定しない。しかし、そのことをもって、解釈者の問いは本文の志向と一致していなければならないと主張することはできない。新約聖書の社会学的な研究に対して、保守的・正統主義的な聖書解釈の立場から陰に陽に表明される否定的な評価の背後には、私の見るところ、意識的にか無意識的にか、常にこの点での混乱があるように思われる。もし、本文の志向に一致する問いしか発することが許されないとしたら、原始キリスト教の社会学的研究どころではない、原始キリスト教の歴史的研究一般、さらには教会史研究一般もまた不可能になるであろう。とりわけ、古代史は、現存する資料に、その本来の志向とは別に、言わば、その「背後から」問いを発することなしには成り立たないからである。そして、それなしには、現代の解釈者があるいは直接的に把握するかも知れない本文の志向、意味(事柄)が果たしてどこまで本当に本文の志向であり、意味であるかをコントロールすることができなくなるであろう。一方において原始キリスト教の歴史的研究あるいは教会史研究の必要性と方法を承認しておきながら、他方で原始キリスト教あるいは新約聖書の社会学的研究については、本文の志向に沿わないものとして、その正当性を否定するというようなことが仮に行なわれるとしたら、それはきわめて首尾一貫しない言動であろう。反対に、前記の意味でのコントロールは必要ないと断言する立場があるとすれば、そのほうがよほど首尾一貫する。しかし、この場合には、聖書の本文の「本来の志向」は初めから明らかなものとして措定され、当の本文を生み出し語り伝えた、かつてのキリスト者たちとの真の意味での対話は放棄されてしまう。そのように断言する者は、このことを率直に認め、自分が本文と解釈学的な折衝に入る以前に一定のアプリオリな規範に依拠していること、またその規範の内容を表明しなければならない。そのように自己自身の立つ位置についての反省、言わば「メタ神学的」、「自己再帰的」な姿勢がない場合には、我々としてはただ黙して己が道を行くしかない。

(31) G. Theißen, *Studien zur Soziologie des Urchristentums*, Tübingen, 1979, pp. 35-54.

(32) L・ショットロフ/W・シュテーゲマン、前掲書、序文(ショットロフ)、六―七頁がこの意見である。そこで「聖書とそのコンテキストを理解するのに、聖書外資料を読む必要はない。聖書はそれ自身の権利において社会史のための第一級の財宝発掘坑なのである」とあるが、実際には同じ著書の本文で聖書外資料も参照されているのであるから、些か筆が滑った言い方と言わねばならない。小河陽の書評(『聖書と教会』一九八九年一〇月号、四四―四五頁)の指摘はこの点に関する限り当たっている。ただし、ショットロフ／シュテーゲマンにおいて決定的に大事なのは、彼らがそれ自体決して新しいものではない社会史的方法に訴えて行なおうとしていること、すなわち聖書解釈の姿勢の自己反省と問いの再編成なのであって、小河のように、個々の命題の新旧を従来の研究との比較であげつらうだけの書評で終わっては意味がない。新約聖書の社会学的あるいは社会史的研究一般にたいする小河のきわめて防御的・保守的な姿勢については後出注(81)を見よ。

(33)　八木誠一は、共観福音書の奇跡物語伝承の原初的担い手を当時のユダヤ社会の最下層に、イエスの言葉伝承のそれを中間層に求めた荒井献の『イエスとその時代』(岩波書店、一九七四年)を熊野義孝との対談の中で論評して次のように語っている。——「なるほど、比較的には、奇跡物語は下層階級に、あるいは「主の言葉」っていうのは中堅階級に伝承されただろうとは思うけれども、それはとうてい、排他的な必然じゃないわけです。つまり確率の問題なんですね。ところが確率的な問題っていうのは、事例が多くなけりゃいけないんですよ。百とか千とかじゃ全然駄目で、伝承の担い手の数が十万単位にならないとこういう確率的な判断っていうのは当たらないわけなんで、問題は、そのイエスの伝承者がそんな人数いたかっていうことなんですね。私には、とってもそんなことは考えられない。そうすると、その確率的な判断がどこまで妥当するのかっていうのが、私には非常に問題なんです」(『本のひろば』一九七五年四月号、八—九頁)。

八木はこれと同趣旨の発言を他にもいろいろなところで繰り返している(『聖書と教会』一九七五年三月号、四三頁、「イエス理解の課題と方法——荒井献、田川建三、滝沢克巳のイエス解釈をめぐって」『歴史と社会』1、一九八二年、一三二—一六〇頁、特に一四三—一四四頁、「イエスの言葉の機能についての一試論」『聖書の使信と伝達』、関根正雄先生喜寿記念論文集、山本書店、一九八九年、三六五—三八二頁、特に三七二頁)。また私も直接口頭で、「熱力学的なデータ処理」の不可欠性を指摘されたことがある。「熱力学的なデータ処理」に「百とか千じゃ全然駄目で……十万単位」の事例が必要なのか否か私には判断できかねる。しかし、私も関与した前記の奇跡物語の社会学的研究にとってデータが絶対的に少ないという点は、八木が指摘するとおりである。にもかかわらず、社会学的研究の必要性と可能性は消えてなくなりはしない。まず数量の点について言えば、例えば、日本のプロテスタント教会は個別に見れば、大半が百人未満の教会である。それでも、それぞれの個別教会の構成員の社会層、あるいはその他さまざまな社会学的側面についての研究は可能であり、大いに必要でもある。また、「熱力学的・統計学的・確率的」データ処理という方法について言えば、本稿がこれまですでに明らかにしてきたように、それは現代社会学・社会科学の中の一つの立場であって、そのすべてではない。八木はこの点で事態をおそろしく単純化していると言わざるを得ない。

なお、言わずもがなのことではあるが、私は自分が行なった奇跡物語および言葉伝承の担い手の社会層についての推論が、可能な限りの方法論的な反省と処理にもかかわらず、詰まるところ「たかだか蓋然性のこと」であることを忘れて、「排他的な必然」だなどと思い上がったことは一度もない。社会科学的な認識の客観性は研究者が自己の視点の主観的拘束性を終始忘れない時にだけ保証される、というウェーバーの警告は、私には忘れ難いものだからである。また、歴史的に個別的な因果帰属が必然性の論証には相当せず、ただ蓋然性の論証にのみ相当するものであることは、ウェーバーにおいても常識に属するからである。

(34) インガー、前掲書、一八〇頁。

(35) 佐竹明『使徒パウロ――伝道にかけた生涯』日本放送出版協会、一九八一年、二一四―二二二頁、参照。

(36) M. Weber, *Wirtschaft und Gesellschaft*, Tübingen, 1972 (5. Aufl.), p. 1.

(37) M. Weber, *op. cit.*, p. 1.

(38) T. Parsons, *Structure of Social Actions*, p. 79. パーソンズ／シュッツの前掲往復書簡、八四頁、も参照。

(39) パーソンズ／シュッツ往復書簡、一〇九―一一〇頁。

(40) パーソンズ／シュッツ往復書簡、一九八頁。

(41) 理念主義の陣営からパーソンズ理論に対して行なわれるこの批判について詳しくは、船津衛、前掲書、一四、六九、一八九―一九〇、一九六、一九八頁、を参照のこと。

(42) M. Weber, *Wirtschaft und Gesellschaft*, p. 5.

(43) シュッツ『社会的世界の意味構成』二〇、一一八―一一九頁。

(44) シュッツ、前掲書、五八頁。

(45) シュッツ、前掲書、九七頁。A・シュッツ『現象学的社会学』H・R・ワーグナー編(*On Phenomenology and Social Relations*, Chicago, 1970, ed. by H. R. Wagner)、森川真規雄・浜日出夫訳、紀伊国屋書店、一九八〇年、九八―九九頁、も参照。

(46) シュッツ、前掲書、第三章「他者理解の理論の大要」(一三五頁以下)。
(47) シュッツ、前掲書、一七五頁。
(48) J. Habermas, *op. cit.* (Bd. 1), p. 378.
(49) J. Habermas, *op. cit.* (Bd. 1), p. 376.
(50) J. Habermas, *op. cit.* (Bd. 2), p. 206.
(51) 船津衛、前掲書、三頁。
(52) J. Habermas, *op. cit.* (Bd. 2), pp. 276 f., 448.
(53) 前出、注(24)を見よ。
(54) G. Theißen, *op. cit.*, p. 22.
(55) G. Theißen, *op. cit.*, pp. 79-197. G・タイセン『イエス運動の社会学——原始キリスト教成立史によせて』(*Soziologie der Jesusbewegung, Ein Beitrag zur Entstehungsgeschichte des Urchristentums*, München, 1977)、荒井献・渡辺康麿訳、ヨルダン社、一九八一年。
(56) G. Theißen, *Biblischer Glaube in evolutionarer Sicht*, München, 1984.
(57) G. Theißen, *Psychologische Aspekte paulinischer Theologie*, Göttingen, 1983.
(58) G. Theißen, *Urchristliche Wundergeschichten, Ein Beitrag zur formgeschichtlichen Erforschung der synoptischen Evangelien*, Gütersloh, 1974, pp. 53-128. なお、G・タイセン『イエスの影を追って』(*Der Schatten des Galiläers*, München, 1986)、南吉衛訳、ヨルダン社、一九八九年、もこの関連で参照されるべきである。これは純然たる小説であるが、今日、史的イエスについては、さまざまな伝承に留められた文字どおりイエスの「影」を手掛かりに、研究者が一定の視点から再構成するものしか知ることができないという様式史的・伝承史的研究の実態そのものを物語化して描いてみせる、きわめて再帰的、「メタ新約学的」な「物語神学」の試みである。ただし、そのような枠物語の内部で提示されるイエス像とイエス伝承の展開そのものの描写には、原始キリスト教の言語の成立と本質についてのタイセンの記号論的な反省が同時に含まれている。

(59) G. Theißen, *Studien zur Soziologie des Urchristentums*, p. 22.

(60) そのような不用意な矮小化の一つの典型が土屋博「牧会書簡の「生活世界」」『聖書の使信と伝達』山本書店、一九八九年、五七一―五八八頁、特に五八三頁注(1)、の発言に見られる。

(61) G. Theißen, *op. cit.*, pp. 55 ff.

(62) G. Theißen, *op. cit.*, p. 11 (n. 28).

(63) G. Theißen, *op. cit.*, p. 11.

(64) G. Theißen, *op. cit.*, p. 10.

(65) G. Theißen, *Lokalkolorit und Zeitgeschichte in den Evangelien*, Freiburg (Schweiz)/Göttingen, 1989.

(66) G. Theißen, *Studien zur Soziologie des Urchristentums*, p. 21.

(67) G. Theißen, *op. cit.*, p. 44.

(68) G. Theißen, *op. cit.*, pp. 23 f.

(69) G. Theißen, *op. cit.*, pp. 25-30, 69.

(70) G. Theißen, *op. cit.*, pp. 31, 64-66.

(71) G. Theißen, *op. cit.*, pp. 71-76.

(72) G. Theißen, *op. cit.*, p. 61.

(73) G. Theißen, *op. cit.*, pp. 30-31.

(74) G・C・マッハホルツ(ハイデルベルク大学旧約聖書学教授)が私に個人的に漏らした評価。

(75) 荒井献『新約聖書とグノーシス主義』岩波書店、一九八六年、三六頁注(24)、は、タイセンが『イエス運動の社会学』における方法を「文学社会学」と呼ばずに、「単に社会学」と名づけていることをとらえて、「これは本書で伝承文学の様式と伝承者の類型的社会的行動の相関が直接的に問われていないからであろう」と述べている。この説明は決して間違いではないが不十分である。タイセンの「原始キリスト教の理論」という全体枠での位置づけからすれば、むしろ「単に社会学」となっていることの方が本来的なのである。

(76)『キリスト新聞』一九八一年一二月五日付。

(77) G. Theißen, *op. cit.*, pp. 12 f.

(78) G. Theißen, *op. cit.*, p. 11.

(79) G. Theißen, *op. cit.*, p. 13(n. 35), 81.

(80) G. Theißen, *op. cit.*, pp. 11, 13, 32, 37.

(81) G. Theißen, *op. cit.*, p. 13, n. 35. 小河陽は『キリスト新聞』一九八九年一〇月七日号に寄せた「史的イエス研究の現在」において、タイセンの社会学的研究を——ショットロフ／シュテーゲマンの社会史的研究と無造作に一括した上で——、「様式史の再検討は、それが本来含蓄する社会学的関連への関心を極端化させ、「史的イエス」の叙述を批判的・歴史学的に不確かな試みと減価させる」ものであると評価している。我々が本文で確かめたところから明らかなように、タイセンの意図は正に逆で、従来の様式史的・伝承史的方法があらゆる「史的イエスの叙述」に対してあまりに懐疑的になり、それらを「批判的・歴史的に不確かな試み」と断罪してきたことへの一種の異議申し立てなのである。小河の認識は本末転倒と言わざるを得ない。

さらに小河は同じ論考の最後で、「いずれにせよ、史的イエスの学問的研究に関して、何事か全く新しいことを言い、あるいは聞こうとする望みは……この分野の研究に対する信頼性や神学的有用性に対する懐疑を増す危険を意味するだけである」とも断定する。仮に小河がタイセンやショットロフ／シュテーゲマンなどのイエス研究もこの断定に含めているのであれば——文脈からすればそう解されても仕方がないであろう——これほど乱暴な断定はない。タイセンの『イエスの影を追って』(前出注(58)参照)にせよ、あるいはショットロフ／シュテーゲマン『ナザレのイエス——貧しい者の希望』にせよ、それぞれの序文が明記しているように、学問的な研究の成果や討論を、特別な勉強をしていない読者にも身近に感じられるようにすることこそ著者たちの意図なのである。すでに前出注(32)に引用したようなショットロフの発言も、その意図がなさしめた失言なのである。また、タイセンの前記の小説については、現在西ドイツ教育テレビでドラマ化の作業が進行中である。小河が「神学的有用性」を測る基準とは、いったい何なのであろうか。

(82) ショットロフ／シュテーゲマン、前掲書、一―二章。タイセンに対する批判は特に一〇八―一一一頁。

(83) 荒井は『イエスとその時代』(一九七四年)、一〇二頁、では明言をもって、「放浪のラディカリズム」の「事実性」の主張(タイセン)に対する懐疑を表明し、むしろその「理念」性を指摘している。その後、その指摘には「誤解を招く可能性」があったとして言い直したものが本稿本文に報告した見解である。荒井献「文学社会学」『聖書学方法論』日本基督教団出版局編、一九七九年、一〇七―一二三頁、『新約聖書とグノーシス主義』二七頁参照。私は『聖書と教会』一九八一年五月号、四一頁、に寄せた「「放浪のラディカリズム」と大衆的飢餓の問題」と題する文章において、荒井の見解に言及した際に、荒井が「放浪のラディカリズム」の「歴史性」に対して否定的であると書いた。この時点で、荒井はすでに自分の見解を言い直していたのであるから、私の見落としは明らかであり、私は前言を撤回しなければならない。しかし、私は論評の根拠とした『イエスとその時代』の前記の文言を決して「誤解」したとは思っていないことを付け加えておきたい。

(84) ショットロフ／シュテーゲマン、前掲書、第三章。タイセンに対する批判は特に一七三頁。

(85) G. Theißen, *op. cit.*, p. 13, n. 35.

(86) E. Güttgemanns, *Offene Fragen zur Formgeschichte*, München, 1970, pp. 69 ff.

(87) G. Theißen, *op. cit.*, p. 54, n. 36.

(88) G. Theißen, *ibid.*

(89) このことを私は私信でタイセン本人に指摘した。それに対する返信(一九八九年一〇月三日付)の中でタイセンは私の指摘を是認した上で、彼が編集史レベルでのそれぞれの福音書を文学社会学的にどのように位置づけるかという問題については、前出の近著 *Lokalkolorit und Zeitgeschichte in den Evangelien* (1989) の最終章(6. Kapitel : Die Evangelien und ihre Entstehungssituation)にさしあたっての考えを示唆してあると回答してきた。また彼は、私が知る限り、ヨハネ福音書についても、“Stufenhermeneutik”/“Konfliktsparänese” という鍵概念を軸に準備を進めつつある。つまりタイセンも編集史レベルでのそれぞれの福音書の個性および、それぞれの背後に一定の教会共同体の存在を認める姿勢を示し始めているわけである。この点は、前出の『イエスの影を追って』の巻末に付された資料解説にもすでに窺われる。そうなると、「イエス運動」の再構成にあたってそれぞれの福音書を扱った扱い方(前述)と、この新しい扱い方をどう調和させるのかが新たに問題になるように思われる。

(90) J・L・オースティン、前掲書、二二―二五頁。

(91) J・L・オースティン、前掲書、一六三―一八四頁。

(92) J・L・オースティン、前掲書、一七五頁、一八七頁以下。

(93) J・L・オースティン、前掲書、一三四頁以下、一八八頁。

(94) J・L・オースティン、前掲書、三八頁。

(95) ハバーマスについては前出注(50)を見よ。W・イーザー『行為としての読書――美的作用の理論』(*Der Akt des Lesens, Theorie ästhetischer Wirkung*, München, 1976)、轡田収訳、岩波書店、一九八二年、九八頁ほか。

(96) S. J. Schmidt, *Texttheorie, Probleme einer Linguistik der sprachlichen Kommunikation*, München, 1976(2. Aufl.); *Grundriß der empirischen Literaturwissenschaft*, 2 Bde., Braunschweig/Wiesbaden, 1980. シュミットの理論の有効性について詳しくは本書第II論文一二二―一二六頁を見よ。

(97) H・コンツェルマン『時の中心』(H. Conzelmann, *Die Mitte der Zeit*, Tübingen, 1962, 4. Aufl.)、田川建三訳、新教出版社、一九六五年。

(98) この点については、一九八三年から翌年にかけて講談社から刊行された『福音書のイエス・キリスト』シリーズ全五冊(小河陽『旧約の完成者イエス』、川島貞雄『十字架への道イエス』、三好迪『旅空に歩むイエス』、大貫隆『世の光イエス』、荒井献『隠されたイエス』)のそれぞれ緒論部を参照すれば、それぞれの福音書ごとに研究の状況を知ることができる。

(99) A・シュッツ『社会的世界の意味構成』二四四頁。

(100) M. Rostovzeff, *The Social and Economic History of the Roman Empire*, Oxford, 1926; *The Social and Economic History of the Hellenistic World*, 3 vols, Oxford, 1941; L. Friedländer, *Darstellungen aus der Sittengeschichte Roms in der Zeit von Augustus bis zum Ausgang der Antonine*, 4 Bde., besorgt v. G. Wissowa, Leipzig, 1921-1922(10. Aufl.; Nachdr. Aalen, 1979); K. Latte, *Römische Religionsgeschichte*, München, 1976(2. Aufl.). ギリシア宗教史についてはもちろんのことであ

るが、M. P. Nilsson, *Geschichte der griechischen Religion*, München, Bd. 1 : 1967 (3. Aufl.), Bd. 2 : 1974 (3. Aufl.) が基本文献である。それぞれの領域のその他の基本文献については J. Leipoldt/W. Grundmann (ed.), *Umwelt des Urchristentums I : Darstellung des neutestamentlichen Zeitalters*, Berlin, 1975 (4. Aufl.), pp. 13 f. および最も新しいところでは K. Christ, *Geschichte der römischen Kaiserzeit von Anfang bis zu Konstatin*, München, 1988 の巻末文献表を見よ。

(101) E. Schürer, *Geschichte des jüdischen Volkes im Zeitalter Jesu Christi*, Berlin, 1901-1909 (3 Bde., 3./4. Aufl.) の補充・改訂英語版 *The History of the Jewish People in the Age of Jesus Christ* (*175 B. C.-A. D. 135*), vol. I, revised and edited by Geza Vermes and Fergus Millar, Edinburgh, 1973, pp. 514-528, 特に p. 520 を参照。その他、B. Reicke, *Neutestamentliche Zeitgeschichte*, Berlin, 1982 (3. Aufl.), pp. 283 ff., M・シュテルン/S・サフライ『ユダヤ民族史2・古代編II』石田友雄訳、六興出版、一九七七年、二二四頁以下。ラビ文献による社会経済史の研究としては A. Ben-David, *Talmudische Ökonomie. Die Wirtschaft des jüdischen Palästina zur Zeit der Mischna und des Talmud*, Bd. I, Hildeshein, 1974 ; A. Oppenheimer, *The 'am ha-aretz. A Study in the Social History of the Jewish People in the Hellenistic-Roman Period*, Leiden, 1977 (*ALGHL* VIII) が代表的なものである。

(102) 佐竹明も、前出注(98)に挙げた『福音書のイエス・キリスト』シリーズ全五冊について荒井献と行なった対談書評(『聖書と教会』一九八四年一二月号)の冒頭で、それぞれの巻の緒論部が書き方は多少違っても内容は相互にかなり重複してしまっていることを指摘している。

(103) J. Habermas, *op. cit.* (Bd. 2), pp. 198 f.

(104) A・シュッツ『社会的世界の意味構成』三〇二頁。さらに『現象学的社会学』一三九―一四〇頁、も参照。

(105) A・シュッツ『社会的世界の意味構成』五三、一〇一、三〇二頁。

(106) P・リクール『解釈の革新』久米博・清水誠・久重忠夫編訳、白水社、一九七八年、七八、一〇八、一三七、一九六頁。

(107) 具体的な事例(文献)については、本書第II論文注(24)、(25)を見よ。このような反映論はいわゆる「言及的誤謬」を犯すものに他ならない。N・ピーターセン『新約学と文学批評』(N. R. Petersen, *Literary Criticism for New Testament Critic*, 1986)、宇都宮秀和訳、教文館、一九八六年、五六頁、は、ローマン・ヤーコブソンの伝達モデルにおける記号の言及的機能を、物語テキスト(邦訳では「説話」)の場合について言い換えて、「説話の中の言及的機能は説話によって創造された世界の中に位置づけられるべきであり、言及的誤謬は、この世界があたかも事実の世界を直接に記述しているかの如くに考えることにある」と述べる。ここで言う「説話によって創造された世界」とは、後述するリクールの「テキスト世界」と同じものである。リクールによっても、テキストが言及するのはテキストが自己の「前方に」非公然的に開く「テキスト世界」であって、「背後の」事実世界ではない。

(108) J. Becker, Das Johannesevangelium im Streit der Methoden (1980-1984), *ThR*, 51 (1986), pp. 1-78, 特に p. 66 f. は、本書の第II論文九三―九七頁(*AJBI*, VIII/1982 のドイツ語版では pp. 168-171)でヨハネ福音書について行なわれている第一ステップが実際の歴史的・社会的状況を単純化し過ぎていると批判している。確かに、そこでの私の論述は大変大まかなものである。これは一つには、元来の論文執筆時に許された紙幅に限りがあったためである。その後公にされた拙著『世の光イエス』(前出)一五―四六頁では遥かに立ち入った要因分析を行なっている。しかし、要因によってはきわめて大まかな推定に留まらざるを得ない今一つの理由はやはり資料そのものの限界にある。

(109) E. Güttgemanns, *Studia Linguistica Neotestamentica, Gesammelte Aufsätze zur linguistischen Grundlage einer Neutestamentlichen Theologie*, München, 1973 (*BEvTh*, 60); Generative Poetik—Was ist das? in: H. Fischer (ed.), *Sprachwissen für Theologen*, Hamburg, 1974, pp. 97-113; Die Bedeutung der Linguistik für die Religionspädagogik, *EvErz*, 27 (1975), pp. 319-333 参照。

(110) 編集史一般のレベルでの具体的事例は枚挙に暇がない。文学社会学の適用を意識した編集史的研究での事例としては、荒井献『新約聖書とグノーシス主義』に収められた二編の論文、「理念としての貧者――福音書・行伝記者ルカの「罪人」理解をめぐって」(同書一一一―一三八頁)、「ルカにおける「個人倫理」と「共同体倫理」」(同一三九―一七〇頁)を挙げることができる。

(111) N・ピーターセンの前掲書も「歴史批評のための文学批評」という根本意図――これは我々の意味での文学社会学ともちろん全面的に同じではないが一部重複する――から同じ必要を指摘する。特に二三―二四頁参照。

(112) もちろん、同じ区別(sense と reference)は単語および文の意味(meaning)のレベルでも行なわれる。J・L・オースティン、前掲書一六二、一七四頁参照。この区別のもっとも端的な説明はG・フレーゲの次の文言であろう。「「宵の明星」と「明けの明星」の意味(Bedeutung)は同一であるが、それらの表現の意義(Sinn)は同一ではない」。ゴットロープ・フレーゲ「意義と意味について」(土屋俊訳)、『現代哲学基本論文集Ⅰ』坂本百大編、勁草書房、一九八六年、一―四四頁、特に五頁参照。

(113) P・リクール『解釈の革新』五九頁ほか。

(114) P・リクール『時間と物語Ⅰ――物語と時間性の循環・歴史と物語』(*Temps et Récit*, tome I, Paris, 1983)、久米博訳、新曜社、一九八七年、五七―七九、一〇六頁を参照。なお、よく知られたR・ヤーコブソンの言語伝達のモデルにおいても、「発信者」が「受信者」に送る「メッセージ」因子は機能としてそれに対応する「詩的」機能によって担われ、この「詩的」機能について、「詩的機能は等価の原理を選択の軸から結合の軸へ投影する」と言われる。N・ピーターセン、前掲書、四五―七一頁、がこの点を物語(説話)テキストに向かって敷衍して、「詩的機能は記号表現の構成要素の配列に関心を寄せるのである」と述べる時、彼は実質的にリクールと同じことを指摘しているのである。

(115) 「マルコの十字架の神学」のさらに厳密な内容規定については、本書の第Ⅸ論文三六一頁以下を見よ(特に注(104)に注意)。

(116) 具体的には本書の第Ⅱ論文一一七―一二二頁、第Ⅵ論文二五七―二五八頁を見よ。

(117) J. Habermas, *op. cit.* (Bd. 1), p. 377.

(118) A・シュッツ『社会的世界の意味構成』、一三一頁。

(119) 荒井献『使徒行伝・上巻』、新教出版社、一九七七年、一〇頁ほか、各種の注解書を参照せよ。

(120) この慣習については荒井献、前掲書、一〇―一一頁、および同注(22)に挙げられた文献を参照せよ。

(121) 加山久夫「ルカ福音書の序文にみる使信と伝達」『聖書の使信と伝達』(前出)、四一九―四二九頁、特に四一九、四二五頁は、ルカ福音書序文の「わたし」・「わたしたち」および「テオピロ」を実際の(歴史的)著者・読者と直接同定する解釈を示している。序文の「わたし」・「わたしたち」を行伝本文中のいわゆる「わたしたち報告」の一人称複数と関係づけることは正しくない(四二七頁注(10))とも言う。しかし、そこでは、文芸学が「著者」と「読者」の概念に複数の相異なる水準を区別している事情(詳しくは後出注(123)参照)がほとんど意識されていない。加山はルカの二部作(福音書と行伝)の文学性を正しく強調するだけにこの不足は惜しまれる。

(122) J. Habermas, *op. cit.* (Bd. 1), p. 395 を参照。

(123) 文芸学では「虚構の語り手」・「虚構の受け手」より一レベル前に物語の登場人物の相互行為の世界が、また「実際の著者」・「実際の読者」より一レベル後に「史的著者」・「史的読者」の次元が区別される。これらの文芸学的概念の相互区分と定義については、C. Kahrmann/G. Reiß/M. Schluchter, *Erzähltextanalyse*, Königstein/Ts, 1986, pp. 43-53 参照。福音書釈義との関連で最も分かり易く分節しているのは、私の知る限り、H.-J. Klauck, Die erzählerische Rolle der Jünger im Markusevangelium, Eine narrative Analyse, *NovTes*, XXIV (1982), pp. 1-26, 特に pp. 3-6 である。文芸学の専門領域での研究文献もそこに多数挙げられている。

(124) W. Iser, *Der implizierte Leser, Kommunikationsformen des Romans von Bunyan bis Beckett*, München, 1972, pp. 8 f.

(125) ここに引いたマルコの箇所をこのように解すべきことについて、さらに詳しくは本書の第IX論文三五二頁(特に注(75))を参照せよ。

(126) この点について詳しくは本書の第IX論文三四四―三五四頁を参照せよ。

(127) 私がここで念頭においているのは佐々木啓「ヨハネ福音書における ὅτι の問題」『宗教研究』二七七(一九八八年)、二五―五二頁、特に四二頁が私に向ける批判である。佐々木によれば、リクールの解釈学の「最も重要な発言」はテキストの意味の全時性、とはつまり元来の著者と読者の志向からの意味の自立を指摘するところにある。ところが私のヨハネ解釈はその発言を「等閑に付して、彼の解釈学を他の様々な方法と共に統合して」しまい、「その理論の持つ尖鋭さを弱める」結果になっているのではないかと述べている。

この批判にここで短く答えておきたい。まず、佐々木の言うリクールの発言がリクール解釈学のきわめて重要なポイントであることに私は全く異論がない。ただし、正確を期すために言えば、それはすでにガダマーの「普遍解釈学」がいわゆる「解釈学的地平融合」について語る時に明瞭に指摘していることであって、リクールの独創ではない。また、リクールの解釈学を「他の様々な方法とともに統合」することの是非について言えば、リクール自身が『解釈の革新』(前出)に収められた諸論文、最近の『時間と物語』(前出)、あるいは現在における理解社会学の概要と発展傾向に関する論文集 W. L. Buhl (ed.), *Verstehende Soziologie, Grundzüge und Entwicklungstendenzen*, München, 1972, pp. 252-283 によせた論稿 Der Text als Modell: Hermeneutisches Verstehen などにおいて、文芸学、テキスト理論、社会行動の理論、理解社会学との接合を模索しているのである。リクールが一部では「尖鋭」どころか、必ずしも独創的哲学者として評価されず、むしろその折衷主義が指摘される所以である。また、逆に文芸学・テキスト理論・社会学の側でも積極的にリクールの解釈学との批判的な接合が試みられていることは、本稿でも再三言及したW・イーザー、J・ハバーマス、あるいはS・J・シュミットなどの著作を一瞥するだけでも明らかである。したがって、私が同様にリクール解釈学をこれらの諸理論と接合しようとすること自体に、リクールの理論に「忠実に従う」者をもって自認する佐々木といえども異論の余地はないはずである。

私が見るところ、佐々木の不快感はむしろ、私が史的・批判的方法を最上位の枠として立て、これにリクールの解釈学を補助理論として援用する点に向けられているのである。リクールの理論に「忠実に従う」者からすれば、これは史的・批判的方法の傲慢さ以外の何ものでもないと見えるのではないか。私は自分の方法にそのような傲慢さが潜んでいないかどうか反省するに吝かではない。であればこそ私はすでに *AJBI*, VIII (1982), pp. 192 f. (本書第II論文一一八頁)で、自分が史的再構成の枠に留まる者であること、またその枠内でリクールの解釈学を一つの補助理論として援用しようとする限り、リクールのみならず、ガダマーの解釈学の射程をも多かれ少なかれ切り詰める結果になることを明文をもって断わっているのである。そして佐々木もこの論文を読んでいるのである。自己の限界を自覚した上で発言している者に対して、その自覚がないかのように批判することは研究者の態度としてフェアではない。

佐々木が指摘する問題は、言い換えれば、「ヨハネは何故書いたのか」という問題——すでに本稿本文でも触れた問題——と同じなのである。私にとってこの問題はつとに川島重成に初めて指摘されて以来、考え続けてきた問題であって、決して「等閑に付して」いるつもりはない。しかも、川島の指摘によれば、全く同じ解釈学的難問は、例えば元来古典期ギリシアのポリス共同体の演劇であったギリシア悲劇がその共同体の基盤がなお存続している間に書記行為へもたらされた事実のなかにも潜んでいるのである。私はリクールが指摘する問題——書記行為による本文の意味の自立——を真剣に受け取り、たとえ限られた枠内からではあっても隣接領域の研究をも睨みながらそれを考え抜こうという努力において、私の批判者に劣るつもりはない。

なお、C. Breytenbach, *Nachfolge und Zukunftserwartung nach Markus. Eine methodenkritische Studie*, Zürich, 1984, pp. 107(n. 153), 120 f., 348-350も、全く私と同様に、著者および元来の読者の間のコミュニケーションの状況を史学的に再構成することの正当性が、ガダマーとリクールの解釈学に照らしても、否定されないことを指摘する。

(128) W・イーザー『行為としての読書』轡田収訳、岩波書店、一九八二年、一八七頁以下(W. Iser, *Der Akt des Lesens*, München, 1976, pp. 177 ff.)。

(129) W・イーザー、前掲書、二三五頁以下(ドイツ語版 pp. 219 ff.)。

(130) W・イーザー、前掲書、二六一頁(ドイツ語版 pp. 241 f.)。

(131) P・リクール『時間と物語I』一二二—一二三頁。

(132) 大貫隆『世の光イエス』一九八—一九九頁。

(133) P. Ricœur, *Hermeneutik und Strukturalismus*, München, 1973, pp. 86 f.

(134) W・イーザー、前掲書、二六五頁(ドイツ語版 p. 245)。

(135) P・リクール『解釈の革新』五八—六三、八二、一九四—一九七、二一四頁ほか。

(136) 前出注(37)を見よ。

(137) G. Theißen, *Studien zur Soziologie des Urchristentums*, p. 36.

II

ヨハネ福音書の文学社会学的分析のために

――隣接理論との方法論的統合をめざして――

はじめに(1)

ヨハネ福音書は新約聖書のなかでもその独自性において際立っている。もちろん、他の福音書の場合と同様、この福音書も一定の教会共同体によって生み出されたものであるには違いない。しかし、この独特な福音書を生み出した教会共同体、つまり通常「ヨハネ教会」と呼ばれる共同体を構成したのはどのような人々であったのか、またどのような歴史的・社会的状況の中でこの福音書を生み出したのか。彼らは歴史と社会にどのような姿勢で関わろうとしているのか。――これらのきわめて基礎的な問いこそ、実はこれまで、そして今なおヨハネ福音書研究に負わされた最大の難問に他ならない。

当然のことながら、これらは史的再構成に関わる問題である。この難問をE・ケーゼマンがヨハネ福音書研究に改めて投げ掛けたのはすでに一九六六年のことであった。(2) そしてケーゼマン自身が打ち出した解答によれば、この福音書の背後にある教会共同体は、たとえなお素朴な形においてではあれ、すでに確実にグノーシス主義化しつつあり、歴史と社会への連帯性を放棄して、自己の内面へ退却しつつある人々と考えられねばならないのであった。ところがケーゼマンは、前記の史的再構成に関わる問いを、実は新約聖書の正典性――「正典の中の正典」――というきわめて深刻な神学的関心から提起していたのである。そのために、彼自身が打ち出したこの解答も、ヨハネ福音書の正典性についての一つの重大な神学的価値判断を含意するものであった。つまり、そのようにすでにグノーシス主義化しつつある福音書に、現在に生きるキリスト教信仰にとっての基準的な意義を承認することはできない、という判断である。(3)

ケーゼマンのこの挑発的とも言うべき命題が提出されて以来、前記の史的設問も、それとの取り組みなしには、いかなるヨハネ解釈もあり得ないと言われるほどの重要問題となった。私も相当の時間を費やしてこの問題と関わってきた者の一人であるが、最近改めて感じるところでは、従来の狭義の歴史的・批判的方法のみをもってしては、この問題を十全な形で解くことができないように思われるのである。そのためにはむしろ、さまざまな隣接分野の相関連する方法を、言わば「複眼的」に適用する必要がある。この点で学ぶところが多いと思われるのは、文学社会学・哲学的解釈学(P・リクール、H・G・ガダマー)、および効用論的テキスト理論(テキスト言語学の一分野)である。とは言え、正直なところ私は、これらの理論のそれぞれの全体像を把握し得ているわけではなく、またこれらにさらに隣接する他の諸理論——言語学・文芸学・社会学など——のすべての細部に通じているわけでももちろんない。したがって、私は以下の本論で、未だ自分自身が十分に理解していないような事柄にまでやむを得ず立ち入らなければならないことになるかも知れない。そのために場合によっては、多少厳密さを欠くような表現となることも考えられる。以下の本論で述べられることは、全体として、なお一つの試論なのである。にもかかわらず、それは試みられねばならない。なぜなら、G・タイセン——彼の名前は以下の本論で繰り返し引かれることになるであろう——の言葉を借りて言えば、「釈義なき方法論的反省は空虚であり、方法論的反省なき釈義は無批判である」からだ。(4)

この意味でわれわれは以下の本論では、ヨハネ福音書という具体的・経験的に与えられている本文に即して、かつすでにのべたような歴史的設問の枠内で、前述の三つの理論——および必然性に応じてさらに隣接する他の理論——がどのように歴史的・批判的方法と統合可能であるかを問うてみたい。その際、言うまでもないことだが、それぞれの理論をそれ自体としてさらに整備し、精密化させるために新約聖書学の側から何がしかの寄与をしようという目論見は、およそわれわれの意図の内にはない。しかし、他面、新約聖書学との関連で言うならば、以下の論述は確かにヨハネ福音書から出発はするものの、その意図においては、この福音書を越える問いを併せて提起しようとするものである。すなわち、前記の諸理論は、以下に試みられるような方法論的統合において、どこまで他の新約文書、とりわけ共観福音書の研究にも適用することができるであろうか。あるいはさらに、ヨハネ福音書に劣らず社会学的な位置づけが困難な初期教会史上の、多かれ少なかれグノーシス主義的な文書——例えばナグ・ハマディ文書——の研究にどれほどの有効性をもち得るであろうかという問いである。ヨハネ福音書はこの問いを提起するための言わば素材として扱われる。

一　文学社会学

ヨハネ教会の対社会的な構えを問うことは、彼らを取り巻く全体社会に対する彼らの行動を問うことと切り離すことができない。この教会共同体を構成した人々は、どのような人々であったのかという問いには、具体的には、彼らの間で対社会的行動の面でどのような役割分担が行なわれていたのかという問いも含まれる。これらはいずれも社会学的な問いであり、彼らが生きていた全体社会および彼らの教会共同体の内部で、いったいどのような「間人間的」行動の類型が存在したのかを知ることなしには解明することができない。

しかし、われわれはこれらの問いを解こうとするにあたり、ヨハネ教会の人々が全体社会に対して取った行動も、彼らの共同体内部での振る舞いも、直接われわれの目で確かめるわけにはゆかない。そのことを直接証言してくれるような史料も存在しない。そのため、われわれにとっては、ヨハネ福音書――また必要に応じてヨハネの手紙――の本文から分析的に推論する以外には方法がないのである。そして、この分析と推論を方法論的に検証可能な仕方で遂行するためには、一方における文学的テキスト――ヨハネ福音書は間違いなく強度に文学的な本文である――、他方それを生み出し、伝承し、受容し、解釈する者たちの間で交わされる社会的・間人間的行動という二つの事柄を、相互にどのように関連づけて考えるか、この点についての一般理論を参照しないわけにはゆかないのである。まさにそのような一般理論を提供することが文学社会学の課題である。

文学社会学的方法は、特に日本の聖書学の領域では、G・タイセンの名前と結び付いて初めて知られることとなった。(5) しかし、実際には文学社会学的理論の構築は、タイセン以前からすでに久しく社会学と文芸学の間の学際的領域で多様な方向性において進められてきたのである。そのうちで最も代表的なものは、私が知る限り、H・N・フューゲンの理論である。(6) また、コミュニケーション理論的に方向づけられたテキスト理論(テキスト言語学)の代表的研究者として以下繰り返し言及することになるS・J・シュミットの一連の仕事も、全体として同じ学際的領域に属するものである。(7)

1　H・N・フューゲン

フューゲンの研究は、それまでの研究史と問題史を批判的・評価的に辿ることに多くの紙幅を割いている。確かに最後の章では、既存の社会秩序に対する姿勢を基準に文学を類型化する一般理論が提示されている。[8] しかし、一定の具体的な作品（本文）に即して文学社会学的な分析を実際に進めるのに役立つようなプログラム、あるいは概念装置を必ずしも十分に組織化・体系化して提示してくれるわけではない。とは言え、フューゲンの指摘には、われわれにとって基礎的な重要性を持つと思われる点が二つある。その第一は、「文学」という概念の文学社会学的な定義である。文学社会学は「文学」を定義するにあたり、文学批評のように美学的基準をもっては行なわず、むしろ社会的・間人間的行動を基準とする。「ここでは文学について美学的な価値如何を考慮しない意味で語られるのであり、この意味での文学を特徴づける、あるいは、それを初めて成り立たしめるとも言うべき社会的根本関係」について言うならば、それは二つの契機から構成される。一つは、作者自身が自分の作品に客観的・自存的現実の単純なる模写とは異なる固有の現実性あるいは意図性を主張するということであり、今一つは、読者もまた著者のこの主張に相応じる——つまり「文学にふさわしい」——態度で反応するということである。したがって、文学社会学的には、このような社会的根本関係が一定の文化に固有な行動類型として生起するところでは、すでに文学について語り得ることになる。[9] 文学をこのように定義するならば、いわゆる「純文学」あるいは「大文学」のみならず、例えばタイセンが研究の対象としたイエスの奇跡物語のような匿名の伝承文学、「小文学」も、文学社会学的な分析の対象となり得るわけである。[10] 個々の奇跡物語に比して文学性（作品性）がより強い共観福音書、とりわけ独特な文学性に満ちたヨハネ福音書については、ますますそう言われなければならない。

さて、われわれにとって基礎的に重要なフューゲンの第二の指摘は、そのような社会的根本関係において生み出される文学的本文(作品)それ自体が、社会的・間人間的行為の一形態に他ならないというものである。[11] 本文を生産する者と受容する者との間の相互行為は、本文の背後に社会学的背景としてあるというに留まらず、むしろ本文とともに、本文の中で生起するのである。このように文学的本文を静態的にではなく、むしろ間人間的行為(Akt)として徹底して動的に捉えることは、後述する効用論的テキスト理論の基礎的本文理解でもある。

そのようなものとして生み出され、受容される文学的本文は前記の意味で「文学的」な作品であるが故に、単純なる事実性の次元を超越し、独自の現実性の要求を掲げる。タイセンはこの超出を象徴化過程と呼ぶことができると考え、文学的本文(例えば奇跡物語)を間人間的な「象徴的相互行為」と定義づける。その際彼は、すでにG・H・ミードによって基礎的な構想を与えられ、後にH・ブルーマーなどによって理論的に体系化された「シンボリック相互作用論」(Symbolic Interactionism)を念頭に置いていると思われる。[12] この定義を、周知のようにさまざまな象徴表現に満ち満ちたヨハネ福音書に当て嵌めるならば、立ち入った根拠づけは後述するとして、次のように言うことができる。すなわち、ヨハネ福音書とは、その著者が彼の読者(ヨハネ教会)と一定の社会的条件の中で交わす一つの象徴的相互行為に他ならない。たとえどれほどこの福音書が象徴的表現に満ち満ちていようとも、それもやはり人間の産物なのである。この福音書をもって、また、この福音書において遂行されるものはあくまで人間の相互行為なのである。このことを終始念頭に留めておくことが、私の見るところ、ヨハネ福音書の文学社会学的分析のためには基本的に重要である。

2 G・タイセン

タイセンの文学社会学的分析のプログラムと概念装置はフューゲンのそれに比べ一段と精密化されている。第一に目指されるのは、本文の産出・伝承・受容に関与する者たちの間にどのような類型的な社会的行動が見いだされるか、という分析である。彼らの間の役割分担もこの関連で分析の対象となる。次のステップは、彼らのその類型的な行動がどのように社会的に条件づけられたものであったかを明らかにする要因分析である。これは政治的・経済的・文化的および社会生態学的要因の四つの側面から行なわれる。続く第三ステップでは、当の本文が彼らをどのような新しい自己理解と間人間的相互行為へ、さらに全体社会に対するどのような姿勢での関与へ促すか、すなわち本文の実存的・社会的機能が分析される。

この第三ステップをわれわれの言葉で言い換えるならば、本文の「プラグマティック」な働き——元来のギリシア語 *πράσσειν*(する、行う)/*πρᾶγμα*(行為・効果)に即して言えば、本文の「為すこと」——が問題にされるわけである。この問いは、本論文でも後述する予定(後出第三節参照)の効用論的テキスト理論およびテキスト言語学においても中心的な位置を占めている。さらに、タイセンが本文の機能分析にとっての有効性を積極的に評価しているP・バーガー/T・ルックマンの日常性(日常知)の社会学も、[13] われわれの見るところ、そのようなテキスト効用論的設問および方法との統合の可能性という視点から検討されるべきであると思われる(後出第四節参照)。

以下、われわれはタイセンの提唱する以上三つのステップに沿って、ヨハネ福音書の文学社会学的分析を試みてみたい。ただし、この福音書の背後に想定される教会共同体の内外における役割分担、および彼らを取り巻いた社会的条件・要因については、すでに他の場所で我々の立ち入った分析が提示されているので[14]、ここではその要点を再説するに留め、あくまで第三ステップ＝本文の機能分析を中心に据えることにしたい。

3　役割分析

ヨハネ教会を構成した人々の間でどのような役割分担が行なわれていたかを問うことは決して新しいことではない。これまでの研究も、「ヨハネ文書の教会論」という標題の下で、ヨハネ教会の組成および職制が現実にどのようなものであったのかを、すでに繰り返し問題にしてきたからである。また、それと関連して、洗礼式・聖餐式・礼拝・伝道など共同体生活の諸局面——いわゆる古典的様式史で言う「生活の座」——がどのような秩序において営まれていたのかも繰り返し論議されてきた。

この第二の問いから言えば、ヨハネ福音書および三通の「ヨハネの手紙」の本文の釈義によって、ある程度解答が可能であるが、それも推定の域を出ない。というのは、釈義の中心となるべきヨハネ福音書がこれらの「生活の座」をめぐる問題を、あくまで福音書であるという文学的な制約の故に、例えばパウロの手紙の場合のように、直接取り上げて論じてはいないためである。そこからそれぞれの「生活の座」の実際の秩序を再構成するのはたいへん困難なのである。したがって、多くの場合、むしろヨハネ教会の「理解」のレベルに留まって、彼らが当の「生活の座」とその秩序をどう理解し、評価していたかを、福音書の該当する箇所から読み取ることが試みられてきた。

この点では早くから、洗礼式・聖餐式を含め礼典や礼拝を示唆するような文言をほとんど認めない立場（R・ブルトマン）と、逆にそれを他の新約文書にもまして多く認める立場（O・クルマン）とが激しく対立している。前者によれば、ヨハネ教会は「ことば」の宣教の役割に集中した共同体であったことになり、後者によれば、平均以上に礼典主義的な共同体であったことになる。[15] 伝道の局面についても、前述のケーゼマンのように、外部世界との連帯を放棄した内向的な秘密集会と見なす立場とは対照的に、積極的に伝道しつつある共同体を想定し、ヨハネ福音書をそのための伝道文書と見なす立場が古くから存在する。[16]

しかし、いずれの「生活の座」をいずれの立場で推定するにしても、ヨハネ教会における具体的な役割分担の再構成にまでは至らない。もちろん、前記の第一の問いに帰って言えば、ヨハネ教会も現実に共同体生活を営んだ以上、一定の職務を有し、役割分担を行なっていたに違いない。確かに、最近改めてその歴史的実在性とヨハネ教会との歴史的関連が見直されているいわゆる「愛弟子」のイメージには、ヨハネ教会においてなんらかの指導的役割をはたした実在の人物が仮託されていると思われる。また、ヨハネの第二・第三の手紙の発信人である「長老」についても、同じことが言えよう。しかし、彼ら以外の役割も含めて、その具体的な内容と配置、共同体の組成については、確実なことはほとんど何一つ知ることができない。したがって、われわれもここでは不本意ながら、ヨハネ教会の自己理解のレベルに留まって、それを社会学的に特徴づけることで満足しなければならない。

ヨハネ教会が自己をどのような者の集まりとして理解していたかは、本文に基づいて、かなり確実に知ることができる。それは一口で言えば、洗礼において「霊から生まれた者」(三・六—八)の集まりである。ひとりびとりは、共同体に現臨する「真理の霊」を通して、復活・高挙のイエスと結ばれている。共同体が内外に向かって行なうあらゆる働きも、同じ「真理の霊」に導かれている。否、むしろ「真理の霊」——ひいては復活・高挙のイエス——こそが、あらゆる共同体の営みの主体なのであって、個々の信徒・役割・職務はすべてそのための器にすぎない(一四・一七、二六、一五・二六—二七、一六・七—一一、一二—一五参照)。

ヨハネ教会のこのような自己理解は、あえてM・ウェーバーの類型を借りて言えば、「カリスマ的支配」の特徴を少なからず備えていると言えよう。ヨハネ教会内部での実際の職務と役割分担がどうであったとしても、時代的にはさほど隔たらない牧会書簡や合同書簡においてすでに始まっているような単独司教制、長老・執事を中心とする教会の制度化は、この教会共同体には未だ無縁であったと考えなければならない。最近の研究では、この独特な教会共同体をヘレニズム文化圏における類例に倣って、「学派」と規定しようとする試みがある。[17] しかし、われわれにはむしろ、かつてE・シュヴァイツァーが提案した用語を借りて、一種のカリスマ的な「兄弟団」と呼ぶ方が、この教会共同体を構成した人々相互間の、つまり「間人間的」行動に対する表現として、より適切であるように思われる。[18]

4　要因分析

要因の分析に際しては、ヨハネ教会をどのような全体社会の枠組みの中において見るかがまず重要である。当然のことながら、ローマ帝国支配が最も上位の全体枠を構成するが、ヨハネ文書の中には、ローマ帝国支配との関連を直接窺わせる文言は少ない。しかし、タイセンがヨハネ福音書について現在進めつつある研究で強く示唆するように、共観福音書の並行場面に比べ独特な作りになっているピラトの前での裁判の場面(一八・二八以下)、およびこの福音書に固有な「この世の君」(一二・三一、一四・三〇)という表現の背後に、ローマ帝国支配との緊迫した政治的関係が潜んでいるかも知れない。ヨハネ教会がドミティアヌスによるキリスト教徒迫害の直接の被害者であったとは考えられないとしても、時代的に同時代であったことを考えれば、十二分に有り得る想定と言うべきであろう。[19]

全体社会の枠を今少し狭める場合には、ヨハネ教会は一世紀末のシリア・パレスティナに位置付けられ、パリサイ派に主導されたユダヤ教と激しい抗争状態にあるというのが、ほぼ現在の定説である。特に、最近のK・ヴェングストの研究は、関連のラビ文献の詳細な検討に基づいて、シリアとの境界に近いパレスティナの北方領域(バタネア、ガウランティス)をより具体的な歴史的場所として指示している。[20]

このユダヤ教との抗争は、さらに具体的には、モーセ律法を拠り所にユダヤ教の再編・統合を強めつつあったパリサイ派がイエスを「キリスト」と告白するヨハネ教会を、ユダヤ教共同体(会堂)と社会から追放しようとして起きたものである。その有りさまは、文学的に再創造された形においてではあるが、福音書のここかしこ(特に九章)に読み取られる。その場合、抗争の場面が多くの場合都市あるいは比較的大きな集落に設定されていることは、おそらくヨハネ教会自身が生活する社会生態学的条件を反映するものであろう。[21]

ヨハネ教会が置かれた文化的条件については、ヨハネ福音書の宗教史的・思想史的背景をめぐって、宗教史学派以来これまでに蓄積されてきた厖大な量の個別研究によって、すでにかなりのことが解明されている。現在、研究者がほぼ一致して認めるところによれば、ヨハネ教会の思考法、あるいは個々の観念の多くは、紀元前後から後一―二世紀にかけてユダヤ教の周縁に確認される、いわゆる「分派的ユダヤ教」のそれと類縁関係にある。ただし、その「分派的ユダヤ教」の実態は、周知のクムラン教団を含め、あまりに複雑・多様で、ここで縷説はできない。[22]

ヨハネ教会を規定した経済的条件については、例えばクムラン教団が財産共有制を敷いていたこと、パウロが天幕作りの労働で生計を立てたこと、あるいはイエスの言葉(Q資料)を集めて伝承した者たちが地域に定住する信徒たちの援助に拠ったことなどに類比し得るような形では、全く何一つ確言できない。ただ、社会層の問題として言えば、ヨハネ福音書に見られるようなきわめて象徴性・抽象性の高い言語を生み出し、相互に意志疎通することは、一定程度の教養層にして初めて可能なことであったのではないかと思われる。この関連では、ヨハネ福音書と言語的な類縁性が著しいクムラン教団が、元来祭司身分の者たちから成っていたことは示唆的である。だが、その反面、やはり同様の類縁性が指摘できる原始マンダ教団の場合は、明らかに教養層とは言い難いことが反証になる。[23] したがって、右の推定も全く想像の域を出ないと言わなければならない。

さて以上、役割分析・要因分析として述べたことは、本来行なわれるべきそれぞれの分析のきわめて粗略な骨子に過ぎない。にもかかわらず、もともと方法論的反省を意図する本論考にとっては余分な個別事項に立ち入り過ぎたと言うべきかも知れない。しかし、ここで重要なことは、以上のことから次の点を確認しておくことである。すなわち、役割分析と要因分析はいずれも、本文(ヨハネ福音書)の背後に横たわる現実――共同体内の職務・役割の分担、全体社会の諸条件――の再構成を目指すものである限り、本文を言わば「後向き」に読むことになる。あるいは、本文と同時代の資料をも参照するという意味では、「左」であれ、「右」であれ、「横向き」に読むのだとも言えよう。ところが、そのような読み方、とりわけ第一の「後向き」の読み方には、本文を許されている以上に――多くの場合ほとんど無限退行的に――、背後にある客観的現実の単なる反映と見なしてしまう危険がついて回る。事実、最近のヨハネ研究においても、福音書の本文表面の個々の文言から、その背後にあって実に長期にわたって続いたはずのヨハネ教会の現実的歴史を――そこで繰り返された神学的分裂、役割分担をめぐる争い、ユダヤ教との抗争の個々の局面までも含めて――推論する傾向がますます顕著になりつつある。極端な場合には、この現実的歴史をいくつかの段階に区分し、その一つ一つの段階について、ヨハネ教会の状況を微に入り細をうがって再構成することさえ試みられる。[24]

この傾向は日本でもすでに追随者を見いだしている。[25] しかし、私はこの傾向を方法論的にきわめて稚拙で不健全なものと考える。このような立場での聖書解釈に未来はないと言わねばならない。とりわけ稚拙と言わざるを得ないのは、この解釈法がさらに極端化して、本文表面の実に微小な文言までも、本文の背後にあるという個々の歴史的事実・展開に、直接かつ一対一で関係づけるような場合である。この場合、本文は言わば一種のアレゴリー化を被って、背後の現実の透かし絵に過ぎなくなる。そこでは同時に、すでにフューゲンが指摘している事実、すなわち、文学的本文は客観的現実の写真モデルのコピーではなく、むしろそのような客観的に自存する現実を超越した固有の現実性を主張するものであることが看過されてしまう。前記の傾向に従う解釈者たちは、文学的本文――例えばヨハネ福音書――の価値を測るにあたり、意識的にか無意識的にか、そこに何が書かれているか、そこに書かれている一つ一つの文言がその背後にあるはずの客観的現実と一致しているか否か、また、どこまで一致しているかをほとんど唯一の基準としているのである。そこから生じてくる欠陥は致命的である。すなわち、そこでは、ある本文がどのように書かれているかという問題がまさに問題ではなくなって、消失してしまう。「内容」(本文の背後の現実)にばかり目がゆくあまり、本文の形態の問題が見失われるのである。(26)

5 機能分析

文学社会学的視点からヨハネ福音書の効用論的機能を分析するためには、正に逆に、この福音書の本文を「前向き」に読むことが決定的に重要である。すなわち、今や終始ヨハネ教会が読者として福音書の前に立っているものと考えるのである。彼らはこの福音書を初めから終わりへと読むことによって、いかなる新たな社会的・間人間的行動へ動機づけられてゆくであろうか。この機能分析のためには、本文が何を言っているか、つまり意味内容――これは本文の背後の現実とそのまま同じではない――のみならず、同時に、本文がどう書かれているか、つまりその文学的形態にも最大限の注意が必要である。[27]

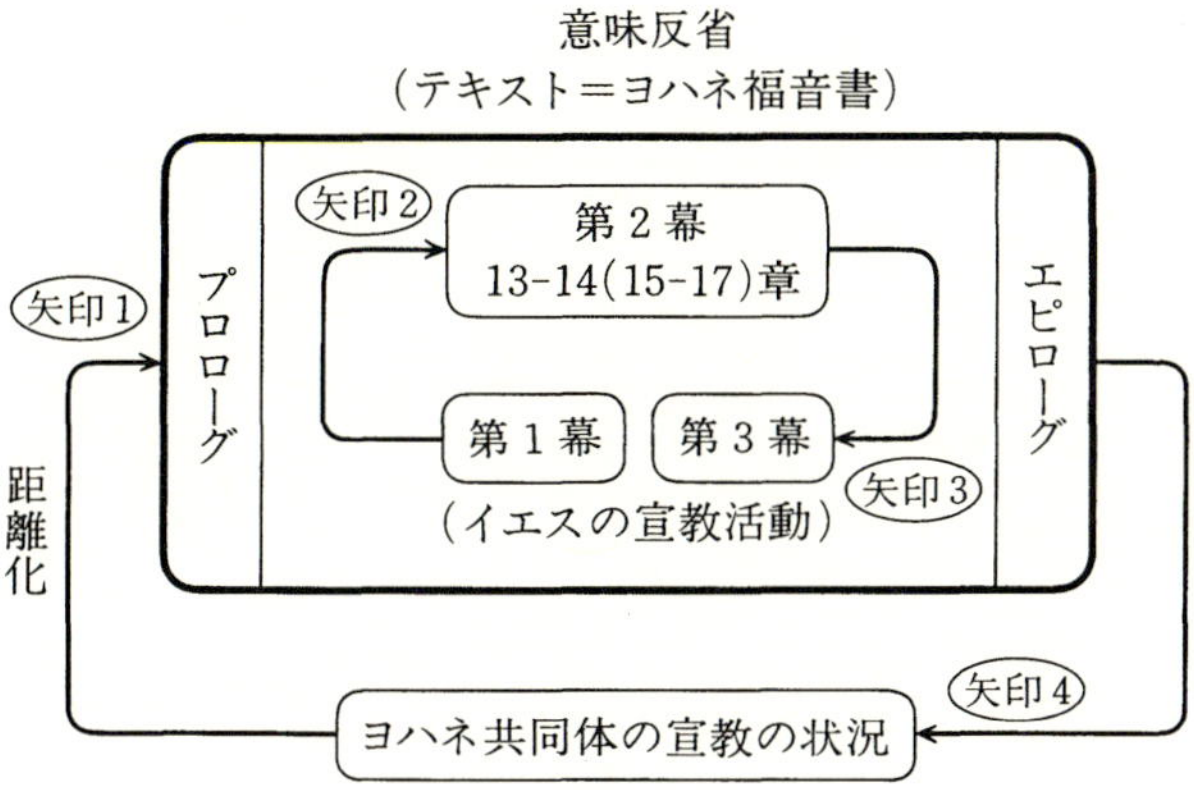

図1

a　ヨハネ福音書の文学的形態（マクロ構造）

ヨハネ福音書の構成をマクロで捉えるならば、三つの部分に区切ることができる。上の図において、太い実線の枠は福音書全体を表わし、その中に収められた三つの長方形はその三つの部分を表わす。

第一部を成すのは一・一九から一二・五〇までである。ここでは、「ユダヤ人」との論争を含めて、イエスの公の活動が描かれる。第二部の内一三―一四章では、最後の晩餐を舞台として、いわゆる「告別説教」が語られる。

続く一五―一七章は、現在有力な見解に従えば、一三―一四章と同じ著者の筆によるものの、福音書の成立史の上では時間的に少し遅れて挿入されたものと考えられる。したがって、図では括弧に入れて示した。この第二部でのイエスはすでに「ユダヤ人」および「世」から身を引き（一二・三六）、ただ弟子たちとのみ最後の晩餐を囲んでいる。彼は今や第一部での公の活動を振り返り、「ユダヤ人」たちの拒絶（不信仰）を再確認する一方、彼を信じて従う者となった弟子たちに、将来に向けて、さまざまな忠告・警告、そして約束を与える。その後、元来の「告別説教」

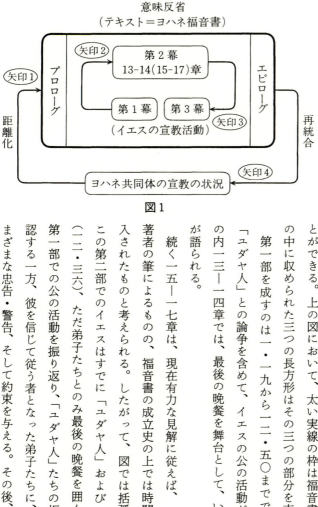

の結びであったと思われる一四・三一では、イエスは「立て。さあ、ここから出かけて行こう」と命じると、直ちに十字架に向かう道を歩み出す。

それに続く「受難物語」(一八―一九章)と復活物語(二〇章)が第三部に当たる。ところが、この第三部の「受難物語」は、共観福音書の受難物語とは違い、十字架に向かうイエスの歩みを「受難」としては描かず、むしろ逆に彼のどこまでも能動的・主権的な宣教活動の固有な一部として描く。このことは、「すべてが完成した」(τετέλεσται)という十字架上のイエスの最期の言葉に集中的に表現されている。また、有名なピラトとの真理問答(一八・三七―三八)などにも端的に明らかである。つまり、第三部は、第一部で描かれたイエスの公の宣教活動を、第二部による一時的中断を越えて、再び継続するのである。

以上の三つの部分に先立って周知のプロローグ(一・一―一八)が、第三部の後には短かいエピローグ(二〇・三〇―三一)が置かれ、全体を言わば三幕の舞台劇に仕上げている。

b　ヨハネ福音書の効用論的機能

(i)　プロローグ

さて、ヨハネ教会が読者としてこの福音書の前にやってくる時、彼らが最初に読むのはプロローグである。この時、プロローグの本文が果たす効用論的機能は何であろうか。この問いに答えるためには、この本文の意味論に絡む問題、特にキリスト論をめぐる論争問題から出発するのがよいと思われる。すなわち、この序文における著者のキリスト論的思考はいったいどこでいわゆる「肉を纏わないロゴス」(λόγος ἄσαρκος)から「肉を纏ったロゴス」(λόγος ἔνσαρκος)へ移行するのか、確定がきわめて困難なのである。例えば、E・ヘンヘンとW・エルテスターは一四節にその移行点を認め、それ以前の五節と九節が言及する「世」(歴史)の只中でのロゴスのわざは、「肉を纏わないロゴス」の働きとして解釈する。これは、先在のロゴス、すなわちイエス・キリストが受肉して人間となる以前に、すでに旧約聖書の人々にも「肉を纏わずに」現われ、言葉を交わしたと考える後の護教家ユスティノスおよびエイレナイオスのキリスト論に倣う解釈である。この場合、前記二つの相異なる「ロゴス」は、救済史の相前後する二つの時期に整然と割り振られるわけである。しかし、これは、五節と九節に挟まれてすでに洗礼者ヨハネについて語っている文言(六―八節、および一五節)を二次的な付加として削除してはじめて成り立つ解釈である。[28]

　このような無理を避けるためには、多数意見に従って、すでに五節に、あるいは遅くとも九節に「肉を纏ったロゴス」の言及を認めざるを得ない。先在のロゴスの受肉について誤解の余地なく明言するのはもちろん一四節が初めてであるから、われわれのプロローグにおいては、きわめて逆説的に、ロゴスの受肉、「肉を纏って」の到来について、陰に陽に、繰り返し言及されていることになる。事実、プロローグの最大の特徴は、そのように著者の思考が時間的・歴史的前後関係に整理し切れない点にこそ認められなければならない。このことは、J・ブランクがヨハネ福音書のキリスト論について明らかにした「人格的(キリスト論的)内包」という事態が[29]、このプロローグにおいても起きていることを示している。万物に先立って存在するロゴス(一節)さえ、もはや、「受肉のロゴス」(一四節ab)、「十字架につけられた方」、「死んで蘇った方」、「高められて」(一八節)、「栄光を受けた方」(一四節c)と切り放しては考えられないのである。今初めて先在の場所を出て受肉へと歩むロゴスは、実はすでに「受肉した方」に他ならない。だからこそ、彼は受肉(一四節)以前に、すでに「受肉のロゴス」として「世」にいる(五、九節)のである。

　プロローグが「太初」(ἀρχή)およびあらゆる時間に先立つ万物の創造について語る時、著者の思考の枠は、神学的な用語で言えば、始源論である。ところが彼は、同時に、終末論の枠でも思考し、すでに十字架の上に「完成されている」(一九・三〇 τετέλεσται)救いのわざを全体として回顧するのである。これは考え得る限り逆説的な事態であると言わなければならない。「初め」(ἀρχή)は「終わり」(τέλος)を、始源論は終末論を内包し、二つのものがここでは一つになっているのである。このような逆説的な事態が可能となる根拠は、あらゆる時を内包するイエス・キリストの人格の全時性に他ならない。プロローグにおいても、まさにこの人格が問題である故に(一七節)、純粋に歴史的に見れば後一世紀の末に生きている筈の著者と彼の読者たるヨハネ教会の「今」も、具体的には彼らの宣教活動の歴史と経験も、すでにそこに同時に持ち込まれているのである。すなわち、一〇―一三節は、「世」に到来した「光」に直面した人間たちが、その「光」を受け入れた者たち(=一四節以下の「わたしたち」)と、反対にそれを拒んだ者たち=「世」とに、大きく二分割されたことを語っている。これは単に生前のイエスの宣教活動だけに関わるものではなく、同時にヨハネ教会自身の宣教活動の経験をも回顧するものに他ならない。彼らの宣教活動は、神学的に見れば、復活・高挙のイエスが今なお「真理の霊」を通して継続しつつある自己宣教に他ならない。彼らの経験はイエスの経験に他ならず、そのようなものとして生前のイエスの経験とも等価となり、両者は一つに見られるのである。この関連から見ると、終始過去時称で一貫している前後の文脈の中にあって、ただ五節の定動詞 φαίνει のみが直説法現在形であるのは、神学的にきわめて示唆に富んでいる。(30)

したがって、プロローグの本文が読者であるヨハネ教会に及ぼすコミュニケーション機能は、彼らを現下の宣教活動の現場からいったん引き離して、距離を取らせ、彼らがそこで積み重ねてきた経験の神学的意味を反省的に問い直すよう促すことにある。また、プロローグが正に「プロローグ」として福音書本文そのものの中で内在的に持っているはずの文学的機能は、そのような神学的意味反省がこの福音書全体を貫くであろうことを、あらかじめ提示することにある。実際、五節の文言全体(*καὶ τὸ φῶς ἐν τῇ σκοτίᾳ φαίνει, καὶ ἡ σκοτία αὐτὸ οὐ κατέλαβεν*)は、すでにR・ブルトマンも的確に指摘している通り[31]、福音書の前半(第一部)でのイエスの宣教が常に「ユダヤ人」の拒絶に出会うことになる事実を先取りするものに他ならない。また、後続の一二節が不信仰な「世」から選び出された「神の子たち」について語るのは、福音書中央の第二部「告別説教」において、イエスが「自分の者たち」(一三・一)、とはつまり「世」から選び出された弟子たちとのみ語ることに正確に対応しているのである。

(ii)　第一部・イエスの公の活動(一・一九―一二・五〇)

第一部はイエスの公の宣教活動と弟子たちの姿を描く。ところが、この描写には、実際には、ヨハネ教会自身の宣教の歴史と経験も重ね合わされているのである。この事態は、従来の研究においてもすでに早くから繰り返し指摘されてきたところであるから、我々がここで改めて論証する必要はないであろう。すなわち、ヨハネ教会の現下の状況は、とりわけ九章が「劇的」な潤色の下に描くように、「人の子」イエスの人格そのものの救済意義を中心的メッセージとする彼らの宣教と、敵意に満ちた迫害と会堂からの追放をもってそれに答えるユダヤ教によって刻印されている。

さて、イエスは第一部での公の活動を閉じるに当たり、「光のある間に、光の子となるために、光を信じなさい」(一二・三六a)と語る。これに続く地の文(一二・三六b)は、「イエスはこれらのことを話してから、そこを立ち去って、彼ら(「ユダヤ人」)から身をお隠しになった」と断わっている。さらに、「ユダヤ人」の不信仰の理由を説明するため、イザヤ書から二つの「裏付け引用」がその後に続いている(三八―四一節)。これらすべての文言は、事実イエスが「世」から身を引いて弟子たちにのみ告別の言葉をかたる第二部(一三・一以下)を準備するものに他ならない。場面上のこの展開が読者としてのヨハネ教会に及ぼす効果は何であろうか。明らかにそれは彼らにとって、ただ単に生前のイエスが今や公の活動から身を引いたことを語るに過ぎないものではない。むしろ、彼らはこの場面展開をたどる時、それまで終始イエスの宣教および弟子たちの姿に重ね合わせて描かれてきた彼ら自身の宣教の状況からも距離を取るのである。ところが、彼らはすでに福音書本文を読むためにその前にやって来た時に、宣教の現場を一度離れているのである。それのみではない。すでに述べたように、彼らがまず読んだプロローグも、彼らの宣教の状況から距離を取らせ、神学的意味反省へと導いていたのである。したがって、一二章から一三章への前記のような場面展開が読者(ヨハネ教会)に及ぼす効果は、すでに一度遂行されたそのプロセス、すなわち、本文の外にある現実を離れて本文へというプロセス(九九頁の図1の矢印1)を、改めて読み直させるということに他ならない。もちろん、彼らはそのプロセスを今度は本文そのものの中で読み直すのである。とはつまり、彼らは先のプロセスを、終始過去形で描かれる生前のイエスの歩みの中に逆投射された形(九九頁の図1の矢印2)で読み直すわけである。今や「世」から身を隠して最後の晩餐を囲みながら、「自分の者たち」にのみ語ろうとするイエスの歩みの中に、彼らは自分たちの宣教と経験の意味を反省的に問い返すべく、福音書の本文へとやって来た彼ら自身の歩みが「再演」(redescriptio)されるのを見るのである。

(iii) 第二部・イエスの告別説教(一三―一四章/一五―一七章)

したがって一三章以下の第二部は、著者と読者の間で交わされるコミュニケーションの次元で観察する時、第一部でイエスの宣教のわざと弟子たちに重ね合わせて描かれてきたヨハネ教会自身の宣教の状況の意味を反省的に問い直すものとなっている。同じことは、一二・三八―四一に置かれたイザヤ書からの「裏付け引用」が、ユダヤ教共同体(会堂)からの追放というヨハネ教会自身の現下の状況に言及(四二節)している事実からも証明される。

ところが、この第二部は、第一部で実に頻繁に用いられた「ユダヤ人」という表現を一三・三三で唯一回用いるのみで、それ以後は全く用いないという点で、第一部とは決定的に異なっている。それに代えて今や、はるかに一般的かつ包括的な概念である「世」が用いられる(一四・一七、二二、二七、三〇他)。このことは、この第二部――とりわけ告別説教――において行なわれる前述の意味反省が、同時代のユダヤ教の不信仰・迫害など、ヨハネ教会の現下の状況に付随する特殊ユダヤ教的な限定・個別性、あるいは歴史的偶然性から超出し、今やより根本的・統握的な意味の地平で展開することを示している。第二部を準備する前述の文言一二・三六a、「光のある間に、光の子となるために、光を信じなさい」、あるいは、うっかりすると読み飛ばしてしまいそうなほど短い文言ではあるが、厳密な意味での告別説教(一三・三一以下)の直前に置かれた重要な文章、「時は夜であった」(一三・三〇b)が、高度に象徴的な言語になっていることは偶然ではない。いずれも、以下の告別説教における前述の意味反省が、多様な、多くの場合二元論的な色調の概念を駆使する、いわゆる「ヨハネ的象徴主義」の次元で遂行されることを示すものに他ならない。

一三・三〇bは直後に始まる狭義の告別説教の場面を、夜の闇に覆われた外の世界から切り取り、明るい昼の光に照らされた場所として演出している。あたかもそこだけ明るいスポットライトが当てられているかの如くである。これと全く同様の効果は一・五、「光は闇の中に輝いている」にも認められる。やはり「ヨハネ的象徴主義」の一つの典型であるこの文言は、ヨハネ福音書の言わば劈頭に置かれて、以下の福音書のテキスト世界全体を「光」の領域として示している。この意味で、福音書の始まり方は告別説教(一三・三一以下)の始まり方と並行しているのである。さらに、プロローグは、前述のように、すでにヨハネ教会自身の経験を回顧し、その神学的意味についての反省に導くのであるが、すでにこの意味反省も歴史的偶然性と個別性を超出した次元——「光」、「闇」、「世」——を指示している。この点でもプロローグは告別説教に対応し、それを先取りしているのである。

これに対し、プロローグと告別説教に挟まれた第一部では、同じ経験に対する意味反省が一段低い抽象度——あるいは逆に一段高い具体性——において遂行される。すなわち、そこに繰り返し現われる「ユダヤ人」の挙動は、プロローグと告別説教の「世」に比べると、ヨハネ教会の宣教に敵意に満ちた迫害をもって応答しつつある目の前のユダヤ教の歴史的現実をより多く映すものとなっている。にもかかわらず、この「ユダヤ人」の概念も、周知のように、「ヨハネ的象徴主義」から自由ではなく、「世」を象徴的に体現する概念であることが見過ごされてはならない。

したがって、この概念も含めて、ヨハネ福音書全体が、場面により、用語によって程度の差はあるものの、「ヨハネ的象徴主義」を文書化し、客観化したものに他ならない。もちろん、「ヨハネ的象徴主義」とはヨハネ教会の人々がその中に、また、それとともに住んでいる言語世界・意味宇宙であり、一定の量の文学的本文に限定されてしまうものではない。しかし、彼らがこの言語世界・意味宇宙に最も確実に出会い、対自化するのは、読者として福音書の本文に向かい、それを読む時である。ここでもまた、本文(作品)とは「実現された言語」だからである。[32] それ故、彼らが読者として福音書本文の前にやって来ることは、「ヨハネ的象徴主義」の次元で遂行される彼ら自身の経験の意味反省に戻ってくるということに他ならない。福音書本文——とりわけ第一部——が彼らの宣教の現実を反映するのは確かである。しかし、この現実の「再記述」(redescriptio)、あるいは「模倣」(imitatio/μιμησις)は、「ヨハネ的象徴主義」の次元でおこなわれるから、必然的に現実の「再創造」(recreatio/ποιησις)となる。[33] すなわち、今や文学的虚構性が福音書本文と背後の現実との間に楔を打ち込むのであり、そこに生じて来る乖離こそ、本文の表面上の個々の表現を背後の共同体の歴史的現実と短絡的に結合することを禁じるのである。

そのように、ヨハネ教会にとっては、福音書を読むこと自体がすでに、宣教の状況から距離を取ることに他ならないのであるが、それを読み進んで第一部から第二部へ移行するにともない、彼らはそれからもう一度距離を取る。なぜなら、すでに述べた通り、第二部の告別説教は第一部に比べ抽象度が一段高く、より根本的な意味のレベルで展開するからである。言い換えれば、告別説教の本文はヨハネ教会の宣教の現実から二重に抽象されているのである。告別説教がヨハネ福音書全体の中で歴史的具体性に最も乏しい本文となっているのはこの理由からである。

さて、その当の告別説教が著者と読者のコミュニケーションの次元で果たす効用論的機能は、あえて一言で言えば、ヨハネ教会を導いて、すでに十字架の上に「完成」している救いのわざのアイデンティティー、それとともに、彼ら自身のアイデンティティーを再発見させることにある。彼らは地上にあって終末論的救いを体現する者として自己を理解してきたし、現に理解している。しかし、その救いを述べ伝える彼らの宣教は、会堂からの追放を含むユダヤ教からの迫害によって答えられている(一六・二)。しかも、肉体を備えた存在としてのイエスはすでにない。この歴史的現実こそ、終末論的救いの出来事の可視的体現者たるべきヨハネ教会の確信を揺るがしているのである。彼らは「心を騒がせ」(一四・一、二七)、「憂いで満たされ」(一六・六、二二)、「艱難」(一六・三三)の中にある。

告別説教は場面的には、生前のイエスの最後の夜に設定されている。そこで語るイエスの言葉は、大きくは二つのグループに分かれる。その一つは、来るべき救い(特に「助け主」＝「真理の霊」の到来)の約束であり、今一つは、来るべき迫害と艱難の予告である。これらいずれのグループに属する文言も、文法的に見れば、ほとんどの場合、未来形になっている。そして、ヨハネ教会の人々が読者としてそれを読む読み方には二通り考えられる。一つは、彼らが、自分たちの現在と生前のイエスの最後の夜との間に横たわる歴史的・時間的——少なくとも六〇年以上の——隔たりを自覚しながら読む場合である。この場合には、告別説教で語られる救いの約束も艱難の予告も一種の「事後予言」(vaticinium ex eventu)となり、ヨハネ教会の「今」(*νῦν/ἄρτι*)を歴史的過去としてのイエスの決別の夜から照らし出して、弁証するものとなる。すなわち、迫害と艱難は確かに彼らの目の前の現実であるが、それは予期されなかったものではなく、すでに決別の夜のイエスによって予告されていたものであるから、「心を騒がせて」はならないのである。加えて、同じように予告されていた「助け主」の到来もすでに実現し、彼らの間に働いているからである。

ところが、この告別説教においても、すでにプロローグについて見たのと全く同じ「人格的(キリスト論的)内包」が起きている。そのため、生前最後の夜に語っているはずのイエスが、すでに復活し、高められて、栄光を受けた方と切り放し得ないのである。このことは、「真のぶどうの木」の譬喩(一五・一―一二)が、本来復活・高挙のイエスと信徒の関係について比喩的に述べるものであるにもかかわらず、生前のイエスの最後の夜に場面設定された告別説教の一部として加えられ得たという事実に端的に見て取れる。この独特なキリスト論的事情から、ヨハネ教会の信徒たちにとって、第二の読み方が可能となる。すなわち、全く同じ救いの約束と艱難の予告が、今や復活・高挙のイエスが直接彼らに向ける語りかけとして読まれるのである。その時、その救いの約束と艱難の予告は、ヨハネ教会自身の頭上を越えて、彼らの未来時に関わり、慰めと警告を与えるものとなる。つまり、現在の迫害と艱難はなお続くであろう。その限り、現在与えられている救いも、依然として約束であり続けるであろうと言うのである。

告別説教の語り手であるイエスは、一方では生前のイエスに、他方で復活・高挙のイエスにと分割不可能な方である。これこそ「人格的(キリスト論的)内包」の意味である。そうである以上、前記二つの読み方も相互に切り放して、例えば時間的前後関係に押し込むことはできない。むしろ、二つの読み方は同一の本文が同時的に遂行する二つの働きとして理解されなければならない。そして、まさにこの同時的な両面の働きによって、十字架の上に完成された救いの出来事がなおもたどる歴史的展開――この意味での「救済史」はヨハネ福音書についても語られてよいであろう――の線上で読者のヨハネ教会の「今」が占める位置が明らかにされる。すなわち、それは確かに約束された終末論的救いがすでに実現している時である。しかし、その救いは同時になおも将来への約束であることを止めない。なぜなら、迫害と艱難は事実として続くからである。ヨハネ教会は自分たちの「今」のこのような位置価を見極めることによって、新しい自己了解に導かれる。彼らは救いの出来事のアイデンティティーを改めて確認し、その歴史的・可視的体現者として遣わされている自己自身のアイデンティティーを再発見する。「これらのことをあなたがたに話したのは、わたしにあって平安(εἰρήνη)を得るためである。あなたがたは、この世では悩みがある。しかし、勇気を出しなさい。わたしはすでに世に勝っている」(一六・三三)。一六章を締め括るこの文言に出る「平安」の語は、まさに今述べた意味で再発見されたアイデンティティーに他ならないであろう。(34)

(iv)　第三部・「受難」からエピローグへ(一八・一―二〇・三一)

イエスは一四章の結びでも、彼が後に残してゆく「平安」について語る(一四・二七)。一四章までの元来の告別説教を語り終えると、弟子たちに、「立て。さあ、ここから出かけて行こう」と命じて、十字架への道を歩み出す。それに続くいわゆる「受難物語」が、共観福音書とは異なり、イエスの十字架の刑死を文字通りの「受難」としてではなく、イエスの能動的・主権的な行為の頂点として描くことはすでに述べた。イエスはここでは羊のために自ら命を捨てる善き羊飼い(一〇・一七―一八)なのである。この意味で、ヨハネ福音書の「受難物語」はもはや「受難」物語ではなく、むしろ第一部で描かれたイエスの宣教のわざを継続するものとなる。九九頁の図1において第三部を示す長方形を第一部のそれに並べて表示したのはそのためである。イエスの使命は第一部と第三部の両方を経て初めて、十字架の上に「完成」(τετέλεσται)するのである(一九・三〇)。

さて、この独特な――あえて逆説的に表現すれば――能動的「受難」物語が読者に及ぼす効用論的機能は何であろうか。それは明らかに一種のモデル機能である。すなわち、読者のヨハネ教会はこの第三部を読み進むことによって、本文の外で彼らを待ち受ける宣教の現実の中へ再び送り出されるために準備され、姿勢を整えられる。彼らはすでに第二部の告別説教を読むことによって、救いの出来事のみならず、それを体現すべき自分たち自身のアイデンティティーを発見し直しているのである。今や彼らにとって、十字架に向かってあくまで能動的・主権的に歩む第三部のイエスは、本文の外で待ち受ける迫害と艱難をも恐れず、新たな宣教のわざに歩み出すことを促すモデルとなる。[35]

福音書最終章の復活物語、とりわけ弟子に復活のイエスが顕現する場面が読者に及ぼす効用論的機能は、新たな宣教活動に向けて準備され、イエスの十字架への主権的な歩みにモデルを示された彼らを、今や実際にテキストの外へ、すなわち、彼らがいったんそこを離れてきた宣教の現場へ送り出すことにある。復活のイエスの言葉、「安かれ(εἰρήνη ὑμῖν)。父が私をお遣わしになったように、私もまたあなたがたを遣わす」(二〇・二一)によって「世」に派遣されるのは、生前のイエスと歩みを共にした、かつての弟子たちのみではない。ヨハネ福音書では、例えば告別説教でもそうであったが、キリスト論における「人格的内包」に対応して、「弟子」の概念も同様な全時性を獲得し、かつてと今の信仰者すべてを内包するものとなっているのである。この「弟子論的内包」とも呼ぶべき事情から、復活のイエスによって派遣される「弟子たち」は同時に読者、つまりヨハネ教会自身でもある。このことは、二〇・一九に含まれた場面設定、「弟子たちはユダヤ人をおそれて、自分たちのおる所の戸をみな閉めていると」にも明らかである。この句は間違いなくこの福音書の著者自身による書き込み(編集句)である。彼はユダヤ教による迫害のさなかにある読者を念頭においているのである。

さてその読者はすでに一四・三一で、「立て。さあ、ここから出かけて行こう」というイエスの命令を読んでいたのである。二〇・二一における復活のイエスの前出の言葉は、実質的に同じ命令を福音書の末尾でもう一度繰り返すものと言ってよい。すなわち、九九頁の図1で言えば、矢印3が矢印4の中に繰り返されるのである。ただし、読者のヨハネ教会は前者を本文そのものの内部で、元来の告別説教の結びとして読んだのであるが、後者、すなわち二〇・二一の命令はヨハネ教会自身に直接的に語りかけ、今や彼らを本文の外の世界、つまり、彼らの宣教の現場へ再び、しかし新たに送り出すのである。

この命令を含む復活のイエスの顕現場面(二〇・一九以下)全体についてなお注目に値するのは、この場面がその他にもさらに二重の仕方で告別説教の文言と重なり、それを繰り返している事実である。

(一)　イエスは告別説教の結びで、自分が立ち去った後も信仰を堅持すべきことを弟子たちに諭し、まさにこれこそが彼の告別説教の狙いであったことを告げる(一四・二九、また一六・四、三三も参照)。これと全く同じつながりが福音書の結びにも認められる。すなわち、復活のイエスが「不信仰なトマス」に告げる有名な言葉、「あなたは私を見たので信じたのか。見ないで信じる者はさいわいである」(二〇・二八)にエピローグが直接続き、福音書全体に関わる著作意図を告げるというつながりである。

(二)　告別説教のイエスは、やはりその結びに近く、「弟子たち」に失われることのない「平安」(*εἰρήνη*)を残してゆくことを約束している(一四・二七、一六・三三)。顕現場面のイエスも全く同じ「平安」を、やはり「弟子たち」に、繰り返し前後三回(二〇・一九、二一、二六)祈っている。この繰り返しが我々の福音書の著者の編集的な書き込みであることは、共観福音書の並行記事と比較すれば直ちに明らかである。

この関連で想起したいのは、告別説教の発端(一三・三〇参照)も、すでに明らかにした通り、福音書全体の発端、すなわちプロローグ(一・五)と対応関係にあることである。つまり、福音書全体と告別説教の間には、始まり方と終わり方に関して、正確な対応が成り立っているわけである。両者は言わば同心円的な関係にあるとも言えよう。このことは、福音書全体の効用論的機能も告別説教の本文のそれと同一であることを強く示唆している。つまり、ヨハネ福音書が今や全体として読者に及ぼす働きは、彼らを宣教の現場からいったん引き離し、そこで積み重ねられた経験の神学的意味反省と新しい自己了解に導き、その上で再び新たな宣教活動へ送り出すことであると言わなければならない。ヨハネ福音書全体が、九九頁の図1に示した表現を用いれば、「距離化」と「再統合」の間にあって、これら二つを結び付け、循環させる結節点として働くのである。この位置は、福音書本文そのものの中で告別説教が占める位置と正確に対応する。なぜなら、すでに見たように、告別説教も、ヨハネ教会の宣教の現実の「再記述」を行なう第一部から、彼らを再び新たな宣教活動に向けて整える第三部(「受難」物語)への——すなわち、回顧から展望への——転回点に当たるからである。[36]

(v) 三幕の舞台劇としてのヨハネ福音書

以上をまとめるならば、ヨハネ福音書は全体として、プロローグとエピローグ付きの三幕の舞台劇と見なすことができる。イエスと弟子たちを登場人物として演じられるこの舞台劇三幕の展開は、観客のヨハネ教会自身が劇場に向かい、入場・観劇、そして帰宅とたどる歩みと同心円的に一致する。観客のこの歩みの中で舞台劇全体、すなわちヨハネ福音書全体が果たす効用論的機能は、劇そのものの中で第二幕、すなわちイエスの告別説教が果たすそれに等しい。

二　哲学的解釈学の有用性

前節でわれわれはヨハネ福音書の文学社会学的分析を、本文の機能分析を中心に行なった。そこでわれわれが繰り返し立てた問いは、一定の歴史的・社会的・文化的条件の中に置かれたヨハネ教会が、この福音書の本文を、全体に、あるいは部分的に、どう読み、どのような新しい自己了解と行動(πρᾶγμα)へ導かれるかというものであった。この問いが基本的には史学的問いでありつつ、同時に解釈学が解明しようとする問題とも密接に関係したものであることは明らかである。したがって、われわれが行なった機能分析を、とりわけP・リクールとH・G・ガダマーの哲学的解釈学の知見と突き合わせて整理し、同時にこの解釈学が我々の意味での文学社会学的聖書釈義にとって持ち得る具体的有用性の幅を確かめることが、以下の本節の課題である。

1　P・リクール

リクールによれば、詩的言語による文学的本文は、確かに背後の歴史的・日常的現実をも反映し、それを模倣する。しかし、この模倣(μίμησις)はまさに詩的・文学的象徴の助けを借りて行なわれるために、同じ現実を新たに造り直す(ποίησις)ものとなる。[37] 文学的作品はこの造り直された現実を、本文の背後にではなく、前方に、人間が新しくその中に住むことのできる「テキスト世界」(le monde du texte)として展開する。これこそ文学的本文の指示に他ならない。それは本文の背後にではなく、前方にある。[38] したがって、文学的作品を解釈するとは、解釈者がこの「テキスト世界」の中で自己自身と世界を新たに了解し直すこと、この意味での「テキストの前での新しい自己了解」(une nouvelle compréhension du soi devant texte)を獲得することに他ならない。[39]

文学的作品が多くの詩的象徴と虚構を駆使して、古い現実を新しく発見し直させるこのような働きを、リクールは本文の「モデル効果」、あるいは「隠喩効果」と呼ぶ。[40] もしその本文が詩文であるならば、この効果は文のレベルで発生する。もしそれが虚構的な物語ならば、その効果は物語の連辞的な「筋」(「出来事の組み立て」τάξις/plot)全体のレベルで生まれる。[41] すなわち、物語テキストが読者に及ぼすメッセージは、テキスト表層における「筋」の中に求められなければならない。この点でリクールは、例えば聖書(イエスの譬え)釈義の領域でのO・ヴァイア[42]などとともに、フランスにおける構造主義的文学研究から明確に一線を画している。フランス構造主義の立場からすると、文学的テキストの「意味」とは――仮にそれについて語り得るとして――物語本文の深層に横たわる幾つかの基本的「コード」とその相互的関係の束のことに他ならない。個々の具体的な本文はその「コード」がその都度、形を崩しながら「引用」、「実現」されたものに他ならない。したがって、そこでは本文が自己を越えて外へ――例えばリクールの言う「前方へ」――行なう指示というようなことは問題にならない。[43] 逆に、リクールにはこの意味での本文の指示が決定的に重要なのである。

彼は「モデル効果」、「隠喩効果」の議論を、聖書釈義に直接関連する形では、イエスの譬え話と奇跡物語に応用する。イエスの譬え話(Parabel)は「物語に拡大された隠喩」と定義される。また、イエスの奇跡物語も、その「筋」によって「モデル効果」、「隠喩効果」を発揮するという意味で、譬え話と通底した「譬喩的次元」(parabolische Dimension)を持つとされる(44)。

さて、「物語に拡大された隠喩」という意味での譬喩性は、前節での我々の機能分析に照らすならば、ヨハネ福音書全体にも承認されて然るべきであると思われる。この福音書全体が、ヨハネ教会にとっては、彼らを取り巻く現実と自己自身を新しく発見し直し、あらたな投企へ促す「モデル」に他ならない。この「モデル」は、第一部で彼らの宣教の現実を多様な象徴表現を用いながら「模倣」、とはつまり「再創造」し、第二部ではその神学的意味を問い返し、続く第三部では十字架に向かうイエスの能動的・主権的歩みを文字通り「モデル」(一三・一五の「手本」参照)として提示している。福音書本文を読み進むうちに、読者のヨハネ教会はまず最初に、彼らが現実に直面しているユダヤ人の拒絶をより根本的・普遍的な意味において、つまり不信仰な「世」全体の象徴として統握するように導かれる。にもかかわらず彼らは、福音書全体を読み終わる段階では、「すでにさばかれている」はずの「世」にある者は誰であれ、したがって、同じ不信なユダヤ人一人一人をも、改めて新しい語りかけの対象として発見し直すのである。復活のイエスが「弟子たち」を「世」に派遣するに際して語る言葉、「誰の(*ἄν τινων*)罪であれ、あなたがたが許す罪は許され、誰の(*ἄν τινων*)罪であれ、あなたがたが許さずにおく罪は、そのまま残るであろう」(二〇・二三)はまさにこの意味に解されなければならない(45)。

事実、一〇・六と一六・二五、二九にはヨハネ福音書に特有な表現 *παροιμία* が現われ、それぞれに先立つイエスの講話を一種の「譬喩」として提示している。一〇・一―五のいわゆる「善き羊飼い」の記事の場合には譬喩性は端的に明白である。読者に及ぼす効用論的機能の視点から注意したいのは、むしろ一六章の結び部分である。この部分は、すでに述べたように、我々の判断では、一三—一四章の告別説教に比べ時間的には遅れて、言わばその複本として挿入された本文の一部である。興味深いことにイエスはこの部分で、彼の言葉をもはや *παροιμία* とは受け取らない「弟子たち」(二九節)とは対照的に、彼が「あからさまに」(*παρρησίᾳ*)とはつまり *παροιμία* を用いずに語るのはなお将来のことであり(二五節)、そこに至るまで彼らはなお多くの艱難を経なければならないことを警告する(三二節以下)。その言外の含みは、それまでイエスの言葉は依然として *παροιμία* であり続けるということである。

これらすべては効用論的には次のように理解できる。読者のヨハネ教会にとって、イエスの告別説教は事実一つの譬喩(*παροιμία*)、すなわち新しい自己了解を可能にする「モデル」なのである。しかし、その「モデル効果」は決して一度限りで尽きてしまうものではない。彼らが実際には将来もなお艱難を経なければならず、この意味で未来がなお不透明である限り(三二節a)、その「モデル効果」も繰り返し発揮されなければならない。この意味で、一五—一七章が遅れて挿入されて一三—一四章の元来の告別説教を多くの点で繰り返すのは、決して偶然ではないのである。

告別説教と同じ譬喩性、「モデル効果」は福音書全体についても認められなければならない。なぜなら、すでに明らかにした通り、ヨハネ福音書全体が、形態的にも、機能的にも、言わば「拡大された告別説教」に他ならないからである。ヨハネ教会の人々は、救いの出来事の、ひいては自分たち自身のアイデンティティーが不透明になる度ごとに、新しい譬喩(*παροιμία*)たるヨハネ福音書に立ち戻り、その本文との解釈学的な折衝を通して、自己と世界のその都度新しい了解を手にすることができる。ヨハネ福音書の譬喩性と「モデル効果」も一度限りに尽きてしまうものではないからである。(46)

周知のように、M・ウェーバーの理解社会学とその系譜に連なる社会学理論、社会行動の理論にとっては、人間の社会的行動は、行為者が自分の行動に結び付ける主観的意味を考慮せずには解明不可能なものである。ところが、まさにそのような主観的意味は、そもそもいかにして形成されるのか。われわれの見るところでは、それは一定の――例えば文学的な――本文を読み、かつ解釈することに媒介されてである、というのが哲学的解釈学の基本的見解だと思われる。もしそうであれば、哲学的解釈学は、リクール自身も事実ある場所で示唆するとおり、社会学的適合性を主張できることになる。(47) ヨハネ福音書についてわれわれが行なった文学社会学的分析の全体も、このことを裏付けている。すなわち、この福音書は、文学社会学的に見ると、ヨハネ教会を全体社会(「世」)に対する――あえて一言で言えば――弁証法的な関わりに促す。しかし、この結論を導くためには、それに先立って、この福音書の本文が彼らにどのような新しい自己了解、新しい意味形成を可能にするかが明らかにされねばならなかったのである。

2　H・G・ガダマー

ヨハネ福音書に関するわれわれの機能分析は、著者と読者が時間的に相互に大きく隔たらず、むしろ同じ「社会的直接世界」を共有する関係にあることを終始前提として、彼らの間のコミュニケーションのために、この福音書の本文が果たす機能を問題にした。後で詳しく触れる効用論的テキスト理論も、文学的本文を独特な形態での社会的コミュニケーションそのものと見なしており、著者と読者が共時的・同時代的であることを妨げてはいない。

しかし、解釈学的に見れば、この共時性あるいは同時代性は一定の本文を巡って生起する解釈学的事態の一つの限定された局面に過ぎない。リクールのみならずガダマーの解釈学、とりわけその良く知られた「解釈学的地平融合」のテーゼにとっても、著者と読者(解釈者)を隔てる時間的距離が重要な意味を与えられている。すなわち、いずれの解釈学においても、作品(本文)の意味は元来の著者および読者の志向と条件から独立し、自律し得るものであることが強調される。この意味でリクールは、「意味の全時性」(l'omnitemporalité du sens)、あるいは「テキストの意味論的自律」(l'autonomie sémantique d'un texte)について語る。[48] この観点からすれば、そのように本文によって担われた自律的かつ全時的意味と、その都度新しい読者との間で行われる対話と了解こそが重要となる。[49] もちろん、著者が歴史的にそもそも念頭においていた元来の読者が当該の作品を読むとき、そこでも解釈学的事態が生起することまで否定されてしまうわけでは決してない。けれども、著者自身が主観的に意図した志向が、どこまで元来の読者によって理解されたかどうか、という問いは、なおも歴史的偶然性の拘束を脱し切れていない問いとして、解釈学的には「限定された」意義しか持ち得ないとされるのである。[50]

したがって、このような基本的洞察の上に構築された解釈学を、ヨハネ福音書を媒介として、その著者と元来の読者の間で共時的・同時代的に交わされるコミュニケーションの分析に援用することは、この解釈学そのものに対しては理論的射程を切り詰める結果にならざるを得ない。[51] しかし、このような限定は、哲学的解釈学に限らず、一般に或る一般理論を特定の経験的事象に関する史学的設問に答えるための補助理論として援用する場合には、多かれ少なかれ生じてこざるを得ないものである。このことが自覚されている限り、それは安んじて援用されて然るべきである。否、それは史学的研究の自己吟味にとって、ぜひとも必要なのである。その都度の問いに対する新しい解答を独自の操作によって発見したと思っても、実はそれは関連する分野の一般理論から見れば、あまりに自明なことだという事態があり得るからである。聖書釈義学の場合、そのような例は決して少なくないように思われる。

ヨハネ福音書に関するわれわれの設問と解答に即して言えば、次の二点でガダマーの解釈学の有用性を承認せざるを得ない。

第一は、著者の主観的な意味および意図と本文が実際に果たす効用論的効果は必ずしも一致しないという点である。まず著者が彼の作品(本文)をもって「言わんとすること」、つまり意味論的意味は、エピローグ(二〇・三一)が明文をもって断わっているように、「イエスは神の子キリストであること」である。また、同じエピローグは、そのことを「あなたがたに」、とはつまり読者に信じさせることが著者の主観的な狙いであることも明言している。事実、共観福音書、あるいはその他の新約文書一般に比べても、ヨハネ福音書のキリスト論的集中の度合いは、周知のように、群を抜いている。すでに確かめたようなその独特な文学的形態も、本文が担うべきこのキリスト論的意味と密接に関連しているに違いない。しかし、ヨハネ福音書が実際に果たす効用論的機能は、読者であるヨハネ教会の人々の信仰を再喚起するという著者の主観的意図を越えて、すでに見たように、彼らに新しい社会的・間人間的行動を可能にする「モデル効果」、「隠喩効果」にまで及ぶのである。すなわち、彼らは確かに著者と共時的・同時代的に生き、社会的直接世界を共有しながらも、必ずしも著者の主観的意味と意図だけにこだわっているわけではなく、すでに本文それ自身とも解釈学的な対話を始めていると考えなければならない。

われわれがガダマーから学ぶべき第二の点は、解釈学的事態において伝承が果たす重要な役割である。古代の文学は一般に伝承への拘束度が大きい中で、聖書の世界の文学はとりわけそうである。この点、伝承の問題を中心に据えるガダマーの解釈学は、例えばヨハネ福音書の著者が、どのような伝承をどのように作り変えて新しい状況に適用しているか、伝承史的・編集史的に分析する際にたいへん有用である。もっとも、ガダマーの場合、われわれの見るところ、文学的本文は第一義的にはあくまで、時間的にそれより遅れて生きる読者(解釈者)によって解釈されるもの、つまり解釈の対象として位置付けられているように思われる。しかし、とりわけ聖書の世界の伝承文学の領域では、あらゆる本文は同時に、その著者が先行する所与の伝承に対して遂行した解釈行為の成果に他ならない。[52] ヨハネ福音書も、著者が、彼の手に与えられていたさまざまなイエス伝承との「解釈学的地平融合」を通して了解した意味を文書に固定しようとする試みに他ならない。すでに触れたように、あらゆる時を自らの中に内包するイエス・キリストの全時的人格、やはりかつてと今の両方の時を含んだ「弟子」の概念、かつてと今のユダヤ教を含みながら、その歴史的偶然性を超出する「世」の概念、これらこそ今や、それらの伝承に読み取られた自律的意味なのである。著者は彼の作品(福音書)を無から創造したわけではなく、所与の伝承を新しく解釈し直し、彼と読者の現在にとって切実な意義に満ちたものに作り変えたのである。[53] 彼が自分のその作品を読者の読み行為に供する時、それは彼が所与の伝承の解釈から得た成果へ読者をともに招くことに他ならない。

ヨハネ福音書の場合、おそらくこの招きはもともと、著者が指導者として属する教会共同体内部で、キリスト論的関心を優先させた説教として行なわれたものと思われる。この福音書の中に、説教としてのまとまりを示す段落が幾つか確認されること、またこの福音書全体が、すでに述べたとおり、「拡大された告別説教」、言わば「書かれた説教」となっていることも、そのことを強く示唆している。おそらく著者はもともと口頭での説教を幾つか踏まえながら、さらに文学的操作をも加えて、現在の福音書に仕上げたのである。それは語られた言葉(説教)から書かれた言葉(本文)へと移行する決定的な一歩でもあったはずである。[54] 読者のヨハネ教会にとって、個々の記事や主題はすでに旧知のものであったかも知れない。しかし、プロローグとエピローグ付きの三幕の舞台劇という文学的形態は、そのとき初めて接するものであったに違いない。この新しさこそ著者が改めて書記行為に訴えた狙いであったと思われる。この意味でヨハネ福音書は、一部本文のつながりの悪さも含めて、イエスならぬ著者自身が彼の共同体に向けた「告別説教」であるとも言えよう。

ガダマーの解釈学は、以上に見たような有用性の反面、その部分領域である「適用」(Anwendung) 理論においては、必ずしも我々の企図にとって十分なものではない。この「適用」理論が意味するところは、あらゆる解釈が一定の「適用」を目指して行なわれること、しかもその際、その「適用」は解釈過程に二次的に付随するものではなく、むしろその本質的な構成部分を成すということである。[55] この場合、解釈者が一定の社会的コミュニケーションの状況内にあることを、ガダマーも暗黙裡に前提しているように、われわれには思われる。何故なら、神学的(聖書的)解釈であれ、あるいは法律的解釈であれ、その解釈を読み、あるいは聞く受け手がどのような社会的・歴史的条件に置かれているか、また、そこでどのような必要に迫られているかを顧慮しないような「適用」は考えられないからである。この意味で「適用」とはそもそも優れて効用論的カテゴリーであるはずである。われわれの前出の機能分析に即して言えば、ヨハネ福音書が読者のヨハネ教会に及ぼす効用論的機能が「適用」の問題と密接不可分に関係している。そして、この効用論的機能は、コミュニケーションの当事者である著者と読者の社会的・歴史的条件を無視しては確認不可能なものであった。

ところが、ガダマーの「適用」理論には、そのような社会的コミュニケーションの局面についての反省がないのである。社会的・間人間的コミュニケーションこそ、そもそも所与の古い伝承を新たに現在化して、その切実な意義を受け取り直そうという解釈行為が生まれて来るための枠組みなのではないか。これは、われわれの判断が誤っていなければ、とりわけJ・ハバーマスが強調して止まない認識である。彼の社会学理論が社会的コミュニケーションの複合的な要因について行なう分析については、すでに前述したとおりである。[56] 反対にガダマーの解釈学にこの点についての理論的反省がないのは、あくまで哲学的解釈学として、本文の意味の自律性、あるいは本文による意味の形成をどこまでも存在論的に解明することに留まろうとするからである。

三　効用論的テキスト理論の射程

反対に、文学的本文を社会的コミュニケーション行動の特殊な一形態、すなわちそれが詩的・言語的手段を用いて行なわれる場合として位置付け、そこに働く複合的な条件と要因を分析的に解明しようというのが、効用論的テキスト理論の狙いである。一口に効用論的テキスト理論と言ってもまだ完成された理論ではなく、現在幾つかの理論構成が精力的に試みられているところであり、その端緒も必ずしも一様ではない。以下では、その内で最も代表的なものであるS・J・シュミットの理論に限って、われわれの企図にとっての適合性と有用性を検討してみたい。[57]ただし、シュミットが前提している言語学および文芸学の諸理論にここで立ち入ることはできないのみならず、[58]シュミットの理論そのものについての報告もわれわれの目的にとって必要な限りの梗概に留めなければならない。なお、シュミットは、一九四〇年ドイツ・ユーリッヒに生まれ、フライブルク、ゲッティンゲン、ミュンスター大学で学んだ後(一九六六年学位、一九六八年教授資格)、ビーレフェルト大学のテキスト理論・文学理論担当正教授を経て、一九七三年以降はジーゲン総合大学でドイツ文学・一般文学理論を担当している。言語哲学、文芸学、美学の分野で多くの業績があり、同時に指導的研究者の一人として、共同研究や学界誌の編集にも責任を負っている。

シュミットの理論の中心概念は「意志疎通行動ゲーム」(kommunikatives Handlungsspiel)と呼ばれる。そこでは、あらゆる文学的本文はただ単に書かれたものであるに留まらず、すでにそれ自体が一定の社会的規則と慣用に基づいて遂行される間人間的コミュニケーション（意志疎通行動）に他ならないとされる。[59] ただし、文学的本文によるコミュニケーションが成り立つためには、その本文の産出・伝達・受容に関係する者たちを規定する言語外的な条件と要因も無視できない。シュミットはこれを「複合的前提状況」(komplexe Voraussetzungssituation)という概念に総括する。そこで行なわれる言語外的な条件の分析は、すでに見たタイセンの文学社会学で言う要因分析と実質的には同じものであり、コミュニケーションに関与する者たちの間での社会的役割分担、彼らの経済的・文化的条件などが分析の対象となる。[60] 当の文学的本文そのものは言語的要因の中で最も重要なものである。それが個々の場合に、どのような文学類型と具体的な形態において書き下ろされるかは、前記の「複合的前提状況」、当事者の言語的コミュニケーション能力、当のコミュニケーション行動全体の意図に依存し、本文の生産者（著者）によって意識的に選び取られる。[61] シュミットは、ある具体的な本文が産出されるまでに、これら言語外的および言語的要因のすべてがどのように相互に関連し合うかを、理念型的なモデルにまとめて提示している。[62] さらに重要なことは、そのようにして産出された本文が、ここでは何よりも、それを受ける者、すなわち読者を一定の実践（πρᾶγμα）へ指示する働きにおいて捉えられる点である。[63]

このようなシュミットのテキスト理論は、最近のテキスト言語学においてテキスト音韻論・テキスト統辞論・テキスト意味論と並んで区別されるテキスト効用論を、言わば一つの独立の理論領域――「効用論的テキスト理論」――にまで高めようとするものと言うことができる。それは、文学的本文が本文の外側にある社会的コンテキストにおいて読者に及ぼす働きを中心的な関心事としている。[64] われわれがこれまで終始ヨハネ福音書の「効用論的機能」という言い方をしてきたのは、このことを意識してのことである。

すでに明らかにしたようなヨハネ福音書の効用論的機能は、この福音書独特の象徴性と虚構性が読者の現実体験をその歴史的直接性から引き離し、抽象化するにもかかわらずというのではなく、むしろまさにそれ故にこそ可能となっているのであった。シュミットもやはり同じ逆説を指摘する。文学的本文は、効用論的機能を発揮するために、著者あるいは読者の現実体験を直接反映する必要はなく、読者に行動への指示を直接的に与える必要もない。そのために必要なのはむしろ、作品としての象徴性と虚構性である。(65) なぜなら、読者は本文の象徴性と虚構性に基づいてこそ、自分たちの直接的・歴史的体験を超越し、それまで抱いていた現実像のモデルを修正、あるいは場合によっては、再確認するに至り、自らの「社会的アイデンティティー」を新しく把握するように導かれるからである。(66) この指摘は、シュミットの理論が隠喩・象徴・モデルに関するリクールの解釈学理論に最も近付く局面である。しかし、シュミットは、文学的本文のこのような働きを、リクールも含めた従来の詩学のように、象徴的・虚構的な作品そのものに自律的に内在する力と考えることを拒否する。彼によれば、それはむしろ作品が「意志疎通行動ゲーム」の枠内で受容される時に、その都度獲得する「相対的資質」と考えられなければならない。(67)

　これと類似のテキスト理解は、アメリカの文芸理論家K・バークによっても、体系的というよりも強度にアフォリズム的な叙述形式において提示されている。そこで用いられる概念はシュミットと多少違っても、やはり関心の中心に据えられているのは、象徴的・虚構的な文学的作品の持つ効用論的機能に他ならない。(68) すなわち、文学的本文の象徴性と虚構性には、作品の外部に横たわる状況との関係において、ある「戦略的意義」が認められる。あらゆる文学作品そのものが、バークによれば、その状況を「囲い込み」(encompassment)するための「戦略」、問題解決のための「地図作り」(charting)、あるいは、同じ意味で「生のための道具」なのである。文学的作品とは、明確に効用論的な次元を併せ持った「象徴行動」に他ならない。(69) さらにバークはこの「象徴行動」を、場面(状況)と行為(δρᾶμα)という二つの基本要素から成る演劇(ドラマ)にたとえ、自分の文学理論全体を「演劇の理論」とも呼ん

でいる。(70)

われわれは前出の機能分析の段では、このようなバークの「演劇論的」文学理論をあらかじめ意識して、ヨハネ福音書全体をプロローグとエピローグ付きの三幕の舞台劇になぞらえてみた。事実、ヨハネ福音書の本文が示す文学的なマクロ構造は、本文の外側に存在するヨハネ教会の社会的・歴史的状況を視野に収めた一つの意識的な「戦略」、すなわち、この状況を「囲い込もう」という戦略を含んでいると言うことができる。

最後に、シュミットの理論は、いわゆる「シンボリック相互作用論」と呼ばれる社会学理論とも多くの共通項を有している。すなわち、文学的本文そのものを象徴的・虚構的次元で遂行される社会的コミュニケーションの一形態と見なし、読者をして新しい現実把握と社会的行動へ促すところに、その効用論的機能を求める見方は、文学的本文をH・ブルーマーの言う意味での「象徴的相互行為」と見る見方に他ならない。ブルーマーによれば、人間が事物に対して起こす行動は、その事物が彼にとって持つ主観的な意味によって規制される。ところが、この主観的意味は、彼が他者とさまざまな象徴の助けをかりて遂行する社会的相互行為の中から初めて生まれ、形成されてくる。それは彼に出会う事物に対して彼が解釈を加えるというプロセスを経ることによって、常に新しく再組織され、再形成されてゆく。(71)したがって、解釈こそは人間の社会的行動にとって不可欠条件を成し、文字通り「懸命」な行為であると言うことができる。われわれはすでに、リクールとともに、哲学的解釈学が社会学的研究に対して持ち得る適合性を確認している。同じ適合性がここで再び——今度は角度が変わって社会学の側から——明らかにされているわけである。(72)

シュミットのテキスト理論は、言わば「シンボリック相互作用論」を文学的作品に限定的に応用したものと言うことができよう。(73)われわれは、両方の理論の意味において、ヨハネ福音書を著者とヨハネ教会の間で遂行された

「象徴的相互行為」と規定することができる。読者のヨハネ教会は、この象徴的相互行為によって初めて、彼らの社会的・歴史的体験の神学的および実存的意味を繰り返し新たに構成し直し、彼らに委託された救いの出来事の宣教のわざに繰り返し新たに立ち向かうことができる。

シュミットのテキスト理論は今なお未完で、発展途上にあると言うべきであろう。にもかかわらず、以上に取り上げた諸理論——文学社会学、哲学的解釈学、「演劇論的」文学理論、「シンボリック相互作用論」——、加えて次節で言及する「日常知の社会学」をヨハネ福音書の釈義のために、ひいては福音書研究一般のために実りある方法論的統合へもたらそうと試みる場合、目下のところ、シュミットのテキスト理論に優る枠理論は見当たらないように思われる。われわれがここまでヨハネ福音書に即して進めてきた文学社会学的分析の主要なステップは、(一)著者も含むヨハネ教会内外での役割分担、(二)彼らの社会的行動を規定する要因の分析、(三)ヨハネ福音書の効用論的機能——福音書の文学的形態との関連も含めて——の分析であった。われわれがシュミットのテキスト理論から引き出すことができる最も重要な認識は、すべてこれらのステップが、この福音書の著者と彼の読者の間で行なわれるコミュニケーションという枠組みの中で行なわれる時に初めて、方法的に有機的に関連し合ったものになるということである。

四 「日常知の社会学」の有用性

最後に残された問題は、タイセンも彼の文学社会学的分析にとっての有用性を認めているP・L・バーガー／

T・ルックマンの知識社会学、いわゆる「日常知の社会学」[74]が、哲学的解釈学と効用論的テキスト理論について以上に述べたことと、どのように関連するかということである。

解釈学にとっては、人間が自己自身と世界についての新しい了解、すなわち新しい現実像を獲得するのは、本文に対する解釈行為によって媒介される。「シンボリック相互作用論」とシュミットのテキスト理論が、これを批判的に補うところによれば、個々人あるいは個々のグループがどのような現実像を形成し、それをさらに変形・修正し、場合によっては再び追認するかは、彼あるいは彼らが他者との間で行なう社会的コミュニケーションに依存し、かつ媒介される。[75]一方、文学的本文は他でもない、その社会的コミュニケーションを象徴的・虚構的な次元で遂行するものである。したがって、文学的本文には、その象徴的相互行為に関与する者を、一定の現実像の形成へと導き、さらにその修正あるいは追認へと促す働きが認められなければならないことになる。或る現実像の形成・修正・追認・保持というすべての契機が、本文に対する解釈行為という媒介を必要とする。これが哲学的解釈学と効用論的テキスト理論に共通する認識であると思われる。そして、バーガーとルックマンの知識社会学が中心的に扱うのも、やはり「現実像の社会的構成」の問題である。

そこではまず初めに、人間の社会的行動がどのように一定の形式に類型化されてゆくか、さらにその結果、一定の社会秩序へと制度化されてゆくかが解明される。[76]この制度化の進展に伴い、社会秩序は複合化し、その中での人間の経験、およびその経験に与えられる意味付けも多様化する。その時、これらすべてを一つの全体性に統合して安定させる必要が生まれてくる。そこで形成されてくるのが、「象徴的意味宇宙」(symbolic universe)、あるいは「聖なる天蓋」(sacred canopy)であり、これは社会秩序の全域を隈なく覆って正当化する。そのように妥当性を保証された社会秩序は、今や、あらゆる個々人に先立って存在する客観的現実そのものとして立ち現われる。[77]個々人にとっての社会的アイデンティティーとは、他者と並んでその「象徴的意味宇宙」の中に一定の場所を付与され、そこに「置かれる」ということに他ならない[78]。

しかし、既存の「聖なる天蓋」をもはや主観的に承認しないような下位グループが全体社会の内部に現われ、新たに独自の「象徴的意味宇宙」を対置してくることがありうる。この場合、当の既存の「聖なる天蓋」を維持するためには、対抗的な「象徴的意味宇宙」を「無効化」(nihilation)する一定の観念装置が必要になる[79]。それはほとんど常に、「(既存の「象徴的意味宇宙」を)否定する者には、実のところ、自分が何を言っているのか分かってはいないのだ」という言い方で行なわれる[80]。否定者の側も古い「聖なる天蓋」の妥当性を否定し、新しい「象徴的意味宇宙」へと、言わば「世界を住み替える」(switching worlds)のである。その際、その新しい「象徴的意味宇宙」の側としては、この「世界の住み替え」を、当事者の主観的認識のレベルで、例えば「やみ」から「光」への住み替えとして説明し、正当化することができるような象徴的な概念装置を独自に準備していなければならない[81]。

このような「日常知の社会学」に照らして見るとき、ヨハネ福音書のみならず、原始キリスト教全体が、同時代のユダヤ教の「聖なる天蓋」に対抗して、新しい、かつ破れなき「象徴的意味宇宙」を打ち立てようとする大いなる試みであったと言うことができる。しかし、その中にあってヨハネ福音書こそは、その圧倒的な象徴性の故に、とりわけそう言われるにふさわしい。この福音書が著わされるかなり以前の時代から、すでにユダヤ教の「聖なる天蓋」は崩壊の危機——社会学的に言えば、社会的アノミーの危機——に瀕していた。当時のユダヤ教が中心部の正統派と並んで、周縁における実に多様な分派の存在まで、考え得る限り複雑に分化していた歴史的事実がそのことを何よりも端的に証明している。後七〇年のエルサレム崩壊の後は、それまでのパリサイ派の系譜につながるラビたちのユダヤ教が主導権を握り、モーセ律法を基盤にユダヤ教の再統合を図ったが、すでに始まった「聖なる天蓋」の破れを修復するには至らなかった。

まさにヨハネ福音書はそのことを示す有力な証拠に他ならない。

「私があなたがたのことを父に訴えると考えてはいけない。あなたがたを訴える者は、あなたがたが頼みとしているモーセその人である。もし、あなたがたがモーセを信じたならば、私をも信じたであろう。モーセは私について書いたのである」(五・四五―四六)。

「どうしてあなたがたは私の話すことが分からないのか。あなたがたが私の言葉を悟ることができないからである。あなたがたは自分の父、すなわち、悪魔から出てきた者であって、その父の欲望どおりを行なおうと思っている」(八・四三―四四)。

これに似たイエスの発言はヨハネ福音書に枚挙に暇がない。いずれの文言も、実はこの福音書の著者自身が目の前のユダヤ教に向かって投げ付ける非難に他ならない。すなわち、「モーセ」、とはつまりモーセ律法を根拠に「聖なる天蓋」の破れを何とか修復しようというユダヤ教の試みを、無駄な試みと断罪する典型的な「無効化」の言葉なのである。

「よくよくあなたがたに言っておく。私の言葉を聞いて、私を遣わされた方を信じる者は、永遠の命を受け、またさばかれることがなく、死から命に移っているのである」(五・二四)。

「神のさばきというのは、光がこの世に来たのに、ひとびとはその行ないが悪いために、光よりもやみのほうを愛したことである。……しかし、真理を行なっている者は光に来る。その人の行ないの、神にあってなされたということが、明らかにされるためである」(三・一九―二一)。

これら、あるいは、さらに多くの類似の文言(八・一二、一二・三五―三六など)は、ヨハネ教会が今やユダヤ教の

「聖なる天蓋」と決別して、新たな——ヨハネ福音書という本文に書き下ろされて存在する——「象徴的意味宇宙」へと「世界を住み替えた」事実を回顧し、神学的に正当化するものに他ならない。ヨハネ的象徴主義が持つ知識社会学的適合性は明らかである。

加えて、イエスの告別説教のうち一五—一七章は、元来の告別説教一三—一四章ですでに扱われている主題をもう一度新たに反省するものであり、九九頁の図1では括弧を付して示したように、おそらく一種の複本として、時間的には少し遅れて挿入されたものと思われる。もし、われわれのこの想定が当たっているならば、このことは、ヨハネ教会が彼らの新しい「象徴的意味宇宙」を維持し、さらに堅固なものとするべく繰り返し努めたこと、自己と世界についての新しい了解を繰り返し、常に新たに投企し直したことを意味している。ヨハネ福音書はそのための汲めども尽きない比喩(παροιμία)なのであった。

こうしてヨハネ福音書は、新しい「象徴的意味宇宙」の中で、読者のヨハネ教会の人々ならびに敵意に満ちた目の前のユダヤ教のそれぞれに場所を与える。それぞれが、またすべての事物が、その中のふさわしい場所に置かれる。それによってヨハネ教会の人々は世界における自分たちのアイデンティティーを確認し、「平安」を与えられ、ユダヤ教を含めすでにさばかれている「世」にある一人一人にもう一度語り掛け、「やみ」から「光」へと「世界を住み替える」よう要求してゆく。「世界」に対するこの新しい姿勢、この新しい社会的行動がヨハネ福音書を読むことによって初めて可能となるのであるから、この福音書はただ単に文学的作品(ἔργου)であるに留まらず、ひとつの社会的働き(ἐνέργεια)、社会的な力でもあると言われなければならない。(82)

まとめ

以上われわれはヨハネ福音書という具体的な対象に即して、歴史的・批判的方法、文学社会学、哲学的解釈学、効用論的テキスト理論、日常知の社会学、および隣接するその他の理論を相互に関連付け、方法論的に統合する可能性を探ってきた。はじめにも断わったとおり、すべてはなお手探りの域を出るものではないが、最後に当面の結論をあえて図式化して示せば、左のようになるであろう。

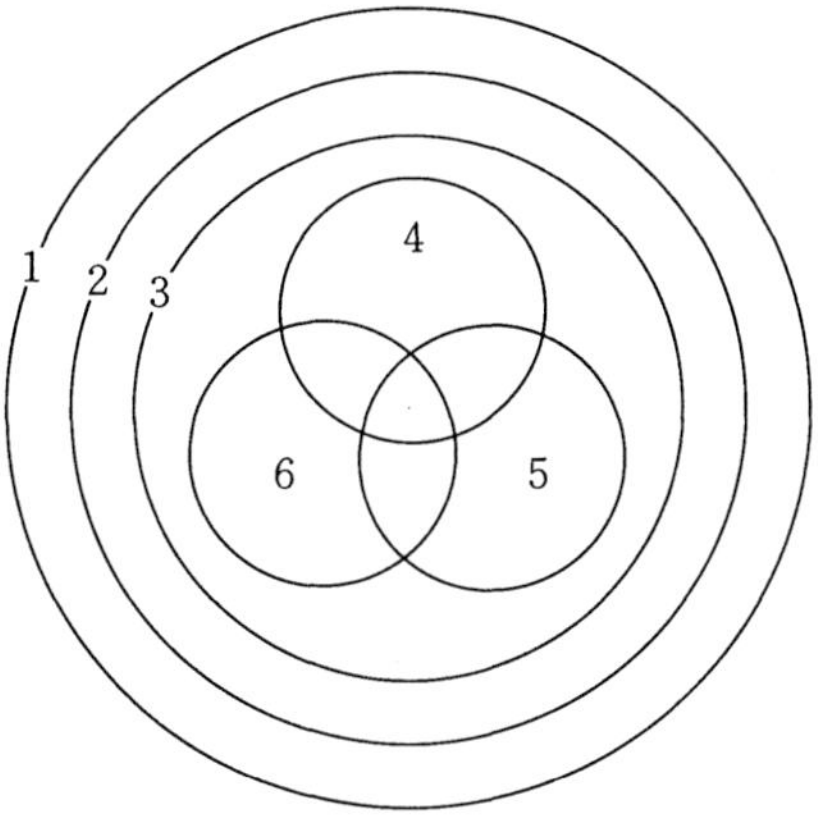

図2

1＝歴史的・批判的方法(史学的再構成)
2＝文学社会学
3＝機能分析
4＝哲学的解釈学
5＝効用論的テキスト理論
6＝日常知の社会学

(1) 本稿は私が日本聖書学研究所主催の一九八一年度公開講座(同年一一月)において行なった講演にさかのぼる。その後 *AJBI* VIII (1982), pp. 162-216 にドイツ語で発表するにあたり、講演原稿を大幅に補充・改稿した。ここに収めたのはこの *AJBI* 論文からの比較的忠実な邦訳である。内容的には本書の論文Iおよび III と一部重複するのみならず、その重複部分において、理論的に相互に未調整な点も残っている。しかし、そのためかえって、執筆の順番(本論文→論文III→論文I)に沿って読まれるならば、私の方法論的反省の歩みが明らかになるはずである。

（2） E. Käsemann, *Jesu letzter Wille nach Johannes 17*, Tübingen, 1971(3. Aufl.), 1979(4. Aufl.)

（3） この点について詳しくは、前注に挙げたケーゼマンの著書の拙訳『イエスの最後の意志——ヨハネ福音書とグノーシス主義』ヨルダン社、一九七八年に付した私の解説、特に二二七—二二八頁、を参照。

（4） G. Theißen, *Urchristliche Wundergeschichten. Ein Beitrag zur formgeschichtlichen Erforschung der synoptischen Evangelien*, Gütersloh, 1974, p. 51.

（5） タイセンの文学社会学的方法について詳しくは、本書の論文I、特に二六頁以下を参照。日本の聖書学における文学社会学的方法の位置については、荒井献「文学社会学」、日本基督教団出版局編『聖書学方法論』一九七九年、一〇七—一二三頁、同『イエス・キリスト』講談社、一九七九年、五五—五六頁、同『新約聖書とグノーシス主義』岩波書店、一九八六年、三頁以下、関根正雄「文学史的方法」『聖書学方法論』一七六—一九〇頁、同『旧約聖書文学史(上)』岩波書店、一九七八年、四、八三頁、参照。

（6） H. N. Fügen, *Die Hauptströmungen der Literatursoziologie und ihre Methode. Ein Beitrag zur literatursoziologischen Theorie*, Bonn, 1974(6. Aufl). 聖書学の領域では、すでにタイセン以前に、E. Güttgemanns, *Offene Fragen zur Formgeschichte des Evangeliums. Eine methodologische Skizze der Grundlagenproblematik der Form- und Redaktionsgeschichte*, München, 1971(2. Aufl.), pp. 57-61 が、フューゲンの文学社会学理論が様式史的方法に対して持ち得る関連に論及している。ギュトゲマンスによれば、様式史的方法を文学社会学的に理解し直そうという選択にチャンスがあるとすれば、それは、一般言語学および文芸学の領域にも見られる社会学的方向性にまで従来の視点を拡大する場合に限られる(*op. cit.*, p. 48)。本稿におけるわれわれの関心も究極的には様式史的なものであり、ギュトゲマンスのこの見解の正しさを論証することになるであろう。しかし、この発言以後のギュトゲマンスの仕事は、あまりに狭い意味の言語学的研究に偏り、ここに言われた「社会学的方向性」に十分沿うものとはなっていないのが残念である。

（7） シュミットの仕事を比較的最近のものに限って挙げれば、*Grundriß der empirischen Literaturwissenschaft*, Bd. 1 : *Der gesellschaftliche Handlungsbereich Literatur*, Braunschweig/Wiesbaden, 1980, Bd. 2: *Zur Rekonstruktion literaturwissenschaftlicher Fragestellungen in einer empirischen Theorie der Literatur, ibid.*, 1982.

（8）　H. N. Fügen, *op. cit.*, pp. 166 ff.

（9）　H. N. Fügen, *op. cit.*, pp. 16-20. S. J. Schmidt, *op. cit.*(Bd. 1), pp. 134-159も「美学的・文学的慣用」の概念の下に同じことを指摘する。

（10）　E. Güttgemanns, *op. cit.*, pp. 57-59も同様の意見。

（11）　「文学社会学にとって文学が意味を持つのは，文学とともに，文学において，また文学にとって，特殊な間人間的行動が生じるその限りにおいてである」というフューゲン(*op. cit.*, p. 14)の定義を参照。G. Theißen, *op. cit.*, p. 38, n. 50はさらに厳密に，文学的本文そのものが間人間的行動であると言い換えるが，事柄として同じ認識はすでにフューゲンにもあると言うべきである。

（12）　G. Theißen, *op. cit.*, p. 39.「シンボリック相互作用論」について詳しくは，後述(一一五頁以下)参照。

（13）　G. Theißen, *op. cit.*, p. 41.

（14）　拙著『世の光イエス』講談社，一九八四年，一五一―四六頁。また T. Onuki, *Gemeinde und Welt im Johannesevangelium. Ein Beitrag zur Frage nach der theologischen und pragmatischen Funktion des johanneischen »Dualismus«*, Neukirchen-Vluyn, 1984, pp. 19-37も参照。なお，J. Becker, Das Johannesevangelium im Streit der Methoden(1980-1984), *ThR*, 51/1(1986), pp. 1-78, 特にpp. 66 f.は本稿のドイツ語版のみを取り上げての論評の中で，役割および要因の分析が実際の事情を単純化し過ぎていると批判しているが，一部をみて全体を見ない批判と言わざるを得ない。

（15）　R. Bultmann, *Theologie des Neuen Testaments*, Tübingen, 1984(9. Aufl.), pp. 431, 444 f.＝『新約聖書神学II』川端純四郎訳，新教出版社，一九六六年，三四五，三六三頁; *Das Evangelium des Johannes*, Göttingen, 1986(21. Aufl.), pp. 349, 382 f., 392-397; O. Cullmann, *Urchristentum und Gottesdienst*, Zürich, 1962, pp. 38-110.すでに今世紀初頭の宗教史学派も神秘主義的であると同時に礼典主義的共同体を想定した。例えば W. Bousset, *Kyrios Christos. Geschichte des Christusglaubens von den Anfängen des Christentums bis Irenaeus*, Göttingen, 1913(2. Aufl., 1921), pp. XII-XIII参照。

(16) K. Bornhäuser, *Das Johannesevangelium. Eine Missionsschrift für Israel*, Gütersloh, 1928 ; W. Oehler, *Das Johannesevangelium. Eine Missionsschrift für die Welt*, Gütersloh, 1936 ; J. A. T. Robinson, The Destination and Purpose of St John's Gospel, *NTS* 6(1959/60), pp. 117-131 ; W. C. van Unnik, The Purpose of St John's Gospel, in : F. L. Cross(ed.), *Studia Evangelica* I, Berlin, 1959, pp. 382-411(=idem, *Sparsa Collecta I*, Leiden, 1973, pp. 53-63). 最近の研究では、M. Ruiz, *Der Missionsgedanke des Johannesevangeliums. Ein Beitrag zur johanneischen Soteriologie und Ekklesiologie*, Würzburg, 1987 (FzB 55).

(17) R. A. Culpepper, *The Johannine School*, Missoula/Montana, 1978.

(18) E. Schweizer, *Gemeinde und Gemeindeordnung im Neuen Testament*, Zürich, 1959, p. 112 ; Der Kirchenbegriff im Evangelium und den Briefen des Johannes, in : F. L. Cross(ed.), *op. cit.*, pp. 363-381(=idem, *Neotestamentica*, Zürich/Stuttgart, 1963, pp. 254-271). この点に関し私自身のより立ち入った論述は前掲拙著 *Gemeinde und Welt*, pp. 72 ff. 参照。

(19) タイセンはこの見解を講演(Christentum und Gesellschaft im Johannesevangelium, Bern, 14. Dez. 1983)あるいはハイデルベルク大学神学部での講義(一九八六年夏学期)などで明らかにしているが、印刷された形では未刊である。

(20) K. Wengst, *Bedrängte Gemeinde und verherrlichter Christus. Der historische Ort des Johannesevangeliums als Schlüssel zu seiner Interpretation*, Neukirchen-Vluyn, 1983(2. Aufl.), pp. 77-93 ; J. L. Martyn, *History and Theology in the Fourth Gospel*, New York, 1968(2. ed. 1979), pp. 1-88. 後者には邦訳がある。J・L・マーティン『ヨハネ福音書の歴史と神学』原義雄・川島貞雄訳、日本基督教団出版局、一九八四年。

(21) J. L. Martyn, *op. cit.*, p. 58によれば、著者は「ユダヤ人」・「エルサレム」について語るたびに、彼自身が住んでいる都市のユダヤ人街区のことを考えている。しかし、これは本文を背後の歴史的現実に向けて過度に「アレゴリー化」する解釈(後述参照)と言わねばならない。

(22) 詳しくは前掲拙著 *Gemeinde und Welt*, pp. 19-26 参照。

(23) マンダ教徒の思考力の弱さについてはM. Lidzbarski, *Ginza. Der Schatz oder Das grosse Buch der Mandäer*, Göttingen,

1925(Nachdr. 1978), p. XV に有名な評言がある。

(24) G. Richter, Zum gemeindebildenden Element in den johanneischen Schriften, in: J. Hainz(ed.), *Kirche im Werden*, München, 1976, pp. 253-292; H. Thyen, Entwicklungen innerhalb der johanneischen Theologie und Kirche im Spiegel von Joh 21 und den Lieblingsjüngertexten des Evangeliums, in: M. de Jonge(ed.), *L'Évangile de Jean*, Louvain, 1977, pp. 259-299; J. L. Martyn, Glimpse into the History of the Johannine Community, *ibid.*, pp. 149-175; R. E. Brown, *The Community of the Beloved Disciple. The Life, Loves and Hates of an Individual Church in the New Testament Times*, New York, 1979.

(25) 前注に挙げたJ・L・マーティンの論文に対する土戸清の書評(『聖書と教会』一九八〇年二月号、四七―四八頁)、およびやはり前注のR・E・ブラウンの著書に対する松永希久夫の書評(『聖書と教会』一九八〇年六月号、四七―四八頁)を参照。

(26) 彼らがこの点で無意識のうちに、いわゆるマルクス主義の文芸理論に近接してくるのはたいへん興味深い。「マルクス主義の文学観は文学的発言を客観的に自存・自律する現実を基準として検証するから、あらゆる形態上の問題性が消滅してしまう。この問題性は、せいぜいのところ客観的現実が本文に反映する際の抽象の問題に矮小化されてしまい、その代わり、ひたすら内容が前面に出て来ることになる」(H. N. Fügen, *op. cit.*, p. 97)。なお、C. Breytenbach, *Nachfolge und Zukunftserwartung nach Markus. Eine methodenkritische Studie*, Zürich, 1984, pp. 79, 83 も同じ意味でのアレゴリー化の傾向を最近のマルコ福音書研究について指摘し、S・J・シュミットのテキスト理論に類似したT・A・ファン・ディイク(Teun A. van Dijk)の物語理論の立場から批判を加えている。

(27) 日本の聖書学では様式史的方法との関連で「様式」の表現が定着しているが、この表現は個別的・経験的本文の文学的形態と一定の文学的共同体によって共有される文学類型の両方を含意し得るため、曖昧さを免れない。以下では、この曖昧さを防ぐ意味で、個別テキスト――例えばヨハネ福音書――の記述の文脈では終始文学的「形態」(Form)と言う表現を用い、文学類型(Gattung)から区別する。この区別についてはW. Richter, *Exegese als Literaturwissenschaft. Entwurf einer alttestamentlichen Literaturtheorie und Methodologie*, Göttingen, 1971, pp. 72-74 に従う。

なお、一定の文学的形態をとった具体的な本文が――われわれの言う意味で――「前向きに」及ぼす機能をより重要視することが、様式史にもともと内在する社会学的方向性を深めるために必要であることを、E. Güttgemanns, *op. cit.*, p. 253も次のように指摘する。――「それと同時に様式史の持つ社会学的方向性の力点は、原始キリスト教の集合体が言語を生み出し、認可する際の社会学的諸関係というもはや把握し得ないものから、それら言語的媒体そのもの(口頭であれ、文書化されたものであれ)に含まれた社会学的な――とはつまり、行動を生み出し、支える――意味合いへと移されることになる」。

(28) E. Haenchen, Probleme des johanneischen "Prologs", in : idem, *Gott und Mensch*, Tübingen, 1965, pp. 114-143(特に pp. 124, 130, 141 f.) ; idem, *Das Johannesevangelium. Ein Kommentar*, hrsg. v. U. Busse, Tübingen, 1980, pp. 122-126 ; W. Eltester, Der Logos und sein Prophet. Fragen zur heutigen Erklärung des johanneischen Prologs, in : idem(ed.), *Apophoreta* (FS. E. Haenchen), Berlin, 1964, pp. 109-134.

(29) J. Blank, *Krisis. Untersuchungen zur johanneischen Christologie und Eschatologie*, Freiburg i. Br., 1964, pp. 92, 155, 185, 347.

(30) この現在形についてさらに詳しくは R. Schnackenburg, Logos-Hymnus und johanneischer Prolog, *BZ*, 1(1957), pp. 68-109(特に pp. 79, 103-105)参照。ヘンヘンにとってはこの現在形は全くの困惑の種になる。「謎と言うべきは、後続の **κατέλαβεν** のアオリスト形によってすぐ解消されてしまう **φαίνει** の現在形である。しかし、この文言がここで言わんとすることはたいしたことではない」(E. Haenchen, *Das Johannesevangelium, op. cit.*, p. 122)、あるいは「**φαίνει** の現在形は何事も論証するものではない」(*ibid.*, p. 123)。

(31) R. Bultmann, *Das Evangelium des Johannes, op. cit.*, p. 28.

(32) P. Hartmann, Texte als linguistisches Objekt, in : W.-D. Stempel(ed.), *Beiträge zur Textlinguistik*, München, 1971, pp. 9-29(特に p. 11)参照。同じ指摘は P. Ricœur, La fonction herméneutique de la distanciation, in : F. Bovon/G. Rouiller(ed.), *Exegesis. Problème de méthode et exercices de lecture*(*Genèse 22 et Luc 15*), Neuchâtel/Paris, 1975, pp. 201-215, 特に p. 202にも見られる。邦訳はP・リクール『解釈の革新』久米・清水・久重訳、白水社、一九七八年、一七五―一九七、特に一七七頁。

(33)　「模倣」(μίμησις)および「再創造」(ποίησις)という解釈学的概念について詳しくは後述一一四頁以下参照。

(34)　告別説教の本文の以上のような効用論的機能について，さらに詳しくは本書に収録された論文VIを参照。

(35)　D. Dormeyer, *Die Passion Jesu als Verhaltensmodell*, Münster i. W., 1974 は，マルコ福音書の受難物語について同様の視点からの解釈が可能であることを示唆している。しかし，実際にはあまりに細かな文献学的作業に終始している。ただし，同著者の *Der Sinn des Leidens Jesu. Historisch-kritische und textpragmatische Analysen zur Markuspassion*, Stuttgart, 1979 ではテキスト効用論点視点がより鮮明である。

(36)　我々のこのテーゼとの関連で W. A. Meeks, The Man from Heaven in Johannine Sectarianism, *JBL*, 91(1972), pp. 44-72 が注目に値する。ミークスによれば，天から下ってきた啓示者イエスがヨハネ福音書(本文)の内部で他の登場人物に対して果たす働きは，この福音書が全体として読者に及ぼす働きと同一である(特に p. 69)。ミークスのこの結論が我々のテーゼに対して示す類縁性は明らかで，われわれはこの結論に完全に賛同する。もっとも，彼はヨハネ福音書のマクロな文学的形態とその効用論的機能という側面には注意を払っていない。ミークスの論文に対するより立ち入った論評は，前掲拙著 *Gemeinde und Welt*, pp. 10 f., n. 47 参照。われわれのテーゼに積極的に賛同するのは D. Rensberger, *Johannine Faith and Liberating Community*, Philadelphia, 1988, pp. 144 f.

(37)　P. Ricœur, La philosophie et spécificité du langage religieux, in : *RHPhR*, 55/1(1975), pp. 13-26, 特に p. 22(『解釈の革新』六四―八三，特に七八頁), idem, Parole et symbole, in : *Revue des sciences religieuses*, 49(1975), pp. 143-161, 特に p. 160(『解釈の革新』一一二―一三九，特に一三七頁)，さらに前掲論文 La fonction, p. 214(『解釈の革新』一九六頁)参照。

(38)　前掲論文 La fonction, p. 214(『解釈の革新』一九五頁), idem, Événement et sens dans la discours, in : M. Philibert(ed.), *Paul Ricœur ou la liberté selon l'espérance, présentation, choix des Textes, biographie, bibliographie*, Paris, 1971, pp. 177-187, 特に p. 185(『解釈の革新』四六―六四頁，特に五九頁)。

(39)　前掲論文 La philosophie et la spécificité, pp. 20-25(『解釈の革新』七五―八三頁) ; La fonction, pp. 210-215(『解釈の革新』一九〇―一九七頁) ; idem, Herméneutique philosophique et herméneutique biblique, in : F. Bovon/G. Rouiller(ed.), *op. cit.*, pp. 193-216, 特に pp. 206 f., 214(『解釈の革新』一九八—二一六頁、特に二〇一—二〇二、二〇六頁)。なおリクールは最近邦訳が完成した大著 *Temps et Récit*, tome I-III, Paris, 1983-1985 の第一部「物語と時間性の循環」の第三章「時間と物語・三重のミメーシス」(『時間と物語 I』久米博訳、新曜社、一九八七年、九九—一五六頁)において彼のミメーシス・「テキスト世界」の理論をさらに精密化している。

(40) 前掲論文 Parole et symbole, pp. 158 f.(『解釈の革新』一三四—一三六頁), Der Text als Modell : hermeneutisches Verstehen, in : W. L. Buhl(ed.), *Verstehende Soziologie. Grundzüge und Entwicklungstendenzen*, München, 1972, pp. 252-283 ; idem, Biblical Hermeneutics, *Semeia*, 4(1975), pp. 29-148, 特に p. 31, 73, 85.

(41) *Semeia*, 4(1975), § 2. 341-§ 2. 36,『時間と物語 I』六七頁以下、一一七—一二六頁参照。

(42) D. O. Via, *The Parables : Their Literary and Existential Dimension*, Philadelphia, 1976.

(43) フランス構造主義で言う「コード」あるいは「物語の一般言語」と聖書釈義との関連について知るには、R. Barthes, L'analyse structurale du rêcit à propos d'Actes X-XI, in : *Exégèse et Herméneutique*, Paris, 1971, pp. 181-204, 特に p. 204 が適している。日本語では、久米博『象徴の解釈学』新曜社、一九七八年、二一三頁の解説参照。

(44) *Semeia*, 4(1975), pp. 97-103(§ 2. 42).

(45) ヨハネ二〇・二三は伝承史的に見ればマタイ一六・一九、一八・一八と同根である。そこから E. Käsemann, *op. cit.*, p. 68(邦訳八二頁); H. Graß, *Ostergeschehen und Osterberichte*, Göttingen, 1970(4. Aufl.), pp. 67 f. はヨハネ福音書末尾のこの文言もマタイの並行句と同様、教会共同体内部の一定の職務と規律を示唆するものと解している。しかし、ヨハネ福音書の著者はこの元来伝承に由来する文言に、共同体全体の「世」への派遣に関わる意味を新たに与えたのであって、右の解釈はこれを矮小化するものと言わなければならない。

(46) この点で小田垣雅也『解釈学的神学——哲学的神学への試み』創文社、一九七五年、二三四—二六七頁が強調する譬えという言語の非閉鎖性・開放性との本質的な関連が明白である。

(47) 前出注(40)に挙げた論文 Der Text als Modell 参照。

(48)　P. Ricœur, Expliquer et comprendre, in: *Revue philosophique de Louvain*, fév. 1977, pp. 126-146, 特に p. 139(『解釈の革新』一七—四五頁、特に三六頁)、前掲論文 Événement, p. 185(『解釈の革新』六〇頁)、前掲論文 La fonction, p. 210(『解釈の革新』一八八—一八九頁)、La tâche de l'herméneutique, in: F. Bovon/G. Rouiller(ed.), *op. cit.*, pp. 179-200, 特に pp. 199 f.(『解釈の革新』一四三—一七四頁、特に一七三—一七四頁)。ガダマーの「解釈学的地平融合」については H. G. Gadamer, *Wahrheit und Methode. Grundzüge einer philosophischen Hermeneutik*, Tübingen, 1975(4. Aufl.), 特に pp. 287 f., 356 f., 375 参照。

(49)　P. Ricœur, *Semeia*, 4(1974), p. 66 ほか随所。

(50)　H. G. Gadamer, *op. cit.*, pp. 355 f., 372 f.

(51)　この点に関して佐々木啓「ヨハネ福音書における ὅτι の問題」『宗教研究』二七七(一九八八年)、二五—五二頁、特に四二頁が本稿における私の試みに向ける批判とそれに対する私の反論については本書論文I注(127)を参照。

(52)　P・リクールも Exégèse et Herméneutique, *op. cit.*, pp. 261 f., 290 において、R・バルトに反論して、テキストを解釈するとはそのテキストについて新しい文言を産出することだ、と述べる場合、事柄として同じことを指摘している。久米博、前掲書、二二〇—二二一頁、および A. Vögtle, Was heißt Auslegung der Schrift? in: W. Joest u. a., *Was heißt Auslegung der Heiligen Schrift?*, Regensburg, 1966, pp. 29-84, 特に p. 30 参照。

(53)　私はこのことをとりわけ告別説教の場合について、前掲拙著 *Gemeinde und Welt*, pp. 140-143, 163-166 において詳細に論証している。告別説教の背後に存在する伝承そのものの再構成もすでに拙論 Die johanneischen Abschiedsreden und die synoptische Tradition, *AJBI*, III(1977), pp. 157-268 において行なっている。この関連で伝承史的方法が持ち得る適合性は明白である。

(54)　口頭で言われたこと(parler/parole)とそれが書記行為(écrire/écriture)によって固定されたもの、つまりテキストが実際に意味する事柄は相互に乖離することがあるという問題、つまり書記行為による意味の自律の問題については P. Ricœur, Événement, *op. cit.*, pp. 179-183 および久米博、前掲書、一九二—一九四頁参照。

(55) H. G. Gadamer, *op. cit.*, pp. 290-295.

(56) 本書論文I、一二頁以下参照。ガダマーに対するJ・ハバーマスの直接的批判はJ. Habermas, Zu Gadamers “Wahrheit und Methode” in: K. O. Apel u. a.(ed.), *Hermeneutik und Ideologiekritik*, Frankfurt a. M., 1971, pp. 46-56. この点をめぐるガダマーとハバーマスの間の論争についてはP・リクールによる詳細な報告がある。P. Ricœur, Herméneutique et critique des idéologies(1973)=『解釈の革新』二八八—三四四頁。ガダマー解釈学との組織神学の側からの批判的対論はW. Pannenberg, Hermeneutik und Universalgeschichte, *ZThK*, 60(1963), pp. 90-121(=idem, *Grundfragen systematischer Theologie*, Göttingen, 1971, 2. Aufl., pp. 91-122).

(57) 前出注(7)に挙げた文献以外に次のものも参照。S. J. Schmidt, Das “kommunikative Handlungsspiel” als Kategorie der Wirklichkeitskonstitution, in: idem(ed.), *Pragmatik I: Interdisziplinäre Beiträge zur Erforschung der sprachlichen Kommunikation*, München, 1974, pp. 103-117; idem, *Texttheorie. Probleme einer Linguistik der sprachlichen Kommunikation*, München, 1976(2. Aufl.).

(58) 文芸学の領域での隠喩理論については野本真也「旧約学における文芸学的方法の位置」『基督教研究』(同志社大学神学部)四二号(一九七八年)、同「比喩としての旧約テキスト」『基督教研究』四三号(一九八〇年)、一—四二頁、に詳しい。

(59) S. J. Schmidt, *Texttheorie, op. cit.*, pp. 43-87, 145-148. さらにE. Güttgemanns, *Einführung in die Linguistik für Textwissenschaftler*, Bonn, 1978, pp. 12 f., 14 f., 16 も同様の見解。

(60) S. J. Schmidt, *ibid.*, pp. 104-106.

(61) S. J. Schmidt, *ibid.*, pp. 114, 124, 129, 134.

(62) S. J. Schmidt, *ibid.*, pp. 162-164(特に図表4参照)。

(63) S. J. Schmidt, *ibid.*, pp. 82, 84, 106, 137(“Texte-in-Funktion”), 145, 152.

(64) S. J. Schmidt, *ibid.*, p. IV. なおD. Breuer, *Einführung in die pragmatische Texttheorie*, München, 1974 も少し違った角度から効用論的テキスト理論の構築を試みるが、シュミットに比べ、行動理論との関連付けが不十分である。テキスト言語学の基本的理論と発展史については W. Dressler, *Einführung in die Textlinguistik*, Tübingen, 1973, pp. 92 ff.; idem.(ed.), *Textlinguistik*, Darmstadt, 1978 参照。

(65) S. J. Schmidt, *Grundriß der empirischen Literaturwissenschaft*, Bd. 1, *op. cit.*, pp. 95, 103, 121 f., 143, 151, 182.

(66) S. J. Schmidt, *ibid.*, pp. 122, 189.

(67) S. J. Schmidt, *ibid.*, pp. 100 f., 151, 165, 171.

(68) S. J. Schmidt, *ibid.*, p. 200 も文学的テキストの産出者の「戦略」について語り、K・バークの名前こそ言及しないものの、事柄として同じことを意味している。バークの文学理論を知る基礎的文献は次の二点である。K. Burke, *The Philosophy of Literary Form : Studies in Symbolic Action*, New York, 1941 (rev. ed. 1967) ; *Language as Symbolic Action : Essays on Life, Literature and Method*, University of California Press, 1966. 最初のものには邦訳がある。『文学形式の哲学』森常治訳、国文社、一九七四年。

(69) 『文学形式の哲学』一一、一六、五一、六〇、七〇、八〇―八一、一五六、一六五、一七〇頁。

(70) 前掲書、七七―七九頁。バークのこの立場は、文学を含め人間の社会的行動を「刺激」と「反応」という物理学的・自然科学的思考法によって解明しようとする立場に対する鋭い批判に他ならない。この批判はT・パーソンズ以来の構造論的・機能主義的社会学に対してA・シュッツの現象学的社会学および後述の「シンボリック相互作用論」など理念主義の立場の社会学が向ける批判と軌を一つにしている。バークと「シンボリック相互作用論」を統合しようとする試みとして前田征三「シンボル行為の構造と機能――ドラマティズム的アプローチ」『社会学評論』九六(一九七四)、七六―八二頁がある。

(71) H. Blumer, *Symbolic Interactionism. Perspective and Method*, Englewood Cliffs/New Jersey, 1969, pp. 1-60, 特に pp. 2 ff. この立場が構造論的・機能主義的社会学(前注参照)に向ける批判については船津衛『シンボリック相互作用論』恒星社厚生閣、一九七六年、三―四、一二頁など随所のほか、H. J. Helle, *Verstehende Soziologie und Theorie der Symbolischen Interaktion*, Stuttgart, 1977, pp. 28, 72, 116 を参照。両者共に「シンボリック相互作用論」の成立史と現在的意義を詳細に論述している。さらに、日本語の個別研究では前田征三「シンボル相互行為の基本構造――特にH・D・ダンカンを中心に」『社会学研究』

三三、一九七二年、一〇五―一二九頁、村井忠政「G・H・ミードとシンボリック・インタラクショニズム」『社会学評論』九六、一九七四年、四四―六二頁などがある。また、「エスノメソドロジー」との関連を扱ったものとしては論文集 *Alltagswissen, Interaktion und gesellschaftliche Wirklichkeit*, 2 Bde, hrsg. v. Arbeitsgruppe Bielefelder Soziologen, Opladen, 1980 がある。

(72) この点については、井上俊「日常生活における解釈の問題」、仲村祥一編『社会学を学ぶ人のために』世界思想社、一九七五年、三一―五〇頁も参照。

(73) ただし、シュミット(*Grundriß der empirischen Literaturwissenschaft*, Bd. 1, *op. cit.*, p. 52)が「シンボリック相互作用論」の有用性を「意志疎通行動ゲーム」の「複合的前提状況」、とりわけそれに関与する者たちが持ち合わせる「日常知」の解明に限定しているのは適切ではない。なぜなら、「シンボリック相互作用論」の見方によれば、象徴的相互行為は古い日常知に代わる新しい現実像を結果として結ばせるものでもあるからである。この点では W. Dressler, *Einführung in die Textlinguistik, op. cit.*, p. 104 の方が、この理論の趣旨をより正確に捕らえている。

(74) P. L. Berger/Th. Luckmann, *The Social Construction of Reality. A Treatise in the Sociology of Knowledge*, New York, 1966(以下での引用は Penguin Peregrine Books 1979 版による); P. L. Berger, *The Sacred Canopy. Elements of a Sociological Theory of Religion*, New York, 1967(以下での引用はドイツ語版 *Zur Dialektik von Religion und Gesellschaft. Elemente einer soziologischen Theorie*, Frankfurt a. M., 1973 による。) それぞれの邦訳はP・L・バーガー/T・ルックマン『日常世界の構成――アイデンティティと社会の弁証法』山口節郎訳、新曜社、一九七七年、P・L・バーガー『聖なる天蓋――神聖世界の社会学』薗田稔訳、新曜社、一九七九年。

(75) 聖書学の領域では E. Güttgemanns, *Einführung in die Linguistik, op. cit.*, pp. 12-16; idem., *Offene Fragen, op. cit.*, pp. 174-177, 256 が同じことを指摘している。

(76) P. L. Berger/Th. Luckmann, *The Social Construction, op. cit.*, pp. 63-109(『日常世界の構成』八二―一五六頁)。

(77) P. L. Berger/Th. Luckmann, *op. cit.*, pp. 110-122(『日常世界の構成』一五七―一七六頁)、P. Berger, *Zur Dialektik, op. cit.*, pp. 3-28(『聖なる天蓋』三―四二頁)。

(78)　P. L. Berger/Th. Luckmann, *The Social Construction, op. cit.*, pp. 116 f., 195(『日常世界の構成』一六六―一六七、二九六頁)。バーガー／ルックマンは社会的現実が個人によって主観的に内面化されてゆく過程の分析の局面では、彼ら自身が明言する通り、「シンボリック相互作用論」に多くを負っている。

(79)　P. L. Berger/Th. Luckmann, *op. cit.*, pp. 122-134(『日常世界の構成』一七七―一九六頁)。

(80)　P. L. Berger/Th. Luckmann, *ibid.*, p. 133(『日常世界の構成』一九五頁)。

(81)　P. L. Berger/Th. Luckmann, *ibid.*, pp. 176-182, 特に pp. 176, 178, 180(『日常世界の構成』二六四―二七五頁)。

(82)　この力はヨハネ教会を既存の社会秩序の中へ統合するものではなく、むしろそれとの葛藤において形成されるべき新しい「象徴的意味宇宙」へ統合する力であるから、われわれのテーゼは構造論的・機能主義的社会学が言う意味での「統合モデル」で理解されてはならない。ヨハネ福音書は、社会秩序の視点から言うならば、既存の全体社会の中に周縁的下位社会、つまり「セクト」を形成する力に他ならない(P. L. Berger/Th. Luckmann, *op. cit.*, pp. 144-146＝『日常世界の構成』二一三―二一六頁参照)。したがって、ヨハネ教会の人々が遂げた「世界の住み替え」は、社会学的に見るならば、「再び」ではなく、「三たび」新たに生まれることを意味するわけである。したがって、ここでもタイセンの次の命題が妥当する。「洗礼はキリスト教の規範・象徴・意味解釈を受け入れることの表明であるが、これは人間の社会化一般とおなじものではなく、むしろそれからの離脱なのである。原始キリスト教において再生とは二度目の誕生というより、むしろ三度目の誕生なのである」(G. Theißen, *Studien zur Soziologie des Urchristentums*, Tübingen, 1979, 3. Aufl. 1989, p. 65)。

なおタイセンとH・ティエン(ハイデルベルク大学)の指導下に書かれた教授資格論文 W. Rebell, *Gemeinde als Gegenwelt. Zur soziologischen und didaktischen Funktion des Johannesevangeliums*, Frankfurt a. M., 1987 は、その標題からも窺われるように、ヨハネ福音書とその背後の教会共同体を後一世紀のユダヤ教全体社会に対する対抗的下位社会として位置づけ、その社会学的解明を中心課題とするものであるが、方法の上では私のこの論文(ドイツ語版)をそもそもの出発点としている。

III

福音書研究とテキスト言語学

――新約聖書学の最近の一動向――

一　テキストの構造から働きへ

ロラン・バルトを中心とするフランス構造主義の文学研究は、すでに早くから旧新約聖書にも適用され、個々の物語記事を取り上げての構造分析の実際の試みが、我が国においてもすぐれた翻訳によって紹介されている。[1] この方法は新約聖書学の領域にも画期的な新生面を開くかに思われた。事実、我が国では八木誠一が人間実存の構造に関わる氏独自の理論との関連から、一時期それを好意的に迎えたことがある。[2]

より狭く新約聖書本文の分析という方面では、G・タイセン『原始キリスト教の奇跡物語――共観福音書の様式史的研究への寄与』という大著が一九七四年に公にされた。これは従来の伝承史的・様式史的な研究方法において、もっぱら通時的な観察の対象とされてきた奇跡物語の形態の多様性と変形過程を、明らかにフランス構造主義の文学理論に示唆を受けつつ、共時的に前もって、しかも一定の幅をもって存在している構造が、その都度自己を違った形で実現し、再生産してゆく過程として分析して見せたのである。[3] これまでの様式史的方法には欠けていた新鮮な視点であることは間違いない。そして、この方向での新約本文、とりわけ福音書の分析は、その後も内外の研究者によって進められてきたし、今後も進められてゆくにちがいない。

だが、その後の新約学の動向全体を鳥瞰するとき、この構造主義的本文分析はその登場の当初に期待されたほどの成果を収めてきたとは言い難い。私の管見にすぎないかも知れないが、純粋に構造――すなわち、テキスト内部の言語記号相互の関係――の分析に終始する本格的な研究で、しかも新約聖書学者の手になるものは、前述のタイセンのものも含めて、ほとんど見当らないのではないかと思われる。(4)そして、その理由としては少なくとも二つのことが考えられる。

一つには研究者の関心の所在ということである。戦後ドイツのブルトマン学派を中心にめざましい研究業績を挙げた新約聖書学も、その後歴史的・批判的研究方法をますます実証主義的・科学主義的に精密化すればするほど、その結論は「重箱の隅を突っつく」ような細かい断片的なものとなり、現在では組織神学や実践神学との間に亀裂を生み出していると繰り返し批判されてきた。しかし、公平に見て、現在の新約学がその本来の任務、すなわち、新約聖書が現代人に向って語りかけるメッセージを方法的に検証可能な仕方で明らかにするという課題を、忘却し去っているとは言えないであろう。この課題を果そうとする時には、一見きわめて断片的と見える手続きも欠くことができないことが多いということなのである。

ところが他方で、構造主義的な文学研究においては、三島憲一の言葉を借りると、「言語の深層構造が解明されるにつれて、なるほど文学を文学たらしめているものが、その言語性において対象的に呈示されてきてはいるが、そこで文学が経験されていないことも事実である。意味経験の空間としての文学、表層構造による実践としての言語の犠牲の上に構造の探求が行われている」のである。(5)つまり、テキストが自己自身を越えて外にある世界(意味空間)を指示する、その指示機能をほとんど問題にしない構造主義的テキスト分析は、この指示機能にこそこだわらなければならない聖書釈義にとって、それだけではきわめて不十分なのである。

第二の理由は、そのような指示機能も含めて新約本文そのものの性格である。もちろん、一口に新約本文と言っても、そこに収められた二七文書は単に文学的な形式の上からだけ見ても一様ではない。しかし、いずれも事実を事実として記述しようとするものではなく、読者に何かを語りかけ、彼らの間に一定の実際的な効果を達成しようとするものである点で差はない。すなわち、J・L・オースティンが日常的な発語行為の中に設けた「事実確認的発言」(constative utterance)と「行為遂行的発言」(performative utterance)という区別を、文からテキストのレベルへ転用して言えば、どの新約文書もそれぞれが、その全体において「行為遂行的発言」なのである。

このような性格は、とりわけパウロ書簡において端的に明らかである。どの書簡も宛先の教会のきわめて具体的な生活状況の中で、またその中へと語りかけ、慰め・警告・命令などの行為(オースティンの言う「発語内行為」**illocutionary act**)を遂行している。これに対して、なるほど書簡の体裁を取ってはいるが、それを文学的形式として利用しながら不特定多数の読者に向けて書かれている「公同書簡」(「ヤコブの手紙」から「ユダヤの手紙」まで)、さらに「ヨハネの黙示録」、「使徒行伝」、そして福音書へと目を転じると、テキストの文学性の度合が高まるのに応じて、それぞれがその中で書かれ、読者もその中を生きている生の状況はテキストの背後へ隠れ、消失してゆく。

オースティン自身はこれと同じ事情から、行為遂行的発言を、「それが適切なものであれ、不適切なものであれ、すべて通常の状況で行なわれたものであると理解すること」にして、文学的・詩的発言を考察の対象から除外したのであった。[6] けれども、文学的・虚構的テキストにも固有な意味での実際的効力があるのであって、この点についてはW・イーザーが次のように指摘するとおりである。――「虚構的な言語使用が一連の実際行動のコンテキストの中へ同化しないのは事実だが、それは現実に何の効果も生み出さないという意味ではない。確かにそれが〈成功〉するのは明示的な行為遂行的発言の場合に比べてはるかに困難であるし、そこに生み出されてくる効果も、おそらく厳密な意味での行為とは規定できない。だが、この事情をもって虚構言語には実質がないと言うに十分だと考えられるにしても、それが持つ独特な効用論的(pragmatisch)な次元までも消失してしまうわけではない」[7]。

パウロの書簡が明示的に行為遂行的発言であるのに比べると、前記の新約文書は、言わば間接的になされた行為遂行的発言なのである。例えば、今仮に福音書に限ってみると、どの福音書の著者(最も古い「マルコ」で紀元七〇年の前後、「マタイ」、「ルカ」、「ヨハネ」は八〇年代後半から一世紀末)も、歴史的にはすでに過去となっている生前のイエスの歩みを叙述しているのであって、直接彼らの読者に語りかけているわけではない。しかし、彼らはそこに彼ら自身とそれぞれの読者たちの経験をも持ち込んで、言わば同時代的に――その程度には福音書によって差があるのは当然であるが――叙述しつつ、読者を慰め、警告し、教育しているのであり、また、そのように叙述することによって、読者を新たな行動(pragma)へ促す実際的な効果を狙っているのである。つまり、どの福音書も間接的にではあるが、「発語内行為」と「発語媒介行為」(perlocutionary act)という両方の性格を含みながら、行為遂行的発言となっているのである[8]。

福音書のテキストがその他一般の文学的作品に優るとも劣らずに持っているこのような実践的な働きを明らかにしようとする段になると、テキスト内部の言語記号の相関関係の解明に終始する狭義の構造主義的分析では足りなくなる。最近の福音書研究ではむしろテキスト言語学、より正確にはテキスト効用論(Textpragmatik)の側面からの研究が相次いで現われてきているが、その理由もうなずけるのである。

二　最近の諸研究

W・ドレスラーによるテキスト言語学のごく基礎的な入門書によれば、その研究分野として――テキスト音韻論をここでは除外すると――テキスト意味論・テキスト統辞論・テキスト効用論が区別される。あるテキストの意味が何であり、どのように形成されるか、を問うのがテキスト意味論、テキストのその意味がテキストのどのような構成において表現されるか、の解明がテキスト統辞論、さらに、そのテキストが言語外的なコンテキストの中で果たす働きを問題にするのがテキスト効用論であるとされる。このうち、テキスト意味論と統辞論とを括って狭義の「テキスト文法」と呼ぶことがあるのに対し、テキスト効用論は必ずしも一般的に言語学の領域と見なされているわけではないと言われる。(9) また、このように区分した場合のテキスト文法の枠内にも相異なる学派と方法が存在するのはもちろんである。

福音書研究にテキスト言語学的視点が導入された当初優勢であったのは、さしあたり「テキスト文法」の視点であって、必ずしもテキスト効用論の視点ではなかった。その嚆矢となったのが一九七〇年代初頭に公にされたE・ギュトゲマンスの一連の挑発的な研究である。彼はそれまでの様式史的および編集史的研究が福音書の成立を、それ以前の伝承との連続性において通時的に説明しようとしてきたことに異を唱え、福音書という新しい文学形式を「意味論的に自律した言語形式」と規定した。(10) さらに構造主義言語学に示唆された「生成詩学」という独自の立場を唱え、福音書の個々の単元、特にイエスの譬え話の分析にも実験的に手を付けた。(11) しかし、それ以後のギュトゲマンスは，Linguistica Biblica (Bonn)と呼ばれる研究グループおよび機関紙(Forum Theologiae Linguisticae)を創設して，もっぱら理論整備の方に進み，釈義的実践からは遠のいている。

一九七四年に公刊されたB・オルスソン『第四福音書における構造と意味』も注目を集めた研究であるが，これもやはり狭義のテキスト文法の枠内に留まり，テキスト効用論的問題，すなわち読者の読み行為と言語外的コンテキストにおける本文の働きに対しては目くばりが十分ではない(12)。

テキスト効用論を含めてテキスト言語学の前記の三分野を聖書釈義にとっても不可欠の視点として取り入れ，すでに長い閲歴を持つ伝承史・様式史・編集史の方法との統合を，個々のテキストに例を取りながら意欲的に試みるのがK・ベルガー『新約聖書の釈義――テキストから解釈までの新たな道すじ』(一九七七年)である(13)。後述するように，テキストが読者に及ぼす働きを本格的に問題にしてゆくと，解釈学と社会学(知識および文学社会学)の視点がどうしても必要とされてくる。この点，ベルガーがすでにいずれの視点をも考慮に入れていることは注目に値する。

テキスト効用論に重点を置いたその後の個別研究の中で重立ったものとしては，まずH・リット『父への祈り――ヨハネ一七章の解釈によせて』(一九七九年)を挙げるべきであろう(14)。著者はオーストリア出身のカトリックの学者で，R・シュナッケンブルグの弟子の一人である。現在のドイツ語圏の新約学者の中では，テキスト言語学に最も精通した研究者の一人であろう。前記の研究はE・ケーゼマンのヨハネ解釈とテキスト言語学的視点から批判的に対論しようとするもので，テキストの効用の問題にも十分に意を用いているが，惜しむらくは，対象とするテキストがあまりに限定されているために，ヨハネ福音書全体のマクロな効用は今ひとつ明確にならない。

より強くテキスト効用論を関心の中心に据えた個別研究には，D・ドルマイヤー『イエスの苦難の意味――マルコ受難物語の史的・批判的およびテキスト効用論的分析』(一九七九年)，H・フランケメレ『聖書の行動指針――効用論的釈義の実例』(一九八三年)がある。[15] 前者は同著者の学位論文『行動のモデルとしてのイエスの受難——マルコ受難物語の伝承史および編集史に対する文学的・神学的分析』(一九七四年)[16]ではまだ萌芽的に提示されていたに過ぎない効用論的視点を展開して、福音書の受難物語の持つモデル機能を明らかにする。後者は主としてマタイ福音書の個々のテキストを、著者および彼の読者の共同体との間で行なわれた意志疎通行為(kommunikatives Handeln)として分析するが、同時に、イエスの譬え話に対しても同様の効用論的研究のプログラムを提示している。

イエスの譬え話研究についてはこれと相前後して、E・アーレンスの大著『意志疎通行為——イエスの譬え話が行動理論に対して持つ範例的意義』(一九八二年)が現れた。[17] この論考は先に『科学論・行動理論・基礎神学——神学的理論構成の発端と身分についての分析』(一九七八年)を著わしたH・ポイケルトとの相互啓発の下に成立したと言われるだけに、狭義の新約釈義の枠を越えるものである。しかも、ポイケルトの著作と同様、フランクフルト学派(とりわけJ・ハバーマス)の「批判的社会学」の意志疎通行為論やK・O・アーペルの哲学的言語論(超越的効用論)をめぐる最近の活発な論議にまで至る、欧米の言語行為理論の厖大な蓄積を前提としているため、筆者をも含め狭義の新約釈義学の領域から来る者にとっては、読みこなすだけでも容易ではない。

他方アメリカでは一九五〇年代半ばから六〇年代にかけて聖書学の中に登場した、いわゆる「新批評」(A・ワイルダー、R・W・フンク、W・ビアズリー)の後を受けて、[19] 聖書釈義と文芸学的物語分析を結び付ける試みが——特に一九七四年に創刊された *Semeia* 誌を拠点にして——盛んに試みられてきている。その中心人物としては、R・C・タンネヒルとN・R・ピーターセンの名前を挙げなければならない。いずれもマルコ福音書についての実験的な個別論考を数多く発表しているが、前者の場合には、W・イーザーの受容美学やロシア・フォルマリズム(プロップ、トドロフ)などさまざまな文芸理論が参照されるものの、方法論としての統合には未だ至っていないという印象を拭い難い。[20] その点後者は異なり、詩的本文に関するR・ヤーコブソンのいわゆる「伝達モデル」を発展的に修正して、著者(発信者)と読者(受信者)の間のコミュニケーションを、背景的な「物語世界」(narrative world)と本文表面に選択的に「配列された出来事」(plotting)の区別、あるいは背景的「物語時間」、本文表面の「配列された時間」、読者の「読み時間」の区別という側面から説得的に分析している。[21]

ヤーコブソンの「伝達モデル」の「発信者」と「受信者」の関係はその後の文芸学においてさらに精密化され、(一)歴史的人物としての著者と読者(「歴史的著者」、「歴史的読者」)、(二)実際に著作と読書の場にある者としての著者と読者(「実際の著者」、「実際の読者」)、(三)本文の内証から抽出される「抽象的(内的)著者」と「抽象的(内的)読者」、(四)本文に明記された「虚構の著者」と「虚構の読者」、最後に、(五)本文の物語そのものの中の登場人物という五つの層(初めの二つは本文外、後の三つは本文内の層)が区別されるに至っている。このモデル――私は以下便宜的に「五層モデル」と呼ぶことにしたい――は一九七七／七八年に公にされて以来、今や文芸学的物語分析において共通の概念装置としての地歩を固めつつあるように思われる。

R・A・カルペッパー『第四福音書の解剖――文学的構図の研究』(一九八三年)は、このモデルを福音書に応用した本格的研究の最初のものであろう。従来の福音書研究にはなかった新鮮な洞察に満ちているが、読者の読み行為の分析、したがって本文の効用論的機能の分析は必ずしも十分とは言えない。[22] 同じくヨハネ福音書に即しながら、この点を批判するのがJ・L・ステイリーの謎めいた表題の著書『印刷の最初の接吻――第四福音書の内的読者に関する修辞学的研究』(一九八八年)である。彼は自分の方法を「読者反応批評」(Reader-Response Criticism)の立場に位置付けている。[23]

前記の「五層モデル」はアメリカに先立ってドイツの文芸学の領域でも公にされた。[24] 聖書学の領域ではH・J・

クラウクが一九八二年に、マルコ福音書の弟子像に関する個別研究に応用し、本文表面の登場人物の世界および彼らの相互関係から短絡的に歴史的著者・読者の状況を推論することを戒めている。[25]

C・ブライテンバッハ『マルコによる信従と未来待望――方法批判的研究』(一九八四年)は、R・C・タンネヒル、N・R・ピーターセンおよびH・J・クラウクの研究を踏まえながら、オランダのテキスト言語学者T・A・ファン・ディイクのテキスト理論を準拠枠として、物語分析の方法と従来の歴史的・批評的方法、さらには解釈学との統合を試みる意欲的な研究である。しかし、テキストの効用論的機能という側面では、著者自身が断わっているように、著者と読者がテキストの外で置かれている歴史的状況との関連付けがなお不十分である。[26]

最後に、最近の譬え話研究でもテキスト効用論的視点と方法がますます顕著になりつつある。H・ヴェーダーは、彼が編纂したごく最近の論文集『比喩の言語――文学と神学における譬えと隠喩』(一九八九年)の中で、イエスの譬えを「行為遂行的発言」(J・L・オースティン)と明確に規定し、その「働き」を強調している。[27] また、G・タイセンの指導下に書かれたペトラ・フォン・ゲミュンデンの学位論文『新約聖書とその周辺世界における植物の成長の隠喩』(一九八九年提出、未刊)は、H・ヴァインリッヒの「比喩領域」理論(Bildfeldtheorie)を基礎的な方法としつつ、やはりイエスの譬えの効用論的機能を繰り返し問題にしている。[28]

以上に取り上げた研究は、テキストの効用論的機能の問題に関心を寄せる最近の福音書研究のほんの一部に過ぎない。今後もこの方向での研究がいっそう活発になってゆくに違いない。このことは、学生用の標準的教科書として最近公にされたW・エッガー『新約聖書方法論――言語学的および歴史批評的方法入門』(一九八七年)が、効用論も含めてテキスト言語学的分析をすでに新約釈義の不可欠の構成部分として位置づけていることにも明らかである。[29] 福音書釈義も学際的研究の波に洗われて、ますます骨の折れる仕事となってゆくのを忌避することはできないであろう。福音書研究を含めて新約聖書学は、精神科学の他の諸学科に比べてはもちろんのこと、神学それ自身の内部の他分野と比べても、より優れてテキストの学であるとすれば、ますますそう言わざるを得ない。このような事情であるときに、そもそもテキストとは何であり、どのように働くのか、という基礎的な問題に還って認識を深めておくことは、テキストの学としての新約聖書学にとって不可欠条件(conditio sine qua non)と言えよう。そして、この認識を導く指導的な理論としての役割を、テキスト言語学および文芸学の領域で次第に認められつつあるのが、私の見るところ、S・J・シュミットの効用論的テキスト理論である。前記の「五層モデル」がシュミットの理論をもっとも基礎的な準拠枠としているのも理由なきことではない(30)。

三　シュミットの理論

1　「意志疎通行動ゲーム」

シュミット理論は多次元にわたる。しかし、その中心概念は「意志疎通行動ゲーム」(kommunikatives Handlungsspiel)というものである。わざわざ「ゲーム」(Spiel)と言われる理由は、意志疎通行動を一定の社会的きまりや慣用に則して遂行される間人間的相互行為として示すためである。そして、文学的テキスト(作品)はそれ自体がこの社会的「意志疎通行動ゲーム」の一つの特殊な形態に他ならない。だからシュミットのテキスト理論は、言語(テキスト）による意志疎通行為という社会的相互行為の複合的な諸要素の絡み合いを解明しようとするものとなる。その要素は、言語外的要素と言語的要素に分けられる。前者にはテキストの産出・使用、および受容に関与する当事者たちを規定する社会的諸条件と外的・物的条件があり、いずれも「複合的前提状況」の中に含められる。言語的要素の中で最も重要なのは、もちろんテキストそのものであるが、それがどのような文学上の類型を選択し、さらにその類型がいかなる具体的な形態に定着させられるかは、当事者の言語的な意志疎通能力をも含めた「複合的前提状況」に依存すると同時に、その意志疎通行為全体の意図にも依存しつつ、テキストの生産者によって意図的に決定される。一定のテキストが生み出されるまでにこれらすべての要素が相互にどのように関連し合うかを、シュミットは最後に一つのモデル図式にまとめて呈示している[31]。そうして生み出されてくるテキストは、ここでは終始、「働きにあるテキスト」（Texte in Funktion）、すなわち読者に対する「指示の集合体」（Anweisungsmenge）と見られている[32]。

テキスト効用論が必ずしも言語学固有の領域とは見做されていないことは、すでに言及したとおりであるが、シュミットの理論はそれをあえて独立の、かつ学際的な研究領域として確立しようとする試みの一つなのである。それだけに、狭義の言語学の枠を越えて、解釈学・知識社会学・文学社会学など、やはり最近の新約聖書学の中に導入されつつある研究領域の知見と方法とも密接な関連を示している。それがこれらの関連理論と福音書釈義の実際の場面において、どのように、またどこまで統合されうるものなのか、以下その可能性をヨハネ福音書を例に取りながら素描してみたいと思う。

2　テキストの統辞・意味・効用の三位一体

――ヨハネ福音書に即して――

私は先に機会を与えられて、『世の光イエス』という拙著を公にした。もちろん、これはヨハネ福音書のキリスト論を一般読者向けに解説したものであるから、方法論の問題にはほとんど立ち入った説明を加えていない[33]。しかし、私はそこで、前記のドレスラーの入門書に言う「テキスト文法」をまず念頭に置きながら、この福音書の全体的構成が、この福音書全体の意味することと、言い換えれば、テキストの統辞がテキストの意味と、いかに密接不可分に結び付いているかを明らかにしたつもりである。

したがって、ここではその結論のみを再記すると、その全体的構成(テキストの統辞)は、すでに九九頁に掲げた図1における太線枠の内側のように示すことができる。

すなわち、ヨハネ福音書はプロローグ(一・一―一八)とエピローグ(二〇・三〇―三一)を備えた三幕の舞台構成を取り、第一幕(一・一九から一二章まで)は、イエスが「ユダヤ人たち」の拒絶に出会いながら「世」に対して公然と遂行する啓示のわざを、第二幕は暗い夜景(一三・三〇「時は夜であった」を参照)を背に照らし出された最後の晩餐と弟子たちへのイエスの告別の説教を、第三幕は第一幕を引き継ぎつつ、イエスの十字架への歩み、復活のイエスの顕現と弟子たちの派遣をそれぞれ描いている。そして、この構成はより巨視的に見ると、告別説教を境目として、万物に先立って存在した神の言(ロゴス)イエスのこの世への到来と、もといた場所への退去の叙述に大きく二分されたものとなっているのである。

他方、意味論的に見ると、ヨハネ福音書のほとんど排他的とも言える関心は、イエスとはいったい何者であるのか、というキリスト論の問いにある。そして、イエスとは「世」を救うために遣わされ、父から委託されたわざを完成した後、再び父のもとに帰って行った「独り子なる神」なのだ、というのがこの福音書の著者の解答なのである。しかし、著者はイエスのこの永遠の神性を無時間的に初めから完成されていたものとは考えず、「受肉」(一・一四)の後の人間としての彼の歩み(歴史)によって本質的に媒介されているものと考えるのである。前記のような全体構成は、イエスの永遠の神性を頌栄する書き出し(一・一)と、同じ神性への信仰告白をもって閉じる結び(二〇・二八、三一)との間を媒介し、著者のこの意味を表現するものとして、ぜひそうあらねばならない構成なのである。彼が、マルコ福音書以来知られていた福音書という文学類型を選択し、かつ、それを独自の形態に定着させた根本的な理由はそこにある。

さて今や彼は自分の作品(テキスト)を彼の読者の手に供することによって、彼らとの意志疎通行為の中に入ってゆく。そのときこの行為を条件づけた「複合的前提状況」、特に彼らの共同体生活の具体的な状況を隈なく再構成することは、史料の制約があってかなり困難であるが、全く不可能だというわけでもない。詳しくは拙著において述べたとおり、彼らは紀元一世紀末のユダヤ教徒(「ユダヤ人たち」)と、イエスとは何者なのかという中心問題をめぐって激しく論争し、迫害下におかれていると考えられる。前出の九九頁の図1ではこの状況を太線枠の外(下部)の長方形(「ヨハネ共同体の宣教の状況」)が示している。

ところが、テキストの外にある彼らのこの状況はテキスト(太線枠)内部の第一幕のイエスの歩みの中に——もちろん、文学的な虚構と象徴化を受けながら、つまり、後述するP・リクールの解釈学の用語を借りると、文学的に「再創造」された上で——「反映」、あるいは「模倣」されているのである。したがって、読者にとってこの第一幕を読み進む行為は、自己自身の生の現実状況を新しく見直す行為に他ならない。また、イエスが第一幕での公の活動から第二幕での告別説教へと身を引き、第一幕での活動の結果とその意味を反省すること(図の矢印2)は、自分たちの宣教活動の状況からいったん離れて、ヨハネ福音書を読みにやってきた読者の歩み(矢印1)を「模倣」し、再演するものとなる。これと相応じる形で、第二幕から今や再び十字架に向かってのイエスの能動的な歩みを叙述する第三幕への筋の展開(矢印3)は、読者がこの福音書全体をやがて読み終ったあかつきに、テキストの外で彼らを待ち受けるあの現実状況の中へ再び新たに派遣されてゆく歩み(矢印4)を準備し、そのモデルとなる。この意味で、第三幕の末尾で弟子たちを「世」に派遣するイエスの言葉「あなたがたが許す罪は、だれの罪でも許され、あなたがたが許さずにおく罪は、そのまま残るであろう」(二〇・二三)は、実は読者に語りかけるのである。つまり、迫害するユダヤ人をも含め敵対的な「世」にいるすべての個々人を、その「罪」、すなわち、不信仰にもかかわらず、しかも彼が再び拒絶する可能性をも知りながら、なおかつ新たな呼びかけの対象として発見せしめ、読者を新たな宣教活動へと送り出してゆく力、これがテキスト効用論の視点から見た場合のヨハネ福音書の働きに他ならない。

この働きが前出の図1に示したテキストの構成と不可分一体のものであることは明らかであろう。さらにその構成が、すでに述べたとおり、テキストの意味と不可分なのだから、テキスト効用論の視点からの釈義にとってテキスト統辞論と意味論の視点も不可欠であることが、ここに例証されるわけである。

3　哲学的解釈学および受容(作用)美学との関連

読者をいったん彼らの現実から切断して引き離した上で、それを新しく発見し直させ、新しい意味(現実像)の形成へ導くこのような効果は、テキストが行なっている文学的な虚構と象徴化という、とりわけヨハネ福音書において顕著な――しかし、他の福音書にも程度差はあっても本質的には共通する――特徴と密接に結びついている。この点については、すでにその名に言及したP・リクールの解釈学的な隠喩理論がきわめて有効な導きとなる。彼は隠喩性を単語と文のレベルから言述《ディスクール》（詩や物語）のレベルに移して次のように言う。――「隠喩とは、ある種のフィクションが含んでいる、現実を再記述する能力を、言述が解放するための修辞学的過程なのである。われわれはこのようにしてフィクションと再記述とを結びつけることにより、アリストテレスの『詩学』における発見に、その十分な意義を回復することができる。すなわち、言語の〈制作《ポイエーシス》〉は、〈筋《ミュトス》〉と〈模倣的再現《ミメーシス》〉との結合から発してくる、という発見である[34]」。

これをリクールのさらに別の言葉で言うと、文学的作品（テキスト）は背後にある日常的現実をも模倣的に反映はするのだが、その際、多くの文学的虚構や象徴を駆使するために、その模倣は同時に現実の再創造となる。テキストはこの再創造された新しい現実を「テキスト世界」として、自己の背後にではなく、自己の前方に展開して指示する。テキストを解釈するとは、この「テキスト世界」の中で自己自身と世界とを新しく了解し直すこと、すなわち「テキストの前での新しい自己了解」を獲得することに他ならない。テキストとしての新約聖書が読者に求める信仰も、解釈学的に見ると、そのような新しい自己了解に対して常に開かれている人間の態度に他ならない[35]。

この最後の指摘は、ヨハネ福音書のエピローグ「しかし、これらのことを書いたのは、あなたがたがイエスは神の子キリストであると信じるためであり、また、そう信じて、イエスの名によって命を得るためである」（二〇・三一）を、この福音書が事実、前述のように、読者を自己と世界の関係についての新しい了解へ導いていることと併せて見るとき、実に的確な指摘と言わなくてはならない。

さて、このようなリクールの解釈学的隠喩理論は、単にヨハネ福音書の場合のみならず、一般に福音書のテキスト効用論的な釈義に本質的に欠き得ないものであると思われる。というのは、テキストは読者をして一体どのような間人間的・社会的行動(pragma)へ動機づけるのか、それをこの効用論的釈義は解明しようとするわけであるが、すでにM・ウェーバーの理解社会学が終始一貫して前提していたように、人間の社会的行動は彼がそれに結びつける主観的な意味なしには動機づけられえない。そして、まさにこの意味、すなわち、自己と世界の新しい了解、新しい現実像が文学的テキストによってどのように形成されてくるのか、これを解明するのが解釈学的隠喩理論の目指すところだからである。

W・イーザーも、この新しい意味の形成を文学的テキストの受容行為、つまり、読者の読み行為の側面から解明して、リクールの隠喩理論とほぼ同じ認識に達している。――「読書を通じて行なう意味構成は、テキストがそなえているさまざまな遠近法の局面を綜合して、その意味地平をとらえる行為であるばかりか、さらにこのようにこれまで未知であったことを明確に知ることを通じて、自分自身を明確にとらえ、またそれによって、今まで自分の意識に昇らなかったようなものを発見する機会でもある(36)」。

ただし、イーザーは読者を新しい意味形成へと呼び出す喚起力を、文学的テキストの隠喩性のみにではなく、それに固有な「不確定性」(Unbestimmtheit)、あるいは「空所」(Leerstelle)の存在に求めて、さらに次のように言う。――「どのみち不確定性は、作品を読者自身の経験ないしは世界表象に結びつける可能性を作るものである。結びつきがなされれば、不確定性は消滅する。すなわち、不確定性の機能は、作品をきわめて個人的な読者の心性構造に順応しうるようにすることにある。ここから文学作品の特質が生じてくる。文学作品の特徴となるのは、独特な浮動状態であって、実在的な対象の世界と読者の経験世界との間で、いわば振子のように位置が変るのである。

したがって、どのような読者も、作品の振動する像を、通常は読書過程そのものから生み出されるさまざまな意味づけをよりどころとして、固定化する行為となるのである」[37]。

福音書を少し注意深く読む者なら誰でもすぐに気付くことであるが、そこに描かれているのが生前のイエスと彼の弟子たちであるのか、あるいは、復活したのち天に高められた主を前者に、それぞれの福音書の書かれた時点の読者を後者に、それぞれ重ね合わせて、いわゆる「同時代的」にも描いているものなのか、福音書によって程度差はあるものの、そのつど確定することがきわめて難しい。このことはヨハネ福音書においてとりわけ著しく、私も前掲拙著において、この福音書の持つ独特の「非論理」をいくつか指摘し、その理由について考えてみた。そして、この確定の難しさこそ、イーザーの言う「不確定性」と「独特な浮動状態」の一つに他ならない。それがあればこそ、それぞれの福音書は、現代のわれわれはもちろんのこと、それぞれの元来の読者にも呼びかけて、自ら主体的に一つの綜合的な意味を形成するように促すものとなるわけである[38]。

ただし福音書の場合、この「不確定性」をそれぞれの著者が自分のテキストに意図的に込めた「ストラテジー」[39]と見做すことはできないであろう。どの福音書ももちろんすぐれて創作的作品ではあるけれども、同時に、伝えられた多様なイエス伝承を素材とした伝承文学なのである。どの著者も――H・G・ガダマーの概念を借りれば――伝承が体現していた「過去性の地平」を、読者も含めた彼自身の「現在性の地平」へ、解釈によって現在化しながら、それぞれの作品を編んでいるのである。ガダマーによれば、解釈とは、より厳密には、この二つの「地平」が相互に「融合」して、一つのより高次の一般性の次元へと止揚され、そこで、二つの「地平」が引き摺っている史的特殊性(限定性)から解放された新しい意味が了解されることである[40]。福音書、特にヨハネ福音書の場合、生前(過去)のイエスのみでもなく、今に生きている復活の主のみでもなく、同時にその両方である全時的な存在としてのイエス・キリスト、また、それに応じて過去の弟子たちのみでもなく、今の読者たちのみでもなく、その両方を含んだ一つの本質規定としての「弟子たち」が、そのようなより高次の一般性の次元での新しい意味である。しかし、この意味をそれとして命題的に述べようというのではなく、一つの福音書という通時的物語の形式で叙述しようとする限り、そこから「過去性の地平」を全く排除することはできないのである。福音書が程度の差はあれ共通に示す前記のような「不確定性」は、より高次の一般的意味が「過去性の地平」と並存させられる結果なのである。それはそれぞれの著者の意図的ストラテジーと言うよりは、むしろ伝承との解釈学的折衝という側面から説明されるべきであり、そのためにはガダマーの解釈学が強力な助けとなると思われるのである。

以上、われわれは、リクールの隠喩理論、イーザーの作用美学理論、ガダマーの解釈学理論がテキスト効用論的な福音書釈義にどのように適用可能であるかを、ヨハネ福音書の場合を中心にして検討してきたわけである。いずれの理論もそれぞれ異なるアスペクトからではあるが、福音書のテキストが読者をどのような新しい意味の形成に導くかを明らかにするのに役立つのである。そして、もう一度繰り返すが、この新しい意味の形成なしに、新しい行動への動機づけというテキストの働きは達成されない。ここに、それぞれの理論がテキスト効用論的釈義に対して持つ適合性があるのである。

しかし、どの理論もテキストによる新しい意味形成という出来事を、人間の社会的行動の一環としてとらえる視点には欠けている。わずかにリクールが、彼の隠喩理論が理解社会学に対して持ち得る意義を間接的に示唆しているにすぎない。(41)

これに対してシュミットは、前述のような彼のテキスト理論を、その後さらに拡張して「経験的文芸学」を構想している。そこでは、文学的テキストによる意志疎通行為は、客観的な社会的所与条件の複合的な網目によって条件づけられた行為であることが明確に押えられている。しかし、他方でそれはテキストの読者に、ありうべき新しい現実像のモデルを提供することにより、その複合的所与条件をも新たに解釈し直させ、新しい行動を可能にするものと考えられている。(42) リクールとイーザーが解明する、テキストによる新しい意味の形成過程が、ここでは人間の社会的行動の因果連関の不可欠の一環として組み込まれているわけである。ただ、ガダマーの解釈学理論のみはシュミットの視野に入っていないようである。言い換えれば、伝承と解釈の問題が固有の場を与えられていないのである。この点を補うならば、彼のテキスト理論は、テキスト効用論的視点からの福音書研究にとって、とりわけ、それぞれの福音書をそれぞれの成立の時点の複合的な歴史的・社会的所与条件の中に置いて、そこでの意志疎通行為として分析しようとする場合には、目下のところ最も有効かつ統合力のある理論的枠組みを提供するものだと思われるのである。

4 知識・文学社会学との関連

シュミット理論の有効性は、P・L・バーガーとT・ルックマンの知識社会学とその宗教理論(43)との関連でも明らかになる。

この理論は、人間の社会的相互行為をあらゆるレベルで制度化し終えた一つの全体社会が、自己の秩序を正当化し、維持するための装置として「象徴的世界」を生み出してゆく過程、また、この「象徴的世界」がその社会の成員によって内在化され、彼らの社会的アイデンティティーを保障する主観的現実となってゆく過程を解明している。宗教はそのような「象徴的世界」を一つの聖なる意味宇宙(「聖なる天蓋」)として提供する機能の側面から取り上げられるのである。

しかし、このような総論以上にわれわれにとって興味深いのは、一つの「聖なる天蓋」がその統合力・秩序付与力を喪失したときに、現実を全く別の観点から対抗的に定義する下位の「象徴的世界」がそこから生み出されてくる過程の分析である。古い全体社会は自己の「象徴的世界」を維持するために、新しい「象徴的世界」をさまざまな仕方で「無効化」(nihilation)しょうと試みる。それに応じて新しい「象徴的世界」の担い手の方でも、古い「象徴的世界」を「無効化」すると同時に、そこから新しい「象徴的世界」への——改宗などによる——「世界の住み替え」をも、当事者の自己現認上正当化しうるような象徴的な概念装置を用意していなければならない[44]。

この過程の分析におけるバーガーとルックマンの知見は、単に福音書研究の枠を越えて新約聖書のすべての文書の思想史的研究にとってたいへん示唆に富んでいる。というのも、それらの文書はすべて、原始キリスト教とともに今やユダヤ教、および異教世界の中に存在し始めた新たな対抗的意味宇宙の形成に参加し、それを維持しようとするものだからである。知識社会学的な視点からの研究が最近の新約学の中に、全般的に目立ち始めているのも当然と言うべきであろう[45]。

ただし、バーガーとルックマンには新しい「象徴的世界」の形成と維持が、特に文学的なテキスト〔〕によってどのように媒介されるのか、という問題についての立ち入った論究はない。シュミットの理論がバーガー／ルックマンのそれと相補い合うのはまさにこの点である。つまり、シュミットによれば、文学的テキストは、前述のような仕方で新しい現実像のモデルを提示することによって、読者のそれまでの現実像(「象徴的世界」)を、ある時には変革し、ある時には批准・追認する。そして、このことは読者の自己現認上の出来事であるにとどまらず、彼らの社会的アイデンティティーの確立と維持に深く関与するのである[46]。

これを今一度ヨハネ福音書について見るならば、この福音書においては、さまざまな象徴的表現が一つの破れなき意味宇宙へと相互に組み合わせられている。迫害下に生きる読者の体験と社会的現実のすべてが、この象徴的意味宇宙によって被われ、それぞれの場に置かれる。――敵対的なユダヤ教は今や「やみ」の「世」として、彼らに迫害されている読者の共同体は「光の子ら」として(一・五、三・一六―二〇、一二・三六など参照)。これが彼らに「平安」(一四・二七、一六・三三、二〇・一九―二六)、つまり実存的であると同時に社会的なアイデンティティーを再び確証すればこそ、彼らはすでに見たような新たな宣教活動へ再び歩み出すことができるのである。テキストの働きは、実に人間の社会的存亡を左右しうるのである。(47)

最後に、以上述べてきたところからすでに明らかなように、シュミットのテキスト理論は、いわゆる文学社会学の観点と問題領域に広範囲に重なっている。もちろん、文学社会学は決してすでに完成された理論ではなく、その内部にはなお多くの立場が分立している。しかし、特にH・N・フューゲンがマルクス主義の文芸理論から一線を画しつつ行なっている文学の位置づけは、シュミットのそれにきわめて近い。フューゲンにおいても文学は、やはり人間の社会的相互行為の一領域として、ただし、著者は自分の作品に客観的・自存的現実を越えた固有の現実性を主張し、読者はそれに応じた態度で作品を受容するという独特の関係によって基礎づけられ、規制された社会的相互行為として分析される。(48)

G・タイセンが『イエス運動の社会学』(一九七八年)(49)をまとめるに先立って、福音書に保存されたイエス伝承の分析に適用したのもこの方向の文学社会学であった。(50)ただし、彼の場合にはフューゲンと比べて、方法の網目がさらに精密化されている。テキストを間人間的な象徴的相互行為としてとらえた上で、その後方へ向かっては、テキストの産出・受容・伝承に関与した人々の間の役割分担と行動の規範を、彼らの狭い宗教的共同体生活の閉域を越えて全体社会の複合的諸条件の中で分析する。テキストの前方へ向かっては、それがその担い手の人々に及ぼした実存的機能、また、彼らの行動を通して全体社会に及ぼした機能が分析される。そして、このような全体的な枠組みの中へ、実に多岐にわたる隣接関連科学の知見と方法が見事に統合されているのである。その統合力はシュミットの理論のそれに劣らないであろう。また事実、タイセンの文学社会学のこのような全体的枠組みそのものが、明らかにシュミットのテキスト理論の枠組みときわめて近似しているのである。

にもかかわらず、シュミットのテキスト理論はタイセンの方法論の視野に入ってこない。その理由を考えてみるに、彼の文学社会学が第一義的には、「テキストの背後にある具体的な役割と行動規範を問う」[51]ことを意図しているためだと思われる。テキストの背後に向けられた視野という点では、これまでの福音書研究における様式史的方法と軌を一にしている。もちろん、すでに述べたように、テキストが前むきに遂行する機能への視点がタイセンに全く欠けているわけではない。しかし、テキストが読者を新たな社会的行動へ促してゆく動機づけのプロセス、特にテキストによる新しい意味(現実像)の形成のプロセスが、彼においてはなお十分に考慮に入れられていないように思われるのである。この視点は研究対象をイエス伝承から、固有な作品としてのそれぞれの福音書へ移すにつれ、ますます必要となってくる。タイセンも一九八三年一二月にスイスのベルンで行なった講演以来、いよいよヨハネ福音書の文学社会学的研究にも手を付けているが、今のところ前記の視点はほとんど見られないのである。[52]

おわりに

社会学的方法を一括して、それは人間の行動を「外から」類型的にとらえるから、新約聖書のようなテキストに固有な思想とメッセージを聞き取るには不適切だというような見解が、現在でも新約聖書学の専門の研究者の間に少なくない。福音書の文学社会学的研究は、このようないわれなき短見に答えるためにも、最後に述べた視点をぜひとも確保しなければならない。テキストによる新しい意味形成と動機づけこそは、それぞれのテキストに固有な、時としてきわめて抽象的・神学的なもの(ヨハネ神学!)でもありうる思想が、人間の社会的行動と、つまり、神学が社会学と結び合う局面だからである。

(1)『構造主義と聖書学』久米博・小林恵一訳、ヨルダン社、一九七七年。
(2)「構造主義と聖書学」『聖書学の最近の諸論点』日本聖書学研究所編、山本書店、一九七四年、一三二—一五四頁。
(3) G. Theißen, *Urchristliche Wundergeschichten. Ein Beitrag zur formgeschichtlichen Erforschung der synoptischen Evangelien*, Gütersloh, 1974, pp. 53-227.
(4) 後で言及する予定の C. Breytenbach, *Nachfolge und Zukunftserwartung nach Markus. Eine methodenkritische Studie*, Zürich, 1984, pp. 66 f. も同様の判断。最近の個別研究もそこに挙げられている。比較的早い時期のものとしては L. Marin, *Semiotik der Passionsgeschichte. Die Zeichensprache der Ortsangaben und Personennamen*, München, 1976(*BEvTh*, 70)がある。

(5) 三島憲一「経験と反省——歴史なき時代の歴史意識へ」『思想』一九七六年第二号、一—二四頁、引用文は二二頁。

(6) J. L. Austin, *How to Do Things With Words*, Oxford, 1962. 坂元百大訳『言語と行為』大修館書店、一九七八年、三八頁。

(7) W. Iser, *Der Akt des Lesens. Theorie ästhetischer Wirkung*, München, 1976 (*UTB*, 636), p. 99. 轡田収訳『行為としての読書——美的作用の理論』岩波書店、一九八二年、九八頁。引用は私訳。

(8) 谷泰『「聖書」世界の構成論理』岩波書店、一九八四年、二四一頁以下も、独特な文化人類学的視点からイエス受難伝承を取り上げ、「行為遂行的発話」という性格を指摘している。

(9) W. Dressler, *Einführung in die Textlinguistik*, Tübingen, 1973, p. 4.

(10) E. Güttgemanns, *Offene Fragen zur Formgeschichte des Evangeliums*, München, 1970 (2. Aufl. 1971), p. 261.

(11) 一連の個別研究は idem, *Studia linguistica neotestamentica*, München, 1973, pp. 99 以下に収録されている。

(12) B. Olsson, *Structure and Meaning in the Fourth Gospel*, Lund, 1974. J. L. Staley, *The Print's First Kiss : A Rhetorical Investigation of the Implied Reader in the Fourth Gospel*, Atlanta/Georgia, 1988, pp. 10 f. にも同様の批判がある。

(13) K. Berger, *Exegese des Neuen Testaments. Neue Wege vom Text zur Auslegung*, Heidelberg, 1977 (*UTB*, 658).

(14) H. Ritt, *Das Gebet zum Vater. Zur Interpretation von Joh 17*, Würzburg, 1979.

(15) D. Dormeyer, *Der Sinn des Leidens Jesu. Historisch-kritische und textpragmatische Analysen zur Markuspassion*, Stuttgart, 1979 ; H. Frankemölle, *Biblische Handlungsanweisungen. Beispiele pragmatischer Exegese*, Mainz, 1983.

(16) D. Dormeyer, *Die Passion Jesu als Verhaltensmodell. Literarische und theologische Analyse der Traditions- und Redaktionsgeschichte der Markuspassion*, Münster, 1974.

(17) E. Arens, *Kommunikative Handlungen. Die paradigmatische Bedeutung der Gleichnisse Jesu für eine Handlungstheorie*, Düsseldorf, 1982.

(18) H. Peukert, *Wissenschaftstheorie-Handlungstheorie-Fundamentale Theologie. Analysen zu Ansatz und Status theologi-*

scher Theoriebildung*, Frankfurt a. M., 1978.

(19) 「新批評」についてはN・ペリン『新約聖書解釈における象徴と引喩』高橋敬基訳、教文館、一九八一年、およびW・ビアズリー『新約聖書と文学批評』土屋博訳、ヨルダン社、一九八三年、のそれぞれ巻末に付された訳者解説を参照。

(20) R. C. Tannehill, The Disciples in Mark : The Function of a Narrative Role, *JR*, 57 (1977), pp. 386-405 ; idem, The Gospel of Mark as Narrative Christology, *Semeia*, 16 (1979), pp. 57-95.

(21) N. R. Petersen, Point of View in Mark's Narrative, *Semeia*, 12 (1978), pp. 97-112 ; idem, *Literary Criticism for New Testament Critics*, Philadelphia, 1978 = 『新約学と文学批評』宇都宮秀和訳、教文館、一九八六年。R・ヤーコブソンの「伝達モデル」については同書(邦訳)四九―五〇頁、およびR. Jacobson, Linguistics and Poetics, T. A. Sebeok (ed.), *Style in Language*, Cambridge Mass., 1960, pp. 350-377を参照。

(22) R. A. Culpepper, *Anatomy of the Fourth Gospel. A Study in Literary Design*, Philadelphia, 1983. カルペッパーのこの研究に対するさらに立ち入った論評は本書第Ⅳ論文一七九頁以下を参照。

(23) J. L. Staley, *op. cit.*, pp. 6 f.

(24) C. Kahrmann/G. Reiß/M. Schluchter, *Erzähltextanalyse. Eine Einführung mit Studien- und Übungstexten*, Königstein (Ts), 1977. しかし、カルペッパーとステイリーはこのモデルの開発をS. Chatman, *Story and Discourse : Narrative Structure in Fiction and Film*, Ithaca (Cornell Univ. Press), 1978に帰している。双方の間の学説史的前後関係は目下の私には不詳である。

(25) H. J. Klauck, Die erzählerische Rolle der Jünger im Markusevangelium. Eine narrative Analyse, *NovTes*, XXIV (1982), pp. 1-26.

(26) C. Breytenbach, *op. cit.*, p. 107.

(27) H. Weder, Wirksame Wahrheit. Zur metaphorischen Qualität der Gleichnisrede Jesu, in : idem (ed.), *Die Sprache der Bilder. Gleichnis und Metapher in Literatur und Theologie*, Gütersloh, 1989, pp. 110-127.

(28) Petra von Gemünden, *Vegetationsmetaphorik im Neuen Testament und seiner Umwelt. Eine Bildfelduntersuchung*, Diss., Heidelberg, 1989.

(29) W. Egger, *Methodenlehre zum Neuen Testament. Einführung in linguistische und historisch-kritische Methoden*, Freiburg/Basel/Wien, 1987. さらに最近の個別研究についてはF. Hahn(ed.), *Der Erzähler des Evangeliums. Methodische Neuansätze in der Markusforschung*, Stuttgart, 1985; D. Dormeyer, *Evangelium als literarische und theologische Gattung*, Darmstadt, 1989(*EdF* 263), pp. 135-143を参照。なお、使徒行伝六章のステパノ演説については荒井献のごく最近の論考がある。S. Arai, Stephanusrede—gelesen vom Standpunkt ihrer Leser, *AJBI*, XV(1989), pp. 53-85.

(30) C. Kahrmann/G. Reiß/M. Schluchter, *op. cit.*, p. 21参照。シュミットの理論に基づいた旧約研究としてはすでにCh. Hardmeier, *Texttheorie und biblische Exegese. Zur rhetorischen Funktion der Trauermetaphorik in der Prophetie*, München, 1978(BEvTh, 78)がある。

(31) S. J. Schmidt, *Texttheorie. Probleme einer Linguistik der sprachlichen Kommunikation*, München, 1976(2. Aufl.), pp. 162-164.

(32) *ibid.*, pp. 82, 84, 106, 137.

(33) 方法の問題はあらかじめ拙論Zur literatursoziologischen Analyse des Johannesevangeliums. Auf dem Wege zur Methodenintegration, *AJBI*, VIII(1982), pp. 162-216(＝邦訳は本書第II論文)で論じた。本稿はそれをさらに発展させて『理想』一九八四年一二月号に発表したものであるが、本書第II論文と後半が部分的に重複している。今回本書に収録するにあたり、第二節の「最近の諸研究」の部分をその後の研究状況に合わせるため拡大・補充した。

(34) P・リクール『生きた隠喩』(P. Ricœur, *La métaphore vive*, Paris 1975)、久米博訳、岩波書店、一九八四年、xvi頁。

(35) P・リクール『解釈の革新』久米・清水・久重訳、白水社、一九七八年、七五―八三、一九〇―一九七、二一二―二一六頁。

(36) W・イーザー『行為としての読書』前掲邦訳、二七六頁。ただし、表記法を一部変更。

(37) W・イーザー「作品の呼びかけ構造――文学的散文の作用条件としての不確定性」(W. Iser, Die Appellstruktur der Texte.

Unbestimmtheit als Wirkungsbedingung literarischer Prosa, *Konstanzer Universitätsreden*, 28, 1970),『思想』一九七二年第九号(轡田収訳)、一一八頁上段。

(38) F・カーモード『秘義の発生——物語の解釈をめぐって』(F. Kermode, *The Genesis of Secrecy. On the Interpretation of Narrative*, Harvard Univ. Press, 1979)、山形和美訳、ヨルダン社、一九八二年、二一頁ほかも、イーザーとは独立の視点から、福音書について同様な見解に至っている。

(39) W・イーザー『行為としての読書』前掲邦訳、一四九頁以下。

(40) H. G. Gadamer, *Wahrheit und Methode*, Tübingen, 1975(4. Aufl.), pp. 287 f., 356 f., 375. 邦訳(抄訳)は、O・ペゲラー編『解釈学の根本問題』瀬島豊ほか訳、晃洋書房、一九八〇年、一七一—二二七頁、特に二一二—二一五頁。

(41) P. Ricœur, Der Text als Modell : Hermeneutisches Verstehen, in : W. L. Buhl(ed.), *Verstehende Soziologie. Grundzüge und Entwicklungstendenzen*, München, 1972, pp. 252-283.

(42) S. J. Schmidt, *Grundriß der empirischen Literaturwissenschaft*. Bd. 1 : *Der gesellschaftliche Handlungsbereich Literatur*, Braunschweig/Wiesbaden, 1980, pp. 38-52, 121 f., 179.

(43) P・L・バーガー/T・ルックマン『日常世界の構成——アイデンティティと社会の弁証法』(P. L. Berger/Th. Luckmann, *The Social Construction of Reality. A Treatise in the Sociology of Knowledge*, New York, 1966)、山口節郎訳、新曜社、一九七七年、およびP・L・バーガー『聖なる天蓋——神聖世界の社会学』(*The Sacred Canopy. Elements of a Sociology of Religion*, New York, 1967)、薗田稔訳、新曜社、一九七九年。

(44)『日常世界の構成』、一七七—一九六、二六四—二七五頁。

(45) K. Berger, *op. cit*., pp. 218-241 ; idem, Wissenssoziologie und Exegese des Neuen Testaments, *Kairos*, 19(1977), pp. 124-133 ; H. C. Kee, *Miracle in the Early Christian World. A Study in Sociohistorical Method*, New Haven/London, 1983 ; W. Rebell, *Gemeinde als Gegenwelt. Zur soziologischen und didaktischen Funktion des Johannesevangeliums*, Frankfurt a. M., 1987.

(46) S. J. Schmidt, *op. cit.*, pp. 122, 182 f.

(47) 以上の点についてのさらに詳細な論述は、拙著『世の光イエス』、二七八―二八〇頁を参照。

(48) H. N. Fügen, *Die Hauptrichtungen der Literatursoziologie und ihre Methode*, Bonn, 1974(6. Aufl.), pp. 16-20.

(49) G. Theißen, *Soziologie der Jesusbewegung*, München, 1978. 邦訳は荒井献・渡辺康麿訳、ヨルダン社、一九八一年。

(50) G. Theißen, *Urchristliche Wundergeschichten, op. cit.*, pp. 229 ff.; idem, *Studien zur Soziologie des Urchristentums*, Tübingen, 1979(3. Aufl. 1989), pp. 3-197.

(51) G. Theißen, *Studien zur Soziologie, op. cit.*, p. 11. 引用中の傍点は大貫による。

(52) 演題は Christentum und Gesellschaft im Johannesevangelium(Bern, 14, Dez. 1983)。

IV

テキスト効用論的釈義の試み

――ヨハネ一五・一八―一六・四aに寄せて――(1)

はじめに

田川建三はH・コンツェルマン『時の中心』の邦訳(新教出版社、一九六五年)に付した解題の一節で、コンツェルマンのこの本が「ルカがどのように考えているか、という事実の研究に終始している」ことを確認した上、以後続けられなければならない研究課題として、「なぜこのようなルカ思想が成立したか、という問い」を挙げている。そして、その後の研究においては、ルカ思想を成立に導いたその理由が「しばしば終末の遅延の問題、というよりも、未来の終末も過去のイエスもそれぞれ遠くに離れてしまった現在の教会の時、という状況からすべてが説明される」ことを指摘する。しかしこの説明は必ずしも十分ではないとして、むしろ、ルカが「制度化した教会」を基本にしており、思想史的には、はっきりとギリシア・ローマ哲学の時間観を前提にしている、という二点から説明が補われるべきことを示唆している。(2)

私の見るところ、ここには編集史的福音書研究の方法が、その出発の当初から採用してきた基本的姿勢が鋭く浮き彫りにされていると思われる。それは思想の事実を「状況から」説明するという姿勢であり、田川の示唆する説明も姿勢としては同じ姿勢を示している。この姿勢は、さらに言葉を換えて言うと、それぞれの福音書の著者に関心を集中する姿勢であるとも言えよう。まず第一に行なわれるべきは、コンツェルマンの研究が示すように、著者の神学思想をできるだけその組織的構造が明らかになるように抽出・再構成することであり、個々の単元の釈義もそのような関連の中で行なわれるわけである。個々の単元や全体がどのように書かれているか、という文学的構成や表現の問題も、著者が自分の神学思想をどう開陳し叙述しているかという視点から分析される。この意味で、編集史的方法の美学というものについて語り得るとすれば、それは何よりもまず「叙述美学」(Darstellungsästhetik)なのである。[3] テキストの統辞論とテキストの意味論は、ここでは第一義的に著者への視点から展開されることになり、読者への視点、すなわち、テキストを著者と読者を媒介するコミュニケーション行為としてとらえ、テキストが読者にどのような効果を及ぼすか、具体的には、どのような行動を呼び起こすかを問う視点からは問題にされないのである。もちろんこのことは、個々の編集史的研究において「読者」の問題、言葉を換えて言えば、「受容美学」(Rezeptionsästhetik)または「作用美学」(Wirkungsästhetik)の視点からの論究が皆目見当らないということでは決してない。にもかかわらず、この視点は編集史的方法において原理的には当初から未発見のまま推移してきたと言わざるを得ないであろう。

同じ事情は、編集史的方法がコンツェルマン以後大きな精力を傾注してきた関心、つまり「状況」、または編集の「生活の座」(Sitz im Leben)の問題においても確かめられる。確かにこの「状況」には著者一人のみではなく、彼の読者の共同体も含めて考えられているのが通常である限り、「読者」の問題は、ここでも編集史的方法の視野に入って来てはいるのである。しかし、この「状況」はそこから著者の神学思想を説明するためにこそ史学的に再構成されるのであって、逆に著者の神学思想が今やテキストとして、どのようにその「状況の中へ」関わり、働くか、という視点から問題にされるのではない。「状況から」があって「状況へ」が欠けているとも言えよう。

もちろん、思想の事実を「状況から」説明しようとする姿勢の正当性そのものに疑いはない。しかし、それぞれの福音書のテキストがどのように読者に働きかけ、現実の状況をどのように作り変えて伝達し、どのような新しい行動を呼び起こすか、をも同時に明らかにすることなしには、それぞれの福音書の「思想の成立の理由」を十全に説明することは難しい。テキストの効用の問題はテキストの産出から見て二次的な付随現象なのではなく、テキストの産出そのものを当初から規定している重要な局面の一つであり、しかもそれぞれの著者の思想は、そのテキストの産出という行為、つまり福音書を書くという行為そのものを経て初めて最終的に自己自身に到達する——川島重成の表現を借りれば「著者自身にとってのメタファーとしての書記行為」[4]——ということがあるからである。

ヨハネ福音書の場合、資料分析、資料の神学と著者ヨハネの神学の対照、および歴史的状況の再構成という形で、すでに早くから編集史的視点からの研究が個々には行なわれていたのであるが、編集史的研究方法を自覚的に適用した最初の本格的研究はJ・L・マーティンの『ヨハネ福音書の歴史と神学』(初版一九六八年。邦訳は日本基督教団出版局、一九八四年)である。そこではこの福音書の神学を著者と彼の共同体の置かれた状況から理解する道筋が見事に示されたのであるが、その後のマーティンの関心は、その状況の推移をヨハネ共同体が辿った歴史に沿って再構成することに向かっている。今やヨハネ福音書の本文は第一義的には、この共同体の歴史の各段階における状況を反映するものとして扱われ、この歴史をできるだけ遠くまで「瞥見」するための——比喩的に言えば、——「のぞき窓」となっている[5]。しかも、この立場は世界的な拡がりを見せ、例えばドイツでは近年物故したG・リヒター、オーストラリアでもJ・ペインターなどが積極的に賛同している[6]。特に後者はこの立場が「反映論」であることを強調して、ヨハネ福音書の本文を「鏡」になぞらえている[7]。ここでは「鏡」とは言っても、人がそこに自分自身を新たに発見するための姿見ではなく、自分の背後にある状況を瞥見するための、言わば「バックミラー」になぞらえていると言うべきであろう。日本では松永希久夫と土戸清が、さすがにマーティンのようなヨハネ共同体の歴史の再構成からは距離を保ちながらも、ヨハネの編集行為と神学思想を状況からの「結果」(outcome)として、あるいは、状況の「圧力」(force)から説明する点で、大きくはマーティンに賛同している。(8) しかし、両者においても、テキストが読者のヨハネ共同体に及ぼす効用という視点が、事実としては散見されるのである。にもかかわらず、この視点からの分析は組織的には行なわれず、「状況から」の説明の中に括られてしまうという点に、先に述べたような編集史的方法にその当初から内在している基本姿勢の根強さが現われている。

それにくらべR・A・カルペッパーの近著(*Anatomy of the Fourth Gospel. A Study in Literary Design*, Philadelphia, 1983)においては、著者自身がヨハネ福音書——に限らず物語叙述の本文(narrative text)一般——を、やはり「鏡」にたとえているが、この場合の「鏡」は明らかに姿見なのである。(9) テキストが読者をして現実を新たに発見し直させる働きを、受容(作用)美学的な視点から本格的に問題にした初めての研究と言える。特に「語り手と視点」、「語りの時間」、「暗黙の注解」(implicit commentary)、「内的読者」(implied reader)の分析はたいへん示唆に富んでいる。もちろん、著者自身が認めているように、(10) 読者の読み行為の分析において今一歩踏み込み不足の観がないわけではない。しかしマーティン以後の研究が明らかにしたヨハネ共同体(読者)の歴史的状況を踏まえつつも、それをテキストの背後に度を越して「のぞこう」とはしておらず、むしろテキストの意味と働きをテキストのこちら側、とはつまり「鏡と観察者、テキストと読者」の間に求めており、方法論的にたいへんバランスのとれた立場となっているように思う。

テキストの働きを問題にする場合、テキストとその背後にある現実状況との交点、およびテキストと読者との交点、の二つの領域が相互的関連において同時に問題にされなければならない。「この二個の交点を記述すれば、虚構が読者主体に現実をどの程度有効に伝達する働きをもつかを示すことができる」(W・イーザー)はずである。ところが文学的作品(虚構)のこのような効用論は「当然のことながら、テキスト記号間の関係を扱う統辞論からも、記号と対象物との関係を扱う意味論からも分離できるものではない。効用論はむしろ統辞論と意味論を前提としているのである」[11]。この意味で私も、これまでのいくつかの論考において、ヨハネ福音書の効用論を終始この福音書のテキストの組み立て(統辞論)とその意味(意味論)と密接に関連させながら検討してきた。さらにそこに解釈学・知識社会学の視点をも加えて、広義の文学社会学を枠組みとする方法論的な統合の可能性を探ってきたつもりであるが、そこでは事柄の性質上、個々の本文の段落の釈義よりも、福音書全体に即して考えることが多かった[12]。以下ではこのことを踏まえ、同じ方法論的統合の可能性を一五・一八―一六・四aという具体的な本文単元の釈義の形で確かめてみたい。

一　テキストの構成とコンテキスト

まずこの単元それ自体の内部での本文の構成について見ると、一八―二五節でのイエスの発言が全体として回顧的、あるいは、反省的であるのに対し、それに続く部分、一五・二六から一六・四aまでのイエスの発言は全体として未来への予告となっていることが目立つ。一五章の二五節と二六節の間を境目として大きく二分されているわけである。

その中の一八―二五節の部分をさらに詳細に見てみると、一八節で提示された根本テーマが、続く一九―二五節で一種ミドラッシュ的と言える形でパラフレーズされる構成になっていることがわかる。すなわち、一八節では前半の *Εἰ ὁ κόσμος ὑμᾶς μισεῖ* によって「弟子たち(*ὑμᾶς*)に対する世の憎悪」が、後半の(*γινώσκετε*) *ὅτι ἐμὲ πρῶτον ὑμῶν μεμίσηκεν* によって「イエスに対する世の憎悪」がそれぞれ主題的に明示される。その際、言外の含みとしてはこの二種類の「憎悪」の同質性が考えられている。この言外に含まれたテーマまで加えると一八節は三つの主題を提示していることになるが、その中の第一主題は直後の一九節によってパラフレーズされ、第二主題は二二—二五節によって、さらに第三主題は二〇—二一節によってパラフレーズされている。ただし、二〇節bに収められた僕と主人の関係についての一種の格言 *οὐκ ἔστιν δοῦλος μείζων τοῦ κυρίου αὐτοῦ* は、第三主題をパラフレーズするに先立って、一八節においては言外の含みとして言われるにとどまっていたこの主題を改めて明言するために、新たにここに導入されたものと考えることができる。

　さて、このようにして一九—二五節が一八節の根本テーマに対して行なっているパラフレーズには、文体上、一定のパターンの繰り返しが認められる。すなわち、最初にまず前文(protasis)と後文(apodosis)を備えた条件文(Irrealis と Realis)が置かれ、その条件文に対し内容的に対立する反対命題が、その根拠付けとともに続くというパターンである。その際、反対命題は、一九節eを除いて、二二節aは接続詞 *ἀλλά*、二二節cおよび二四節cはいずれも *δέ* によって、先行する条件文に反接的に接続される。[13] このパターンは一九—二五節に合計三回——もちろん、終始何らの崩れを示さずにというわけにはゆかないが——繰り返される。この事情を一覧表にして示せば、次頁のようになる。

　厳密には、このようにパターン化されたイエスの発言の視点が終始例外なく回顧的・反省的(restrospective)であるとは言い切れない。二〇節c—fの二つの条件文(Realis)に含まれた二つの後文(apodosis)は、それぞれ

<table>
<tr><th>条件法(Irrealis および Realis)</th><th>反対命題</th><th>反対命題の根拠(目的)</th></tr>
<tr><td>19ab
εἰ ἐκ τοῦ κόσμου ἦτε, ὁ κόσμος ἂν τὸ ἴδιον ἐφίλει</td><td>19e
διὰ τοῦτο μισεῖ ὑμᾶς ὁ κόσμος</td><td>19cd
ὅτι δὲ ἐκ τοῦ κόσμου οὐκ ἐστέ, ἀλλ᾽ ἐγὼ ἐξελεξάμην ὑμᾶς ἐκ τοῦ κόσμου</td></tr>
<tr><td>20c–f
εἰ ἐμὲ ἐδίωξαν, καὶ ὑμᾶς διώξουσιν· εἰ τὸν λόγον μου ἐτήρησαν, καὶ τὸν ὑμέτερον τηρήσουσιν</td><td>21a
ἀλλὰ ταῦτα πάντα ποιήσουσιν εἰς ὑμᾶς διὰ τὸ ὄνομά μου</td><td>21b
ὅτι οὐκ οἴδασιν τὸν πέμψαντά με</td></tr>
<tr><td>22ab
εἰ μὴ ἦλθον καὶ ἐλάλησα αὐτοῖς, ἁμαρτίαν οὐκ εἴχοσαν</td><td>22c, 23
νῦν δὲ πρόφασιν οὐκ ἔχουσιν περὶ τῆς ἁμαρτίας αὐτῶν. ὁ ἐμὲ μισῶν καὶ τὸν πατέρα μου μισεῖ</td><td rowspan="2">25
ἀλλ᾽ ἵνα πληρωθῇ ὁ λόγος ὁ ἐν τῷ νόμῳ αὐτῶν γεγραμμένος ὅτι ἐμίσησάν με δωρεάν</td></tr>
<tr><td>24ab
εἰ τὰ ἔργα μὴ ἐποίησα ἐν αὐτοῖς ἃ οὐδεὶς ἄλλος ἐποίησεν ἁμαρτίαν οὐκ εἴχοσαν</td><td>24c
νῦν δὲ καὶ ἑωράκασιν καὶ μεμισήκασιν καὶ ἐμὲ καὶ τὸν πατέρα μου</td></tr>
</table>

διώξουσιν(「彼らはあなたがたをも迫害するであろう」)と τηρήσουσιν(「彼らはあなたがたの言葉をも守るであろう」)という未来形を取っているし、さらに二一節aでも ποιήσουσιν(「彼らはわたしの名のゆえに、あなたがたに対してすべてそれらのことをするであろう」)の未来形によってイエスの発言の視点は、将来への予告(prospective)となっているからである。実はこの三つの未来形におけるプロスペクティヴな視点は二六節以下一六・四までに集中して現われてくる同様にプロスペクティヴなイエスの発言(後述)と同じ種類のものなのである。この限りにおいては、すでに述べたような二五節と二六節を境目とする視点の二大別は決して厳密なものではない。

にもかかわらず一九―二五節におけるイエスの発言――およびその背後にいる著者の叙述――の視点は、全体として回顧的、あるいは反省的と言わなければならない。このことは、二二節abと二四節abのいずれも仮想法(Irrealis)過去の条件文、二四節cの現在完了形(καὶ ἑωράκασιν καὶ μεμισήκασιν)、一九節dのアオリスト形(ἐξελεξάμην)に端的に明らかである。これに一九節abの仮想法(Irrealis)現在の条件文、および一九節e(μισεῖ)、一九節c(ἐστέ)、二二節c(ἔχουσιν)、二三節d(μισεῖ)の現在形を考え合わせると、イエスの発言の視点は、彼が今や後にしてきた公の宣教のわざ、つまり過去から、弟子たちとともにいる告別の夜の現在までを振り返って反省するものとなっている。著者がこの反省的視点を、最後の二五節に詩編三五編一九節(または六九編四節)からのいわゆる「裏付け引用」(Reflexionszitat)を置くことによって締め括ったのは決して偶然ではないのである。

これに対して二六節以下一六・四aまでは、すでに一五・二〇c―fと二一節aに未来形で言及されていた、弟子たちによる(イエスの死後の)宣教と彼らに対する世の迫害という動機を主題的に展開しながら、一転してプロスペクティヴな視点からの発言となっている。まず一五・二六は全文がいわゆるEventualis(前文が ἐάν/ὅταν に導かれた接続法アオリスト、後文が直説法未来)の形で、パラクレートス(真理の御霊)の派遣とその「あかし」の働きを約束している。続いて一六・二では ἀποσυναγώγους ποιήσουσιν ὑμᾶς と ἔρχεται ὥρα ἵνα…' 同三節では ταῦτα ποιήσουσιν' 同四節aでは ἵνα に導かれた目的文中の Eventualis (ἵνα ὅταν ἔλθῃ ἡ ὥρα αὐτῶν μνημονεύητε αὐτῶν ὅτι ἐγὼ εἶπον ὑμῖν) がそれぞれ、弟子たちを待ち受ける迫害を予告している。このようにプロスペクティヴな視点が圧倒的に優勢であることは[14]、一五・二五の「裏付け引用」までを支配している回顧的・反省的視点と明らかな対照を成している。すでに述べたような保留を付してではあるが、二五節と二六節の間で、叙述の視点が大きく転回していると結論づけることが許されるであろう。

次に、われわれの単元が今度は前後の本文とのコンテキスト、およびヨハネ福音書全体の構成とどのような関連(Syntax)に置かれているか、について見てみよう。まず最初に確認しなければならないのは、この単元がいわゆる「第二告別説教」の一部であることである。つまり、一五—一六(一七)章に収められている他の単元と同じように、「第一告別説教」(一三・三一—一四・三一)と同じ著者が、この「第一告別説教」のテーマを一部再説しながら、自分の考えをさらに展開してあったものが、おそらくは彼の死後、弟子筋の手によって今ある形にまとめられたときに、現在のコンテキストを与えられたのだと想定される。その際、先行する「ぶどうの幹と枝」の比喩と「兄弟愛の戒め」の本文(一五・一—一七)との繋がりは、この本文中の一五節(οὐκέτι λέγω ὑμᾶς δούλους, ὅτι ὁ δοῦλος οὐκ οἶδεν τί ποιεῖ αὐτοῦ ὁ κύριος)を、われわれの単元中の二〇節abが受ける形でつけられている。ただし二〇節bは内容的にはこの一五節を飛び越えて、一三・一六——一五・一五はこの箇所を修正的に再説したものである——により近い。二〇節bは、すでに述べたように、一八節が言外に含んでいた第三の主題を明文化する機能も果していたから、テキスト統辞論上のその役割は二重のものとなっているわけである。

さらに福音書全体、とりわけイエスの公の活動について述べる福音書前半との繋がりは、一九―二五節の前述のような回顧的・反省的視点からの発言によってつけられている。先在の場所からのイエスの到来(二二節aの ἦλθον)から始まる活動が彼の言葉(二二節aの ἐλάλησα)とわざ(二四節aの τὰ ἔργα)の側面から大きくまとめられている。これに対するユダヤ人の反応、つまり不信仰(「罪」)は「世の憎悪」として一括される。福音書前半でイエスに向けられた「世」(ユダヤ人)の「憎悪」について語られるのは七・七の一カ所のみであるが、われわれの単元では、それが集中的に前面に押し出されているわけである。

これらの回顧的・反省的文章は、カルペッパーがG・ジュネットの概念をより細分化して構成した言い方に従えば、“internal analepses”、すなわち、福音書の叙述以前の時点の出来事をではなく、福音書本文の内側で物語られている出来事を回顧し再説するものである。[15] あるいは、E・レンメルトが物語の構成形式の一つとして、すでに早くから指摘している「後方転回」(Rückwendungen)、より厳密にはその下位区分の一つである「回顧」(Rückblick)に相当する。[16] レンメルトによれば、この「回顧」の形式を「後方転回」の他の形式から区別する特徴は、その回顧のなされている現在が「成就された現在」(Erfüllte Gegenwart)であることである。[17] 彼は言う、「この場合、物語の進展を〝停滞させる要素〟について語るべきではない。むしろ、物語の筋そのものの中での回顧的(retrospektiv)な動きが問題なのである。というのは、回顧は物語の前方への進行を中断したり、事件と事件の間に息継ぎの休みを入れるためにあるのでは決してなく、むしろ、集中的な熟考(Besinnung)によって物語の頂点を固持するものだからである。それとともに明らかとなるのは語りのこの形式が有する反省的(reflektiv)な性格である[18]」。ここからレンメルトはさらに、この形式の語りにおいては必然的に「無時間的な反省」や格言的な「判断文」(Sentenzen)が優勢となる事実を指摘している。[19] われわれの単元におけるイエスの活動と「世」の反応が、個々の細かな事情を切り捨てて、事実一つの格言(二〇節b)も含め、より総括的な判断文によって貫かれ、最後は詩編からの「裏付け引用」で終ることも、レンメルトのこの指摘からよく理解できるのである。

ところが、一八―一九節で語られているような弟子たち(「あなたがた」)に対する「世」の憎悪は、福音書の中でここが初出なのである。そのため、イエスに対する「世」の憎悪の場合のように、福音書のこれまでの筋の展開の中ですでに述べられている事態への「回顧」と見做すことが難しい。かと言って、一義的にプロスペクティヴな予告と取ることも、一九節eの「この世はあなたがたを憎んでいる」という直説法現在形からしても困難である。まさにここに、それではこの弟子たち(「あなたがた」)と彼らに対する「世」の憎悪ということで何が指示されているのか、つまり何が意味されているのか、という意味論の問題が発生してくるわけである。

他方、われわれの単元のうち一五・二〇c―fと二六節以下一六・四aまでのプロスペクティヴな予告は、明らかに生前最後の夜のイエスの視点からではなく、復活・高挙のイエスの視点から語られている「ぶどうの幹と枝」の比喩(一五・一―一二)と、逆に明確に生前最後の夜のイエスの告別説教として語られる一六・四b以下の単元との間に置かれて、前者から後者への橋渡しの役割を果している。さらにこれらの予告は福音書全体、とりわけ告別説教に続く受難・復活物語との関連から見ると、いずれもこの受難・復活物語によって終る福音書の叙述の彼方で生起するはずの出来事への予告、つまり、再びカルペッパーの表現を借りると"external prolepses"となっている。[20]レンメルトがやはり物語の構成形式の一つとして挙げる「予告」(Vorausdeutungen)――より厳密にはその下位区分の一つである「確実な将来の予告」(zukunftsgewisse Vorausdeutungen)[21]――を物語の結びを越えた時点に向けて行なっているのだとも言える。

これらの「予告」を語っているイエス――われわれの単元では終始「わたし」――は、後続の一六・四b以下の告別説教との関連から読めば、生前最後の夜のイエスを指すと考えられる。しかし、先行する「ぶどうの幹と枝」の比喩との関連で見れば、この「わたし」は「ぶどうの幹」たるイエス、すなわち一種の corporative personality として信徒(枝)を現在的に包括する復活・高挙のイエスとも読める。つまり、われわれの単元はその置かれた位置からして、ここで語っている「わたし」がどのイエスを指すのか、という意味論上の問いを一段と鋭い形で提出しているのである。

二　テキストの意味

右のような意味論上の問いを考えるに先立って、次の三点を前提的に確認しておくことが必要である。すなわち第一には、もしヨハネ福音書の成立が通説に従い紀元後一世紀末であるとすると、われわれの単元の著者と読者は、いずれも歴史的にはイエスの死後少なくとも六〇年以上も遅れて生きているわけである。第二には、両者に共通の現実の史的状況としては、われわれの単元中の一六・二―三が「告別説教」という文学形式の制約下に未来形の予告の形でイエスの口に入れている状況、すなわち九章全体にさらに「劇的」に描写されているとおり、「人の子」イエスへの信仰告白の故に、ユダヤ教(パリサイ派)から「会堂追放」、あるいはさらに激しい迫害を受けている状況を考えなければならない。第三には、われわれの単元の著者および読者が、歴史上の存在としてのイエスについては、ほとんど完全に伝承を通して知るのみであったということである。

以上の前提を踏まえて、われわれの単元の著者が、この単元全体の語り手として登場しているイエス、またこのイエスが回顧している「世」の憎悪と迫害ということで指している(意味している)のは、それぞれ生前最後の夜をすごしつつあるイエス、また同じ生前のイエスの受けた拒絶と迫害のことであると仮定してみよう。われわれの単元もヨハネ福音書の一部とされている以上、福音書というものがそもそも避けて通ることのできない過去(生前のイエス)への指示を含んでいるはずだ、とまず想定するのは正当であろう。この場合、著者は生前最後の夜のイエスとの六〇年以上の歴史的・時間的隔たりを意識しながら執筆していることになり、同時にまた、このイエスによって「あなたがた」と呼びかけられ、来たるべき迫害を予告されているのも、ヨハネ共同体から見て同じ歴史的・時間的隔たりを置いた過去の第一世代の弟子たちのことであると考えるのが自然である。つまり二二、二四節に現われている時の副詞 *νῦν* は、われわれの単元の著者と読者の現在ではなく、イエスの生前最後の夜の告別説教というストーリーの現在を指すことになる。

　われわれの単元における「わたし」(イエス)、「あなたがた」(弟子たち)、時の副詞「今」(*νῦν*)が指示(意味)するところを以上のようにとる場合、弟子たちへの世の憎悪というこの単元に初出(前述参照)のテーマも、生前のイエスが自分の死後に第一世代の弟子たちにおそいかかる迫害を予告するものである限りにおいて理解できる。一八節の前文 *εἰ ὁ κόσμος ὑμᾶς μισεῖ* の条件文(Realis)は、前記のカルペッパーも"external prolepses"の一つに数えている[22]。また二〇節c―fの二つの後文に含まれた二つの未来形(*καὶ ὑμᾶς*) *διώξουσιν* と(*καὶ τὸν ὑμέτερον*) *τηρήσουσιν*、さらに二一節の未来形(*ταῦτα πάντα*) *ποιήσουσιν* も同様の視点から無理なく読むことができる。生前最後の夜のイエスの予告である限り、福音書のストーリーの展開上この時点まで弟子たちに対する世の憎悪については語られず、告別説教の一部たるわれわれの単元で初めて現われるのは当然と言えよう。

　このようにわれわれの単元――および告別説教全体――では、著者と読者から見て六〇年以上も過去となっている時点が指示(意味)されているとする解釈は、前世紀末以来のヨハネ研究の中に一貫して認められる。すでにC・ヴァイツゼッカーがこの意見であった。すでに「真理の御霊」(パラクレートス)の導きの下に、より進んだ真理認識に到達しているヨハネ共同体が、歴史的には「使徒後時代」と呼ばれる彼らの現在から、そのような真理認識以前に留まっていた使徒時代を優越的に振り返っているとされる。(23) これとは逆に、著者は自分も含めた狭義の「使徒たち」がイエスと共にすごした訣別の夜を歴史的な過去として回顧しながら、「使徒的」伝承の価値を彼自身の現在に積極的に位置付けようとしているというのが、F・ムスナーの解釈である。(24)

しかし、このような解釈でわれわれの単元の意味論を割り切ろうとすると、いくつかの不都合が生じてくる。まず、ムスナーの見解はわれわれの単元の著者問題を中心に、すでに述べたようなわれわれ自身が採用する前提の第三点からして同意することが難しい。(25) さらに、同じ前提の第二点として確認したようなヨハネ共同体の史的状況は、あらゆる歴史的証言に照らして、第一世代の弟子たちには未だ知られざる未体験の状況と考えなければならない。(26) すると、われわれの単元の「あなたがた」を過去の第一世代の弟子たちを指すものと解する場合、一六・二―三に置かれた迫害予告は、同じ「あなたがた」に向けられていながら、第一世代の弟子たちたるこの「あなたがた」の頭上を飛び越えて、一世紀末に生きるヨハネ共同体――つまり、われわれの単元の読者――自身の現在を予告するものということになってしまう。また、一五・二六―二七では、「真理の御霊」(パラクレートス)の行なう「あかし」と「あなたがた」が行なうべき「あかし」が並列されているが、ここからは後者の「あかし」を通して前者の「あかし」が――とはつまり、復活・高挙のイエスの自己宣教が――遂行されてゆくという考え方が読み取られる。そしてこの考え方は、すでに「真理の御霊」の働きの下に生き、「霊から生まれた者」(三・六―八参照)としてイエスを「あかし」しつつあり、自分たちが行なっているその「あかし」をイエスの自己証言(三・一一のイエスの発言中の

τὴν μαρτυρίαν <u>ἡμῶν</u> を参照)とも考えているヨハネ共同体自身の自己理解なのである。したがって、一五・二六―二七の「真理の御霊」の到来、および「あなたがた」と一緒になっての「あかし」の予告もまた、一六・二―三の迫害予告と同様、第一世代の弟子たちたる「あなたがた」に向けて発せられていながら、彼らの頭上を越えて、何よりもヨハネ共同体自身の現在を予告するものということになるわけである。

これらの不都合は、われわれの単元における「あなたがた」をヨハネ共同体とは区別された過去の第一世代の弟子たちにのみ狭く限定することが困難であることを示している。したがってすでにW・ウレーデがヴァイツゼッカーの見解を修正して、「あなたがた」の中には第一世代の弟子たちと並んで、ヨハネ共同体自身も同時に内包されていること――われわれの言葉で言い換えるならば、「弟子論(教会論)的内包」とも呼ぶべき事態――を指摘したのは実に正当であったのである。ウレーデによれば、われわれの単元を含めて告別説教においては、生前最後の訣別の夜のイエスが、このような「弟子論的内包」の意味における「あなたがた」の時、つまり復活節以後の時代を予告しているのである。[27]

さて、われわれの単元の意味論を、前述のような解釈で割り切ることができない第三の証拠となるのは、一五・一九abの仮想法現在とそれに続く文言である。この仮想法現在(Irrealis der Gegenwart)を真剣に受け取って裏返しにすると、現在の事実としては、(1)「あなたがた」はこの世のものではない、(2)世は「あなたがた」を愛してはいない、の二点を確かめざるを得ない。そして後続の一九節e διὰ τοῦτο μισεῖ ὑμᾶς ὁ κόσμος は、事実、現在形の動詞 μισεῖ によって、「世はあなたがたを今現に憎んでいる」ことを明言している。この関連で想い起こされるのは一七章のいわゆる「大祭司の祈り」の一節(一四節) καὶ ὁ κόσμος <u>ἐμίσησεν</u> αὐτούς, ὅτι οὐκ εἰσὶν ἐκ τοῦ κόσμου κτλ. との類縁性である。ここに下線を付した同じ動詞はアオリスト形である。しかし、ここに至るまでのヨハネ福音書の叙述の中では、ペテロ、ピリポ、トマスなどイエスに同行している第一世代の弟子たちが直接受けた迫害(憎悪)というものについて言及がないのであるから、このアオリスト形は厳密には整合的でない。一五・一九が「あなたがた」に対する世の憎悪を現在の事実として明言する場合にもこの不整合さは変らない。もちろん、直前の一八節aの条件文(Realis)と後続の二〇節c―f、二一節aは同様に「あなたがた」に対する世の憎悪について語っている。しかし、これは未来形の予告として語られており、その限りにおいて、ヨハネ福音書全体のストーリー展開とのつながり(Kontext)から内在的に説明可能であることは前述したとおりである。しかし、一五・一九の現在形 μισεῖ はこれと同列に論じることができない。この現在形はヨハネ福音書がわれわれの単元において到達しているストーリー展開の現在から内在的に説明し切れないのであって、言わばテキストの外側から、著者を含むヨハネ共同体(読者)自身の現実と体験を指している(意味している)と説明する他はない。すなわち、ここで「あなたがた」は何よりもヨハネ共同体をこそ指すものと考えざるを得ない。

以上をまとめると、われわれの単元のテキストの意味――「わたし」(イエス)、「あなたがた」、「迫害」(会堂追放)などが何を指すのか――は、先に想定したような図式に収まり切らないということである。この図式に収まるためには、われわれのテキストの書かれ方(テキストの統辞論)は「うまくない」のであり、この図式のような意味を指し損ねているとも言えよう。

われわれの単元はむしろ、ストーリーの現在と著者の現在とが並存し、交替するような書かれ方をしているのである。ヨハネ福音書の他の箇所では著者は、僅かな例外的文言を別にすると、直接表には現われず、地の文の語り手(narrator)をいちおう自分とは別の人物として立てている。しかし、カルペッパーも指摘するように、実際の著者を暗黙の中にその語り手とほとんど不可分なほど密接に重ね合わせて描いているのがヨハネ福音書の特徴である。[28]

ところが、告別説教の部分では、地の文の語り手は、なお僅かに挿入されているイエスと弟子たち(ペテロ、トマス、ピリポなど)の対話の部分(一三・三六—三八、一四・五—九、二二—二三、一六・一七—一九、二九—三二)に登場はするのだが、分量的には極小化されており、代りに登場人物(dramatis personae)の一人たるイエスが排他的な程の語り手となっている。つまり、告別説教の本文においては、著者と地の文の語り手とイエスの三者が不即不離の関係になっていると言うことができるであろう。[29] ということは、著者の叙述の視点がストーリーの現在と自分の現在の間を往復しているわれわれの単元において、そのほとんど独白的な語り手であるイエスも、ストーリーの現在、とはつまり、生前最後の夜のイエスであると同時に、著者の現在のイエス、つまり復活・高挙のイエスでもあるということである。事実、直前の「ぶどうの幹と枝」の比喩が、すでに述べたように、復活・高挙のイエスをこそ語り手としているとすれば、著者はこの比喩に直続するわれわれの単元の語り手イエスにも、同じ復活・高挙のイエスを含めて考えているに違いない。

すなわち、われわれの単元においては、その語り手である「わたし」の中に生前のイエスと著者の現在に生きる復活・高挙のイエスの両方が不可分のものとして一つに内包されているのである。これはヨハネ福音書のその他の箇所でも——原理的にはこの福音書全体を貫いて——起きている「キリスト論的内包」の事態に他ならない。[30] すでに確認した「弟子論(教会論)的内包」はこの「キリスト論的内包」の別の側面に他ならないのである。

そのようにわれわれの単元においても「キリスト論的内包」が起きているとすると、単に一五・一九の前述の現在形にのみヨハネ共同体の体験が直接言及されているというのではなく、一八—二五節全体にわたり、そこでイエスが回顧している彼自身の迫害体験もすべて、ヨハネ共同体の信徒たちの体験を同時に指し、それを回顧的に反省するものと考えなければならない。すでに触れたように、彼らの自己理解によると、彼らの行なっている「あかし」

(宣教)のわざは彼らを通して語る「真理の御霊」(パラクレートス)のわざに他ならず、この「真理の御霊」は復活・高挙のイエスがヨハネ共同体の中に現臨する形に他ならない。そのため、ヨハネ共同体がそのわざを遂行しながら積み重ねる迫害体験は、そのまま復活・高挙のイエス自身の体験となり、生前のイエスの迫害体験と一つにして反省され得るのである。具体的には、二二節a *εἰ μὴ ἦλθον καὶ ἐλάλησα αὐτοῖς* と二四節a *εἰ τὰ ἔργα μὴ ἐποίησα ἐν αὐτοῖς ἃ οὐδεὶς ἄλλος ἐποίησεν* は、生前のイエスの登場と活動だけではなく、それを前記のような自己理解において一世紀の末に継続しているヨハネ共同体の登場と活動をも指す(意味する)ものと解さなければならない。また、二二節cと二四節cに現われる時の副詞 *νῦν* も、六〇年以上も前の過去とヨハネ共同体の現在の両方を一つに凝縮して含む包括的・全時的な「今」なのである。[31]

さて一五・一八―二五全体がそのように回顧しているヨハネ共同体の活動と体験というのは、具体的な内容として見ると、一六・二―三――またこれと叙述の視点を同じくする一五・二〇c―fと二一節aの未来形――が生前のイエスの予告として述べている事態、つまりユダヤ教の会堂からの追放を含む迫害状況と同じものなのである。だからわれわれの単元での著者の語り口は、「語りの時間(narrative time)を崩壊、あるいは凝縮させる効果」(カルペッパー)を持ち、「ストーリーの上で未来に期待されているものが、実は読者にとってはすでに過去に起きているのかも知れない。だからある意味で、ヨハネ福音書のストーリーの中では、ヨハネ共同体の(現在的)終末論だけではなく、この共同体の歴史も「実現」されている」[32]わけである。あるいは、われわれの単元では著者が登場人物の一人であるイエスの「わたし」に不即不離に隠れて語っていることを考えると、レンメルトが、とりわけ一人称での語り手(Ich-Erzähler)による語りについて行なっている次のような指摘が注目に値しよう。――「彼(Ich-Erzähler)は登場人物であると同時に仲介者でもある二重の在り方をとり、ストーリー上の行為者として自分が抱く緊張や未来への期待を読者に緊迫感をもって暗示するが、また別のところでは語り手たる自分の立場から読者に直接語りかける。時として短かな間合いで繰り返される、このような立場の変更を忠実に反映するのが、ストーリー（筋）の現在（Handlungsgegenwart）と語り手の現在（Erzählergegenwart）の間の交替である[33]。われわれの単元が示す過去と現在の間の同様の視点の交替が、読者に対し一定の効果を事実として果たすことは後述するとおりであるが、著者の意図に即して見る場合には、そのような効果を狙っての意識的・文学的な「戦略[34]」というよりも、前述の「キリスト論的内包」に規定されながら、ほとんど無意識の中に生じている変動であろうと思われる。

以上で、われわれの単元とその中の個々の文言が何を指しているか、というテキストの意味論の問題はいちおう解明し終えたと考えられる。しかし、より十分な解明のためには、このような意味を担うわれわれの単元が生み出されてくるにあたって、どのような所与の伝承がどのような新たな解釈を受けたものであるのか、を解釈学的に解明することが有益である。

まず、われわれの単元の背後にどのような所与の伝承を想定し得るであろうか。特にまとまった伝承は前提されていないとする例外的な見解を別にすると、現在有力な学説は二つである。一つはR・ブルトマンがいわゆる「啓示講話資料」の一部と見做したもので、啓示者の自己啓示の定型文を内容とするものであったという。われわれもテキスト統辞論の視点からすでに確かめたように、われわれの単元でのイエスの発言がパターン化されていることが、そのような想定の一つの根拠とされる[35]。しかし、ブルトマンの「啓示講話資料」仮説全体がその後の研究においてあまり賛成を得なかった。われわれの単元の場合にも、そのほとんどがこの資料へ帰せられ、著者はほんの僅かな付加をそれに対して行なっただけというのは、すでに見たような、この単元の意味論からしてもきわめて不自然である。その後の研究の中では、一人J・ベッカーが、ブルトマンの「啓示講話資料」を承認することはさすがに避けつつも、ほぼ類似の文学形式を備えた「啓示語録」という個別資料を想定しているにすぎない。[36]

今一つ有力な説は、マルコ一三・九―一三(およびマタイとルカの並行記事)の通常「迫害語録」(Verfolgungs-logion)と呼ばれる伝承を想定するものである。仮にマルコのこの記事をわれわれの単元と比較対照すると、おおむね次のような共通項が見出される。

(一)　弟子たち(「あなたがた」)に対する人々(世)の憎悪→ヨハネ一五・一八a、一九e(一八b、二三、二四、二五ではイエスに対する憎悪)／マルコ一三・一三a(καὶ ἔσεσθε μισούμενοι ὑπὸ πάντων)

(二)　「わたし(イエス)の名のゆえに」→ヨハネ一五・二一／マルコ一三・一三a(διὰ τὸ ὄνομά μου)

(三)　ユダヤ教の会堂での迫害→ヨハネ一六・二／マルコ一三・九b(ὑμᾶς…καὶ εἰς συναγωγὰς δαρήσεσθε)

(四)　殺害の動機→ヨハネ一六・二(πᾶς ὁ ἀποκτείνας ὑμᾶς)／マルコ一三・一二a(παραδώσει…εἰς θάνατον)

(五)　弟子たち(「あなたがた」)の「あかし」→ヨハネ一五・二七／マルコ一三・九d(σταθήσεσθε…εἰς μαρτύριον αὐτοῖς)

(六)　聖霊(「真理の御霊」)の「あかし」→ヨハネ一五・二六／マルコ一三・一一c(οὐ γάρ ἐστε ὑμεῖς οἱ λαλοῦντες ἀλλὰ τὸ πνεῦμα τὸ ἅγιον)

個別的に見ると、相互に字句通りの一致を示すのは(二)のみであり、その他はモチーフ上の一致と言うべきであるが、全六項の共通点を全体として見る時、われわれの単元の背後にマルコ一三・九―一三と同系統の伝承の存在を想定するには十分と思われる。[37] われわれの単元の著者は、おそらくこの伝承を個別伝承として受け取ったものと考えられる。告別説教全体の背後に想定可能な受難・復活物語資料、特にその導入部としての最後の晩餐の場面に当初からの一部として含まれていたものとは考え難いからである。

J・ベッカーはその後、自説を一部修正して、著者は前述の「啓示語録」資料をベースとしつつも、これをマルコ一三・九―一三に類似の「迫害語録」の伝承で「注解」したのだ、としている。[38] われわれの考えでは、事情は正に逆で、著者は「迫害語録」の個別伝承をベースにして、これを自由かつ大胆に改変して、すでに見たような定型的なイエスの発言に書き変えたのである。その際、この定型的なイエスの発言は著者の創作であって、特に文書資料のようなものを想定する必然性はない。

もちろん、われわれの単元の著者が前提している伝承は、この「迫害語録」に限られていたわけではない。細かな議論になるが、一六・一の *ἵνα μὴ σκανδαλισθῆτε* の動詞は、一六・三二中の *ἵνα σκορπισθῆτε ἕκαστος κτλ.* の動詞とともに、かつては前述の受難・復活物語資料に含まれていたはずの「弟子の逃亡・離散予告」(マルコ一四・二七参照)の一部であったにちがいない。この点につき筆者は、すでに他の場所で詳細な論証を試みてあるので、ここではこれ以上立ち入ることを控えたい。[39] さらに念のために言えば、一五・二〇b(*οὐκ ἔστιν δοῦλος μείζων τοῦ κυρίου αὐτοῦ*)も共観福音書(マタイ一〇・二四/ルカ六・四〇)に類似本文を持つものであるが、同節a(*μνημονεύετε τοῦ λόγου οὗ ἐγὼ εἶπον ὑμῖν*)が指示するのが一三・一六のことであるとすれば、この一三・一六とともにすでに読者のヨハネ共同体には既知のものとなっていた共同体伝承を引き合いに出していると考える方が適切であろう。しかし、われわれの単元の著者がベースにしている基本伝承は前記の「迫害語録」伝承であり、後から述べた二つの伝承は、その基本伝承を解釈するに際して援用された、言わば補助伝承と考えるべきである。

以上のような伝承の想定が正しいとすれば、われわれの単元においては、信徒への迫害について予告していた所与の伝承を新たに解釈し直す行為と、ヨハネ共同体の現実と体験を回顧し、その意味を問い返す行為とが、一つこととして同時に生起しているわけである。この意味反省の締め括りの文章である一五・二五の「裏付け引用」は、著者が自分と読者の現実と体験にむかって、「なぜこうなのか」とその理由を問い直したことを示している。同時にこの結論的文章に表明されているのは、ヨハネ共同体の「あかし」のわざがユダヤ人たちから憎悪と迫害をもって答えられている目の前の状況、およびユダヤ人たちの「罪」(不信仰)には正当な「理由がない」(*δωρεάν*)のだという著者の発見である。すなわち、ここでもまた、伝えられてきた伝承(テキスト)を解釈することは、解釈者が自己自身の現実を新しく発見し直すことなのである。彼がこの発見し直された現実を書き下して定着させるとき、そこに新しいテキストが生み出されてくる。われわれの単元もそのようにして生み出されてきたテキストなのである。

その際特に解釈学的な観点から注意しておきたいのは、この新しいテキストにおいては一六・二の「会堂から追い出す」(*ἀποσυναγώγους ποιήσουσιν ὑμᾶς*)という表現に歴史的にかなり具体的な事態が言及(予告)されている他には、具体的・個別的な事情への言及がほとんど行なわれていないという事実である。このことはとりわけ一五・一八—二五の回顧的な部分において著しい。つまり、この部分が行なっている前述の回顧と意味反省は、「世」または「この世からの者」対「この世から選び出された者」という包括的・象徴的な概念レベルで遂行されており、生前のイエスの登場と活動にまつわる歴史的・個別的な諸事情も、ヨハネ共同体の登場と「あかし」のわざにまつわるそれも、いずれも切り落されているのである。

もちろん、著者が受け取った「迫害語録」の伝承の元来の文面の正確な再構成は不可能に近いが、マルコの並行本文からの類推が許されるならば、「衆議所」、ユダヤ教の「会堂」、「長官たち」、「王たち」、法廷での信仰の弁明、肉親間の背反と殺害といった個別的な項目の言及が含まれていた可能性は小さくない。マルコの並行本文をも含めて、そもそも「迫害語録」の伝承そのものが、おそらくユダヤ戦争勃発前後のパレスティナ・シリアの多少とも異邦的環境の地において成立したもので、最後の項目のような黙示文学的トポイによる類型化を一部示すものの、成立地と成立年代の歴史的・個別的事情をもよく映した伝承であったと考えられる。他方、この伝承を受け取って今やそれを新たに解釈しようとしているわれわれの単元の著者と読者が、どのような歴史的状況の中に生きているかは、すでに繰り返し触れたとおりである。

このいずれの側の歴史的・個別的な事情も、われわれの本文では振り落され、解釈者にとって本質的に重要と思われた項目(前記の六つの共通項目を参照)だけが残されているのである。歴史的・個別的事情から本質的・包括的な意味のレベルへのこの超出が激しければ激しいだけ、逆に著者が手にしていた「迫害語録」伝承の文面の再構成が困難となっているのである。

またこの超出の結果、われわれの本文は伝承が体現していた過去の歴史的地平とも、著者の現在の地平とも完全には重ならない、より高次の普遍性の地平を指し示すことになっている。すでに述べた「キリスト論的内包」、「弟子論(教会論)的内包」、全時的「今」という意味のレベルがそれである。そして、所与の伝承に対する解釈という形で起きる、このような高次の普遍性の地平の形成は、H・G・ガダマーが「解釈学的地平融合」と言い表わした事態に他ならない(40)。

さて、そのガダマーによれば、ある人が伝承されてきたテキストを理解し、解釈しようとする場合、そこでは「理解されようとしているテキストを解釈者の現在の状況へと適用するというようなことが、つねに起っている。したがってわれわれは、理解と解釈のみならず、これに加えて適用をもひとつの統一的な過程の内に含めて考えねばならず(中略)適用は理解ならびに解釈と同様、解釈学的な過程にとって不可欠な構成要素である(41)」とされる。ではわれわれの単元の著者のこの意味での適用意図はどこにあるのであろうか。この問いから始めて、われわれの本文が果たす効用の問題を次に考えてみたいと思う。

三　テキストの働き

周知のようにヨハネ福音書のエピローグ二〇・三一には、この福音書の著作意図が他の福音書には例を見ない明解さで述べられている。——*ταῦτα δὲ γέγραπται ἵνα πιστεύητε ὅτι Ἰησοῦς ἐστιν ὁ χριστὸς ὁ υἱὸς τοῦ θεοῦ, καὶ ἵνα πιστεύοντες ζωὴν ἔχητε ἐν τῷ ὀνόματι αὐτοῦ.* ここには、福音書本文を媒体として彼の読者(ヨハネ共同体)とのコミュニケーションに入り、読者の間に一定の効果を達成しようとする著者の意図が直接的に表明されている。

われわれの単元を含む告別説教——とりわけいわゆる「第二告別説教」(一五—一六章)——の場合にも、語り手であるイエスによって主要な段落の結びごとに、その段落を彼が語った意図が表明されている(一四・二九、一五・一一、一七、一六・一五、三三)。われわれの単元の一六・一 *ταῦτα λελάληκα ὑμῖν ἵνα μὴ σκανδαλισθῆτε* と同四節a (*ἀλλὰ*) *ταῦτα λελάληκα ὑμῖν ἵνα ὅταν ἔλθῃ ἡ ὥρα αὐτῶν μνημονεύητε αὐτῶν ὅτι ἐγὼ εἶπον ὑμῖν* も全く同類である。もちろん、これらの箇所では前記の二〇・三一のエピローグとは異なり、著者が直接読者に向かって自分の著述意図を表明してはおらず、イエスが「あなたがた」(弟子たち)に向かって語っている。しかし、すでに見たように、告別説教の本文では著者はほとんど排他的な語り手として登場するイエス(「わたし」)の後に隠れて語っていること、また「あなたがた」の中にはヨハネ共同体自身も内包されていること、つまり「あなたがた」はいわゆる「暗黙の読者」(implizite Leser/implied reader)たるヨハネ共同体を指していることを考慮するならば、イエスの口に置かれた前記の一連の発言は、それぞれ著者自身の著述意図を示すものとして読まれなければならないであろう。すなわち、われわれの単元について言えば、著者の意図は、迫害状況の中にある読者を「つまずき」から守ろうとすることにある。彼はこの意図から所与の伝承を解釈し直して適用したのである。彼のこの適用意図は達成され得るであろうか。達成され得るとしたらテキストのどのような働きによるのであろうか。

この働きはすでに確認したテキストの意味論と無関係ではあり得ない。すなわち、われわれの単元のイエス(「わたし」)は「キリスト論的内包」のゆえに、生前のイエスであると同時に復活・高挙のイエスでもある。そのイエスの告別説教を聴いている「あなたがた」も「弟子論(教会論)的内包」のゆえに、第一世代の弟子たちであると同時にヨハネ共同体自身でもある。ここから、この共同体が今や実際の読者としてわれわれの単元を読む場合に、独特な不確定性が生じてくる。

彼らの読み方としてまず考えられるのは、「わたし」(イエス)を生前のイエス、「あなたがた」を第一世代の弟子たちと解し、彼らと自分たちとを隔てる歴史的・時間的開きを意識しながら読む場合である。これは、別の言い方をすれば、ストーリーの現在に密着した読み方である。そしてこの読み方では、イエスの発言の中とりわけプロスペクティヴな部分、すなわち来るべき迫害の予告(一五・二〇c—fと二一a、さらに特に一六・二—三)、およびパラクレートス(「真理の御霊」)の派遣の約束(一五・二六)が、読者に向かって働きかけるものとなる。つまり、これらの予告はいずれも読者の現在においてすでに実現している現実を過去から照射するものとなる。——「迫害が自分たちの現実であるが、それはすでに生前のイエスが、かつての弟子たちに予告していたものであり、しかも同じイエスによって約束されていたパラクレートスもすでに到来し、自分たちの間に働いているのだから、つまずいてはならない」のである。テキストのこの働きは弁明的、あるいは慰安的と言えるであろう。

われわれの単元に対するヨハネ共同体の読み方として同時に考えられるのは、「わたし」(イエス)を復活・高挙のイエス、「あなたがた」を自分たち自身のことと解して読む場合、あるいは、同じことであるが、実際の語り手たる著者の現在から読む場合である。この場合には、ここに描かれたイエスの退去(ὑπάγειν)は過去の史的一回性の事件であることを越えて、信仰者たる読者の現在において繰り返し出来事となる現実を意味することになる。イエスが回顧するのは彼の生前のわざと体験だけにとどまらず、読者自身の宣教のわざと迫害の体験に対する回顧となる。われわれの単元の回顧的・反省的視座の部分、すなわち一五・一八—二五が読者に及ぼす働きは、彼らを自己自身の現実と体験の意味の問い返しへと導くことにあるわけである。

また、すでに触れたようなプロスペクティヴな視座からのイエスの発言は、この読み方においては、読者自身の近未来に対する迫害予告とパラクレートスの到来の約束となり、またそのパラクレートスと共になすべき「あかし」の使命(一五・二七)へ彼らを派遣するものとなる。

すでに述べたように、われわれの単元を生み出した著者自身にとって、ストーリーの現在と実際の語り手たる彼自身の現在とを相互に交替させ、重複させる書き方が、必ずしも意識的・文学的な「戦略」とは考えられず、むしろ神学的な理由(「キリスト論的内包」)によるものであった。同じ理由から、われわれの単元に対する以上のような二つの可能な読み方も、どちらか一方に限定することができない。ヨハネ共同体の読み方は、この二つの可能性の間をさしあたり浮動するのである。そしてこの独特な浮動性こそは、われわれの単元が読者をテキストとのコミュニケーションへ呼び出す力の源泉なのである。著者の書き方は究極的には神学的理由から規定されており、文学的「戦略」を第一義に追求しているわけではないとしても、結果として一個の文学的作品と呼ばれるにふさわしい書き方になっているのである。われわれの単元も、W・イーザーの言う「文学的散文の作用条件」を満たしているのである。――「文学作品の特徴となるのは、独特な浮動状態であって、実在的な対象の世界と読者の経験世界との間で、いわば振子のように位置が変るのである。したがって、どのような読書も、作品の振動する像を、通常は読書過程そのものから生み出されるさまざまな意味づけをよりどころとして、固定化する行為となるのである」(42)。

それではヨハネ共同体は、われわれの単元を前記の二つの読み方の間を浮動しながら読み進みつつ、最終的にはどのようなメッセージをそこから読み取るであろうか。一言でいえば、彼らは過去と未来に挟まれた彼らの現在の位置と意味、彼ら自身のアイデンティティーを反省的に発見し直すのである。すなわち、彼らが現に直面しているユダヤ人たちの敵意には根拠がないばかりか、それはすでに過去においてイエスによって予告されていたものであるから、つまずきの原因となってはならない。この迫害はなお続いてゆくとしても、すでに到来し働いているパラクレートス(「真理の御霊」)が、つねに繰り返し新たに到来し働き続けることが約束されており、読者はこのパラクレートスとともに新たな宣教のわざに出てゆくべきなのである。つまり、テキストは最後に新しい行動への指示として働くわけである(43)。

このようなテキストの働きを概略的に図に示せば、次頁の図3のようになるであろう。

われわれの単元が一五・二五と二六節の間を境目として、それ以前の回顧的・反省的な視座の部分と、それ以後のプロスペクティヴな視座の部分とに大きく二分される構成となっていることは、すでに確かめたとおりである。これを図3と照し合わせると、その境目が、読者に彼らの宣教のわざの現実と体験の意味反省を促す働きから、新たな宣教のわざへと彼らを再び送り出す働きへの転換点にあたることがわかる。テキストの構成と働きは、ここでも密接不可分なのである。

最後に図3が図1に対して示す相似性について注意しておきたい。図1は、すでに前出九九頁にも掲げたように、ヨハネ福音書の大きな内部的構造と、この福音書の本文全体が読者のヨハネ共同体に実際的に及ぼす働きとが、言わば同心円的に対応し合っている事態を示すためのものである。ヨハネ福音書は読者を宣教の現実からいったん引き離し、意味反省に導いてその現実を新たに発見し直させることによって、再び新たな宣教のわざへと動機づける。福音書の内部では、告別説教の本文が占める位置と働きがそれに対応しているのである。われわれの図3は、その告別説教の本文そのものの内部にも基本的に同一の構造と働きを持つ個別単元――言わば最小の同心円――が存在することを示していると言ってよいであろう。そして、われわれの単元が福音書と同じ著者の手に成るものでありながら、厳密には、少し遅れて生み出され、やがていわゆる「第二告別説教」の

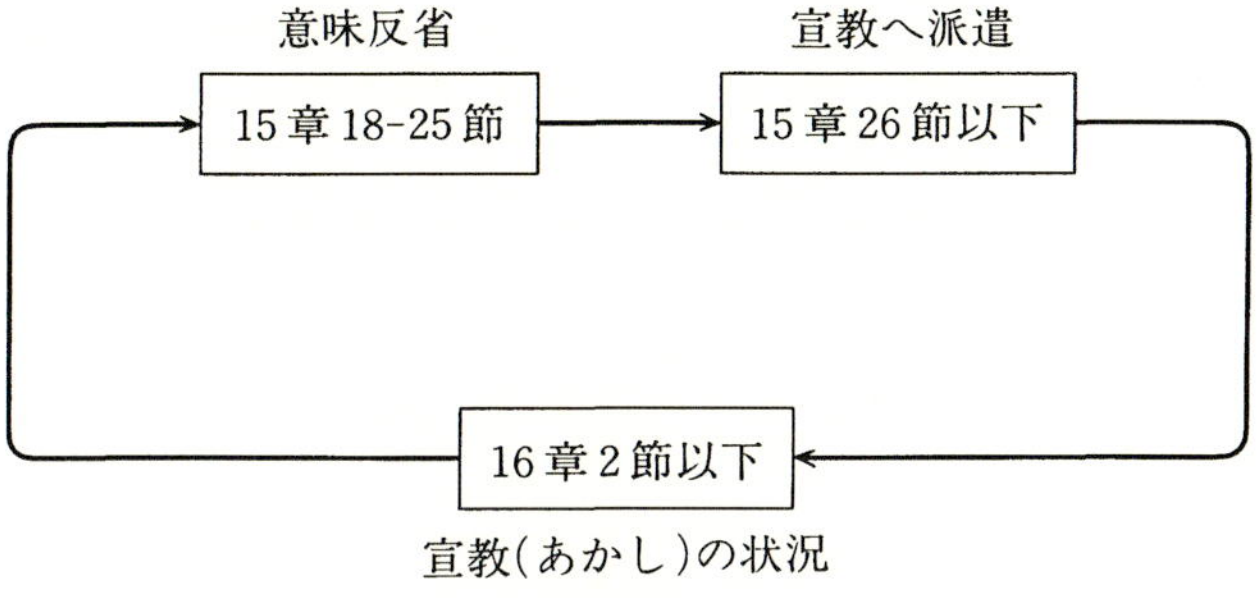

図3

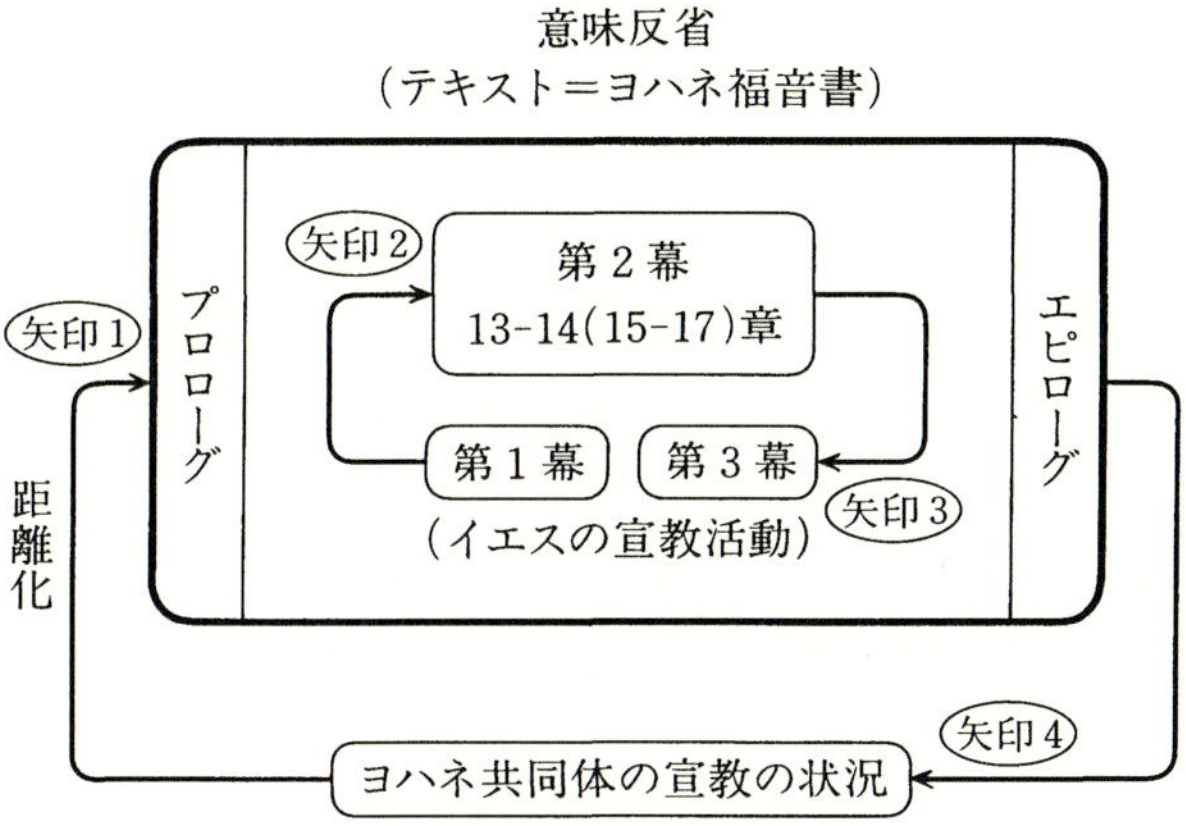

図1(99頁より再掲)

一部として定着させられたものであること(前述参照)を、この関連でこそ想い起こそう。つまり、このことは、ヨハネが自分および読者の現実と体験の持つ意味を、伝えられていたイエス伝承に対するその都度新たな解釈と一つにして、繰り返し問い直し、繰り返し読者を現実の新しい発見と新しい自己了解へと導き、新たな宣教のわざへと送り出そうと懸命に努めたことを意味している。彼にとって解釈とは、正に共同体の存否を賭けた行為であったに違いない。そして、彼のこの努力全体を最後に知識社会学的に見るならば、彼と彼の共同体が一世紀末のユダヤ教の敵意に対抗しながら築き上げ、ヨハネ福音書の中に定着させた固有の「象徴的意味宇宙」(symbolic universe)をつねに新たに維持しようという努力であったと考えることができる。(44)

(1) 本稿はもともと日本基督教団東京教区東支区教師研修会(一九八四年一一月一九—二〇日)の講演原稿として、私の学位請求論文 T. Onuki, *Gemeinde und Welt im Johannesevangelium*, Neukirchen-Vluyn, 1984 の該当部分(pp. 131-143)を要約したものである。その後一九八五年六月の日本聖書学研究所の例会発表を経て、同研究所編『聖書学論集』二〇号、一九八五年、九五—一二七頁に公表するにあたり、その後の関連する研究を参照の上で改稿するとともに、特に方法論的な意図を明記するべく「はじめに」の部分を付加した。今回本書に収録するにあたり数点新しい文献を指示したことを除けば、特に大きな変更は加えていない。

(2) 前掲邦訳の解題四一五—四一六頁。

(3) 「叙述美学」(Darstellungsästhetik)と後述の「受容美学」(Rezeptionsästhetik)、または「作用美学」(Wirkungsästhetik)の区別については、R. Warning, Rezeptionsästhetik als literaturwissenschaftliche Pragmatik, in: idem (ed.), *Rezeptionsästhetik*, München, 1975 (*UTB*, 303), pp. 9-41, および同書所収の H. R. Jauß, Literaturgeschichte als Provokation der Literaturwissenschaft, *ibid.*, pp. 126-162(『挑発としての文学史』轡田収訳、岩波書店、一九七六年、特に二八頁以下)を参照。

(4)　口頭での伝達による。事柄上同じ指摘として同氏の『ギリシャ悲劇の人間理解』新地書房、一九八三年、の特に二一三頁におけるソポクレスの例を参照。

(5)　J. L. Martyn, Glimpses into the History of the Johannine Community, in : M. de Jonge (ed.), *L'Évangile de Jean. Sources, rédaction, theólogie*, Louvain, 1977 (*BEThL*, XLIV), pp. 149-175.

(6)　G. Richter, Zum gemeindebildenden Element in den johanneischen Schriften, in : J. Hainz (ed.), *Kirche im Werden*, München, 1976, pp. 253-292, J. Painter, The Farwell Discourses and the History of Johannine Christianity, *NTS* 27 (1981), pp. 525-543.

(7)　J. Painter, *loc. cit.*, p. 526.

(8)　例えば、K. Matsunaga, The 'Theos' Christology as the Ultimate Confession of the Fourth Gospel, *AJBI*, VII (1981), pp. 124-145, 特に pp. 125. 141 ; K. Tsuchido, Tradition and Redaction in John 12. 1-43, *NTS*, 30 (1984), pp. 609-619, 特に p. 616. これに対して最近のマーティンの立場に強度に懐疑的なのは Y. Ibuki, Viele glaubten an ihm—Auseinandersetzung mit dem Glauben im Johannesevangelium, *AJBI*, IX (1983), pp. 128-183, 特に p. 172 (n. 11) である。

(9)　R. A. Culpepper, *op. cit.*, p. 4.

(10)　R. A. Culpepper, *op. cit.*, p. 205.

(11)　W・イーザー『行為としての読書——美的作用の理論』轡田収訳、岩波書店、一九八二年、八六—八七頁(W. Iser, *Der Akt des Lesens. Theorie ästhetischer Wirkung*, München, 1976, p. 89)。

(12)　T. Onuki, Zur literatursoziologischen Analyse des Johannesevangeliums. Auf dem Wege zur Methodenintegration, *AJBI*, VIII (1982), pp. 162-216. (＝本書所収第Ⅱ論文)および、大貫隆『世の光イエス』講談社、一九八四年、同「福音書研究とテキスト言語学——新約聖書学の最近の一動向」『理想』一九八四年一二月号、一八八—二〇〇頁(＝本書所収第Ⅲ論文)。なお、同誌所収(七五—八九頁)の宮本久雄の論文「聖書言語の身分」にも効用論(語用論)的解釈への関心が強く窺われる。

(13)　一九節eの反対命題には実際には、その反対命題を根拠付ける一九節cdが先行しており、この部分が一九節abに δέ で接続しているから、反接的ニュアンスは一九節eにも欠けているわけではない。

(14) ただし、一五・二七の *καὶ ὑμεῖς δὲ μαρτυρεῖτε* のみは現在形。命令形と取らないとすれば、文脈上は未来形 *μαρτυρήσετε* を期待したいところである。この限りでは一五・二六―一六・四aのプロスペクティヴな視点も絶対的に厳密なものというわけではない。われわれの単元全体にわたって認められる視点の変動の意味については後述する。

(15) 福音書の叙述開始以前の時点の出来事の再説は external analepsis、同じ時点に始まり本文の叙述の中へ継続している出来事の再説は mixed analepsis と区別されている。R. A. Culpepper, *op. cit.*, pp. 56 f.

(16) E. Lämmert, *Bauformen des Erzählens*, Stuttgart, 1955 (1983[8]), pp. 128-138.

(17) E. Lämmert, *op. cit.*, p. 136.

(18) E. Lämmert, *op. cit.*, p. 137.

(19) E. Lämmert, *op. cit.*, p. 137.

(20) R. A. Culpepper, *op. cit.*, pp. 56 f. は prolepsis(予告)の中にも external, internal, mixed の三つを区別している。それぞれの定義は analepsis の三区分(前出注(15)参照)のそれに逆対応する。われわれの単元の予告の中、パラクレートス(「真理の御霊」)の派遣の予告(一五・二六)のみは厳密には mixed prolepsis と言うべきかも知れない。それは福音書本文の叙述の彼方、つまり高挙以後の時への予告であるが、すでに二〇・二二、とはつまり本文の叙述の内部で復活のイエスがこの予告を実現し始めているからである。

(21) E. Lämmert, *op. cit.*, pp. 153-175.

(22) R. A. Culpepper, *op. cit.*, p. 67.

(23) C. Weizsäcker, *Das apostolische Zeitalter der christlichen Kirche*, Freiburg i. Br., 1892[2], pp. 519 f.

(24) F. Mußner, Die johanneischen Parakletsprüche und die apostolische Tradition, *BZ*, 5 (1961), pp. 56-70, idem, *Die johanneische Sehweise und die Frage nach dem historischen Jesus*, Freiburg i. Br., 1965 (*QD*, 28).

(25) この点に関連しての詳細なムスナー批判は、すでに拙著 *Gemeinde und Welt im Johannesevangelium*, p. 13 (n. 50), 164 で

行なっている。

(26) より詳しくは T. Onuki, *op. cit.*, pp. 29-32 を参照。

(27) W. Wrede, *Das Messiasgeheimnis in den Evangelien*, Göttingen (1901) 1963^{3}, p. 189. より詳しくは前掲拙著『世の光イエス』二六六—二六七頁を参照。

(28) R. A. Culpepper, *op. cit.*, pp. 7 f., 232.

(29) R. A. Culpepper, *op. cit.*, pp. 36 f. も同じ事態を指摘している。

(30) この事態について詳しくは T. Onuki, *op. cit.*, pp. 106 f., 207-211 を参照。

(31) 拙著『世の光イエス』一八五—一八七頁参照。同じことを J. Blank, *Krisis. Untersuchungen zur johanneischen Christologie und Eschatologie*, Freiburg i. Br., 1964, pp. 135-137 は他の箇所に現われる **νῦν** をも含めて指摘する。その趣旨は、この「今」が通時的・歴史的に計測可能な時点ではなく、救い(啓示)の出来事全体を現に内包する人格としてのキリストの「今」、言わばキリスト論的な「今」であるということである。そして、このような「今」は「超時間的」(überzeitlich)ではなく、むしろ「永続的」(bleibend)な「今」と呼ばれるべきであると言う。——「というのは「超時間的なもの」という概念は容易に歴史から乖離したものの意味に解されてしまうからである。しかし、まさにこのようなものが意味されているのではないであろう。高挙された方は彼の歴史的な現存在を単純に背後に捨て去ってしまったのではなく、むしろそれを完成されたものとして御自分の内に含んでいるのである」。前出の「キリスト論的内包」という概念は、もともとこの事態を指示するためJ・ブランクが提案したものである(*op. cit.*, pp. 92, 185, 328, 347)。

(32) R. A. Culpepper, *op. cit.*, p. 68.

(33) E. Lämmert, *op. cit.*, p. 72.

(34) 効用論的観点から見た文学的テキストの「戦略」(ストラテジー)についてはW・イーザー、前掲書、一四九頁以下、K・バーク『文学形式の哲学——象徴的行動の研究』森常治訳、国文社、一九七四年、一一、五三、六一、八〇—八一頁など随所を参照。

(35) R. Bultmann, *Das Evangelium des Johannes*, Göttingen, 1968^{19}, pp. 421-424.

(36) J. Becker, Die Abschiedsreden Jesu im Johannesevangelium, *ZNW*, 61 (1970), pp. 215-146, 特に p. 236.

(37) これは最近の研究の多数意見でもある。文献については T. Onuki, *op. cit.*, p. 143 n. 313 を参照。

(38) J. Becker, *Das Evangelium nach Johannes*, Gütersloh, 1981 (*ÖTK*, $4/_2$), pp. 487-493.

(39) T. Onuki, Die johanneischen Abschiedsreden und die synoptische Tradition, *AJBI*, III (1977), pp. 157-268, 特に pp. 213-217.

(40) H. G. Gadamer, *Wahrheit und Methode*, Tübingen, 1975^4, pp. 287 f., 356 f., 375.

(41) H. G. Gadamer, *op. cit.*, p. 291. 引用文はO・ペゲラー編『解釈学の根本問題』瀬島豊ほか訳、晃洋書房、一九八〇年、一七一—二二七頁に収められた抄訳二一八頁による。

(42) W・イーザー「作品の呼びかけ構造——文学的散文の作用条件としての不確定性」(W. Iser, Die Apellstruktur der Texte. Unbestimmtheit als Wirkungsbedingung literarischer Prosa, in: R. Warning (ed.), *op. cit.*, pp. 228-252)、『思想』一九七二年第九号(轡田収訳)一一八頁上段。

(43) 並木浩一は一九八五年一月の日本聖書学研究所の例会で拙著『世の光イエス』を書評し、その後それを『ペディラヴィウム』21(一—一四頁)に「大貫隆著『世の光イエス』への/からのコメント」と題して公刊した(一九八五年七月)。この中で並木は、私が一九八〇年三月の同研究所合宿研究会(於八王子セミナーハウス)において行なった口頭発表「申命記の「今日」とヨハネの「今」」(=本書所収第Ⅵ論文)にも言及し、とりわけこの「今」に端的に現われる現在と過去の重ね合わせの事態を、申命記の「今日」においても生じている類似の事態とより厳密に比較対照するためには、「現実性と可能性」のカテゴリーが有効であることをたいへん説得的に指摘している。この観点からすると、「申命記とヨハネ福音書における現在と過去の重ね合わせという叙述上の共通点とともに、申命記の独自性が認識されるのである。申命記の〈今日〉は、ヨハネ福音書における〈今〉が現実と過去との融合に向かうのに対して、むしろ現実と過去との差異を意識させるのであって、そこに緊張を生ずるのである」(三頁下段—四頁上段)と言う。つまり、荒野時代のイスラエルに対するモーセの説教という文学的仮構において語られている約束と警告は、申命記の実際の読者(捕囚期)の現実を過去から照射するだけのものではなく、それとの差異を含むことによって、読者自身の未来、つまり可能性を同時に提示するものとなり、そのことによって彼らに「日常の課題を克服する行為＝精神態度」(四頁上段)を提出したのだと言う。

この最後の指摘はすでに申命記という本文の効用の問題に他ならず、私にとってたいへん刺激的である。われわれの単元が読者に及ぼす働きを本論のようにまとめることが妥当であれば、この単元――そして告別説教全体についても言えることであるが――においても、「現実性と可能性」のカテゴリーが有効に機能すると言える。回顧的な部分は読者の現実を見据えているが、プロスペクティヴな部分はその現実を過去から照射するだけのものではなく、同じ現実をさらに未来の可能性として約束し、警告するものでもあるからである。ヨハネ福音書においては現在的終末論のゆえに未来への救済史的展望が欠けているのは事実であるが、このことは決して、現実の人間としての読者(信仰者)にとって、すべての問題が解決済みだということではない。キリスト論的には事が完結していても、それが信仰者にもたらすもろもろの帰結という点では――つまり、人間論的には――、未来はなお未決の問いで満ち満ちているのである。――J. Blank, *op. cit.*, p. 343, T. Onuki, *op. cit.*, pp. 157 f. 参照。

(44) 「象徴的意味宇宙」とその維持の知識社会学的問題については、P・L・バーガー／T・ルックマン『日常世界の構成――アイデンティティと社会の弁証法』山口節郎訳、新曜社、一九七七年、一七七頁以下、二四七頁以下を参照。

V

古代文学における「訣別の辞」

――ヨハネ福音書と『パイドン』を中心に――

ヘブライおよびギリシア文学史には、死を目前にした人物の「訣別の辞」が数多く見出される。このような場合には、両者を文学様式と機能の視点から比較してヘブライ文学史の側でのその特性を解明することが、聖書の様式史的研究方法にとって避け難い課題となる。しかし私の見るところでは、この研究方法が今世紀前半にドイツで提唱され、(1)以後の聖書学の方法的基礎となったのち今日まで、「訣別の辞」の素材の辞典的な収集はなされたが、上のような視点からの立ち入った研究が行なわれたことはない。(2)本稿はヨハネ福音書一三―一七章のイエスの「告別説教」とプラトンの『パイドン』を、各々の文学史的前提も顧慮しつつ比較することによって、聖書の様式史的研究が残しているこの領域的な不備を多少でも補おうとする試みである。(3)

一 文学様式「訣別の辞」と様式要素

1 ヘブライ文学史とヨハネ一三―一七章

ヨハネ福音書(後九〇年代成立)以前の文学史から、死を目前にするか予期した人物の「訣別の辞」を成立の古い順に列挙すると次のとおりである。前一〇世紀成立の創世記四七・二九―四九・三三（ヤコブが一二人の息子に）、前六世紀中葉のいわゆる「申命記学派」の歴史書から申命記一―三四章（モーセがイスラエルに）、ヨシュア記二三―二四章（ヨシュアがイスラエルに）、サムエル記上一二章（サムエルがイスラエルに）、列王紀上二・一―一〇（ダビデがソロモンに）の四つ、前五世紀の歴代志二二章と二八―二九章（ダビデがソロモンとイスラエルに）、前二―後一世紀の遺訓文学から『十二族長の遺訓』（イスラエルの十二族長が子孫に）、最後に新約聖書から使徒行伝二〇・一七―三八（パウロがエペソ教会の長老たちに）(4)。

これらのテキストを相互に対照すると、それぞれの「訣別の辞」を構成する次の七つの共通要素を確認できる。①死期が切迫していることの報告、②残される者たちとの訣別、③彼らの不安・恐れ・嘆きとそれに対する慰め、④過去（歴史）の回顧、⑤遺訓（葬祭儀礼上の指示、後任者の任命、政治・宗教制度上の訓示、倫理的教訓）、⑥未来の幸いと禍いの予告、⑦神への嘆願または感謝の祈り。

もちろん、個々の「訣別の辞」は、実際には細部で異なる状況設定と表現上の潤色を受けるから、これらの共通要素を取り出すには一定程度の抽象化が避けられないし、また個々の具体的な「訣別の辞」にこれらすべての共通要素が揃って、かつ一定の順序で発見されるとは限らない。だがこのことは、これらの共通要素を文学様式「訣別の辞」の様式要素（トポイ）と見做すことを妨げない。文学的トポイとは未だ内容的に満たされていない、この意味で抽象的な文字通りの「場」であり、そのうちどれを重点的な「場」として選択し、それを内容上どう埋めるかは個々の著作者の決断に委ねられるからである。

上に列挙した「訣別の辞」のテキストを背景にヨハネ一三―一七章を読むと、このイエスの「告別説教」が上記①―⑦のトポイをほとんど網羅しているのみならず、いくつかの用語法においても、それ以前のヘブライ文学史の中で文学様式「訣別の辞」に定着していた用語法を踏まえていることが明らかになる。

もっともトポス①でヨハネがイエスの死期の切迫を ἦλθεν αὐτοῦ ἡ ὥρα（一三・一、一七・一）と表現するのは、イエスの十字架死という特殊性に規定された独特なもので、創世記四七・二九、申命記三一・一四、列王上二・一がおのおの老年白髪となったヤコブ、モーセ、ダビデについて ἤγγισαν δὲ αἱ ἡμέραι (Ισραηλ) τοῦ ἀποθανεῖν の定型表現を用いるのと異なるのは止むを得ない。(5) ただしルベンの遺訓一・四 ἰδοὺ γὰρ ἐκλείπω ἀπὸ τοῦ νῦν ἐγώ はヨハネ一六・五 νῦν δὲ ὑπάγω πρὸς τὸν πέμψαντά με（一七・一三にも類似表現）にきわめて正確に対応している。

このヨハネ一六・五（一七・一三）に現われた ὑπάγω は、ヨハネがトポス②でイエスの死を天への回帰として述べるために μεταβαίνω（一三・一）、πορεύομαι（一四・二、一二、二八、一六・七、二八）、ἀπέρχομαι（一六・七）、ἀφίημι（一六・二八）とともに最も多用する動詞である（一三・三、三三、一四・四、二八、一六・一〇、一七）。それは一四・四 καὶ ὅπου ὑπάγω οἴδατε τὴν ὁδόν では「道」の観念と結合されている。この背後には死を「逝去」として叙述する「訣別の辞」の定型的な用語法がある。最も良い例はヨシュア記二三・一四のヨシュアの言葉 Ἐγὼ δὲ ἀποτρέχω τὴν ὁδὸν καθὰ καὶ πάντες οἱ ἐπὶ τῆς γῆς で、列王上二・二とルベンの遺訓一・三も動詞を πορεύομαι に変えただけで全く定型的な表現を示している。ゼブルンの遺訓一〇・一、四も「逝去」の意味で ἀπολήγω/ἀποτρέχω を用いている。

トポス③でヨハネは弟子たちを ὀρφανοί（一四・一八）として示し、彼らの不安と恐れを慰める言葉 μὴ ταρασσέσθω ὑμῶν ἡ καρδία μηδὲ δειλιάτω（一四・二七）をイエスの口に入れ、弟子たちの悲嘆には λύπη/λυπεῖσθαι（一六・六、二〇、二二）と動詞 κλαίω/θρηνέω（一六・二〇）をあてている。いずれもその他の「訣別の辞」でも常用される用語である。――ダンの遺訓五・二 *οὐ μὴ ἐμπέσητε εἰς μῆνιν καὶ ταραχάς*、ゼブルンの遺訓一〇・一 *μὴ λυπεῖσθε ὅτι ἀποθνῄσκω*、申命記三一・八 *μὴ φοβοῦ μηδὲ δειλία*。特にヨハネ一六・二〇 *κλαύσετε καὶ θρηνήσετε ὑμεῖς* に用いられた *θρηνέω* は、伝承史的に見てイエスその人にまで遡る可能性のある譬えマタイ一一・一七／ルカ七・三二[6]では「弔いの歌を歌う」という意味の terminus technicus として用いられており、「訣別の辞」のトポス③にとっては vox propria である。[7] ヨハネがこの言葉を唯一回だけ他ならぬこの場所で用いた理由はそこにあり、彼にとってのトポス③の重要性が明らかになる。

トポス④は上に列挙したすべての「訣別の辞」で分量的に最も大きな部分を占めることが多い。内容的には死に臨んだ者の個人史(創世記四八・三―四、七、四九・三〇―三二、『十二族長の遺訓』の随所、行伝二〇・一八―二一、三三―三四)、またはイスラエル民族の救済史と政治史(ヨシュア記二四・二―一三、サムエル上一二・一―一三など)が回顧される。ヨハネでは一五・一八―二五、一七・六―八のイエスの公活動の回顧がこのトポスに対応している。このトポスに定着した特別な用語法は認められない。[8]

トポス⑤でヨハネはイエスが残してゆく *ἐντολή*(一三・三四、一四・一五、二一、一五・一〇、一二)、*λόγος*(一四・二三―二四、一五・三、二〇、一七・六)、*ῥήματα*(一四・一〇、一七・八)に頻繁に言及するが、これらも「訣別の辞」の文学様式に定着していた言葉であり、創世記四七・三〇(*ῥῆμα*)では死後の埋葬の指示、歴代上二三・二七(*λόγοι ἔσχατοι*)では政治・宗教制度上の遺言、申命記では *ἐντολαί* が、『十二族長の遺訓』では *λόγοι, διαθήκη, ῥήματα* が随所で倫理的「戒め」の意味で用いられる。対応する動詞としては *ἐπι-/προστάσσω*(創世記四九・三三、ベニヤミンの遺訓一二・一)も用いられるが、ヨハネ一五・一四、一七にも使われている *ἐντέλλομαι* が圧倒的に多い vox propria である。[9]

その他ヨハネ一三・三四―三五、一五・一二―一七の ἐντολή は、相互愛（ἀλλήλους ἀγαπᾶν）の勧告という内容から見ても、『十二族長の遺訓』の中に多数確認される定型的動機である（セブルンの遺訓八・五、ダンの遺訓五・三、ガドの遺訓六・一、三、七・七、ヨセフの遺訓一七・二）。後任者を指定し（ヨハネ一四・一六 ἄλλος παράκλητος）、任命する（一五・一六 ἔθηκα ὑμᾶς）ことも「訣別の辞」の様式に定着した動機で、動詞 τίθημι がよく用いられる（申命記三四・九、行伝二〇・二八、三二）。死後イエスについて「証言する」μαρτυρέω というヨハネ一五・二七で弟子たちがイエスの後任者として求められている任務も同様で、多くの「訣別の辞」の末尾で死にゆく者と残される者とが相互に「証人」関係に入ることに対応する（申命記四・二六、ヨシュア記二四・二二、二七、ルベンの遺訓一・六、レビの遺訓一九・三＝ καὶ μάρτυρες ὑμεῖς καὶ μάρτυς ἐγώ）。最後に、イエスの言葉を「守り」τηρέω「思い起こす」μνημονεύω ようにとの要求（ヨハネ一四・一五、二一―二四、一五・一〇、二〇、一六・四）も、その用語法も含めてヨハネ以外の「訣別の辞」でもトポス⑤に現われる定型的な動機である（申命記と『十二族長の遺訓』では随所、その他行伝二〇・三一、三五参照）。

トポス⑥はトポス④と並びヘブライ文学史を通して「訣別の辞」の主要な部分を占める（創世記四九、申命記二八―三〇、ヨシュア記二三・一〇―一六、列王上二・三―四、歴代上二八・八―九、サムエル上一二・一五、二二、二五など）。トポス④での歴史の回顧がトポス⑤で提示される遺訓を根拠づけ、その遺訓の遵守如何がトポス⑥の予告する幸いと禍いを決定する。ヨハネではイエスの再来（一四・三）、ἄλλος παράκλητος の到来予告（一四・一二―一八、二六、一五・二六、一六・七―一五）および迫害の予告（一五・一八、二〇―二一、一六・二―三）がこのトポス⑥に対応し、一六・二〇―二七、三三で予告される χαρά と θλῖψις は特に『十二族長の遺訓』が随所で同じ意味で使う用語である。

トポス⑦に該当するのは創世記四八・一五―一六のヤコブと行伝二〇・三六のパウロの祈りである。ヨハネ一七はこのトポスを最大限に拡張したもので、全体がイエスの最期の祈りの構成をとっている。

以上の観察は次の三点にまとめられよう。(1)ヘブライ文学史上の「訣別の辞」は、定着した固有な用語法を備えた特定の様式要素(トポイ)から成る一つの明確な文学様式である。(2)それぞれのトポイの内容的な展開はテキストにより異なるが、トポス④、⑤、⑥が中核とされる点に共通の特色が認められる。(3)ヨハネ一三―一七もその線上にあるが、他では比較的に未展開なトポス③と④が拡張されているのが目立っている。

2　ギリシア文学史と『パイドン』

プラトン以前のギリシア文学史から、死に臨んだ人物の「訣別の辞」を列挙すると、主要なものは次のとおりである。[10] ホメーロス(Hom.)『イーリアス』(*Il.*) VI 389-502(ヘクトールが妻子に)、アイスキュロス(A.)『アガメムノン』(*A.*) 1069-1330(カッサンドラーがアトレウス家に)、『ペルシャの人々』(*Pers.*) 681-842(ダレイオスの亡霊が妻と老臣に)、ソフォクレス(S.)『アイアース』(*Aj.*) 545-865(アイアースが家族と戦士に)、『アンティゴネー』(*Ant.*) 806-943(アンティゴネーが祖国の市民に)、『トラキスの女たち』(*Tr.*) 789-803, 971-1278(ヘラクレスがヒュロスと息子たちに)、『コロノスのオイディプス』(*OC*) 1516-1666(オイディプスがテセウスと娘たちに)、エウリピデス(E.)『ヒッポリュトス』(*Hipp.*) 1347 以下(ヒッポリュトスが神々と召使に)、『アルケスティス』(*Alc.*) 280-392(アルケスティスが夫と子供たちに)、『ヘラクレスの子供たち』(*Heracl.*) 474-607(マカリアがイオラオスとデモポンに)、『ヘカベ』(*Hec.*) 177-443(ポリュクセネがヘカベとオデュセウスに)、『フェニキアの女たち』(*Ph.*) 1427-1453(ポリュネイケスが母に)。このうち S. *Aj*. 864, *Tr*. 1149, E. *Heracl*. 572-573 ではそれぞれ *τοὔπος ὕστατον, τελευταία φήμη, ὕστατα προσφθέγματα* という明言をもって「訣別の辞」であることが示される。

これらの本文にも，先にヘブライ文学史上の「訣別の辞」に確認されたのと基本的には同じ共通要素が認められる。内容的な差違はもちろん数多くあり，例えばトポス①で切迫した死は今や「運命」として理解される。*μοῖρα* (Hom. *Il*. VI 488 ; A. A. 1314), *τύχη/τύχαι* (A. A. 1275-6 ; S. *OC* 1585. *Aj*. 803), *θέσφατος μόρος* (A. A. 1321), *δαιμόνων δίκη* (S. *Ant*. 921) など実に多様な言葉が用いられる。死の切迫を表現する用語法の中で印象的なものは，アルケスティスの言葉 *ἔχων χέρ' ἐπὶ κοντῷ Χάρων μ' ἤδη καλεῖ· τί μέλλεις; ἐπείγου* (E. *Alc*. 254-6) のように「運命」が「呼ぶ」というもので，S. *OC* 1626. 1629 にもきわめて類似した用例がある(同 1511 と E. *Ph*. 914 も参照)。

トポス②では *χαῖρε/χαίρετε* という当然予想される言葉を除くと，ヘブライ文学史の「訣別の辞」の場合と同様，死を「逝去」として表現する用語法が目立っている。その vox propria は *ἄπειμι* (E. *Heracl*. 414, *Hel*. 614 ; A. *Pers*. 839-840) と *βαίνω* (S. *Tr*. 874-5 ; E. *Alc*. 394-6, *Supp*. 1139-40, *Andr*. 1027) であるが，その他 *εἶμι* (A. A. 1313), *ἀπέρχομαι* (E. *Alc*. 379), *ἔρχομαι* (S. *Ant*. 849. 868-9. 920), *πορεύομαι* (S. *Ant*. 892) や多様な同意語 (*οἴχομαι, ἕρπω, χωρέω, στείχω*) が用いられる。またそれが，S. *Tr*. 874-5 *βέβηκε Δῃάνειρα τὴν πανυστάτην ὁδῶν ἁπασῶν* (その他 *Ant*. 877-8 にも類似表現) に典型的に見られるように，*ὁδός* =「道」または「旅」の観念と結びつくのもヘブライ文学史上の類例と並行している。S. *Ant*. 868 では *ἔρχομαι* が死者の世界への「移住」*μέτοικος/μετοικέω* のモチーフと結合されている(E. *Hipp*. 837 も参照)。

トポス③は上記の「訣別の辞」のほとんどにおいて中核的トポスである。単に残される者だけではなく，死にゆく者自身も自己の死の運命を悲嘆する点でヘブライ文学史上の「訣別の辞」と大きく異なる。その悲嘆を表わすのに最も多用されるのは *γόος* である。ソフォクレスとエウリピデスではその他に *λύπη*(S. *El.* 822; E. *Heracl.* 602–3, *Hec.* 382-3 など)、*κωκυτός*(S. *Aj.* 851, *El.* 107)もよく用いられる。*θρῆνος* がこのトポスに定着している(A. A. 1322-3; E. *Hec.* 211-2. 413-4)のはヘブライ文学史の場合と同じである。[11] 対応する動詞としては *θρηνέω/θρηνεῖσθαι* (S. *Aj.* 852. 925, *El.* 88. 530, *OC* 1751)、*κλαίω*(S. *OC* 1607-9; E. *Hec.* 212 など随所)、*ἀνευφημέω*(S. *Tr.* 783; E. *Or.* 1335)が用いられている。また、残される者が孤児および寡婦となる身の上を嘆くことも Hom. *Il.* VI 432 のアンドロマケーの嘆き *μὴ παῖδ' ὀρφανικὸν θήῃς χήρην τε γυναῖκα* を初めとして悲劇中にきわめて多い動機である(S. *Aj.* 652-3, *Tr.* 942. 1146, *OC* 1612. 1618; E. *El.* 914. 1010, *Med.* 1209 など)。悲嘆の表現を「夜鶯」*ἀηδών* とその鳴き声に託すことも実に頻繁に行なわれる(A. A. 1144-7; S. *Tr.* 966, *Aj.* 629, *El.* 148-9. 1077; E. *Hec.* 337, *Hel.* 1110)。A. A. 1444-5 ではカッサンドラーの嘆きが死期を告げる「白鳥」*κύκνος* の歌に擬されている。

トポス④も大きな部分を占めることが多く、死にゆく者の立場、または残される者の立場から過去が回顧される。過去との対照で現在の死の運命の悲惨さが浮き彫りにされるか、その過去もまた同じ悲惨な運命の支配下にあったものと見做されて、現在の切迫した死の運命との連続性が確認される(Hom. *Il.* VI 414-438; A. A. 1136-1178. 1269-1274; S. *Ant.* 858-920, *Tr.* 993-1016. 1045-1111; E. *Alc.* 282-298, *Hec.* 349-378 など)。いずれの場合にもその回顧はトポス③での運命に対する悲嘆と不可分に結びついている。

トポス⑤では、埋葬の仕方(S. *Tr.* 1193-1218; E. *Ph.* 1442-1453)、残される者の生活(S. *Aj.* 565-573; E. *Alc.* 299-310)に関する具体的な指示、死後の「証人」*μάρτυς* の指定(A. A. 1317; S. Ant. 843-4)、後任者の指定(S. *Aj.*

562-4, *OC* 1631-1635; E. *Heracl.* 574-580, *Alc.* 377)、秘密の開示(S. *OC* 1518-1529, *Tr.* 1149-1150)、倫理的・政治的遺訓(Hom. *Il.* VI 444-446. 476-481; A. *Pers.* 820-842; S. *Aj.* 664-683, *OC* 1534-1538)が述べられる。遺訓は ***ἐπιστολή***(A. *Pers.* 783)。***ἐντολή***(S. *Aj.* 567)、***λόγοι***(S. *Tr.* 1240)で表現され、その忘却(***οὐ μνημονεύω***)が禁じられる(A. *Pers.* 783)。

トポス⑥はとりわけ禍いの予告の形で広汎な「訣別の辞」に見出されるが、分量的にはHom. *Il.* VI 448-465(ヘクトール)とA. A. 1085-1284(カッサンドラー)を例外として、あまり大きくは展開されない(A. *Pers.* 794-819; S. *Ant.* 927-8, *OC* 1524-5. 1533-1537. 1552-1555, *Tr.* 1239-1240; E. *Heracl.* 586-7)。

トポス⑦も多くの「訣別の辞」に認められるが(Hom. *Il.* VI 476-481; A. A. 1322-1326; S. *Aj.* 823-851, *Ant.* 938, *OC* 1654-5)、最も拡張された形で現われるのはE. *Hipp.* 1363-1439におけるゼウスとアルテミスに対するヒッポリュトスの訴えである。表現の上では、太陽神 ***Ἥλιος*** への祈りに日光を再び目にし得ないであろう悲嘆を結びつけることが定型化している(A. A. 1323-4; S. *Aj.* 856-858, *Tr.* 1144, *Ant.* 808. 878-880; E. *Hec.* 411-2)。ソフォクレスでは*Aj.* 654-656と*OC* 1598-9の二カ所で、「沐浴」***λουτρά*** を含む死の準備の動機が祈りに先立っている。

以上の概観から次の二点を確認することが許されるであろう。(1)悲劇を中心とするプラトン以前のギリシア文学史に見出される「訣別の辞」も特定のトポイから成る文学様式であり、いくつかのトポイ(①—③、⑤、⑦)には、個々の悲劇作家の独創性にもかかわらず定着した用語法と定型的な表現や動機が発見される。(2)トポイの取捨選択と内容的展開は個々の著作者の決断によるが、ヨハネ以前のヘブライ文学史上の「訣別の辞」では比較的に未展開であったトポス③が、死にゆく者自身の運命への悲嘆を含めて、中心的トポスとされる点に共通の大きな特徴がある。

さて、以上の背景に照らして見るとき、プラトンの『パイドン』は、とりわけ作品の枠にあたる部分において上述の①—⑦のトポイを意識しつつ構成されているように思われる。

まず115a5のソクラテスの言葉 *ἐμὲ δὲ νῦν ἤδη καλεῖ, φαίη ἂν ἀνὴρ τραγικός, ἡ εἱμαρμένη* は用語法上も正確にトポス①に対応している。特定の悲劇作品からの引用というより[12]、potentialis の仮定法が示すとおり、プラトン以前の悲劇がトポス①で用いる典型的な言いまわしを示唆しようとするものであろう。「運命」を *εἱμαρμένη* で表現するのは確かに悲劇中に前例を持たないが、プラトンは他の所では *τύχη, τὰ ἀναγκαῖα* (*ἀνάγκη*), *δαίμων* というトポス①に伝統的な言葉を用いている(62c7. 84e1. 107d6. 116d1など)。

また、61e2と107d5e4はソクラテスの切迫した死を「あの世への旅」*ἡ ἀποδημία ἡ ἐκεῖ/ἡ ἐκεῖσε πορεία*, 117c2は *μετοίκησις ἡ ἐνθένδε ἐκεῖσε* と表現する。同じ意味で動詞 *ἀποδημέω, πορεύομαι* とともに *ἄπειμι* が最も頻繁に用いられる(61a9c1. 63c9. 82c1. 85a2. 115e1など)。いずれも上述の悲劇の「訣別の辞」のトポス②に対応している。この意味でプラトンが107d-108aでアイスキュロスの失われた悲劇に言及することも腑に落ちよう。

さらにトポス③に対応して、残される弟子たちの悲嘆、恐れ、不安が *λύπη* (59a6)、*δεδιέναι* (77e-78a)、*ἡμᾶς ἀνατaράξαι* (88c4)、*ἀγανακτέω* (63c5. 64a8. 68b1. 117d5)、*κλαίω* (117c8d4)で、クサンティッペーの嘆きは *ἀνευφημέω* (60a3-4)で表現される[13]。116a7では弟子たちは父を奪われた孤児 *ὀρφανοί* に比され(117c9-d1も参照)、85aには夜鶯 *ἀηδών* と白鳥 *κύκνοι* の鳴き声を死の運命を嘆くものと見做す、悲劇のこのトポスにもくり返し現われる見方が言及されている。

ソクラテスが若き日の自然哲学研究を回顧する部分(96–99)はトポス④を想起させる。115 b–e と 116 b はトポス⑤の vox propria である *ἐπιστέλλω* を用いつつ[14]、葬儀や死後の保証人 *ἐγγυᾶσθαι / ἐγγύη* の件など、弟子と遺族によってなさるべき処置を話題にする。また、『パイドン』の本論部は全体としてソクラテスの哲学的・倫理的遺言として提示されている。

トポス⑥には 113 d–114 c に収められた個々人の死後の魂の幸いと禍いに関する一種の終末論を想わせる神話が該当する。116 ab に描かれる死の準備(沐浴)、および 117 c と 118 a に作品全体を締め括る形で(118 a 6–7 *ὁ δὴ τελευταῖον ἐφθέγξατο*)現われている神々への祈りと供犠の動機はトポス⑦に対応している。

この観察が正鵠を射ているならば『パイドン』の枠部分の状況設定をそのまま「史的ソクラテス」の死に関わる事実と取ることも[15]、逆に純粋にプラトン個人の文学的天才の独創と見做すこともできない。ソクラテスの死に関する史実や伝承が前提されていることを否定する必要はないが、他方でプラトンは彼以前の文学史(特に悲劇)における既存の文学様式「訣別の辞」とそのトポイを、いくつかの定着した用語法とともに意識しており、それに沿ってソクラテスの死を単なる史実性の次元を超えた一つの典型的場面へと文学化し、作品全体の文学的枠組みとしているのである[16]。トポス⑤を最大限に拡大して『パイドン』本論部の哲学的・倫理学的議論のための「場」としたこと、逆に悲劇では中心的であったトポス③を縮小し、特に死にゆく者自身の運命に対する悲嘆というこのトポスに定着していた動機を完全に放棄したこと、この二点がプラトンの『パイドン』をそれ以前の「訣別の辞」から区別している。

二　文学様式「訣別の辞」の機能

これまでわれわれはヘブライおよびギリシア文学史に見出される「訣別の辞」を、純粋に様式批判 Formkritik の視点から概観し、両者の間には基本的な様式要素(トポイ)について共通性があり、特定の用語法も共通するものがあることを確認した。それぞれの文学史における文学様式「訣別の辞」の個性――それとともに両者間の様式上の差違――は、どのトポスが中心的なそれとして展開されるかにより決定される。ヨハネ以前のヘブライ文学史ではトポス④、⑤、⑥、プラトン以前のギリシア文学史では③、④が中心となることが多いのはすでに見たとおりである。

それではプラトンとヨハネがそれぞれの仕方でこの文学様式を採用して、彼らの作品全体の、あるいは重要な部分の枠組みとしたとき、それによって彼らは、いったいどのような具体的な意図を達成しようとしたのであろうか。彼らが作品 Text を通しておのおの読者との間で行なうコミュニケーションの次元で、同じ文学様式「訣別の辞」はいかなる機能を果たすのだろうか。また、その機能はそれぞれの著者に先立つ文学史上のその他の「訣別の辞」のテキストにも妥当するであろうか(17)。

悲劇と『パイドン』の間ではこの意味での機能の連続性を見出すのが難しい。前者は上演されるもの、後者は読まれるものという違いは別にしても、後者はとりわけ前者が代表していた伝統的な運命論と対決し、その「合理化」を意図していると考えられるからである。悲劇の「訣別の辞」が死を運命として理解することを観衆に求めていたとすれば、今やプラトンは同じ文学様式を、それまでの中心的なトポス③にラディカルな変更——死にゆくソクラテスは死の運命を嘆かず、夜鶯も白鳥も近づいた死の苦痛のためではなく、神の許に行くことを喜んで鳴く(85 a)——を加えたうえで用いて、従容として運命に殉じた「史的ソクラテス」の死を描き、それを『パイドン』本論部で論究される命題——哲学こそは死に臨んで恐れず、魂＝自己の同一性を失わないための「演習」である——に対するパラディグマとして読者に提示するのである。ソクラテスの最期に関わる史実が踏まえられながらも、それが単なる史実性の次元を超えて典型的場面として描写される理由がそこにあり[18]、時空の隔たりを超えてすべての読者が人間の本質に関する存在論的反省のレベルで、死を超える自己同一性(不滅性)の発見へと導かれる。ソクラテスの最期は読者の追従(61 b *ἐμὲ διώκειν ὡς τάχιστα*)を求めるケーリュグマ(使信)となる。それこそがソクラテスからシミアスはじめ居合わせた弟子たちへ「分け与えられ」(63 c *κἂν ἡμῖν μεταδοίης*)、さらにパイドンからエケクラテスへと伝達されるべきなのである[19]。『パイドン』がいわゆる「間接的」報告の体裁を採用していることはこの意味で深く解釈学的な意図を秘めたものと考えられるべきであろう。

他方ヨハネは既存の「訣別の辞」の文学様式に対し、プラトンのようにラディカルな変更を加えはしなかった。しかし、彼がいわゆる「告別説教」でいかなる意図からこの文学様式を採用したのかを明らかにするには、彼がそれまでのヘブライ文学史においては比較的に展開されることが少なかったトポス③を拡げて、残される弟子たちの不安・恐れ・悲嘆を前面に出している点に注目しなければならない。そしてこれは、ヨハネの読者(ヨハネ共同体)が紀元一世紀末にユダヤ教の側からの迫害に曝されながら生きているという史学的に論証可能な事実と関連している。彼らの現在時から見れば、一六・二のユダヤ教からの迫害(＝禍い)の予告は vaticinium ex eventu である。一四・一六—一七、二六、一五・二六、一六・七—一五に約束された後任者 *ἄλλος παράκλητος* たる「真理の霊」の到来も同様である。なぜなら読者は、他の本文から論証されるとおり(三・一―一二)、すでにその霊の下にある者として自分を理解しているからである。ヨハネは二つを共に、純粋に史的に言えば半世紀以上も過去となっている生前の「史的イエス」の訣別の夜として設定された状況の中へ予告と約束の形で投げ込んだのである。読者がその半世紀以上の歴史的・時間的隔たりを自覚しながら「告別説教」を読むとき、その本文は読者の現在時の迫害状況をすでに生前のイエスにより予告されていたものであると弁証し、読者の現在時には迫害という禍いと同時に「真理の霊」の到来という救い(幸い)もまた実現していることを告げて読者を慰めるものとなる。これは読者の現在時を過去から照射して説明する弁証的な機能と言える。

しかし、例えば一五・一―一七のいわゆる「葡萄樹」の比喩の語り手は、厳密には、今まさに去りゆこうとする生前の「史的イエス」ではなく、死後「天」(父)のもとへ高められ、ヨハネ共同体に臨在する「高挙の主」である。この部分が元来は直接ヨハネ共同体に向けて語られた独立の小説教だったという見解はおそらく正しいであろう。[20]そのようなテキストが後に「告別説教」の中に編集され得たということは、この「告別説教」には、上記の歴史的・時間的隔たりが乗り超えられて、生前の「史的イエス」と死後の「高挙の主」が、また生前のイエスの弟子たちと一世紀末の読者(ヨハネ共同体)自身とが、もはや相互に区別できない次元が存在することを示している。[21]この次元で読まれるとき、「告別説教」が描くイエスの ὑπάγειν は史的一回性(過去性)のレベルを離れて、より根本的な意味で読者自身の現在時においても生起するものとなるから、去りゆくイエスが述べる禍いと幸いの予告もすべて直接に読者自身の未来に向けられたものとなる。――読者の未来には喜び χαρά と同時に艱難 θλῖψις も待ち受けている。このとき「告別説教」は警告し、約束する機能を果しているのである。

第一の歴史的・時間的隔たりが自覚された、言わば「間接的次元」は、読者のヨハネ共同体が自らの置かれた歴史的現実を見つめつつ「告別説教」を読むときに避け難く現出してくる次元であり、後者の「直接的」と呼ばれるべき次元は、生前の「史的イエス」と現在的な「高挙の主」とが、同じヨハネ共同体にとっては、イエス・キリストの人格の統一性 Personeinheit の中に分ち難く内包されているという神学的(キリスト論的)な根拠によるものである。[22] ヨハネの「告別説教」はこの二つの次元を同時に機能させることによって、読者の「今」(νῦν/ἄρτι、一六・五、二二、三一など)の位置価を歴史の過去と未来との関連の中で確定する。それは迫害にもかかわらず救い(幸い)の約束が実現している時であるが、その実現も、実際に迫害(禍い)がなお続き、未来に艱難が予想される限り、なお依然として約束に留まり続けているような時なのである。読者は彼らの「今」のこのような位置価を知って、そこに「平安」εἰρήνη、つまり自己の同一性を確認すべきなのである(一六・三三)。

同じように読者を自己同一性の発見へと導こうと意図しながら、『パイドン』は哲学的存在論のレベルで、ヨハネ一三―一七章は歴史理解のレベルでそれを遂げようとしている。そして少なくとも後者はこの点で、ヘブライ文学史上の他の「訣別の辞」にも共通する機能を代表している。それは歴史解釈に奉仕するという機能である。しかし、この点についての立ち入った論証は本稿の枠を超えるので別の機会に譲りたいと思う。[23]

(1) 特に新約聖書学の分野で今なお基礎的な文献は R. Bultmann, *Die Geschichte der synoptischen Tradition*, 1. Aufl., Göttingen, 1921 (9. Aufl., 1979) = 加山宏路訳『共観福音伝承史 I、II』新教出版社一九八五/八七年、M. Dibelius, *Die Formgeschichte des Evangeliums*, 1. Aufl., Tübingen, 1919 (6. Aufl., 1971) である。

(2) R. Reitzenstein, *Des Athanasios Werk über das Leben des Antonios*, Heidelberg, 1914, p. 29, n. 2 および L. Bieler, ***ΘΕΙΟΣ*** *ΑΝΗΡ. Das Bild des "göttlichen Menschen" in Spätantike und Frühchristentum*, Wien, 1935/36 (Nachdr. Darmstadt, 1967),

p. 45 がいわゆる exitus clarorum virorum の定型的様式としての告別説教に言及し、ギリシア・ヘレニズム文学からの例と並べてヨハネ福音書を挙げているが、本格的な様式史的研究には及んでいない。辞典項目としては E. Stauffer, Art. Abschiedsreden, in: Th. Klauser (ed.), *Reallexikon für Antike und Christentum*, Bd. 1, Stuttgart, 1950, Sp. 29-35; R. Schnackenburg, Art. Abschiedsreden, in: J. Höfer/K. Rahner (ed.), *Lexikon für Theologie und Kirche*, Bd. 5, Freiburg i. B., 1957, Sp. 68-69 がある。個別研究については下記注(4)を参照。

(3)　本稿は第三一回日本西洋古典学会(一九八〇年五月二四／二五日、金沢大学)での研究発表にさかのぼる。その後、発表当日の質疑を踏まえて大幅に修正、補充の上で『西洋古典学研究』XXIX(一九八一年)号に印刷・公刊された。今回本書に収録するにあたっては、数点の関連文献を新たに追加するに留めた。

(4)　ヘブライ文学史の枠内での様式史的個別研究としては次のものがある。J. Munck, Discours d'adieu dans le Nouveau Testament et dans la littérature biblique, in: *Aux sources de la tradition chrétienne* (hommage à A. Goguel), Neuchâtel/Paris, 1950, pp. 155-170; H.-J. Michel, *Die Abschiedsrede des Paulus an die Kirche Apg 20, 17-38. Motivgeschichte und theologische Bedeutung*, München, 1973; A. Lacomara, Deuteronomy and the Farewell Discourse (Jn 13: 31-16: 33), *CBQ*, 36 (1974), pp. 65-84; E. Cortès, *Los discursos de adiós de Gn 49 a Jn 13-17. Pistas para la historia de un género literario en la antigua literatura judía*, Barcelona, 1976; E. von, Nordheim, *Die Lehre der Alten. Das Testament als Literaturgattung in Israel und im Alten Vorderen Orient*, Diss. München, 1973 (1980/85 Brill/Leiden から公刊)。なお、以下での『十二族長の遺訓』からの引用は R. H. Charles, *The Greek Versions of the Testaments of the Twelve Patriarchs*, Oxford, 1908 (Nachdr. Darmstadt, 1966) による。

(5)　旧約聖書からの引用は比較の便宜上、ヘブル語本文ではなく、いわゆる『七〇人訳』に基づく。A. Rahlfs (ed.), *Septuaginta*, Bd. 1, 8, Aufl., Stuttgart, 1965.

(6)　このような伝承史的判断については J. Jeremias, *Die Gleichnisse Jesu*, 7. Aufl., Göttingen, 1965, pp. 160-162 参照。

(7)　*θρηνέω/θρῆνος* のいわゆる Wortgeschichte と背後に前提されたイスラエル・ユダヤ教の弔歌儀礼については G. Stählin,

Art. *θρηνέω/θρῆνος*, in : G. Kittel (ed.), *Theologisches Wörterbuch zum Neuen Testament*, Bd. III, Stuttgart, 1938, pp. 148–155 に詳しい。

（8） ただし、申命記四・三二 **ἐπερωτήσατε ἡμέρας προτέρας τὰς γενομένας προτέρας σου** に注意。

（9） ヨハネ一三―一七章に限らず、一般にヘブライ文学史上の「訣別の辞」には、神あるいは去り行く者の **ἐντολή/λόγος/ῥήματα** を「守る」ようにという要求と、神あるいは同胞への愛（**ἀγαπᾶν**）をすすめる要求（本文の後述参照）とがセットになって現われる場合が多い。申命記がその典型である（五・一〇、六・五―六、七・九、一〇・一二―一三、一一・一、一三、二二など）。J. Michel, *op. cit.*, pp. 55 f. はそもそもヘブライ文学史の上で文学類型としての「訣別の辞」が生み出されたのは、いわゆる「申命記史家」グループ（詳しくは本書第Ⅵ論文、二四六頁を参照）周辺であるとする。事実、前記の例のいくつかは彼らの編纂になる「申命記史家的歴史書」に属する。ヨハネ一三―一七章が文学形式の上だけではなく、神学的にもこのグループ特有の「契約の神学」に強く影響されていることを最近 J. Beutler, *Habt keine Angst. Die erste johanneische Abschiedsrede (Joh, 14)*, Stuttgart, 1984, pp. 51 ff. が改めて論証している。

（10） 以下では紙幅の節約のため、ギリシア文学史関係の著者および作品は H. G. Liddell/R. Scott, *A Greek-English Lexicon*, 9th ed., Oxford, 1940, pp. xvi–xli の略号表によって表記する。

（11） **γόος** と **θρηνέω/θρῆνος** のギリシア文学史における Wortgeschichte と背後の弔歌儀礼については G. Stählin, *op. cit.*, p. 148 を参照。

（12） すでに J. Burnet, *Plato's Phaedo*, Oxford, 1925, p. 114 が正確に対応する文章は現存の悲劇中にないことを確認している。

（13） J. Burnet, *op. cit.*, pp. 12–13 (notes) はこの用語法 **ἀνηυφήμησε** を注解して、"raised a cry of **εὐφημεῖτε** (bona verba, favete linguis)" と説明し、117 e 1–2 の **ἐν εὐφημίᾳ χρὴ τελευτᾶν** との関連もそれによって自然になるという。しかし、それをビザンツのプラトン学者とともに修辞法でいう **κατ' ἀντίφρασιν** の例ととり、S. *Tr.* 783 と E. *Or.* 1335（共に前出）における同じ動詞と同様、**δύσφημον** として **θρηνέω** の意味で訳す可能性を保留している。このように訳されるべき場合には、プラトンの用語法はここで悲劇の「訣別の辞」のトポス③のそれに接続することになる。

(14) J. Burnet, *op. cit.*, p. 143 (notes) 参照。

(15) J. Burnet, *op. cit.*, p. xi (introduction) は、これを一般的に承認された見解と見做している。H. Williamson, *The Phaedo of Plato*, London, 1924, pp. viii-xxxix (特に§2) も史実主義の立場である。

(16) L. Robin, *Phédon*, Paris 1952 (Collection Budé), pp. IX-XXII; H. N. Fowler, *Plato-Phaedo*, London, 1914, pp. 195-199 も類似の見解であるが様式史的な視点が全く欠けた主張である。この視点から『パイドン』の枠組み(構成)の文学性、とりわけ悲劇のそれとの類似性を観察しているのは R. Hirzel, *Der Dialog. Ein literarhistorischer Versuch*, 1. Teil, Leipzig, 1895, pp. 194-195, 216-217, 225-230 である。彼によれば『パイドン』は最も強く悲劇を連想させる対話編である(p. 225)。U. von Wilamowitz-Moellendorff, *Platon*, Bd. 1, 2. Aufl., Berlin, 1920, pp. 326-327 も『パイドン』を一種新しい悲劇と表示し、プラトンによる史的ソクラテスの Verklärung と関連づける。

(17) 『パイドン』はすでにくり返し新約聖書における第四福音書に比されてきた。R. Hirzel, *op. cit.*, p. 195; H. Gauss, *Philosophischer Handkommentar zu den Dialogen Platons*, 2 Teil/2, Bern, 1958, p. 14.

(18) 松永雄二も岩波版『プラトン全集』第一巻(一九七五年)に収められた『パイドン』への解説(四一三—四四一頁)で、「死にゆくソクラテス」を描くことのプラトンにとっての意味をほぼ同じところに求めている(特に四一八—四二〇、四三九頁)。

(19) 小カトーも死の直前『パイドン』を使信として受け取った一人である。

(20) たとえば、R. E. Brown, *The Gospel according to John (xiii-xxi)*, New York, 1970 (= *The Anchor Bible* 29 A), pp. 666-667 がこの意見である。

(21) 質疑(上記注(3)参照)の席上、加藤信朗から二つの次元を区別することの意味を問われた。私はここで強く H. G. Gadamer, *Wahrheit und Methode*, 4. Aufl., Tübingen, 1975 の解釈学、特にその中心的命題である hermeneutische Horizontverschmelzung (pp. 289-290, 356-357, 375) を意識している。ヨハネ一三—一七章はこの命題からきわめて適切に説明が可能である。詳細は私の学位論文 *Gemeinde und Welt im Johannesevangelium. Ein Beitrag zur Frage nach der theologischen und pragmatischen Funktion des johanneischen »Dualismus«*, Neukirchen-Vluyn, 1984 (*WMANT* 56), pp. 140-143,

163–166 および本書第Ⅵ論文第三節を参照していただきたい。

（22） ヨハネのキリスト論のこの特徴については拙稿「エイレナイオスにおける「再統合」と救済史（八）」『福音と世界』（新教出版社）一九八〇年八月号六八－七五頁に詳しい。

（23） この点について詳しくは本書に収録した次の第Ⅵ論文「ヨハネの「今」と申命記の「今日」」を参照。

Ⅵ　ヨハネの「今」と申命記の「今日」

一　ヨハネ福音書における「今」

1　用語上の問題——νῦν と ἄρτι

古代ギリシア語で「今」を表わす時の副詞には νῦν と ἄρτι の二つがある。新約聖書における使用頻度を調べてみると、まず νῦν はマタイ四回、マルコ三回、ルカ一四回に対して、ヨハネでは二七回現われる。(1) 使徒行伝には二五回、次いでローマ書に一四回現われるが、文学形式上の差違を考慮しなければならないから、福音書との直接の比較対象にはならない。(2) したがって、四福音書の中ではヨハネにおける使用頻度が群を抜いて高いと言うことができる。ἄρτι については、マタイで七回用いられるものの、マルコとルカでは全く現われないのに対して、ヨハネでは一二回現われる。これは νῦν の場合と同様、福音書のみならず、新約聖書全巻の中で最も高い頻度である。この事実に加えて、ヨハネ福音書に特徴的ないわゆる「現在的終末論」を考え合わせる時、ヨハネにとって「今」が、単なる時の副詞としての役割を越える独特な神学的意味を担うものであることが予想されるのである。

もっとも ἄρτι が終始、時間的意味(「今」)で用いられるのに対し、νῦν は元来の時間的用法から転義して、非時間的・論理的な意味でも用いられる。この点は古代ギリシア語一般においてそうであるが、ヨハネの場合にも認められる。一つは、直前に非現実の仮定法(Irrealis)の文章が置かれるのを受けて、実際にはその仮定(Protasis)および帰結(Apodosis)と正反対の事態になっていることを明言する場合で、多くの場合、反接の小辞 δέ を伴い、νῦν δέ の形で用いられる。例えば、「イエスは答えられた、「わたしの国はこの世のものではない。もしわたしの国がこの世のものであれば、わたしに従っている者たちは、わたしをユダヤ人に渡さないように戦ったであろう。しかし事実(νῦν δέ)、わたしの国はこの世のものではない」」(一八・三六)という具合で、他にも八・四〇、九・四一に見られる用法である。(3) 今一つは、旧約以来のヘブライ語の定型表現 wᵉʿattāh に応じる形 καὶ νῦν である。その論理的接続のニュアンスは一様ではないが、ラザロの復活の場面でのマルタの文言、「主よ、もしあなたがここにいて下さったなら、わたしの兄弟は死ななかったでしょう。しかし、それでもなお(καὶ νῦν)、私は、あなたが神にお願いになることは何でも神はかなえて下さると承知しています」(一一・二二)では、話し手による確言を反接的に導入する形になっている。(4)

以上の論理的用法を除くと、ヨハネは νῦν を終始時間的意味で用いている。時の副詞としての νῦν は、ヘレニズム期のギリシア語でも ἄρτι とほとんど差違のない同義語として用いられていた。(5) この点でもヨハネはそれに準じており、構文上も内容上も相互にきわめて類似した並行的な文言において(例えば一三・一九＝ἄρτι と一四・二九＝νῦν)、あるいは同一文脈内のきわめて近い位置関係において(九・一九、二五＝ἄρτι と同二一＝νῦν、一三・三六＝νῦν と同三七＝ἄρτι、一六・二九、三〇＝νῦν と同三一＝ἄρτι)、無造作に二つを交替させている。(6) したがって以下、ヨハネの「今」の神学的意味を問うにあたって、両者を区別なく取り扱うことが許されるであろう。

2　キリスト論的内包と全時的「今」

さて、ヨハネ福音書を含めて福音書が福音書として、新約聖書の他の文書から区別される所以は、当然のことのようだが、生前のイエスの生涯をその死に至るまで、出来事の順を追って――ただしこの順番がそのまま史実なのではない――クロノロジカルに物語るという点にある。その場合、福音書の著者たちは歴史上の事件としてのイエスの死から、早い者(マルコ)でも約四〇年、遅い者(ヨハネ)では約六〇年も、隔って生きている。ところがイエスは彼らの信仰において、復活者として彼らの現在(「今」)に生きる存在であるがゆえに、イエスの生涯も史的一回性の過去へ埋没してしまわずに、現在であり続ける。その結果、もちろん福音書によって程度の違いはあるものの、生前のイエスの生涯をクロノロジカルに物語ろうとするストーリーの現在の中へ、著者の現在が侵入するという事態が生じてくる。にもかかわらず、福音書という叙述形式を採用する限りは、イエスの生涯の史的一回性・過去性を放棄することはできない。また逆に、この史的一回性・過去性に固着することそのことこそが、この生涯において出来事となった救いが人間の信仰に対して有する先行性(extra nos)を言い表わそうとする行為、すなわちきわめて神学的な行為なのである。(7)

ヨハネ福音書が *νῦν* と *ἄρτι* を時間的な意味で用いている箇所の中のいくつかは、今述べた意味でのクロノロジカルなストーリーの現在に完全に埋没している。サマリヤの女との対話の途中でイエスが発する言葉、「夫がないと言ったのは、もっともだ。あなたには五人の夫があったが、今(*νῦν*)のはあなたの夫ではない」(四・一七―一八)、あるいは、パリサイ人がイエスに癒された盲人の両親に向ける尋問、「これが生れつき盲人であったと、おまえたちの言っているむすこか。それではどうして、いま(ἄρτι)目が見えるのか」(九・一九——さらに同二一、二五節も参照)がその典型である。いずれの場合の「今」も、史的一回性の次元で描かれるそれぞれの場面の対話の現在を越えるものではない。[8]

ところが、以下順次検討する箇所での「今」は、それぞれのストーリーの現在を超出し、著者の現在をも同時に内包する「今」となっている。[9]

a　四・二三と五・二五

イエスはサマリヤの女との対話の終りに近く、真の礼拝が行なわれるべき場所の問題をめぐって、次のように語る。

「あなたがたが、この山〔サマリヤのゲリジム山のこと〕でも、またエルサレムでもない所で、父を礼拝する時が来る。(中略)しかし、まことの礼拝をする者たちが霊と真理とをもって父を礼拝する時が来る。そうだ、今きている。父はこのような礼拝をする者たちを求めておられるからである。神は霊であるから、礼拝する者も、霊と真理とをもって礼拝しなければならない」(四・二一—二四)。

傍点を付した表現(ギリシア語では ἔρχεται ὥρα καὶ νῦν ἐστιν)の前半「時が来る」はストーリーの現在から発せられた予告であるのに対し、後半「そうだ、今きている」は第一義的には著者ヨハネの「今」をこそ指すものと考えざるを得ない。ここに言う「霊と真理」とは何か抽象的・一般的な表現ではなく、きわめて輪郭のはっきりした概念、つまり、後述のイエスの告別説教において約束されている「パラクレートス」=「真理の御霊」(一四・一七、一六、一五・二六、一六・七—一五)を指している。すでに他の所で立ち入って論証したとおり、[10]ヨハネと彼の教会(読者)はすでにこの「真理の御霊」の働きの下にあると自己を理解している。彼らは「霊から新しく生まれた」者たち(三・三―八参照)なのである。

このようなストーリーの現在と著者の現在の相互浸透は、すでに述べたように、原始キリスト教の復活信仰の前提の下では、多かれ少なかれ一般的に生じ得ることであるのだが、ヨハネの場合は、「キリスト論的(または、人格的)内包」と呼ばれる彼のキリスト論の独特な在り方から根本的に規定されている。この「キリスト論的(人格的)内包」を、今手短かに説明するとすれば、その良い例となるのが有名なプロローグ(一・一―一八)である。このプロローグは一方では、福音書本体が洗礼者ヨハネの登場以後(一・一九以下)の出来事をクロノロジカルに物語ろうとするのに先立ち、先在の神の独り子がその先在の場所(一・一―三)を歩み出て、人間となり(=受肉―一・一四)、歴史の中へ到来する次第をこの順番で語る。この限りではその視点はプロスペクティヴ(前方志向的)であり、一・一九以下のクロノロジカルな叙述に首尾よく接合する。ところがヨハネにとっては、この受肉によって始まった救いの出来事は、すでに十字架上のイエスの死において「完成」(一九・三〇)しているのであり、彼の現在はその結果たる「光」と「やみ」の分離によって徴づけられている。ヨハネはこの視点からのレトロスペクティヴ(回顧的)な文言をもプロローグの中に持ち込み、先のプロスペクティヴな文言と無造作に並列させるのである。その結果、このプロローグでは、「光」と「やみ」の分離が受肉以前の時へ持ち込まれ(五節)、受肉(一・一四)以前に受肉のロゴスが世にいる(一〇節)という非論理のみならず、最後(一八節)には、受肉したばかりのはずの神の子が、すでに復活と高挙を経て再び「父のふところにいる」という、論理的にはきわめて難解な論述となっている。

このことは、すなわち、ヨハネの信仰(fides qua creditur)の内的な時間意識において、イエス・キリスト(fides quae creditur)が全時的存在として捉えられていることを意味している。イエス・キリストは救いの出来事の「初め」(一・二)から「終わり」までのすべての時間的道のりを自らの内に内包する存在として、ヨハネにとっては終始現在なのである。プロローグに現われた非論理は、この内的に意識されている時間が、クロノロジカルな外的時間と相互浸透的に交替することに起因している。

ヨハネはこのような全時的存在としてのイエス・キリストを、好んで「人の子」と言い表わす。このことは「天から下ってきた者、すなわち人の子のほかには、だれも天に上った(ἀναβέβηκεν)者はいない」(三・一三)という文言に最も端的に明らかである。そして実にこの文言それ自体――特に傍点を付した現在完了形「天に上った」――も、公の活動を始めて間もないイエスが或る夜、ニコデモと一対一で対話しているというストーリーの現在からは内在的に説明がつかない性質のものである。(11) それは明らかに、イエスの十字架と復活・高挙をすでに前提としている著者の現在からの発言である。つまり、ここでも著者の内的な時間が、クロノロジカルなストーリーの外的時間を内側から破っているのである。

以上のことを念頭において、次に五・二四―二五を見てみよう。

「よくよくあなたがた(＝ユダヤ人のこと)に言っておく。わたしの言葉を聞いて、わたしをつかわされた方を信じる者は永遠の命を受け、またさばかれることがなく、死から命に移っているのである。よくよくあなたがたに言っておく。死んだ人たちが神の子の声を聞く時が来る。今すでにきている。そして聞く人は生きるであろう」(五・二四―二五)。

傍点を付した部分は、ギリシア語では前出の四・二三と全く同じ表現である。しかし、この箇所の「今」は、直後の五・二七に「子は人の子であるから、子にさばきを行なう権威をお与えになった」とあるから、四・二三の「今」以上に「人の子」との結びつきが明瞭である。すなわち、この「今」は「人の子」の全時性における「今」

なのである。しかも、この「今」は生前のイエスがユダヤ人に向かって宣教している今であると同時に、イエスの死後その宣教を継続しているヨハネと、その教会の今も包摂するというにとどまらない。(12)それは、当時(一世紀末)多くのキリスト教徒が通常なお未来のことと考えていた最後の審判をも、すでに包摂する今でもある。第四福音書において伝統的な未来的終末論が現在化されていることは周知のとおりであるが、この現在化は、過去・現在・未来を一つの「今」に凝縮させる「人の子」の全時性に、とはすなわち、ヨハネのキリスト論によって根拠づけられているのである。また、この「今」は過去・現在・未来をそれぞれの歴史的具体性とともに内包し、それによって充満している今であり、無時間性と、あるいは時間に対立する「永遠の今」と混同されてはならない。

b　一二・二七、三一

一二・二七のイエスの祈り、「今(νῦν)わたしは心が騒いでいる。わたしは何と言おうか。父よ、この時からわたしをお救いください。しかし、わたしはこのために、この時に至ったのです。父よ、み名があがめられますように」は、伝承史的には共観福音書のゲッセマネの祈り(マルコ一四・三四―三六、マタイ二六・三八―四二、ルカ二二・四二)に対応する文言である。ヨハネは新たにこれを世に対するイエスの公の活動を締め括る文脈(13)へ置き変えているだけではない。傍点を付した「今」は共観福音書の並行句には欠けている。この「今」にこそヨハネの強調点があることは、それが直後の三一節で二回繰り返されることから明白である。――「今はこの世がさばかれる時である。今こそこの世の君は追い出されるであろう」。

この「今」はクロノロジカルな物語の時間としては、イエスが今や十字架(死)の直前にまで到達した時点を指す(二四節の「一粒の麦」の比喩、および三三節参照)。しかし、ヨハネにとっては、それは同時に、神の永遠の配剤によって定められていた時(二・四、七・八、三〇、八・二〇のほか、一三・一、一七・一も参照)として、深く神学的な時、すなわち彼の信仰の内的時間意識に関わる今でもあると考えなければならない。事実、二三節が明言するとおり、それは「人の子」の今なのである。

　これとの関連で注意したいのは、一二・二〇―三六aの段落全体を費やしてヨハネが解決しようと骨折っている問題である。この段落は、祭のためにエルサレムにやってきた数人のギリシア人が「イエスに会いたい」と考えて、まずピリポにその旨を伝えると、ピリポはさらにアンデレに伝え、その後初めてこの二人がイエス本人に伝える、という奇妙にもってまわった場面(二〇―二二節)で始まる。一見確かに奇妙であるが、ヨハネがそれによって提起している問題は、イエスの死後六十余年も経て生きる彼および彼の教会にとって、とはつまり、ピリポやアンデレのように生前のイエスに直接会い、直接弟子とされた者ではない一世紀末の信仰者にとって、イエスに「会い」、その後に「従う」(二六節参照)ことが今なおいかにして可能なのか、という神学的に実に深刻な問いなのである。

　この問いに対しヨハネは、「わたしがこの地から上げられる時には、すべての人をわたしのもとに引きよせるであろう」(三二節)というイエスの言葉によって答える。イエスが「地から上げられる時」とは、彼が十字架へ上げられる時であるとともに、父から委託された啓示(救い)のわざを「完成」(一九・三〇)し、再び父のもとへ上げられる時でもある。ヨハネにとっては、それはすでに歴史的過去であると同時に、そこに埋没せず、「人の子」イエスの全時性のゆえに現在(今)でもある。彼によれば、信仰者の「信従」(ἀκολουθεῖν)は、生前のイエスでも、復活・高挙のイエスでもなく、この「人の子」イエスに対してこそなされるべきものなのである。「人の子」イエスが自らの中に、あらゆる時を内包する方であれば、かつて生前のイエスに従った弟子たちの信従も、一世紀末のヨハネの教会のそれも、つまり「すべての人」(三二節)の信従が、クロノロジカルな隔たりを超えて、「同時的」となる。一二・二七、三一の「今」は、この意味での同時性のレベルで理解されなければならない。しかも、一二・三一が語る「この世の君」の追放は、黙示録一二・一〇が典型的に示すとおり、一世紀末の通常の終末論では、なお未来のこととして待望されていた。したがってこの箇所の「今」は、五・二五の場合と同様、過去と現在のみならず未来をも内包する、文字どおり全時的な今なのである。[14]

c　最後の晩餐と告別説教(一三―一七章)

ヨハネが時間的意味で用いる「今」は、最後の晩餐の場面(一三・一―三〇)といわゆる「告別説教」(一三・三一―一六章)と一七章に集中的に(二〇回)現われる。場面上さらに詳しく見れば、イエスの洗足行為の意味をめぐる問答(一三・七)、ユダの背信の予告(同一九)、告別説教の導入部での信従をめぐる問答(同三三、三六、三七)、「父(神)を見る」ことの意味をめぐる問答(一四・七)、いわゆる「第一告別説教」[15]の結び(一四・二九)、イエスの宣教に対する世の敵意の回顧と総括(一五・二二、二四)、イエスに代わる「真理の御霊」の約束(一六・五、一二)、イエス自身との再会の約束(同二二、二四)、いわゆる「第二告別説教」の結び(同二九、三〇、三一)、さらにイエスの最後の祈り(一七・五、七、一三)と満遍無く分散している。いずれの箇所の「今」も、今や目前に差し迫った十字架上の死、父のもとへの回帰、弟子たちとの離別の時を指している。

しかし、この「今」もやはり「人の子」イエスの「今」である。このことをヨハネは、告別説教全体の序文とも言うべき重要な位置で、

「今や人の子は栄光を受けた。神もまた彼によって栄光をお受けになった。彼によって栄光をお受けになったのなら、神ご自身も彼に栄光をお授けになるであろう。すぐにもお授けになるであろう」(一三・三一)。

と言い表わしている。したがって、この「人の子」の「今」は史的一回性の過去としての最後の晩餐の夜であると同時に、一世紀末のヨハネ教会の「今」でもあり、そのどちらか一方に排他的に固定することができない。それは「人の子」の全時性に支えられた全時的な「今」として、過去と現在の間を振動し、往復するのである。告別説教におけるヨハネの叙述の視点が、史的一回性のレベルに拘束されるストーリーの現在と著者としての彼自身の現在の間を変動することは、すでに他の所で詳細に論証したとおりであるが[16]、このことの意味するところも同じである。

著者自身の視点がそのように変動するのであるから、読者としてのヨハネ教会も過去と現在の間を往復しながら告別説教の本文を読むはずである[17]。そこで次節で行なう申命記との比較を念頭に置きながら問いたいのは、その時告別説教の本文はいかなる効用――テキスト効用論の意味での効用――を果たすだろうかという問題である。この問題もすでに他の所で立ち入って論じたので[18]、ここでは要点のみを再記するにとどめたい。

イエスの告別説教の中味は、その大半が、彼の退去後に起きるであろう出来事への予告である。それは内容的に、「弟子たち」の上に降りかかる艱難を予告するものと、逆に彼らに与えられるであろう救いの喜びを予告するものとに大別される。艱難の予告はいわゆる「第二告別説教」に集中的に現われ、「弟子たち」に対する世の憎悪と迫害(一五・一八―二五)、ユダヤ教共同体(会堂)による追放と殺害(一六・二―三)について語る。救いの予告の中心をなすのは、イエスがやがて父のもとから派遣するであろう「真理の御霊」(パラクレートス)の約束である。「真理の御霊」は迫害の中を「弟子たち」とともにイエスについてあかしをし(一五・二七)、世のさばきを明らかにし(一六・一一)、「弟子たち」にすべてのことを教え(一四・二六、一六・一三)、「来たるべきこと」を知らせるであろう(一六・一三)。この「真理の御霊」において彼らはイエスと再会し(一六・一六以下、一四・一八以下)、イエスの言葉を「比喩」ではない「あからさま」な言葉として理解するであろう(一六・二五)。さらにはイエス自身のいる父のもとへと迎

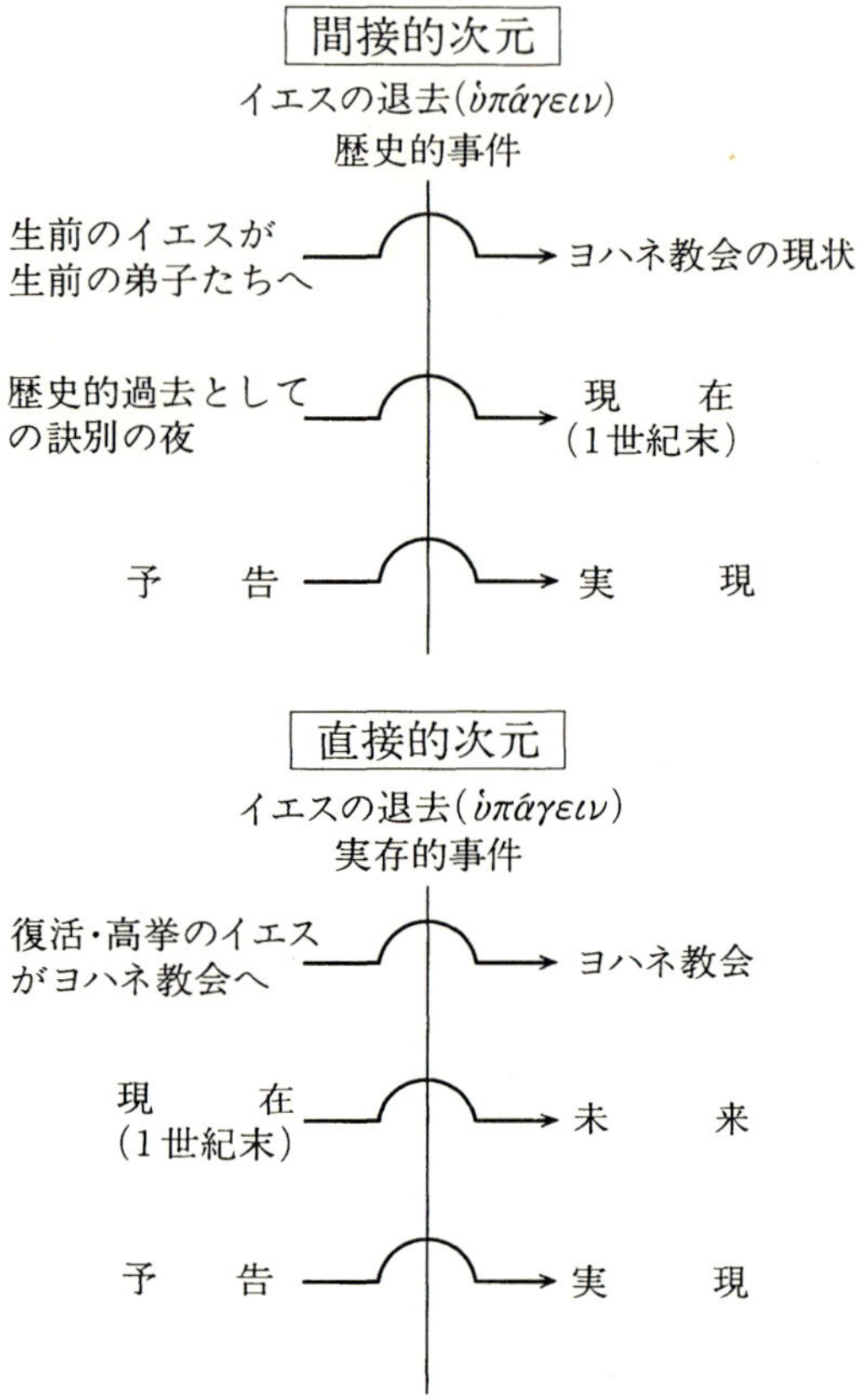

図4

えられるであろう(一四・二一三、一七・二四)。

「人の子」イエスが発するこれらの予告を、読者たるヨハネ教会の信徒たちは二つの次元で読むことができる。言わば、間接的次元と直接的次元と呼ぶべき二つである(図4参照)。

間接的次元ではヨハネ教会は、歴史的一回性の過去としてのイエスの訣別の夜と自分たちの現在との間のクロノロジカルな時間的距離を意識している。この時、前記の予告の大部分は一種の事後予言(vaticinium ex eventu)となる。一世紀末のユダヤ教の会堂から追放され、事実、迫害を受けているヨハネ教会の否定的現実[19]は、あらかじめイエスによって予告されていたこととなり、「躓き」を取り除かれる(一六・一参照)。と同時に、すでに「霊と真理によるまことの礼拝」(四・二三)を行なっている彼らの現在は、イエスの救いの予告が実現した救いの時として示される。この場合、テキストは弁神的・弁証的に働くと言えよう。

他方、直接的次元で読まれると、テキストが描くイエスの退去(ὑπάγειν)は史的一回性の過去への拘束を解かれて、信仰者の実存にとって常に繰り返し生起し得る事態を表現するものとなる。この時、読者は最後の晩餐の席に居合せる「弟子たち」と直接的に一体化し、前述のイエスの予告は、すべてヨハネ教会自身の未来に向かっての予告となる。彼らの未来は、なおさまざまな艱難から自由ではあり得ない。その限り、彼らの上に現在すでに実現している救いと喜びも、所与(現実)であると同時に、なおも未来への約束(可能性)として示され続けなければならないのである。つまりこの場合、テキストは警告と約束のために働くわけである。

読者であるヨハネ教会は、この二つの読み方の間を往復するのであるが、間接的次元から直接的次元へと移動するのが基本的な動きであると考えなければならない。というのは、イエス自身とともに父のもとに迎えられるという予告(一四・二―三、一七・二四)、つまり、救いの究極的完成の予告は、間接的次元で読まれる場合にも、事後予言とはならず、ヨハネ教会それ自身の現在を超えて、彼らの未来を指し示すからである。その時、彼らは自分たちの前に歩むべき道のりが、多くの未決の問いとともに待ち構えていること、逆に言えば、彼らの現在が決してすでに完結した時ではないことを自覚する。そこに、彼らが同じイエスの告別説教を直接的次元においても読まざるを得ない必然性が生まれてくる。告別説教の本文は、このような動きにおいて読まれる時、ヨハネ教会の現実を過去から弁証すると同時に、その現実をなおも可能性(約束)として受けとめるように促すことによって、日々新たに生じてくる未決の問いに立ち向かう精神態度を創造するのである(一四・三一参照)[20]。

二　申命記における「今日」

1　ヨハネの「今」との類似性

さて、クロノロジカルに測ることができる量的・外的時間と主体の経験および内的意味づけに関わる内的時間とが、相互に浸透し合うという事態は、決してヨハネ福音書に、あるいは復活信仰成立以後の原始キリスト教にのみ限られるわけではない。むしろ、それは、関根正雄によれば、(21) ヘブライ的時間理解一般にまさに特徴的なものなのである。したがって、旧約聖書にも、ヨハネの「今」と同じように、過去と現在を重ね合わせ、その間を往復するような時の副詞の用い方が見出されるのは当然である。そして、その最も印象的な事例が申命記に頻繁に現われる「今日」(hayyôm 約七四回)――および「今」(attāh 五回)――であろう。(22)

現在の形での申命記は、イスラエルの民を率いてエジプトを脱出したモーセが、四〇年の荒野の道のりを経てヨルダン東岸のモアブの地に達し、「乳と蜜の流れる」約束の地を遥かに望み見ながらも、定められた自らの最期を前に、途中ホレブ(シナイ)山で授与された律法を全イスラエルに説明して聞かせるという設定をとっている。つまり、モーセの告別説教という文学形式になっているのである。前記の「今日」は、狭義の律法(申命記法)の提示部分(一二―二五章)を挟んで、このような状況設定を行なういわゆる「枠」の部分(一・一―四・四三と三一―三四章)とモーセの説教の部分(五―一一章、二六―三〇章)に集中的に現われる。[23]

この「今日」は、設定された状況を純粋に史的一回性のレベルで受け取れば、紀元前一三〇〇年前後の時代に属する。他方、現在の申命記は、ユダ王国末期の前七世紀後半からバビロン捕囚の終わる前六世紀後半にかけての少なくとも二〇〇年間にわたって、古伝承の収集・編集・増補改訂が数次にわたって繰り返された後に成立したものである。しかも、モーセがイスラエルに呼びかける「あなたがた」、あるいは「あなた」は、このモーセの語りという形式を採用した編集者(層)が、彼自身の時代のイスラエル――あるいは、その一部のグループ――に直接語りかけるためのものでもある。このことは、現在、申命記研究の通説と言わなければならない。[24]とすれば、問題の「今日」は、そのように呼びかけられる読者にとっては、史的一回性の過去と彼らの今との間を、五〇〇―七〇〇年余の隔たりを越えて、揺れ動き、往復するものとなる。ヨハネの「今」との現象的な類似性は明らかであろう。加えて、モーセの語りが最終的には彼の告別説教とされていることを考え合わせるならば、特にヨハネ福音書の告別説教の「今」を念頭に置きながら、申命記の「今日」のこのような性格を支える独自の神学的根拠、および申命記全体の効用について考えてみることも、根拠なきことではないであろう。

2　モーセの告別説教と「今日」

もっとも、その前に今少し厳密に考えておかなければならない編集史上の問題がある。すなわち、前述のように、現在の申命記が王制初期のイスラエルの法伝承(申命記法)から捕囚後の第二神殿時代にまたがる複雑極まる編集史(成立史)を経たものであるとすれば、われわれの「今日」は、その過程上のどの段階(時代)において導入されたものであるのか。また、モーセの告別説教という語りの形式とどの段階で結合されたと考えればよいのか、という問題である。しかし、いずれも精緻な文献学的作業を要求する問いであり、とうてい専門外の私の手に負えるところではないので、ここでは最近の申命記研究の動向をごく大まかに確認しておくにとどめたい。

現在の申命記から列王紀までの一連の文書を、一人の歴史家の手による統一的な歴史記述として最初に捉えたのは、周知のように、M・ノートである。ノートによれば、「申命記史家《ドイトロノミスト》」と呼ぶべきこの歴史家は、時代的には捕囚期に生きた。彼は、申命記法が継続的に前後に拡張されて到達した形態＝四・四四―三〇・二〇をすでに所与として受容し、さらにその前後に枠となる記述(一・一―四・四三と三一、三四章)を付加した上で、彼の歴史記述(「申命記史家的歴史書」)の冒頭に置いたのである。この説に従えば、申命記史家が受容した部分がすでに全体としてモーセの語りとして提示され、「今日」をも含んでいたはずである。ただし、そのモーセの語りは、未だ必ずしもモーセの告別説教として提示されていたわけではなく、むしろ申命記史家が彼の手による枠付けの部分で、モーセの死が差し迫っていることを繰り返し明言する(一・三七―三八、三・二三―二九、四・二一―二二、三一・一四―一五、二七、および三四章)ことによって初めて、モーセの告別説教という形式を明確にしたのだと考えられることになる。[25]

ノート以後の研究は、前記の複雑極まる成立過程を編集史的に解明することに精力を傾けてきたように思われる。その結果、現在では基本的に三つの層――(1)申命記以前に遡る法伝承を中心とする基層、(2)王国時代末期の宮廷書記グループによる編集・改訂、(3)捕囚期の申命記史家グループによる編集・改訂――を想定するのが、ほぼ共通意見であると言われる。[26] もっとも、(2)から(3)への移行を時代的に捕囚の前とするか後とするかで、すでに意見が分かれているばかりではなく、(2)と(3)それぞれをさらにいくつかの編集層に細分化しようという試みが行なわれており、この面では実にさまざまな見解が錯綜している状態である。[27]

しかし、ノート説との対比で見れば、申命記史家を一個人ではなく、一つの学派と見做し、その数次にわたる編集・改訂作業は、ノートの言う枠部分を遥かに越えて、申命記本体、特に、モーセの説教部分(四・四四―一一・三一、二六―三〇章)にも深く及んでいると考える点で、広範囲の意見の一致が認められる。[28] われわれの問題にしている「今日」は、すでに述べたように、この枠と説教部分に集中的に現われるのであるから、モーセの語りと「今日」の導入に最も主要な責任を負うのは申命記史家グループと考えてよいであろう。[29] 彼らの数次にわたる編集・改訂作業のそれぞれの段階における申命記の形態(本文)を再構成することも、或る程度可能のようである。しかし、個々のそのような試みの妥当性について立ち入った判断を下すことは、われわれには困難であるから、われわれとしてはその中の最も遅い層――すなわち、形態としてはほぼ現在の申命記、時代としては捕囚期――に即して問題を考えることとする。もっとも、最近の鈴木佳秀の研究は、モーセの語りを告別説数(遺言行為)として明示し直す枠を、捕囚期後、第二神殿時代に入ってからの付加と見做している。[30] 仮にこの想定が正当だとしても、申命記史家グループは、すでに枠の付加以前の段階においても、モーセの語りを暗黙の中に告別説教として叙述していると考えてよいであろう。彼らは、モーセが約束の地に入ることなく、ヨルダンの向こうで死んだとする古い伝承を、読者にも既知のものとして前提していると思われるからである。[31]

3　神の約束の全時性

捕囚期の申命記史家によれば、捕囚という民族の大破局が生じたのは、約束の土地カナンに定着以後のイスラエル・ユダが繰り返しホレブ契約を捨て、律法に違反し続けたことに対するヤハウェ(＝主)の刑罰であるに他ならない。このことは、例えば次のようなモーセの口に置かれた事後予言に端的に明らかである。「国々の民はこぞって言うであろう。「なぜ主は、この国にこのようなことをなさったのか。どうしてこのように激しく怒りを燃やされたのか」。それに対して、人々は言うであろう。「彼らの先祖の神、主がエジプトの国から彼らを導き出されたとき結ばれた契約を、彼らが捨て、他の神々のもとに行って仕え、彼らの知らなかった、分け与えられたこともない神々にひれ伏したからである。主の怒りはそれゆえ、この国に向かって燃え、この書に記されている呪いがことごとく臨んだのである。主は激しい怒りと大いなる憤りをもって彼らを大地から抜き取り、他国に投げ捨てられ今日のようにされた」(二九・二三—二七)。[32]

また、さらにヨシュア記から列王紀(下)に及ぶ長大な歴史記述も、これと同じ考えを、捕囚に至るまでのイスラエル・ユダの歴史の各時代に立ち入りながら、述べるものに他ならない。

ここからM・ノートは、よく知られているように、申命記史家のこの歴史記述の意図について消極的・否定的な判断を引き出した。すなわち、王国滅亡と捕囚という破局の神学的な意味を、右のように言わば「神義論的・弁神論的」[33]に解明することに彼の執筆意図は尽きており、しかも、この破局はすでに最終的・究極的な裁き・呪いであって、来たるべき捕囚民の帰還や王国再建のような将来への希望は彼の視野にない、という判断である。[34]しかし、すでにH・W・ヴォルフが正当にも指摘しているとおり、そのような消極的な意図だけで、かくも長大な歴史記述に精魂が傾けられたとはとうてい考え難い。逆にヴォルフは、「救済史の神への立ち返り」の呼びかけこそ、この申命記史家の歴史記述の本来の使信であり、その重要な箇所でさまざまな実例を描くことによって、「イスラエルが捕囚という裁きの中にあって何を聞き、何をなすべきかを提示しているのである」と言う。[35]そして、申命記そのものの中では、特に四・二九—三一と三〇・一—一〇に同じ使信が読み取られるべきことを説得的に明らかにしている。[36]

「わたしがあなたの前に置いた祝福と呪い、これらのことがすべてあなたに臨み、あなたが、あなたの神、主によって追いやられたすべての国々で、それを思い起こし、あなたの神、主のもとに立ち帰り、わたしが今日命じるとおり、あなたの子らと共に、心を尽くし、魂を尽くして御声に聞き従うならば、あなたの神、主はあなたの運命を回復し、あなたを憐れみ、あなたの神、主が追い散らされたすべての民の中から再び集めてくださる。たとえ天の果てに追いやられたとしても、あなたの神、主はあなたを集め、そこから連れ戻される。あなたの神、主は、かつてあなたの先祖のものであった土地にあなたを導き入れ、これを得させ、幸いにし、あなたの数を先祖よりも増やされる」(三〇・一―五)。

傍点を付した「今日」(二節)は、明らかに、モーセが出エジプトの民にヨルダンの向こうで語るというストーリーの現在と、捕囚期に生きる申命記史家(著者)の現在とを同時に包摂している。捕囚期の申命記史家にとっては、今まさに約束の地に入ろうとしつつある出エジプトの民とは、捕囚を解かれて再び先祖の土地へ帰還することに望みをかけるべき眼前のイスラエルの姿に他ならない[37]。彼ら申命記史家に即してみれば、その他の箇所の「今日」(「今」)も、原則として終始この二重性において理解されなければならない。それとともに、神が「今日」モーセを通して、律法と共に出エジプトの民の前に置く祝福と呪いの予告も、「この律法の書に記されている戒めと掟を守り、心を尽くし、魂を尽くして、あなたの神、主に立ち帰る」(三〇・一〇)べき捕囚の民の「今日」にも向けられたものとなる。ただし、呪いの予告はすでに捕囚という破局において実現してしまっているのであるから、申命記史家の力点は、かつてモーセを通して発せられた祝福の予告が捕囚の民の現在においても生き続けているという側面――「祝福の回復」――に認められるべきであろう[38]。

他方、申命記史家は、かつてのホレブ(シナイ)契約と彼ら自身の現在との間に横たわる時間的・歴史的距離を自覚しなかったはずはない。一一・一―七が明言するとおり、出エジプトに伴う一連の出来事を自分たちの目でつぶさに見た世代は、「あなたたちの神、主の訓練を知ることも見ることもない子孫とは違う」のである。(39)

とすれば、すでに確かめたような「今日」における過去と現在の重ね合わせ、また、それとともに、規範としてのモーセ律法(申命記法)の現在化(Aktualisierung)は、神学的にはいったいどのような可能根拠に基づくのであろうか。

この関連で見逃し得ないのは、G・フォン・ラートがこの問題に対して与えた解答である。ラートは、かつて北王国のシケムで定期的に遂行されたような契約更新の祭儀(ヨシュア記二四章参照)が、ユダ王国末期においてもエルサレム神殿を中心に存続していたと想定し、申命記に特徴的な「今日」を、元来そのような祭儀の場に由来するものとして説明した。(40) その際ラートが特に好んで引き合いに出すのは次の二つの本文である。

「イスラエルよ、聞け。今日、わたしは掟と法を語り聞かせる。あなたたちはこれを学び、忠実に守りなさい。我々の神、主は、ホレブで我々と契約を結ばれた。主はこの契約を我々の先祖と結ばれたのではなく、今日ここに生きている我々すべてと結ばれた。主は山で、火の中からあなたたちと顔と顔を合わせて語られた」(五・一―四)。

「今日、あなたたちは、全員あなたたちの神、主の御前に立っている。(中略)それは、あなたがあなたの神、主の契約に入り、あなたの神、主が今日あなたと結ばれる誓いを交わすためであり、今日、主があなたを立てて御自分の民とし、自らあなたの神となられるためである。主がかつてあなたに告げ、先祖アブラハム、イサク、ヤコブに誓われたとおりである。わたしはあなたたちとだけ、この契約と誓いを結ぶのではない。今日、ここで、我々の神、主の御前に我々と共に立っている者とも、今日、ここに我々と共にいない者とも結ぶのである」

（二九・九―一四）。

このうち、第一の本文に対して、ラートは次のような説明を加えている。――「シナイ山における神の啓示は決して過ぎ去ってしまったもの、現に生き、ここで語りかけられている世代にとっては歴史上の出来事にすぎないものではない。むしろそれは、この世代にとってこそ彼らの生を決定する現実性を持つのである。時間関係をこのように倒置するのは、文学的な構想というようなものの中では意味を成さないであろう。というのも、文学的なやり方ではモーセより後の世代にこのような主張を真実味のあるものとして要求することはできないであろうから。けれども、祭儀の経験の中では、過去・現在・未来における神の行動が一つとなり、信仰にとって未曾有の切実性を持つものとなるのであって、そこではこのような文言は可能でもあり、事実、必然的でもある」(41)。

さて、申命記の――「今日」のみならず――構成全体の背後に、どこまでラートの言う契約更新の祭儀が想定可能なのか。この点について、最近の申命記研究では、次第に多くの疑義が提出されているようである(42)。それは別にしても、捕囚期について言えば、神殿祭儀そのものがすでに存在しないのであるから、いずれにせよラート説をもって前述のわれわれの問いに対する解答とすることはできない。捕囚期の申命記史家の生活の座としては、むしろ、ことば（説教）中心の礼拝を考えるべきであろう(43)。現在の申命記にも、言わば「書かれた説教」という性格は明白であるから、われわれの問いを考えるにあたって、ラートの断定とは正反対に、申命記の文学的構想を無視することは許されないと思われる。

すなわち、ラートが、先に引用した五・一―四について、「時間関係の倒置」を云々する場合、彼はそこに出る「あなたたち」・「我々」を（王国時代末期の）祭儀参加者としてのイスラエルととり、「我々の先祖」をモーセの世代と解していると思われる。しかし、これでは祭儀による時間の超越が一面的に強調され、申命記がモーセの告別説教として構成されている次元は無視されてしまう。[44] 逆に、この構想に従うならば、「今日ここに生きている我々すべて」は、モーセの世代(過去)と捕囚の民(現在)とを同時に包摂し、「我々の先祖」はアブラハム、イサク、ヤコブを指すと解さなければならない。そしてここにわれわれの問いを解く重要な手掛りがあるように思われる。すなわち、そう解すると、「主はこの契約を我々の先祖と結ばれたのではなく、今日ここに生きている我々すべてと結ばれた」(五・三)という文言は、まず救済史の認識として正確なものとなる。ホレブ(シナイ)契約はアブラハム、イサク、ヤコブとではなく、モーセ時代のイスラエルと初めて結ばれたものだからである。さらに同じこの文言は、この二つの時代(世代)を対立させるものではない。[45] むしろ、それは全く逆に、かつてアブラハム、イサク、ヤコブに対し「乳と蜜の流れる土地」を約束した神の誓いが、ホレブ契約を支え、今まさにその約束の地に入ろうとしている「我々すべての者」――つまり、出エジプトの民と捕囚の民――の「今日」を支えていることを含意するものである。出エジプトの民は、ホレブに至る以前の荒野の放浪において不従順であったばかりではない。彼らはまさにホレブにおいてさえ「主を怒らせた」(九・七―八参照)。にもかかわらず神が彼らを滅ぼさず、「今日」約束の地へ導き入れようとしているのは、ひとえに神が自らかつての約束に忠実であろうとするからに他ならない。――「あなたが正しく、心がまっすぐであるから、行って彼らの土地を得るのではなく、この国々の民が神に逆らうから、あなたの神、主が彼らを追い払われる。また、こうして、主はあなたの先祖、アブラハム、イサク、ヤコブに誓われたことを果たされるのである」(九・五)。申命記が冒頭から繰り返し「先祖」への神の約束について言及する理由はここにある。[46]

捕囚の民の「今日」も、同じ神の約束によって支えられている。約束の土地に入れられたイスラエルは、以前にもまして頑な民であった。捕囚という大破局は、その契約違反に対する呪いの成就であった。にもかかわらず、神は、かつて約束の土地を目前にしたイスラエルにそうであったように、「今日」また捕囚の民に対しても、かつてアブラハム、イサク、ヤコブに与えた約束を撤回しないのである。この民が神に「立ち帰り」、その「声」(申命記法)に従って生きるならば、神は呪いに代えて、約束の土地での祝福を実現されるに違いない(三〇・一―一〇、一五―二〇)。

以上のことを並木浩一の言葉を借りて言い換えれば、主権を剝奪され、非政治化された捕囚の民の現実はみすぼらしい。しかし、神が自らの約束に忠実である限り、その現実は同時に新しい可能性なのである。確かに、神の祝福の予告は内容的にこの見すぼらしい現実を越えて「ユートピア的」でさえある。しかし、この質的差違こそ捕囚の民に未来を創造し、日常の課題を新しく担う精度態度へ促すものに他ならない(47)。

こうして見ると、捕囚期の申命記史家をして、自分たちの「今日」をモーセの告別説教の「今日」と重ね合わせ、申命記法を現在化せしめた神学的根拠は、神の約束が以後の救済史のあらゆる世代に対し常に現在であるということ(Allgegenwärtigkeit)、あるいは、同じ意味で、神の約束の全時性の中に求められなければならない。すでにラート説との関連で引用した捕囚期の本文二九・九―一四が、このことを遺憾なく示している。そこでの「今日」は、

(1)　モアブ契約(二九・一参照)の現在、すなわち

「今日、あなたたちは全員あなたたちの神、主の御前に立っている」(二九・九)。

「今日、ここで我々の神、主の御前に我々と共に立っている者とも……」(二九・一四a)。

(2)　捕囚の民も含めて来るべき未来の世代、

「今日、ここに我々と共にいない者とも結ぶのである」(一四b)。

(3)　さらに、アブラハム、イサク、ヤコブに神が誓いを立てた過去、

「主がかつてあなたに告げ、先祖アブラハム、イサク、ヤコブに誓われたとおりである」(一二節)。の三つの時を包摂している。特に、過去の先祖たちへの誓いが「主がかつてあなたに告げた」行為に他ならない(一二節)という表現に見るとおり、族長たちへの誓いは、そのままモアブ契約の民の「今日」に生きており[48]、同様に「今日」結ばれるモアブ契約はそのまま、やがて来るべき捕囚の民への誓いに他ならない。この意味で神の約束は、クロノロジカルな時代の開きを越えて、すべての世代の「今日」に生き続けているのである。

三 現象学的および解釈学的問題——結びにかえて

最後に、ヨハネの「今」と申命記の「今日」を対比させて、次のように言うことができるであろう。過去と現在の重ね合わせ、ストーリーの現在と著者の現在、あるいは、外的時間と内的時間の相互浸透という現象は両者に共通している。しかし、神学的には、ヨハネの「今」が「人の子」の全時性からキリスト論的に根拠づけられているのに対し、申命記の「今日」は、救済史を貫く神の約束の全時性に根拠づけられている。

ヨハネ福音書の告別説教も申命記も、現在を過去に重ね合わせ、読者をしてその間を往復させることによって、未来に対する時間意識を喚起するように働き、現実の未決の問題と新たに取り組む精神態度へと招く。ただし、ヨハネの場合には、終末論的救いの現在性の確信が優勢であるので、この招きは、現実が未決の問題で満ち満ちていることに読者の注意を喚起して、彼らの現在の救い(現実)が完成されたものではなく、同時になお約束(可能性)にとどまり続けていることを明らかにするという仕方で行なわれる。これに対し、同じ招きは、捕囚期の申命記史家の場合には、捕囚という現実の悲惨さから出発し、その悲惨さにもかかわらず、それをすでに神の約束(可能性)の光の下に見るように教えるという仕方で行なわれる。

しかし、いずれの場合にも、読者が言わば未来と現在の間を往復することに変わりはない。開示された未来は現在へ先取りされて、現在、つまり、読者の「今」と「今日」における新しい精神態度――ウェーバーによれば、これも可視的・外的行為と並んで人間の社会的行為に属する――を可能にするのである。

とすれば、ヨハネの場合にも、申命記の場合にも、過去と現在の間の往復、未来と現在の間の往復という二つの事態は、読者の読み行為において切り離すことができないのである。私がヨハネ福音書の告別説教について、「間接的次元」と「直接的次元」と呼んで区別したものは、本質的には、モーセの告別説教としての申命記にも存在しているはずである。いずれも「間接的次元」だけで読み切れず、また「直接的次元」だけでも読み切れない。このことは、それぞれの本文を多少とも注意深く読んだことのある人ならば、誰であれ例外なく認めるところであろう。

われわれはこの事態の根拠を、ヨハネの場合には「人の子」イエスの全時性、申命記の場合には神の約束の全時性という、いずれも神学的な理由に求めたのである。しかし、ここには同時に、A・シュッツがE・フッサールの「反省の哲学」(現象学)の助けを借りて解明しようとした問題、すなわち、人間の内的時間意識において有意味的な行為はいかにして構成されるか、という問題との関連が明白である。シュッツは、未来に向かっての行為の投企に関連して、素朴な前反省的な意識において行為する行為者の「未来把持」、すなわち、「来らんとするものの虚的な予期」を、同じ投企された行為を未来完了的にすでに生成したものとして反省的眼差しで捉える意識の在り方(「予想の反省」)から区別した上で、次のように述べる。[49]

「行為者にとって虚的な予期であったものが、記憶者にとっては充実された予期か充実されなかった予期かのいずれかとなる。行為者に対する現在から未来への指示が、記憶者には、未来という時間性格を留保したままで過去から現在時点への指示となるのである」[50]。

この指摘は、ヨハネ福音書の告別説教と申命記における前述の二重の往復——過去と現在の間の往復、未来と現在の間の往復——の必然性を考える上できわめて重要である。つまり、未来と現在の間の往復が可能なのは、過去と現在の間の往復が行なわれればこそなのである。ヨハネの告別説教の読者はイエスの指示を、申命記の読者はモーセの指示を、それぞれ直接自分たちの現在から未来への指示として読みながら、同時に同じ指示を過去——生前のイエスと生前のモーセ——から現在へと向けられた指示として読むことによって、未来への指示をすでに現在において反省することになるのである。過去を現在への指示として再生させる反省的な過去把持を「想起」と呼ぶとすれば、いずれの本文においても、「想起」は「予想」を生み、「予想の反省」は「想起」へ還るという事態になっているように思われる。ヨハネ福音書——その中でもとりわけ告別説教——と申命記が、周知のように、それぞれ新約・旧約聖書の中で最も反省的な姿勢の本文であることは、決して偶然ではないであろう。二つの本文は、すでに述べたとおり、未来開示的に働くのであるが、さらに正確に言い直せば、未来反省的に働くと言えよう[51]。

今一つ指摘すべき問題は、いずれの本文の場合にも、過去の「想起」が一定の所与の伝承に対する新たな再解釈として起きていることである。

ヨハネの告別説教の背後に、内容的にはほぼマルコ一四・一七—四二(ユダの裏切り予告、聖餐式の制定語、ペテロの否認予告、ゲッセマネの祈り)に対応する固有の伝承が前提されていることは、まず間違いないと思われる[52]。その他、一五・一八—一六・四aの背後には、マルコ一三・九—一三のいわゆる「迫害語録」に並行する伝承が存在するし[53]、さらに一五・一三の一種の格言に代表されるような短い個々の語録伝承も受容されていると考えられる。

ただし、これらの伝承は、それぞれが元来持っていた歴史的・社会的・文化的コンテキストの特殊性・具体性をほとんど剝奪されて、読者であるヨハネ教会の現在と未来予想にとって有意義な文言だけが残されている。その結果、ヨハネの告別説教はいくつかの限定された主要動機――イエスの「退去」(ὑπάγειν)、「世」とその憎悪、弟子たちの不安と艱難、兄弟愛の戒め、「助け主」(聖霊)の約束、終末論的「喜び」――のみが、いささか単調に繰り返されることになる。

これと類比的な事態が申命記にも認められる。ラートの計算によれば、ここには「契約の書」(出エジプト記二〇・二二―二三・三三)に収められた法規定の約五〇パーセントが再録されているという。その他にも「聖戦」や「土地取得」に関する古伝承など、主に部族連合時代の伝承が数多く採録されている。その際、興味深いことに、それら古伝承は、本来そこで形成され生きていた歴史的・社会的・文化的「地平」の特殊性を振り払われて、申命記史家グループにとって本質的と思われる事柄へ還元的に解釈し直される。例えば、「契約の書」の厳密に法律的、あるいは祭儀的な規定は、倫理化する方向で再解釈され、ラートの表現を借りれば、「パレネーゼ的に柔軟化」されている。また、決疑法的な個々の規定は、有名な「こころをつくし、精神をつくし、力をつくして、主なる神を愛せよ」という根本律法へ集約される(六・五、一〇・一二、一一・一三、一三・三、二六・一六、三〇・一〇)。その他、申命記の説教が天地の創造主としてのヤハウェ、族長への約束、イスラエルの選び、土地の取得と平安など、一定の数の主要観念に集約されることはよく知られている。ラートはこの関連で、申命記における神学的な統一化・内面化について語り、申命記の文体もそれに応じて、変化に乏しい、比較的単調なものとなっていることを指摘している。[54]

ヨハネの告別説教と申命記の両方に共に認められるこのような事態は、解釈学的に言えば、H・G・ガダマーが「解釈学的地平融合」と呼んだものに他ならない。過去の一定の時代の社会的・文化的に限定された視界、つまり

「地平」の中で形成された伝承が、今やそれとは異なる、しかし同様に限定された「地平」の中に生きる解釈者によって解釈される。その時、了解される意味の次元は、いずれの「地平」の歴史的制約と限定をも越えたものになる。ヨハネの「今」と申命記の「今日」が、伝承が指示する過去のみでもなく、解釈者の現在のみでもなく、その両方を包摂し、読者をして過去と現在の間を往復させるものとなっているのもそのためである。

もちろん、「解釈学的地平融合」は、伝承の解釈が行なわれるところでは普遍的に起きる事態である。解釈者はその結果、了解した意味のみを命題的な文言で語ることもできよう。しかし、福音書のような伝承文学、それも物語文学の領域では、解釈者は伝承の過去性の「地平」を完全には抹消せず、むしろそれを再録しつつ、そこに了解した意味を盛り込むのが通常である。今まさに地上の生を終えようとする人物に過去を振り返り、未来を語らせることによって成り立つ告別説教は、そのためにとりわけ適した文学形式であったのである。

(1) 本文批評上の理由から八・一一と二一・一〇を除外した数値。

(2) 他の新約文書ではすべて一〇回以下。

(3) 日本聖書協会口語訳と新共同訳のいずれも八・四〇、九・四一では「今」と訳すが、むしろ論理的意味に取る方がよい。新約聖書中の並行用例については、G. Stählin, *νῦν* (*ἄρτι*), *ThWNT*, IV, p. 1102 を見よ。ただし Stählin は一五・二二、二四の *νῦν δέ* も同じ論理的用法の例に数えているが、この二カ所では、他の多くの事例と異なり、先行する Irrealis が過去形で、現在から過去を回顧する文脈となっているので、時間的意味合いを排除することはできない。*νῦν δέ* が常に論理的意味でしか用いられないわけではないことは、一六・五、一七・一三に明らかである。いずれの箇所でもイエスの離別の「今」を指している。

(4) *καὶ νῦν* も論理的意味でしか用いられないわけではない。一七・五は明らかに時間的用例である。*καὶ νῦν* およびそのヘブライ語の形 w^e'attāh による接続の多様なニュアンスについては A. Laurentin, We attah-kai nun. Formale caractéristique des

textes juridiques et liturgiques(à propos de Jean 17, 5), *Biblica*, 45/2(1964), pp. 168-174 ; H. A. Brongers, Bemerkungen zum Gebrauch des Adverbiums W^{e} 'ATTĀH im Alten Testaments, *VT*, 15(1965), pp. 289-299 を参照。

（5）　二世紀後半の修辞家ポルックス（*Ὀνομαστικόν* I, 72）がこの点を明言している。ただし、あえて言えば、*ἄρτι* の方が *νῦν* よりも瞬間性の意味合いを強く含む。例えばマタイ二六・五三は *νῦν* ではなく、*ἄρτι* でなければならない。G. Stählin, *ThWNT*, IV, p. 1106, n. 6 参照。

（6）　その他、一六・五（*νῦν*）と同一二（*ἄρτι*）、一六・二二（*νῦν*）と同二四（*ἕως ἄρτι*）にも注意。

（7）　これはE・ケーゼマンが繰り返し強調したところである。特にE. Käsemann, Sackgassen im Streit um den historischen Jesus, in : idem, *Exegetische Versuche und Besinnungen*, Bd. II, Göttingen, 1968^{3}, pp. 31-68 を参照。邦訳は渡辺英俊編訳『新約神学の起源』日本基督教団出版局、一九七三年、四七―一二三頁。

（8）　二・八、一〇、六・四二、八・五二、一一・八の場合も同様である。

（9）　以下順次取り上げる本文の釈義については、T. Onuki, *Gemeinde und Welt im Johannesevangelium*, Neukirchen-Vulyn, 1984 と大貫隆『世の光イエス』講談社、一九八四年、のそれぞれ該当する箇所でのより立ち入った論述を参照のこと。

（10）　T. Onuki, *Gemeinde und Welt*, pp. 62-64, 88, 大貫隆『世の光イエス』六七―六八頁。

（11）　三・一一に突然現われる「わたしたち」と「あなたがた」についても同様である。T. Onuki, *Gemeinde und Welt*, pp. 64, 83, 大貫隆『世の光イエス』六四、一七九頁参照。

（12）　五・一七「わたしの父は今に至るまで働いておられる。わたしも働くのである」の「今」も同様に解釈することが可能である。

（13）　詳しくは、大貫隆『世の光イエス』八七頁以下、および一〇一―一〇二頁を参照。

（14）　ヨハネの「今」については拙著『世の光イエス』一八五―一八七頁でも論じたが、そこでは一二・二七、三一の「今」の以上のような性格については全く触れていない。

（15）　一三・三一―一四・三一をこう呼んで、一五―一六章＝「第二告別説教」と区別することがある。その理由については、大貫隆『世の光イエス』九九—一〇〇頁を参照。

(16)『世の光イエス』一八二—一八五頁。

(17) その結果、読者は最後の晩餐の席の「弟子たち」から自己を区別するべきか、逆に同一化するべきか、いずれか一方に断定できない状態へ呼び出される。私は *Gemeinde und Welt*, pp. 163-166 で、このような読者の状態を "Grenzsubjekt" と呼び、同時に解釈学的な解明を試みている。

(18) 大貫隆「テキスト効用論的釈義の試み——ヨハネ一五18—一六4aに寄せて」、日本聖書学研究所編『聖書学論集20』(山本書店刊、一九八五年=本書所収第Ⅳ論文)、九五—一二七頁。

(19) この現実の史的再構成については拙著 *Gemeinde und Welt*, pp. 29-37 および『世の光イエス』三三—四四頁に詳しい。

(20) ここでヨハネ福音書以外の新約文書における「今」について多少補足しておきたい。「今」が何よりも信仰の内的時間意識に関わり、歴史的にはすでに過去となったキリストの出来事を現在化するとともに、来たるべき終末(未来)をも先取りするという全時性は、G. Stählin, *ThWNT*, IV, p. 1116 によれば、新約文書全般について語り得るものだと言う。原則的には正当な指摘と思われるが、釈義的にはこの点でも個々の文書、あるいは伝承の個性をはっきりさせることが重要である。例えば、直線的な救済史を準拠枠として思考するルカの「今」は、その都度救済史の線分上の一定の時点を指しており(特にルカ一・四八、五・一〇、二二・三六、六九、行伝一八・六、二〇・二二、二五、三二参照)、ヨハネの「今」と同日には論じられない。また、新約聖書の書簡部分に繰り返し現われる「かつては」(ποτέ)と「今は」(νῦν)の定型表現(ロマ五・八—一一、六・一五—二三、七・四—六、一一・二八—三二、Ⅰコリント六・九—一一、ガラテヤ四・三—一一、エペソ二・一—六、五・八、コロサイ二・一三、三・七—八)にも注意が必要である。P. Tachau, *"Einst" und "Jetzt" im Neuen Testament. Beobachtungen zu einem urchristlichen Predigtschema in der neutestamentlichen Briefliteratur und zu seiner Vorgeschichte*, Göttingen, 1972 が明らかにしたとおり、この定型表現の背後には原始教会の説教が「生活の座」としてあり、個々の信徒の現在(「今は」)を入信前の過去(「かつては」)と鋭く対照させるためのものである。その場合、個々の信徒の現在は、それぞれの入信(洗礼)がいつであったかを問わず、キリストの出来事以後の時の中に一括される(Tachau, p. 115)。この限りではこの定型表現における「今」(νῦν)は、生前のイエスおよび弟子たちの時(過去)と著者の現在とを同時に包摂するヨハネの「今」と全く同質である。しかし、ヨハネの「今」が未来をも包摂するのとは異なり、この定型表現には未来へのプロスペクティヴな視点そのものが終始欠落している(Tachau, p. 112)。

しかし、Stählin(*loc. cit.*)が、このような「今」の重さに、原始キリスト教の時間(歴史)理解をギリシア哲学および後期ユダヤ教のそれから際立たせる特徴を見るのは正しいであろう。この視点から新約聖書一般の時間論を扱った研究としては、すでに古いところでG. Delling, *Das Zeitverständnis des Neuen Testaments*, 1940がある。

新約聖書の時間論の中で独特な位置を占めるのは、ヘブル書三・七―四・一一が詩篇九五・七―一一の引用を含めて前後五回繰り返す「今日」(*σήμερον*)である。この「今日」は神の安息に入る機会がなお残されている期間のことで、問題は救済史の解釈に関わってくる。解釈いかんによっては詩篇の世代とヘブル書の世代の同時性ということが語られることになるが、全体として解釈の困難な本文である。この問題については、川村輝典の秀れた研究「ヘブル書における「きょう」――三・七―四・一一を中心に」、東京女子大学紀要『論集』第三二巻二号、一九八二年、一―一五頁を参照。

(21)　「ヘブライ的時間観念についての諸考察」=「関根正雄著作集」第五巻『旧約学論文集(上)』新地書房、一九七九年、二三一―二五一頁所収。ここでは特に二三二、二三五、二三九頁を参照のこと。この論文は元来、Erwägungen zur hebräischen Zeitauffassungと題して*VT Suppl*, IX, Leiden, 1963, pp. 66-82に印刷されたものであるが、以下本稿では前記の著作集に収められた邦訳から引用する。

(22)　「今」('attāh)はw^{e}'attāhの形を含めて計九回現われるが、文脈上「今日」とほぼ同じ意味で用いられるのは、四・一、一〇・一二、二二、一二・九、三一・一九の五回。旧約において「日」が時の表示手段として多用されることについては、関根正雄、前掲論文、二三三頁参照。

(23)　狭義の律法の部分では一二・八、一三・一九、一五・五、一九・九の四回のみ。

(24)　最近公にされた鈴木佳秀の浩瀚な論考『申命記の文献学的研究』日本基督教団出版局、一九八七年は、申命記に特有な「数の交替と人称の交替を基準として」、計九層に上る編成段階を区分し、それぞれの段階の歴史的背景の再構成を試みている(特に第五章)。その際、二人称単数形と複数形がそれぞれの編成段階の聞き手を対象としていることは方法上の大前提とされている

（特に五二八、五四三頁参照）。その他 G. von Rad, *Das fünfte Buch Mose : Deuteronomium*, Göttingen, 1978^{3}, p. 20 参照。

(25) 以上、M. Noth, *Überlieferungsgeschichtliche Studien*, Tübingen, 1967^{3}, pp. 12-18, 27-40（山我哲雄訳『旧約聖書の歴史文学』日本基督教団出版局、一九八八年、四一―五一、七〇―九四頁）を参照。

(26) H. D. Preuss, *Deuteronomium*, Darmstadt, 1982 (*Erträge der Forschung*, 164), pp. 26-45（特に p. 36）による。

(27) この点について詳細は H. D. Preuss の前掲箇所以外に、山我哲雄が M・ノートの前掲書の邦訳に付した解説「申命記史書研究小史」（特に四五五―四七〇頁）を参照のこと。

(28) H. D. Preuss, *op. cit.*, pp. 93-102, 144-163 による。

(29) もちろん、このことは申命記史家以前の編集段階で、すでにモーセの語りと「今日」が導入されていたことを排除するものではない。鈴木佳秀は、ヨシヤ王の治世後期に行なわれたという「後期申命記的」編集段階で初めてそれが導入されたとする（前掲書、五三九―五四一頁）。

(30) 前掲書、五五四頁。

(31) M. Noth, *op. cit.*, p. 40（前掲邦訳、九五頁）参照。H. D. Preuss, *op. cit.*, pp. 60, 162 の報告によれば、三一・一四―一五（および一六―一七、二三）をそのような古伝承（JE 資料）に帰属する本文と見做す点でほとんどの研究者の意見が一致している。G. von Rad, *op. cit.*, p. 15 は、申命記史家による枠付（一・一―四・四〇）以前の申命記（王国時代末期）をも終始「モーセの告別説教」と表示するが、同じ理由から不当とは言えないであろう。

(32) 新共同訳によって引用。以下での引用も、その都度の多少の修正を除いて、同様である。

(33) M・ノート自身ではなく、山我哲雄の前掲解説（四四五頁）の用語。

(34) M. Noth, *op. cit.*, pp. 107-110（邦訳二一九―二二三頁）。

(35) H. W. Wolff, Das Kerygma des deuteronomistischen Geschichtswerks, *ZAW*, 73 (1961), pp. 171-186（特に pp. 173-178）=idem, *Gesammelte Studien zum Alten Testament*, München, 1973^{2} (*ThB*, 22), pp. 308-324（特に pp. 309-316）。

(36) *ZAW* 73 (1961), pp. 180 ff. = *Gesammelte Studien*, pp. 317 ff., 山我哲雄、前掲解説、四五三―四五四頁も参照（ノート説に対

するフォン・ラートの反論については四五二―四五三頁)。

(37) H. D. Preuss, *op. cit.*, p. 82 は、この意味で捕囚の民の状況への Transparenz について語る。

(38) ただし、一口に捕囚期と言ってもいくつかの局面変化があったはずで、ここに述べたような力点は、鈴木佳秀の段階区分に従えば、後期捕囚時代の生の状況に対応する(前掲書、五五二―五五三、五八二頁)。

(39) 一一・一―七は、このような歴史的距離感において、他の箇所の「今日」と異質である。この点については H. D. Preuss, *op. cit.*, pp. 179 f., 184 ; J. M. Schmidt, Vergegenwärtigung und Überlieferung. Bemerkungen zu ihrem Verständnis im dtn.-dtr. Überlieferungsbereich, *EvTh*, 30(1970), pp. 169-200(特に pp. 186 f.)参照。

(40) G. von Rad, Das formgeschictliche Problem des Hexateuch, Stuttgart, 1938, pp. 25 f. = idem, *Gesammelte Studien zum Alten Testament*, München, 1958^4(*ThB*, 8), pp. 35-37(『旧約聖書の様式史的研究』荒井章三編訳、日本基督教団出版局、一九六九年、四五―四九頁) ; idem, *Theologie des Alten Testaments*, Bd. II, München, 1975^6, pp. 114-119(『旧約聖書神学II』荒井章三訳、日本基督教団出版局、一九八二年、一四八―一五一頁) ; idem, *Das fünfte Buch Mose*, pp. 15 f.

(41) G. von Rad, Das formgeschichtliche Problem des Hexateuch, p. 25 = *Gesammelte Studien*, p. 36、前掲邦訳、四六頁。ただし、上記の引用は私訳である。

(42) H. D. Preuss, *op. cit.*, pp. 62-74 の報告による。

(43) H. D. Preuss, *op. cit.*, p. 163 参照。

(44) ラート自身も、申命記が前述の祭儀伝承に深く規定されながらも、すでに文学性のレベルへ超出していることを、いくつかの箇所で容認している(*Theologie des Alten Testaments*, Bd. II, pp. 118 f. = 邦訳、一四九―一五〇頁、*Das fünfte Buch Mose*, p. 15)が、きわめて一般的な発言にとどまっている。J. M. Schmidt は、ラートの言う祭儀による歴史(過去)の現在化という基盤の上で、また、その拡大として初めて、個々人の実存レベルでの歴史の現在化もやがて可能となったという見解であるが、五・一―四の解釈ではほとんど完全にラートの線に沿っている(*loc. cit.*, p. 183)。逆に Moshe Weinfeld, *Deuteronomy and the deuteronomic School*, Oxford, 1972, pp. 173-176 は申命記の「今日」を、申命記史家的歴史書と同日に論じて、文学的修辞機能以上のものを認めない。

(45) J. M. Schmidt *loc. cit.*, p. 183 に反対して。

(46) 一・八―一一、六・一〇、二三、七・八、一二―一三、八・一八、九・二七、一〇・一一、二二、一一・九、二一、二六・三、一五、一八、二八・一一、三〇・二〇他。

(47) 並木浩一「大貫隆著『世の光イエス』への／からのコメント」『ペディラヴィウム』21(一九七五年)、一―一四頁(特に四頁)参照。なお、捕囚期の申命記史家がバビロニア捕囚民の中にいるのか、あるいは、パレスチナ残留民の中にいるのか、争われている。本稿ではパレスチナ説＝(M. Noth, *op. cit*., p. 110, n. 1 ＝邦訳二二五頁、注一〇、鈴木佳秀、前掲書、五八一頁)を前提に論を進めてきた。自らはパレスチナに残留している申命記史家にとっても、バビロニア捕囚民が存在する限り、民族の再統合は約束の土地の新たな取得として待望されるのである。

(48) 聴衆への直接的な語りかけと彼らの先祖への回顧が同様の仕方で混在する例は、ヨシュア記二四章にも見られる。この点については、J. M. Schmidt, *loc. cit*., p. 179 を参照。

(49) 「予想の反省」をしつつある意識のこと。

(50) A・シュッツ『社会的世界の意味構成』佐藤嘉一訳、木鐸社、一九八四年、七七頁。

(51) ヨハネの時間理解を現代哲学の時間論から分析する試みとしては、伊吹雄の Johanneisch-christologische Erwägungen zur Zeitanalyse E. Husserls(『成蹊大学一般研究報告』第二三巻二号所収)がある。

(52) この点については、拙論 Die johanneische Abschiedsreden und synoptische Tradition. Eine traditionskritische und traditionsgeschichtliche Untersuchung, *AJBI*, III(1977), pp. 157-268 に詳しい。

(53) この点について詳しくは本書所収の第Ⅳ論文一九四―一九六頁を参照。

(54) 以上のラートの見解については G. von Rad, *Das fünfte Buch Mose*, pp. 7-21(特に pp. 9, 13 f.)参照。

［付 記］

本稿の発端は一九八〇年三月二四―二五日に八王子セミナーハウスで開かれた日本聖書学研究所合宿研修会での口頭発表「申命記の「今日」とヨハネの「今」――文学類型「告別説教」の解釈学的機能について」にさかのぼる。その後、一九八三年度の東京女子大学比較文化研究所個人研究として助成を受けた後、同研究所の『紀要』第五〇巻（一九八九年）で初めて印刷・公刊された。今回、本書に収録するにあたり、最後の第三節「現象学的および解釈学的問題――結びにかえて」を増補した。

なお、前記の口頭発表の段階では、王国時代末期の形態での申命記が分析の対象であったが、本稿では捕囚期末期に移し変えている。王国時代末期（ヨシヤ時代）で考察するとすれば、申命記はその文学的設定によって、同時代のイスラエルを再び「ヨルダンの向こう」へ移し変え、彼らの現実の土地所有が、ホレブ（シナイ）契約と律法（申命記法）の遵守に条件づけられていること、つまり今なお約束（可能性）であり続けていることを示すものとなろう。（H. H. Schmidt, Das Verständnis der Geschichte im Deuteronomium, *ZThK* 64/1967, pp. 1-15 参照）。この場合、ヨハネ福音書の告別説教との機能（効用）上の類似性はさらに大きくなるように思われる。

Ⅶ　ヨハネ福音書における「しるし資料」

――様式史的考察――

はじめに

第四福音書におけるイエスの奇跡は、それを積極的か消極的かのいずれに評価するにせよ、この福音書のキリスト論にとって決定的に重大な問題である。この問題をめぐるR・ブルトマンの命題と、E・ケーゼマンがそれに対置したきわめて対蹠的な命題とが、この福音書をめぐる現在の論争全体を規定している。(1)私はすでに他の場所において、この問題に可能な限り編集史的な視点から接近することを試みた。(2)すなわち、イエスの奇跡物語がそこに遡ると考えられるいわゆる「しるし資料」に福音書記者ヨハネが加えた新たな意味と機能とを、また、その必然性を彼が置かれていた歴史的状況の中で明らかにしようと試みた。(3)それとの関連において、この資料を伝承史的・様式史的に考察し、それがヨハネの手に、あるいは、それ以前に彼の所属する共同体の手に渡ったときに原始キリスト教の内外における、より広汎な奇跡物語伝承の流れの中で占めていた位置と、担っていた機能とを探ることが本稿の課題である。(4)

一　イエス伝承の多様性

本論の前に、方法論上の反省を少し加えておきたい。周知のように、福音書(とりわけ共観福音書)に限ってみても、その中に保存され伝承されているイエス像は実に多様である。編集史的方法によって明確にされた各共観福音書記者や、あるいはすでにQ教団の持つイエス像の多様性をここでは度外視して、より伝承史的観点からイエス伝承に注目してもその多様性は全く変りがない。そして、私の理解するところでは、最近の伝承史的・様式史的研究の趨勢は伝承におけるイエス像のこの多様性を、同一の担い手の相異なる複数の「生活の座」に対応する現象として説明することから、異なった複数の担い手を想定することで説明する方向へ向かっているように思われる。もちろん、私はそこから多様なイエス伝承のすべてが常に相異なるおのおのの担い手を独立に持っていたはずだと考えるわけではない。実際、それら多様なイエス伝承を同じひとりの各福音書記者が、福音書という統一的なまとまりにおいてわれわれに伝承し得たという事実がすでに、何よりも雄弁な反証を提供している。福音書以前の伝承史の空間においてもその一定の段階において、相異なったイエス伝承が同一の共同体によって同時的に相異なる複数の「生活の座」の中で担われたということは当然にあり得ることである。その空間は、互いに相異なるイエス伝承が複雑多岐に交錯し合い、おのおのが元来の様式と機能(「生活の座」)と担い手を、あるいは離れて、あるいは維持して、新たな様式と機能と担い手へと不断に翻訳されてゆく場であったのであるから。ケーリュグマ伝承と受難・復活物語伝承のように、内容的に関連し合うイエス伝承の場合はもとより、受難・復活物語伝承とことば伝承の場合のように、文学的にきわめて差の大きいイエス伝承も、同一の共同体が、前者を例えば復活記念祭の礼拝において、後者をより日常的なパネレーゼのために用いたというようなことは考えられる。(5) さらに、奇跡物語伝承も、それが対外的伝道や論争(護教)や説教に仕えるべき明確な機能を付与された後の段階においては、同じ共同体によって担われたことも考えられる。つまり多様なイエス伝承も、そのおのおのに明白に一定の共同体の生に仕える機能が読み取られるような場合には、その多様性は担い手たる共同体の生の局面が同様に多様であったことに対応するものとして説明され得る。しかし、問題はこの説明が伝承史の空間の全体にわたって妥当するわけではないという点にある。

すなわち、本論において明らかにするとおり、奇跡物語伝承、とりわけ癒しの奇跡物語伝承を伝承史的に可能な限り遡源してゆくと、伝承の最古の層では、いかなる意味でも一定の共同体の生に奉仕し得るような機能を読み取ることができなくなるのである。言わば、伝承としての「生活の座」が消失する。(6) この関連で、G・タイセンがことば伝承の最古の層の中に、いまだ共同体的に特定の機能を付与される以前の、伝承がその担い手のなまの生により密着していた段階を指摘しているのが注目される。(7) 奇跡物語伝承にしても、ことば伝承にしても、それらが一定の共同体の生活の中に特定の座を付与されてゆくことは、共同体の生の中に組織化され、機能化されてゆくということであって、それは伝承のそれ以前の担い手から見れば、明らかにひとつの客観化であったに違いない。癒しの奇跡物語伝承についても、このような機能化・客観化を受ける前に、それがいまだ共同体に組織されてはいない担い手の、よりなまな生の願望に密着していた段階を伝承の最古の層に確認することができる。

しかし、癒しの奇跡物語伝承とことば伝承は、おのおのの最初期の担い手の生そのものに密着していたまさにこの最古の伝承層において、互いに対照的なイエス理解を内包しているのである。前者にとってイエスは癒された者を家族と社会とへ帰還させる人格として理解されたとすれば、後者にとっては家族的・血縁的同胞関係を放棄して自己に信従すべきことを求める人格として理解されている。[8] これは伝承史的に一般化して言えば、次のような問いを意味するはずである。伝承が未だ共同体的に組織化・機能化されていない段階において、すでにイエス理解の多様性が認められるとすれば、この多様性はどのように説明されるべきであろうか。この問いが、「同一の共同体の相異なる複数の生活の座」からは説明不可能なものであることは明らかであり、まさにこの点に上に述べた説明の仕方の限界があるわけである。この問いはむしろ、徹底的に社会学的に説明される他はない。すなわち、おのおの担い手の生に密着した利害状況と価値理念における差違、また、その両者の「行為」における噛み合わせの持続的な方向、つまりエートスの差違から、したがって一言で言えば社会層の差違から説明される他はない。[9] そして、もし癒しの奇跡物語伝承が、その最古層において特定の社会層によって担われたことが確かめられるならば、他の奇跡物語伝承をも含めて以後の様式変化の歴史(様式史)は、単に機能変化(「生活の座」の変化)の視点からのみではなく、担い手の社会層上の変化の視点からも分析されなければならない。[10] とりわけ奇跡物語伝承こそは、さまざまなイエス伝承の中で最も激しく様式変化・機能変化を示すものだからである。

したがって、私は以下の本論において、まず奇跡物語伝承を様式史的に分析して伝承の相異なる幾つかの層と様式に区分しよう。そして、おのおのの層と様式から分析的に抽出される限りでのエートスと最も適合的な社会層を、同時代、あるいは相前後する時代のユダヤ社会とキリスト教の中に認められる歴史的類例に照らし合わせつつ、可能な限りにおいて探ってみようと思う。[11]

二　奇跡物語の様式史

1　癒しの奇跡物語の「原型」と「理念型」

奇跡物語の伝承の歴史は、同時に奇跡物語という様式の変化の歴史である。そしてこの奇跡物語の様式史には、いわゆる様式史的方法によって、とりわけR・ブルトマンとM・ディベリウスによって抽出されたところの、様式変化を支配するいくつかの法則が認められる。[12] 私は、ここでは、当面の課題に関連してくる主要な四つの法則を確認しておくことにしよう。

第一に、伝承の若い層に帰属する奇跡物語においては、より古い層でのそれに比較して、奇跡行為におけるイエスのイニシアティヴ（主導性）が拡大されてゆく。この法則は、R・ブルトマンが彼の言う「アポフテグマ」――短かな状況設定を背景にして、イエスのことばとその意味を鮮明に浮かび上らせようとする伝承様式――について明らかにしているものでもあり、[13] 奇跡物語伝承に限ってのみ認められるものではない。新約聖書中の奇跡物語でこの法則を最も端的に示しているのは、「奇跡的施食物語」であって、マルコ六・三四―四四、八・一―九、ヨハネ六・一―一四の順に、特におのおのの冒頭における群衆への施食の必要性を説明する本文を比較すれば足りるであろう。マルコ六・三五、三六では、[14] イエスは弟子たちによって群衆が食物を必要としていることを知らされる。マルコ八・一―三では、両者の立場が逆転している。ヨハネ六・五、六に至っては、イエスのイニシアティヴが彼の明確なる意図に出るものであることが、挿入文(六節)をもって明言されている。その他、いずれもイエスによる盲人の治癒の奇跡を報告するマルコ八・二二―二六からヨハネ九・一―八へ同一の法則を確認することが許されよう。すなわち、マルコ八・二二―二六では、イエスは癒しを求められている。ところが、ヨハネ九・一―八では、当の盲人からも彼の周囲の者からも、そのような求めはいっさい行なわれず、癒しはただ「神のみわざが彼の上に現われるため」(三節)にのみ行なわれ、当の盲人は借り出されてきたモデルにすぎない。さらに、マルコ二・一―一二中の「中風患者」の治癒の奇跡物語と、ヨハネ五・二―九の病人の癒しとを同じ視点から比較することができるかも知れない。後者におけるイエスのイニシアティヴの拡大は明白(六節C)である。また、明らかにヘレニズム的領域での奇跡物語伝承である使徒行伝二〇・七―一二、二八・三―六に保存されたパウロに関する二つの奇跡物語(ユテコの復活とマムシの奇跡)においてもパウロの主導性が強まっていることも、この法則の視点から注意されるべきである(特に二〇・一〇、二八・八)。

第二に、とりわけ癒しの奇跡物語においては、イエスがイニシアティヴをとらず、むしろ、癒しを願う者の側から呼びかけられる場合にも、その呼びかけがキリスト論的な尊称を含むものは含まないものに比較して、伝承のより若い層へ帰属する。この法則は、マルコ一・四〇(「らい病人」の癒し)では、イエスに対する呼びかけに尊称は含まれていないのに対し、その並行本文マタイ八・二、ルカ五・一二では共に「主よ」(κύριε)が付加されていること、また、それと全く同じ現象が、マルコ七・二六(スロ・フェニキアの女の娘の癒し)からマタイ一五・二五の間で生じていることから明らかである。また、同じく盲人の癒しの奇跡を報告しながら、マルコ八・二二―二六ではいかなる尊称も含まれていないのに対して、マルコ一〇・四六―五二では、イエスは「ダビデの子イエスよ」(υἱὲ

Δαυίδ Ἰησοῦ(四七節)と呼びかけられ、これはさらにマタイにおける並行本文二〇・三〇、三一では「主よ、ダビデの子よ」(*κύριε υἱὸς Δαυίδ*)と変えられている。このほか、マルコ一〇・五一の「先生」(*ῥαββουνί*)は、並行本文ルカ一八・四一とマタイ二〇・三三では「主よ」へ改められている。[15]

第三に、これもとりわけ治癒の奇跡物語群に関するものであるが、癒された者への関心が途中で失われ、奇跡それ自体とその効果へと関心が移行するものほど、伝承史的に若い層へ帰属すると看做されるべきであろう。例えばマタイは、マタイ八・二八—三四にマルコ五・一—二〇の悪霊に憑かれたゲラサ人の癒しの奇跡物語を採録するにあたって、マルコの本文が最後まで、すなわち癒された男の家族のもとへの帰還に至るまで持続させている(癒された男への)関心を途中で放棄してしまった。また、マルコ八・二二—二六(盲人の癒し)と七・三一—三七(耳が聞えずロのきけない男の癒し)を相互に比較すると、前者は癒された盲人の家への帰還の報告で終っているのに対して、後者では癒された男への関心は三五節までで失われ、奇跡が群衆に与えた圧倒的印象が強調されている(三七節)。その他、マルコ一〇・四六—五二(盲人バルテマイの癒し)と、その並行本文マタイ二〇・二九—三四とルカ一八・三五—四三を比較検討すると、マルコの本文の終わりにおいてイエスが癒された男に与える帰還命令"*ὕπαγε*"が、いずれの並行本文においても失われている。これらの例は、特に治癒奇跡物語の多くにおいて発見されるイエスによる癒された者への帰還(または、復帰)命令(マルコ一・四四、二・一一、五・一九、三四、八・二六、一〇・五二、ルカ一七・一九、ヨハネ五・九、九・七、一一・四四)が、様式史的には伝承のより古い層の奇跡物語へ遡ることを教えている。[16]

第四に、法則三と関連して、結びの部分において奇跡が群衆や当事者に及ぼした「印象」(Eindruck)あるいは、より積極的に「歓呼」(Akklamation)を含むものは、含まないものに比較して伝承のより若い層へ帰属する。この法則はあまりにも明瞭であるから、比較参照されるべき本文を挙げるのみで済ませることが許されるであろう。それらは次のとおりである。マルコ六・三四—四四および八・一—九(奇跡的施食物語)とヨハネ六・一—一四(特に一四節 ὁ προφήτης ὁ ἐρχόμενος)、マルコ六・五一(湖上歩行の奇跡の結び)とマタイ一四・三三(ἀληθῶς θεοῦ υἱὸς εἶ)、マルコ一〇・五二とルカ一八・四二、四三、マルコ八・二二—二六と七・三一—三七(特に八・二六と七・三七)、ルカ七・一—一〇およびマタイ八・五—一三(カペナウムの百卒長の僕の癒し)とヨハネ四・四六—五三(特に五三節b)。(17)

さて、とりわけ癒しの奇跡物語の本文に即して確認した以上四つの法則は、厳密に言えばおのおの法則のトルソーであって、私はこれを伝承史の時間軸の両方向へ論理的に貫徹させて、さしあたり癒しの奇跡物語の様式の最も展開した型と、最も素朴な型へと理念型構成的に収斂させることができる。私は前者を癒しの奇跡物語の「理念型」、後者を「原型」と呼ぶことにする。理念型は、次のような様式上の特徴を備えることになるであろう。(18)

㈠イエスの主導性が強調される。

㈡奇跡それ自体が誇張される。癒された者への関心は途中で失われる。したがって、家族・社会への帰還(復帰)命令も失われる。

㈢群衆の、あるいは当事者の歓呼によってイエスの偉大さ・栄光・権威など、キリスト論的意義が強調される。

このような理念型は、R・ブルトマン——彼は現実に見出される奇跡物語の多様性に分析的により多くの注意を払っている——の言う"Wundergeschichte"によりも構成的方法に重きを置くM・ディベリウスの"Novelle"により近いと言えよう。そして、われわれの問題である「しるし資料」における奇跡物語は、この理念型に、もちろんそのすべての様式上の要件を満足するわけではないが、接近していることは確実である。ディベリウスが好んで第四福音書の奇跡物語を取り上げるのは理由なきことではない[19]。

逆に原型は、次のような様式上の特徴を備えることになろう。

㈠イエスは外部から呼びかけられる。その呼びかけにキリスト論的尊称は含まれない。

㈡奇跡それ自体は特に強調されず、癒された者への関心が最後まで持続する。彼に対するイエスによる家族・社会への帰還(復帰)命令をもって終わる。

㈢イエスのキリスト論的偉大さ・栄光・権威を強調するための、群衆と当事者の歓呼とか、奇跡が彼らに及ぼした印象の報告が欠ける。

このような原型は、様式的にはすでにそれとしては奇跡物語と呼び難いものであるかも知れない。それはまた、本質的には、理念型的構成物、すなわち、あくまでも方法論的概念であるから、それを早急に歴史的に実体化することはできない。しかし、それを有効な物差し(索出手段)として利用することにより、現実に福音書中に保存された多様な奇跡物語の中から、伝承史的に最も古い層での最も素朴な様式に比較的に近いものを取り出すことはできる。マルコ一・四〇―四四(「らい病人」の癒し)、八・二二―二六(ベッサイダの盲人の癒し)、およびルカ一七・一一―一九(一〇人の「らい病人」の癒し。ただし、一七、一八節を除外[20])がそれである。さらに、マルコ二・一―一二(「中風患者」の癒し)を、六―一〇節を除外した形で加えることができるかもしれない[21]。このうちマルコ一・四〇―四四とルカ一七・一二―一九は、R・ブルトマンも指摘するとおり[22]、「らい病人」が病いから回復して社会に復帰するためには祭司による認定を必要とする、というレビ記一三、一四章の規定を所有したパレスチナ・ユダヤ教の地盤でのみ了解可能な内容を含む(マルコ一・四四とルカ一七・一四)。すなわち、これら二つの奇跡物語はそれらが前提している歴史的条件に即して見られても、非常に古い伝承の層に属すると考えられねばならない。また、G・

シレが、より歴史的視点から、おそらく北ガリラヤ地方に遡ると思われる最古の奇跡物語伝承においては、キリスト論的動機がきわめて乏しいことをすでに指摘していることも[23]、私が理念型的視点から構成した原型の特徴と奇しくも符合するのである。つまり、この原型は、単に論理的な意味においてのみではなく、歴史的意味においても歴史のイエスに最も近づくものと言ってよいであろう。

次にこの原型に自己を客観化(対象化)しているエートスと、それに最も適合的な社会層が問われなくてはならない。ここには、奇跡に対してことば伝承が付与したような終末論的解釈と神学[24]、すなわち、統一的な理念が全く欠けている。イエスはここでは、ことば伝承におけるように人々に価値観の統一的・根源的な変革を迫って、家族・社会の日常的同胞関係の外側へ呼び出す人格ではない。癒されようと欲する者は癒しという明確なる御利益を求めてイエスのもとへ赴き、癒された後は家族と社会へ復帰する。そこには価値観の断絶は生じない。したがって、この原型全体を支えるエートスは明らかに功利的・御利益宗教的なそれである。その担い手としては、社会復帰と家族関係の回復が最大の願望(価値)であるような社会層、すなわち、「らい病人」に典型的に象徴されるような家庭と社会とから儀礼的に遮断されているか、常にそのような遮断の対象となりかねない危険に不安定に曝された社会的最下層を考えなければならないであろう。これは当時のユダヤ社会においてはいわゆる「地の民」、その中でもとりわけ「取税人や罪人」という標語で言い表わされた部分と一致する。もちろん、この層が彼らの功利的・御利益宗教的な願望をどこまで統一的・有機的なエートスとして育て得たかどうかは、したがって彼らをどこまで厳密に社会学的な意味で固有な社会層と見なし得るか否かは問題となろう[25]。しかし、私には、統一的・有機的なエートスが十分には見出されないということこそ、まさにこの層に特徴的なことのように思われる。生の全域を規定するほどに統一的な価値理念を構成し得るためには、人はその理念が、そこから反省的に構築されてくるための一定の質を維持した持続的な社会的生活体験を必要とする。社会と家庭とから儀礼的に遮断されるか[26]、社会的にきわめて不安定な条件下に置かれることによって、社会的生活体験が断片化されるところでは統一的な価値理念の、したがって統一的・有機的なエートスの構成は難しい。癒しの奇跡物語伝承がその最初期においてそのような社会層によって担われたとすれば、われわれの原型にあらゆる統一的な神学理念・価値理念が欠けてくるのは、むしろ当然なのである。

いずれにしても、この社会層はラビ層とは決定的に異なる。なぜなら、ラビ文献から見る限り、ラビ層の癒しの奇跡行為に対する態度は徹底的に否定的だからである[27]。そこには固有な意味での癒しの奇跡物語は存在せず、ラビ的な意味での「信仰」、すなわち、律法の遵守を勧める一種のアポフテグマへ変形された形での自然奇跡物語が僅かに認められるにすぎない。つまり、自然奇跡は当事者の「信仰」(律法遵守)の自然大の有効証明と見なされる[28]。もちろん、ラビ文献が歴史的にどの時点にまで遡り得るのかは、他でも常にそうであるように、ここでもまた問題となろう。だが「信仰」と自然奇跡とのこのような意味内容における理解は、「山を移すほどの信仰」という標語において、すでにパウロ(コリント前書一三・二)に知られていたものであるから、歴史的には相当に早くから、将来ラビ層へとつながってゆくこととなる社会層(パリサイ派)の中に定着していたに違いないのである。

われわれの原型に類似するパターンは、イエスを「聖者」や「聖所」の何某に置き換えれば、時間と空間を超えてさまざまな領域に発見されるように思われる[29]。つまり、それ自体ひとつの類型なのである。ここでは、共通の願望が自己を客観化(対象化)する共通のパターンを産み出すのである。イエスの癒しの奇跡物語の場合には、この原型はその担い手の社会層が、それによって歴史のイエスを捉えた理解のフィルターであった[30]。とすれば、この原型にキリスト教内外の共同体における特定の「生活の座」を想定することは不可能である。むしろこの段階の奇跡物語は、あらゆる共同体的な組織化と機能化を免れて個々別々に伝承されていたであろう。

2　伝承のキリスト教化と新しい機能

このような段階と根本的に区別されなければならないのは、キリスト教と直接に関連のない形で個々別々に伝承されていたこれらの奇跡物語が、その伝承の進展の過程において、やがてキリスト教内部へ取り込まれてゆき、一定の共同体の生の中へ言わば「教会化」される段階である。この二つの段階を可能な限り明確に区別してゆくことが、奇跡物語の伝承史を分析する場合には決定的に重要なのであって、われわれはこの認識をE・トロクメと田川建三に負っているのである。(31)

癒しの奇跡物語が、この新たな段階において付与された新しい「生活の座」のうち主要なもののひとつは、共同体の説教、あるいは護教的論争である。それに対応して新しく形成された様式が、R・ブルトマンの言う「アポフテグマ的奇跡物語(Apophthegmatische Wundergeschichte)」であると考えることができる。この様式に属する本文としては、マルコ二・一―一二、三・一―五、二二―三〇、七・二四―三〇、マタイ八・五―一三(ルカ七・一―一〇)、マタイ一二・二二―四五(ルカ一一・一四―二六)、ルカ一三・一〇―一七、一四・一―六、一七・一一―一九を挙げることができよう。このうちマルコ二・一―一二とルカ一七・一一―一九の下には、われわれの言う原型に比較的に近い癒しの奇跡物語が想定されるべきことは、すでに述べたとおりである。前者は六―一〇節に、後者は一七、一八節にイエスのことばが付加されることによって初めて、全体としてアポフテグマに様式変化を遂げた。マタイ八・五―一三の下に想定される奇跡物語と一一、一二節の付加との関係も同様である。この意味で、これらの「アポフテグマ的奇跡物語」は、荒井献の適切な表現を借りると、奇跡物語の「ロゴス(ことば)化」と言えよう。[32]

このようなアポフテグマ化、あるいは「コゴス化」は、いわゆる自然奇跡物語についても確かめられる。すなわち、マルコ四・三五―四一の嵐の制圧の奇跡物語は、三九節の風と海に対するイエスの沈黙命令の中に、伝承のより古い層での民間説話的なアニミズム的自然観を田川建三とともに認めるとしても、[33] 奇跡を「信仰」と関連付けて、前者をもって後者の自然大の有効証明と考える現在の形においては、明らかにキリスト教化されたアポフテグマである。「信仰」の自然大の有効証明という奇跡理解をさらに徹底したのがマタイである。このことは、マタイ八・二六(「なぜこわがるのか、信仰の薄い者たちよ」)をその並行句マルコ四・四〇に、また、マタイ一四・二二―三三(特に三一節、「信仰の薄い者たちよ、なぜ疑ったのか」)をマルコにおけるその並行本文六・四五―五二に比較すれば端的に明白である。Q伝承もまた、同一の理解をマタイ一七・二〇(ルカ一七・六、マタイ二一・二一も参照)において示している。[34] 自然奇跡に対する全く同種の意味付けは、すでに述べたように、コリント前書一三・二のパウロからラビ文献へと連続している。この意味付けに基づく自然奇跡物語のアポフテグマ化は、そのラビ層に固有なものであった。マタイとQ伝承の担い手は、まさしくこの連続した線の途上に立っているのである。この点以外にも、マタイとQ伝承の担い手が社会層としては、いずれにしてもラビ層に近づくことが確かめられている。[35] したがって、一般に自然奇跡物語伝承のキリスト教化と教会化に責任を負ったのも、ラビ層、あるいはそれに近い社会層であったと考えられなければならないであろう。しかし自然奇跡物語伝承は、このキリスト教化と教会化以前の段階において、癒しの奇跡物語伝承と比較した場合、歴史のイエスに向かって伝承史的に遡源し得る幅は、全体として浅いと考えられねばならない。なぜなら、福音書中に現在保存されているすべての自然奇跡物語において、その主要かつ積極的関与者は、癒しの奇跡物語におけるのとは全く逆に、常に「弟子」たちであり、この事実は、自然奇跡物語伝承の方がより早い時期に教会化されたか、あるいは初めから教会的関心によって導かれていたことを示すように思われるからである。(36)

3　「しるし資料」とヨハネ福音書

ヨハネ福音書の「しるし資料」は、その結びに次のような自己証言を保持している。「イエスはこの書に書かれていないしるしを、ほかにも多く、弟子たちの前で行なわれた。しかし、これらのことが書かれたのは、あなたがたがイエスは神の子キリストであると信じるためである」。この自己証言に従うならば、この資料は数多いイエスの奇跡物語の中から選択的に採録された奇跡物語の集録であったと考えられる。それが本来いくつの奇跡物語をいかなる枠組みの中で含んでいたのかは、もはや知ることができない。また、ヨハネによって取り上げられて現在彼の福音書中に採録されている六(または七)つの奇跡物語のおのおのについて、それらがこの資料へ採録される以前にそこで生きていた場所、あるいは「生活の座」を確定することも厳密には不可能である。しかし、この資料がそれらの奇跡物語を取材した領域は、原則的には、未だキリスト教化されず一定の共同体の一定の機能に仕えるべく組織されてはおらず、おそらく民間に個別に伝承されていた奇跡物語と、すでにキリスト教化され共同体的に一定の機能を付与されていた奇跡物語の双方の領域であったと考えられなければならない。ヘレニズム的類例の指摘される「カナの婚宴のブドウ酒の奇跡」(37)は前者に、一定の共同体の礼典がその「生活の座」として指摘される「奇跡的施食物語」(38)は後者に属するであろう。

「しるし資料」は、これら取材された奇跡物語に一つの統一的な様式を付与した。例えば、「奇跡的施食物語」

(六・一―一三)を採録するにあたって、この資料は物語の末尾一四節に、「世に来たるべき預言者」という明白なキリスト論的称号(尊称)を含む群衆の「歓呼」を付加した。これとともに六・一―一四の本文は、全体として共観福音書のそれとは異なる一つの新たな様式を獲得することになった。また、「カペナウムの役人の子の癒し」(四・四六―五三)を、Q伝承に帰属すると思われる「カペナウムの百卒長の僕の癒し」(マタイ八・五―一三、ルカ七・一―一〇)と比較することが許されれば、前者はその末尾に、後者にはない当事者の「入信報告」を所持している。奇跡物語を当事者の「歓呼」や「入信報告」をもって閉じるこの新しい様式は、同じ「しるし資料」に帰属する二・一―一一、一一・四五にも認められる。五・二―九と九・一―八に採録された二つの癒しの奇跡物語も、本来同様な結びを所持していた可能性は否定できない。

この新しい様式に対応する新しい機能(「生活の座」)は何であろうか。この資料自体の前掲の自己証言に基づくならば、それは一定のキリスト教共同体の対外的伝道に求められるべきである。奇跡物語が対外的伝道に仕える可能性は、新約聖書それ自体の中に認められる類比的な例によって裏付けられる。ひとつは、使徒行伝における奇跡物語の多くが同様の結びをもって終っていることである(九・三二―三五、三六―四二、一四・八―一一、一六・二五―三四、一九・一一―二〇、二八・三―六、七―一〇等)。今ひとつは、D・ゲオルギの研究によって明らかにされた限りでのコリント後書におけるパウロの論敵である。[39] 彼らが「大使徒」として奇跡行為の霊能を誇るとともに、自らを「ヘブル人」、「イスラエル人」、「アブラハムの子孫」(一一・二二)として顕示して止まないユダヤ主義的な立場であったとすれば、われわれの「しるし資料」にも、「災禍の神義論」(五・一四、九・二、三)に典型的に現われているようなユダヤ教的特徴が認められる。[40] この符合は単に偶然的なものとは思われない。もちろん、この資料の場合には、その担い手の社会層を、パウロの論敵の場合のように本文に保存された彼らの自己証言に基づいて構成的に確定することはできないが、それをこの論敵の社会層への類比において考えることは許されるのではなかろうか。いずれにせよ、この資料がヨハネの手に渡ったときに、少なくともそこに含まれていた癒しの奇跡物語は、単にその様式においてのみならず、その担い手の社会層においても伝承の最古層における原型に近い奇跡物語のそれから遊離してしまっていたことは疑いを容れない。

そして、この資料が伝えた対外的伝道は、やはりこの資料自体の同じ自己証言(二〇・三一)に従えば、イエスは「神の子キリスト」であるという明確なるキリスト論的イデーによって支えられていた。この理念こそが、数多い多様な奇跡物語からの取材に際しての選択の規準であったに違いない。伝承の最古層において特別にキリスト論的な動機を含まずに、個別に伝承されていた癒しの奇跡物語と多様なキリスト論的動機に分散して伝承されていた「民間説話」[41]も、今やこの資料においては、他の奇跡物語とともに、この理念によって、言わば外側から統一的に意味付けられ、「第一のしるし」(二・一一)、「第二のしるし」(四・五四)という番号付与に象徴されるように、組織化されたのである。この資料は様式的には様々な奇跡物語の集録であったが、それは同時に組織的な集録であっただろう。

神学的にはこの資料には、ひとつの明確なるキリスト論が認められなければならない。すなわち、奇跡の中に「神の子」イエスの栄光を見る、いわゆる「栄光のキリスト論」(Herrlichkeitschristologie)である。これは確かに、E・ケーゼマンがヨハネ福音書のキリスト論として取り出したものに本質的に近づくものではある。しかし、そこからG・ボルンカムのように、ケーゼマンの言うキリスト論は福音書記者にではなく、むしろ「しるし資料」に帰属させるべきだと主張すること[42]はできないであろう。ケーゼマンがヨハネのキリスト論の不可欠の構成契機と見なす、先在の神の子という表象はこの資料には確認できないし、また、その先在の神の子の地上への下降と、先在の天への回帰という枠組みも、この資料に帰属すべき部分には現われず、むしろ、典型的にヨハネ的な長大なイエスの講話(Rede)の中にこそ現われるからである。したがって、J・ベッカーが正しく指摘するように、この資料にはキリスト論の神話論的枠組みは欠けていたと考えられねばならない(43)。

J・ベッカーはさらに、この資料には教会論と終末論も欠けていたと推定している。この資料の機能が一定の共同体の対外的伝道にあったとすれば、教会論が欠けても不思議ではない(44)。ただ終末論については、六・一四の「世に来たるべき預言者」という尊称が問題になろう。ここには、同時代のユダヤ教徒の間に広まっていたいわゆる「モーセのような預言者」に対する終末論的待望との関連を否定することが難しいように思われる。しかし、全体としてこの資料においては、Q伝承におけるような、イエスの奇跡に対する終末論的意味付け、すなわち、奇跡を今まさに到来しつつある神の支配の証明として理解させる意味付けは支配的なものではない。むしろこの資料は奇跡を神の子のそれとして、すなわち、神性顕現の奇跡として理解させようとしている(二〇・三一)(45)。

最後に、この資料がヨハネ福音書において与えられている新たな様式と機能を瞥見しておきたい。結論から先に言えば、この資料の奇跡物語はここではアポフテグマに、より厳密には「拡大されたアポフテグマ」に様式変化を遂げている。もちろん、すべての奇跡物語がこの様式変化を被ったわけではない。「カナのブドウ酒の奇跡」は、根本的な様式上の修正を加えられずに採用されたものと考えられるべきであろう(46)。「カペナウムの役人の子の癒し」(四・四六―五四)でも、ヨハネの修正の筆跡はそれほど大きいものではない。しかし、四八節と五〇節bが、読者に対して「しるしと奇跡」によってではなく「言葉」によって信じるべきことを勧める意図からの、ヨハネによる付加であるとすれば(47)、Q伝承中の「カペナウムの百卒長の僕の癒し」(マタイ八・五―一三、ルカ七・一―一〇)と全く同様、やはり全体としてアポフテグマの機能を果すことになる。五、六、九、一一章では、おのおのの冒頭に置かれた「ベテスダの池での癒し」、「奇跡的施食」、「盲人の癒し」、「ラザロの復活」の奇跡物語は、それらに続くイエスの長大な講話(Rede)を導き出すべく働き、逆に後者によって敷衍される。このような「拡大されたアポフテグマ」と呼ばれるべき様式は、再びQ伝承中の「ベルゼブル論争」(マタイ一二・二二―三〇、ルカ一一・一四―二三)にも認められるものである。そして、「しるし資料」からヨハネ福音書への奇跡物語のこのような様式変化には、確実にその機能変化が随伴している。すなわち、これらの「拡大されたアポフテグマ」は、もはやこの資料においてのように対外的伝道に仕えるのではなく、Q伝承の「ベルゼブル論争」が確実にそうであるように、ユダヤ教に対する激しい論争、あるいは護教に仕えるか、そのような状況下に置かれた共同体の内部での説教に仕える。[48] このことは、奇跡物語伝承がその原初的な担い手(社会層)の手を離れて、共同体の生の内部に取り込まれ、組織化され、機能化された後の段階においてさえ、相異なった共同体の間で、また、相異なった「生活の座」の間で不断に様式変化と機能変化を繰り返したことを示している。

(1) 前者の基本的な解釈視座は「ロゴスの受肉」(一・一四a)であるのに対し、後者のそれは「先在の神の子の栄光」(一・一四c)である。R. Bultmann, *Das Evangelium des Johannes*, Göttingen, 1968 (10. Aufl.), pp. 40 f.; idem, *Theologie des Neuen Testaments*, Tübingen, 1965 (5. Aufl.), pp. 392 ff.＝『新約聖書神学Ⅱ』川端純四郎訳、新教出版社、一九六六年、二九〇頁以下; E. Käsemann, *Jesu letzter Wille nach Johannes 17*, Tübingen, 1971 (3. Aufl.), pp. 28, 95 f.＝『イエスの最後の意志――ヨハネ福音書とグノーシス主義』善野・大貫訳、ヨルダン社、一九七八年、三八―三九、一一一頁。

(2) 拙稿 Semeia-Quelle und Dualismus im Johannesevangelium,『日本の神学』第一三号(一九七四年)、一一三―一一八頁。

(3) 私はこのようなものとして「編集史的視点」を理解する。W. Marxsen, *Der Evangelist Markus*, Göttingen, 1959 (2. Aufl.) 参照(特にp. 142, n. 2)。

(4) 本稿はもともと私が日本聖書学研究所の一九七四年六月例会で行なった研究発表「奇跡物語伝承の担い手の社会層に関する試論——ことば伝承との比較における」にさかのぼる。その後『宗教研究』二二三号(一九七五年)、一—二二頁に印刷・公刊されたが、その際「ことば伝承」に関する部分は紙幅の制約から、また、その間に出版となった荒井献『イエスとその時代』岩波書店、一九七四年、九六頁以下に取り上げられたこともあって、割愛した。今回、本書に収録するにあたっては、その後の関連する研究文献を注で補充するに留め、本文そのものにはほとんど手を加えていない。本稿に対して直接・間接に寄せられた批判に応答する本書の第Ⅷ論文へのつながりを保つためである。

(5) 例えば E. Schweizer, *Jesus Christus im vielfältigen Zeugnis des Neuen Testaments*, Gütersloh, 1979 (5. Aufl.), pp. 126 f. ＝E・シュヴァイツァー『イエス・キリスト』佐伯晴郎訳、教文館、一九七四年、二〇〇頁、がこの意見。

(6) 荒井献、前掲書、二〇頁、の意見に賛成する。

(7) G. Theißen, Wanderradikalismus. Literatursoziologische Aspekte der Überlieferung von Worten Jesu im Urchristentum, *ZThK*, 70 (1973), pp. 245-271 = idem, *Studien zur Soziologie des Urchristentums*, Tübingen, 1989 (3. Aufl.), pp. 79-105.

(8) 荒井献、前掲書、九四頁以下、一〇二頁、参照。最近では佐藤研がQ資料研究の側から、ほぼ同じ指摘に至っている。後出注(24)参照。

(9) 「密着」という表現は批判を招くかも知れない。生の願望と価値理念は、そのまま生の現実に直接「対応」するものではなく、その間には「屈折」があるはずである、と。それがイデオロギー批判の意味での知識社会学の初歩的常識に属する命題であることは、私も良く知っている。しかし、「屈折」もまた「密着」の苦しげな一つの形態なのである。「屈折」してはいても、価値理念と生の現実的利害状況とを噛み合わせる持続的な方向性が認められるところでは、一つのエートスについて語ることができる。それをイデオロギー批判的に批判して行く作業は、そこから始まるまた新たな別の作業なのであって、両者を混同すべきではない。

(10) 私はこの認識を、東京大学大学院(西洋古典学専門課程)における荒井献の数年間(一九七〇—一九七四年)にわたる演習での再三の指摘に負っている。

(11)　分析的に取り出されたエートスに最も適合的な社会層を探す作業は、根本的には、エートスと社会層の対応に関する一つの一般理論を前提せざるを得ない。G・タイセンも「文学社会学」という一つの理論を前提している。私はこの対応の理念型のカズイスティークとして、M. Weber, Religionssoziologie. Typen religiöser Vergemeinschaftung, in: idem, *Wirtschaft und Gesellschaft*, Tübingen, 1972(5.Aufl.), pp. 245-381 のとりわけ第七節に学びたいと思っている。もちろん、これはそのままの形で以下の論述に適用可能であるわけではない。そこに、同時代の歴史的類例を探し、それを参考にしなければならなくなる理由がある。しかし、このことは、以下の論述が全体として本質的には歴史性より理論(類型)性を志向するものであるという基本性格を少しも変えるものではない。編集史的方法が各福音書記者の生と思想を個性化的に抽出する歴史的方法であることに比べれば、伝承史的・様式史的方法が当初から類型的方法であること、またそうであらざるを得ないことは当然である。しかし、特定の伝承を伝承史的・様式史的に分析すると一口に言っても、その伝承を同時代の、あるいは相前後する時代の歴史的広がりを考慮しつつ、伝承空間の平面で史学的・実証的に追跡するか、あるいは伝承空間の立面で類型的・方法論的に分析するかで、作業方法と内容が大きく分れてくる。私の以下の論述は後者の立場であらざるを得ない。

(12)　R. Bultmann, *Die Geschichte der synoptischen Tradition*, Göttingen, 1967(7. Aufl.), pp. 223-260＝『共観福音伝承史II』加山宏路訳、新教出版社、一九八七年、一五一―七〇頁、M. Dibelius, *Die Formgeschichte des Evangeliums*, Tübingen, 1966(5. Aufl.), pp. 66-100.

(13)　R. Bultmann, *op. cit.*, pp. 69 f.

(14)　私は三四節を全体として、あるいは少なくとも部分的にマルコの編集句と見なす。

(15)　さらにマルコ四・三八 διδάσκαλε をマタイの並行句八・二五の κύριε と比較せよ。

(16)　G. Schille, *Anfänge der Kirche. Erwägungen zur apostolischen Frühgeschichte*, München, 1966, pp. 64 f., 130, 175 は、私がここに言う「帰還(復帰)命令」を、彼が導入する「(地域)共同体定礎伝承」(Gemeindebegründungstradition) との関連で「派遣命令」(Sendungsbefehl) として様式化し、特にマルコ八・二六の ἀποστέλλω はその terminus technicus であると言う。だ

が、これは二つの理由から成り立たない。第一に、同じ動詞はマルコ五・九では悪霊を「追い出す」の意味で用いられている。第二に、この動詞は「帰還命令」に用いられる多様な動詞のうちの一つに過ぎない。「帰還命令」には特定の terminus technicus などはなく、*ὑπάγω*(一・四四、二・一一、五・一九、三四、七・二九、一〇・五二)、*πορεύομαι*(ルカ一七・一九)、*ἀπέρχομαι*/*ἔρχομαι*(ヨハネ九・七)などさまざまな動詞が用いられる。このことは新約外の奇跡物語についても同様である。*ἐπανέρχομαι*(フィロストラトス『アポロニオス伝』IV, 45)、*ἀπέρχομαι*/*οἴχομαι*(同 III, 39)、*ἀποπέμπω*(ルキアノス『嘘好き』16)など(いずれも本文は G. Delling, *Antike Wundertexte*, Berlin, 1960。また、R・ブルトマン(*op.cit.*, p. 240)に引用されたディオゲネス・ラエルティオス『哲学者列伝』VIII, 67 では、まさに *ἀποστέλλω* が「帰還命令」として用いられている。

もちろん私は、癒しの奇跡物語がキリスト教化されてゆくに伴って、G・シレが言う Missionslegende のような機能を付与されたであろうということ、そして、その際に元来の「帰還命令」が「派遣命令」に意味変化を遂げた可能性(マルコ五・一九！)を否定するものではない。ただ、「派遣命令」という意味付けは、伝承がキリスト教化されてゆく過程で、つまり伝承の比較的に若い層において初めて行なわれてくることを確認しておくことが重要である。

(17) この法則との関連で R. Bultmann, *op.cit.*, p. 241; E. Peterson, *ΕΙΣ ΘΕΟΣ. Epigraphische, formgeschichtliche und religionsgeschichtliche Untersuchung*, Göttingen, 1926, p. 195 を参照。

(18) 以下の論点は、すでに荒井献、前掲書、八四頁以下——その後さらに『新約聖書とグノーシス主義』岩波書店、一九八六年、一四頁以下——に修正・補足(後出注(36)参照)の上で取り上げられているので、ここでは要点のみを記すことにする。

(19) M. Dibelius, *op. cit.*, pp. 68, 88 ff. 彼の言う "Novelle" が、また R・ブルトマンの "Wundergeschichte" も、そのままの理念型的な形においては現実に見出されないのは当然である。このことを指摘しても(例えば K. Kertelge, *Die Wunder Jesu im Markusevangelium*, München, 1970, pp. 41-44)様式史的方法を批判したことにはならない。

(20) 後述二七九頁参照。

(21) 前出注(4)に言及した例会での佐竹明による指摘である。ただ、この本文の場合には、「歓呼」のモティーフ(一二節b)の存在が問題になる。しかし、この「歓呼」は、M・ディベリウス(*op. cit.*, pp. 64)が正当にも指摘するように、奇跡行為者イエスの尊厳と偉大さよりも、奇跡行為そのものに向けられている。

(22) R. Bultmann, *op. cit.*, p. 255. ただし、彼はルカ一七・一一—一九にマルコ一・四〇—四五が下敷きになっていると見なす。私はこれを説得的だと思わない。祭司の下での治癒証明という共通の動機は、パレスティナ・ユダヤ教における実際の歴史的条件をおのおの独立に反映するものとして十分に説明可能である。その他、マルコのこの箇所に対する田川建三、前掲書、および R. Pesch, *Jesu ureigene Taten?*, Freiburg, 1970 の解釈と、それに対する批判は荒井献『イエスとその時代』八五—九〇頁、に詳しい。

(23) G. Schille, *op. cit.*, p. 180. 反対に K. Kertelge, *op. cit.*, p. 190 は、奇跡物語伝承にとってキリスト論的関心が当初から構成的関心であったと主張するが、全く的を射ていない。

(24) マタイ一一・二—六/ルカ七・一八—二三。ここでは奇跡は終末論から解釈される。S. Schulz, *Q. Die Spruchquelle der Evagelisten*, Zürich, 1972, p. 207; M. Sato, *Q und Prophetie. Studien zur Gattungs- und Traditionsgeschichte der Quelle Q*, Tübingen, 1988, p. 82. 佐藤は他方で奇跡物語も含むマルコ以前の伝承について「家族的」エートスを指摘し、Q資料の終末論的・家族離脱的エートスと対照させている(p. 403)。これはわれわれが以下の本論で述べることと基本的に一致している。

また、G. Theißen, *Urchristliche Wundergeschichten*, Gütersloh, 1974, pp. 273-282 は、奇跡の終末論的・黙示文学的理解がイエスその人のものであったと考える。そして、あらゆる終末論的要素が欠ける多くの奇跡物語の伝承は、イエス自らのそのような奇跡理解と、それを伝えたことば伝承が大衆化されたものであるとする。最近 H. C. Kee, *Miracle in the Early Christian World. A Study in Sociohistorical Method*, New Haven/London, 1983, pp. 146-173 も、黙示文学的世界観・歴史観が原始キリスト教の奇跡理解一般にとっての準拠枠であったと主張している。逆に、荒井献『イエスとその時代』一〇一、一二四—一三七頁は、単に奇跡物語伝承についてのみならず、譬え話伝承についても、終末論的意味付け一般をことば伝承の最初期の担い手による二次的な解釈と見なす。

(25) これは前出注(4)に言及した例会での八木誠一による指摘である。その際、八木は同時に、この原型に認められる御利益宗教的パターンは特定の社会層のエートスと言うより、「人間の Situation」を映すものではないかとも指摘した。第一の指摘については、以下の論述で答えようと思う。第二のそれについては、とりわけラビ層の癒しの奇跡行為に対する否定的応答(後述)を考慮するとき、やはり「人間の Situation」へと実存論的に一般化するのには賛成できない。むしろ、奇跡物語伝承が社会層上の拘束を受けた伝承であるとのG・タイセンの主張(*op. cit.*, pp. 247-251)が正当と思われる。

(26) とりわけ「らい病人」の儀礼的遮断については H. L. Strack/P. Billerbeck, *Kommentar zum Neuen Testament aus Talmud und Midrasch*, Bd. I, München, 1926, pp. 491 f., 519 f.; Bd. IV/2(1924), pp. 745-763 参照。

(27) H. L. Strack/P. Billerbeck, *op. cit.*, Bd. I, pp. 36-38; P. Fiebig, *Jüdische Wundergeschichten des neutestamentlichen Zeitalters*, Tübingen, 1911, pp. 19 f. 参照。

(28) R. Bultmann, *op. cit.*, pp. 254 ff.; P. Fiebig, *op. cit.*, p. 24. もっともラビ文献も死者蘇生の奇跡物語を知らないわけではない。しかし、それも厳密には奇跡物語というより、やはりアポフテグマと呼ぶべきものである。H. L. Strack/P. Billerbeck, *op. cit.*, Bd. I, p. 560 に挙げられた LvR 10; AZ 10 b; Meg 7 b 参照。

(29) 例えば G. Zoega, *Catalogus codicum copticorum manu scriptorum qui in Museo Borgiano Velitris adservantur*, Rom, 1810(Neudruck; Hildesheim/New York, 1973)に収録された断片三三八C(W. Till, *Koptische Grammatik*, Leipzig, 1970, 4. Aufl., p. 261 に再録)参照。

(30) 原型がそれ自体すでに一つの類型であったとすれば、それは歴史のイエスの生を直接伝えるものではあり得ない。イエスがそれによって理解されたのである。荒井献『イエスとその時代』九〇—九四、一〇三頁によれば、イエスはそのような理解に「即応する仕方」で「振舞」ったのである。

(31) E. Trocmé, *La Formation de l'Évangile selon Marc*, Paris, 1963, pp. 38, 43, 118 f.; idem, *Jésus de Nazareth vu par les témoins de sa vie*, Neuchâtel, 1971, pp. 111-124=『ナザレのイエス——その生涯の諸証言から』小林恵一・尾崎正明訳、ヨルダン社、一九七五年、一六三—一八一頁、田川建三『原始キリスト教史の一断面』勁草書房、一九六八年、六九—七三、三〇四、三一一頁以下。

以下の論述で私は、奇跡物語伝承がキリスト教化された段階で付与される新しい機能のうち主要な二つとして、説教と対外的伝道を取り上げ、それに対応する様式上の変化を確かめるのであるが、この段階と癒しの奇跡物語の原型に代表される伝承の最古層との間には、なお解明されるべき伝承段階が横たわる(前出注(4)に言及した例会での佐竹明の指摘)。本稿ではほとんど取り上げられない悪霊祓いの奇跡物語類型の位置付けも含め、今後なお検討されるべき課題である。目下のところ、私はE・トロクメと田川建三の言う「民間説話」をこの段階で考えたいと思っている。「民間説話」への道は原型から見れば、少なくとも口伝文学化の道であっただろう。私はキリスト論化を含めて、その理念型化を推進せしめた主要かつ組織的な動因は、一定の共同体の対外的伝道であったと考えるべきだと思うが、少なくとも組織的な共同体にはなお結びついていない「民間説話」も、それが口伝文学として「伝達」の局面を内包していた限り、対外的伝道が押し進めたその理念型化に向かって伝承段階を発展させたであろう。キリスト論的動機と尊称は、さしあたり多様であっただろう。「神の聖者」(マルコ一・二四)、「いと高き神の子イエス」(マルコ五・七)、「ダビデの子イエス」(マルコ一〇・四七、四八)、「ラビ」(マルコ一〇・五一)、「主」(マルコ七・二八)、「神の子」(マタイ一四・三三)など。

(32)　荒井献『イエスとその時代』八四、一一一頁。これはR・ブルトマンによる「理想的」性格の指摘(*op. cit.*, p. 59)に対応する。したがって、奇跡物語を説教の場における「例話」(Paradigma)の「文学化」として、言わば「祭儀」の「世俗化」から説明するM・ディベリウスの見解(*op. cit.*, pp. 61, 96 ff.)は全く逆転されなければならない。

(33)　田川建三、前掲書、三四八頁。

(34)　奇跡を信仰と結び付けるマタイの奇跡解釈については、H. J. Held, *Matthäus als Interpret der Wundergeschichten*, in: G. Bornkamm/G. Barth/H. J. Held, *Überlieferung und Auslegung im Matthäusevangelium*, Neukirchen-Vluyn, 1970 (6. Aufl.), pp. 155-287, 特に pp. 263 ff. 参照。Q伝承は奇跡物語一般をアポフテグマ化した形でしか受け容れなかった。ルカ七・一―一〇／マタイ八・五―一三、ルカ一一・一四―二八／マタイ一二・二二―四五。後者の並行本文では悪霊祓いの奇跡が、やはり終末論的に意味付けられている(ルカ一一・二〇／マタイ一二・二八)。前出注(24)参照。Q資料の担い手が、そのような終末論的意味を離れた奇跡そのものには無関心であることを、最近、佐藤研、*op. cit.*, p. 82 が改めて指摘している。

(35)　マタイについては R. Bultmann, *op. cit.*, p. 383; H. J. Held, *op. cit.*, pp. 280-284; H. C. Kee, *op. cit.*, pp. 185, 187 f.; Q

伝承については、荒井献『イエスとその時代』一〇〇、一〇二頁参照。Q伝承の担い手を巡る最近の議論については、荒井献『新約聖書とグノーシス主義』二四—三一頁、佐藤研、*op. cit.*, pp. 371 ff.

(36) マルコ九・一四—二九の悪霊祓いの物語には「弟子」が登場する。一定の共同体の中で実践された悪霊祓いのための教科書(処方箋 "Heilungsrezept" : M. Dibelius, *op. cit.*, p. 100)として機能したのであろうか。これも奇跡物語伝承がキリスト教化された段階で付与された新たな機能のうちの一つであっただろう。いずれにしても、群衆に代わって「弟子のモティーフが前景に出る」ことを奇跡物語の伝承史一般について妥当する法則と見なして、私の理念型を補った荒井献『イエスとその時代』八四頁、の処置は適切と言わざるを得ない(ただし、アポフテグマについてはすでに R. Bultmann, *op. cit.*, p. 71 に指摘がある)。しかし、「ロゴス化」されたアポフテグマ的奇跡物語一般をこの理念型に近いものだと言う(荒井献『イエスとその時代』八五頁)ことはできない。マルコ二・一—一二とルカ一七・一一—一九では、すでに述べたとおり、イエスのことばの付加という比較的単純な作業だけで、癒しの奇跡物語の原型に比較的に近いものがアポフテグマ化されたのである。もちろん、後述のように、ヨハネ福音書の「拡大されたアポフテグマ」としての奇跡物語は理念型に近い。「しるし資料」に取材したからである。このことは、アポフテグマ化(ロゴス化)された奇跡物語それ自体の中でも様式史的展開が跡付けられるべき必要をしめしている。

(37) パウサニアス『ギリシア見聞録』(Graeciae discriptio) VI, 26, 1 f.(=G. Delling, *op. cit.*, p. 16 に収録。そこに指示されているその他のヘレニズムの本文も参照)、および M. Dibelius, *op. cit.*, pp. 98 f.。ただし、この見解に対する W. Nicol, *The Semeia in the Fourth Gospel*, Leiden, 1972, pp. 58 f. の批判がある。

(38) 例えば C. H. Dodd, *Historical Tradition in the Fourth Gospel*, Cambridge, 1963, pp. 200 f. 参照。

(39) D. Georgi, *Die Gegner des Paulus im 2. Korintherbrief*, Neukirchen-Vluyn, 1964, pp. 219-300(=新訂英語版 *The Opponents of Paul in Second Corinthians*, Edinburgh, 1987, pp. 229-313). すでに A. Fridrichsen, *Le Problème du Miracle dans le Christianisme Primitif*, Strasbourg, 1925(英訳=*The Problem of Miracle in Primitive Christianity*, Minneapolis, 1972, pp. 63 ff.)が使徒行伝とパウロの論敵の両方について、奇跡物語と伝道(プロパガンダ)の密接な関係を指摘している。

(40) これが W. Nicol, *op. cit.* の基本的な主張である。私はこの資料を、彼ほど一義的にユダヤ的だとは見なさない。とりわけ、この資料のキリスト論の統一的な理念である「神の子」の表象と神性顕現の視点からの奇跡理解（いずれも後述）には、ヘレニズム的特徴（使徒行伝一四・一一参照）を見逃すことができない。したがって、ここではすでにヘレニズム的対ユダヤ的という概念区分そのものが適合性を失うのである。

(41) 前出注(31)参照。

(42) G. Bornkamm, Zur Interpretation des Johannes-Evangeliums, in: idem, *Geschichte und Glaube 1*, München, 1968, pp. 104-121.

(43) J. Becker, Wunder und Christologie. Zum literarkritischen und christologischen Problem der Wunder im Johannesevangelium, *NTS*, 16(1969/70), pp. 130-148, 特に pp. 136 f., 148, n. 2. この意味で G. P. Wetter, *Der Sohn Gottes. Eine Untersuchung über den Charakter und die Tendenz des Johannes-Evangeliums*, Göttingen, 1916 は全体として説得力を失っている。

(44) あるいは逆に、教会論の欠落からこの資料の機能が対外的伝道にあったことが示唆されるであろう。

(45) とりわけ、W. A. Meeks, *The Prophet-King. Moses Traditions and the Johannine Christology*, Leiden, 1967, pp. 87-99; J. L. Martyn, *History and Theology in the Fourth Gospel*, 2 ed., New York, 1979, pp. 106, 112 ff., 120, 124, 132 参照。ただし、最近の研究、W. J. Bittner, *Jesu Zeichen im Johannesevangelium*, Tübingen, 1987, pp. 151-164, 285-290 によれば、六・一四の「世に来るべき（モーセのような）預言者」は、直後（一五節）の「王」の待望と同様、イエスを終末論的・政治主義的に捉える見方があったことを示すもので、ヨハネはこれを決然として拒否しているのだと言う。しかし、釈義的な論証に説得力がない。R・ブルトマンの意味での「しるし資料」の文献的存在そのものも、そこでは疑われている。H.P. Heekerens, *Die Zeichenquelle der johanneischen Redaktion. Ein Beitrag zur Entstehungsgeschichte des vierten Evangeliums*, Stuttgart, 1984 も同様で、二・一―一一、四・四六―五四、二一・一―一四についてのみ文献資料が想定できるが、それは事後的に福音書本体に付加されたものだと言う(pp. 43 ff.)。いずれも従来の「しるし資料」仮説を覆すには足らないと思われる。

(46) E. Schweizer, ***EΓΩ EIMI***. *Die religionsgeschichtliche Herkunft und theologische Bedeutung der johanneischen Bildreden*,

Göttingen, 1965(2. Aufl), pp. 108 f. 参照。

(47) L. Schottroff, *Der Glaubende und die feindliche Welt*, Neukirchen-Vluyn, 1970, pp. 263 ff.

(48) この関連で、ヨハネ福音書はその構成前におのおの独立にまとまっていたいくつかの説教を採用しているという見解が注意されるべきである。C. K. Barrett, *The Gospel according to St. John*, 2 ed., London, 1978, pp. 21, 26, 133 f.; R. E. Brown, *The Gospel according to John I–XII*, New York, 1966, pp. XXXIV–XXXIX. H. C. Kee, *op. cit.*, pp. 221-251(特に pp. 232 ff.)は S. Langer の用語を借りて、ヨハネ福音書において奇跡物語がヨハネ共同体の経験をシンボリックに変容させる働きを担っていることを指摘する。われわれが本書の論文II、IIIにおいて明らかにした、この共同体独特の象徴的意味宇宙の形成ということとの関連で興味ある指摘である。

Ⅷ

奇跡物語の「素材探し」と「意味探し」

――批判に答えて――

はじめに

本稿の直前に収録した第Ⅶ論文「ヨハネ福音書における「しるし資料」——様式史的考察」は、『宗教研究』(日本宗教学会)二二三号(一九七五年)に印刷・公表される前に、荒井献『イエスとその時代』(岩波書店、一九七四年)によって、むしろ「原型」サイドから、また、荒井自身による補充を加えた上で、取り上げられることになった。以後数年にわたって、「原型」を取り出す理念型的方法、そこに私が読み取った家族・社会への復帰を至上の価値とする功利主義的エートスなどの論点に対して、我が国の多くの研究者から、一部誤解に基づくものも含めて、さまざまな批判が表明された。(1) それに対して荒井が折に触れて行なった応答は、現在、論文集『新約聖書とグノーシス主義』(岩波書店、一九八六年)の巻頭論文「方法としての文学社会学」にまとめられている。

私の右の論文そのものを自ら参照して、直接私に対して批判を行なった者は少数であったが、荒井に対するこの点での批判は、少なくとも間接的には、私の論文に対する批判でもあった。その限りにおいて、私なりの応答の責任を果たすために書かれたのが本稿である。もともとは、「小河陽氏への応答」という副題とともに、『聖書と教会』誌(日本基督教団出版局)の一九八三年六—七月号に掲載されたものであるが、今回本書に収録するにあたり、その後の私の考えをも盛り込むために、多少手を加え改稿している。とはいえ、未だ指摘された問題点のすべてを尽くしているわけではない。未決の問題点は今後も引き続き問い直してゆくつもりである。奇跡物語伝承のみならず、イエス伝承の全体を文学社会学的な方法によって分析し、生前のイエスの活動を、彼を取り巻いた全体社会およびさまざまな人々との社会的相互行為として、しかも、彼の「神の国」のメッセージとも深く関わるはずの「内的な」動機（意味）付けの連関とともに、一つの理解可能な全体像に集約すること、――これは、新約聖書の研究を志す者の一人として私が抱く夢である。いつの日か、この夢を実現すべく手を付ける時が到来し、前述の未決の論点に対しても、より十分な応答が可能になることを念願している。

一　ラビ文献の奇跡理解について

最初に取り上げるべき論点は、ユダヤ教ラビ文献に見られる奇跡理解である。この問題について、私は前記の論文で次のように書いた。

「いずれにしても、この社会層（治癒奇跡物語伝承の原初的な担い手）はラビ層とは決定的に異なる。なぜなら、ラビ文献から見る限り、ラビ層の癒しの奇跡行為に対する態度は徹底的に否定的だからである。そこには固有な意味での癒しの奇跡物語は存在せず、ラビ的な意味での「信仰」、すなわち、律法の遵守を勧める一種のアポフテグマへ変形された形での自然奇跡物語が僅かに認められるにすぎない。つまり、自然奇跡は当事者の「信仰」（律法遵守）の自然大の有効証明と見なされる」（本書二七八頁）。

このうち「ラビ層の癒しの奇跡行為に対する態度は徹底的に否定的」であることを示すものとして，私はラビ文献から合計四つの箇所を注(27)で指示した。そのうちまずH・L・シュトラック／P・ビラーベックの注解書に再録された二箇所(Tos Chullin, 2, 22 f. と pAZ, 2, 40d, 35)では「パンテラの子イエス」(ナザレのイエス)の名による治癒行為が問題になっている。小河陽によれば，この二カ所は「異端」(イエスの信奉者=キリスト教徒)による治癒行為を拒否したラビ的敬虔を示すものではあっても，治癒行為そのものに対する「徹底的に否定的」な拒絶を証拠立てるものではない(2)。この指摘は適切である。私は自分の読解が不十分であったことを率直に認めざるを得ない。

他方，私が指示したさらに別の箇所，すなわちハニナ・ベン・ドサがラビ・ヨハナン・ベン・ザッカイの息子を奇跡的に癒す話(bBer 34 b)(3)——特にその結びの部分——については，私の解釈は小河と多少異なる。つまり，この話に物語られたような奇跡的な治癒行為は，行動に規制が少ないために迅速かつ臨機応変に対処できる「従僕」(=ハニナ・ベン・ドサ)には可能であるが，多数の規定に縛られつつ，それを遵守し，より高貴に振る舞うべき「侯爵」，あるいは「皇子」，すなわちラビ・ヨハナン・ベン・ザッカイにはふさわしくない。これがこの話の結びの意味するところであり，ハニナ・ベン・ドサのカリスマ的な治癒行為に対する体制側ラビ層からの否定的評価がそこに読み取られる。にもかかわらずこの話も，ラビ層が治癒奇跡行為に対して「徹底的に否定的」であるという命題を支える根拠としては，私が指示した他の箇所と同様，不十分だと言われるならば，これも私としては承認せざるを得ない。

しかし，私がこの命題を支えるべき根拠として，これらの個々のラビ文献の記事以上に比重を与えたのは，先に引用したくだりからも明らかなように，ラビ文献中に「固有な意味での癒しの奇跡物語」が存在しないという事実である。この事実そのものはすでに早くから，例えば後述するM・スミスによって，指摘されてきたところであって、小河の批判的論述とそこに新たに提示された資料（ラビ文献）全体をもってしても覆し得ないばかりか、かえって補強的に再確認される結果となっている。しかし、これはあくまで様式史的視点から確認される事実なのである。実際、私の前記の論文はその副題が示すように、様式史的考察を主題とするものであった。様式史的判断は、さしあたり文学の形式にかかわる判断である。私はそこから、ラビ層は治癒の奇跡行為そのものに対して徹底的に否定的であるという、言わば一つの神学的な内容判断を直接的に導いてしまったのである。私は本来これら二つの判断の差違にもっと注意深くあるべきであった。二つの相異なる次元の判断を混同した点にこそ、方法論的に見て、前記の私の論文のより重大な過誤があったと言わなければならない。次節において、この点を改めて考え直してみたい。

これに対して小河は、治癒奇跡に必ずしも否定的な価値判断を伴わずに言及する記事――旧約聖書中の預言者による治癒奇跡の再話も含めて――が、ラビ文献の中にいくつか存在することを個々に指摘することによって、ラビ層が奇跡的治癒行為そのものに対して徹底的に否定的だとは言えない、とする。この点において、小河の論証には説得力があり、私はこの傍点を付した表現「徹底的に否定的」を撤回しなければならない。しかし、小河が私に対して反証し得た点は、それ自体としては否定的な内容のこの確認一つに尽きると思われる。何故なら小河自身も、ラビ層が奇跡的治癒行為に対し逆に積極的であったことを論証できるわけではなく、「ラビによる治癒奇跡が目立たない事実」を正当な根拠まで挙げて承認せざるを得ないからである。[4]小河が列挙するラビ文献の記事は確かに治癒奇跡に言及はするものの、様式史的に見て厳密に治癒奇跡物語と呼び得るものは皆無である。そのほとんどが表現形態の上では、「講話」（これは私の前記の論文で言う「アポフテグマ」と同じ）である。もちろん、今やこれらの「講話」を含めると、一般に奇跡に題材を取った記事の数は、「アポフテグマ」へ変形された形での自然奇跡物語が僅かに認められるにすぎない」(大貫)とは言えず——私は改めて逐一数え挙げたわけではなく、ラビ文献中の「講話」全体に対する比率を計算したわけでもないが——、小河の言うとおり、「もっと多い」ことになろう。しかし、小河はこの指摘と同時に、奇跡に題材を取った「講話」でいちばん多いのは、律法の遵守を勧奨する性質のものであることを自ら確認し、この勧奨にこそラビの奇跡理解の特徴を見る私の判断については、これを追認する結果となっている。

「律法遵守の勧奨」と今私が言うのは、当然のことながら、問題のラビ文献の「講話」を、その意図あるいは機能の側面から表現したものである。この意図あるいは機能は、個々の「講話」の実際の言語的表現のレベルにおいては、異邦人ではなくユダヤ教徒の、また「罪人」(例えば「地の民」)ではなく「義人」の祈りが、危急の中にある自己自身のための祈りであれ、他者のための代願であれ、神に嘉納され、神が奇跡をもってその祈りに答えるという話になることが多い。小河が引照するラビ文献の圧倒的多数も、このことを証明している。[5] 神による奇跡は「義人」の祈り(信仰)の有効証明なのである。ここでは奇跡は究極のところ、それ自体の故に報告されているわけではなく、より上位の意図に仕える一機能に他ならないのである。

これに対して、福音書中の奇跡物語にとっては、奇跡を祈りの有効証明と見なすこの考え方こそが元来異質であり、伝承史的には二次的な僅かな箇所(マルコ一一・二三、九・二九参照——このうち後者は「拡大されたアポフテグマ」の結び)に認められるに過ぎない。しかも、そのいずれの箇所においても、正にラビ的奇跡理解——正確にはその紀元七〇年以前の形態——からの影響が考慮に入れられなければならない。もちろん、この点はすでにA・シュラッターが指摘して強調したところである。[6] それに対抗して、イエスおよび福音書記者たちの時代に、ユダヤ教ラビたちが一般に奇跡行為者と見なされ、福音書のそれと同種の奇跡物語も、ごく日常的であったとしたのはP・

フィービッヒであった。[7] しかし、彼の説に対するシュラッターの再批判は、[8] 後一世紀のラビ・ハニナ・ベン・ドサの事例を無視した行き過ぎを別にすれば、その後の研究の中でほぼ認知されたと言い得よう。[9] ハニナ・ベン・ドサについても、大衆の間で博していたカリスマ的奇跡行為者としての人気とは別に、体制側ラビ層それ自体の側での彼の奇跡行為に対する評価は懐疑的なものであったことを論証するG・バームズの有力な研究がある。[10] また、M・スミスも、ラビ文献がタンナイーム時代(後一世紀初めから二〇〇年頃まで)については、その時代のラビ自身を奇跡遂行者として描くことに一貫して否定的で、したがって、イエスを奇跡行為の主体として描いている福音書の奇跡物語に並行するような固有な意味での奇跡物語が見られないことを指摘している。[11]

小河が新たに引照するラビ文献も、前記のような否定的確認を超えて、よりポジティヴにラビたちの奇跡理解の特徴を記述するべく集約すると、小河自身も——懐疑的に——報告しているシュラッターの命題をかえって支持するものである、と私には思われる。すなわち、ラビたちの奇跡理解は、「聖者が神の前に強力な祈り手である」ことを基本要素とし、しかもその祈り手ではなく神をこそ究極の奇跡遂行者とするもので、根本的には律法主義的な業績・応報の思想に基づくという命題である。私が「当事者の「信仰」(律法遵守)の自然大の有効証明」という表現で指示しようとしたのは、具体的にはこのような事態なのである。私のこの命題は、治癒奇跡をも含めたものとして言い直せば、ラビの奇跡理解の基本線を言い表わすものとして依然として有効であると考える。

二　福音書の奇跡物語伝承との対比

小河はラビ文献の素材を跋渉した後、結論的に次のように述べている。「我々はこのような典拠を前に、癩者や悪霊に憑かれた者の癒しを語るイエスの奇跡物語が、これらの病によって社会から隔離されていた者たちによってのみ語られ得た伝承とは決して思わないし、これらの病人の治癒の願いに応じる仕方で振舞うことがすでに彼らの眼に奇跡的振舞いとして映ったとも思えない(12)」。

私の見るところ、ここでは前記の論文で私が犯したのと方向は逆ながら、同質の方法上の誤りが始まっている。私の過誤は、すでに述べたように、ラビ文献中に固有な意味での治癒奇跡物語がないという様式史的判断に過度の比重を与えて、治癒奇跡行為そのものに対するラビ層の「徹底的に否定的」な態度という内容判断をそこから導いた点にあった。逆に私の批判者は、ラビ文献も内容的に福音書のものと同種の病気治癒と悪霊祓いの奇跡行為に言及するという内容判断を過大に評価し、前述の結論を導くのである。しかし、その際、それではなぜラビ文献では、それらの言及が福音書の治癒奇跡物語のような言語表現の形態を与えられることがないのかという様式批判上の問いは、無造作に飛び超えられてしまう。

この問いを適切に解くためには、口伝であれ、文献であれ、あるテキストがとる言語的形態は、そのテキストが果たす社会的・間人間的機能と密接不可分に関連し合うものであることが考慮されなければならないと思う。例えばP・リクールも、哲学的解釈学から出発しながら、福音書の奇跡物語についても発言し、いわゆる「モデル効果」

あるいは「メタファー効果」をそこに認めている。[13] 奇跡物語のテキストは多様な言語的象徴と虚構を駆使して、背後の実在――「一体何が起きたのか」――を模写するのではなく、それを自己の「前方に」新しく「再創造」し、読者を自己と世界の新しい了解へと導く。この新しい現実了解、つまり新しい意味の発見と形成は、――すでにM・ウェーバーの理解社会学と現代におけるその解釈学的な展開とも言うべき「象徴的相互作用論」が教えるとおり――新しい社会的・間人間的行動を動機づける。「因果の連鎖は、たとえば「外的な」状態から始まって〔動機づけの諸経過を通過し〕、最後には再び「外的な」行動に到達する」からである。[14] 否、この動機づけを可能にする世界の意味論的意味の発見と形成のプロセスであるテキストそのものが、すでに象徴的次元で遂行される間人間的相互行為であり、人間の社会的・類型的行動の一つなのである。これが文学社会学の根本認識であると言えよう。[15]

このような観点から見るとき、ラビ文献を無造作にイエスの治癒奇跡物語と同列におくことはできない。それでは質的に相異なる二つの社会的行動が同列に置かれることになってしまう。ラビ文献の意図は、神の偉大さの讃美であれ、義人の祈りの有効性を示すことであれ、終始教訓的であり、叙述の視点が被治癒者の上に置かれることはまずない。それに応じて、その言語的形態化は、すでに見たとおり、アポフテグマかそれに準ずるものになる。これに反して、イエスの治癒奇跡では、とりわけ私の言う「原型」に近いものになればなるほど、教訓的なものはもちろんのこと、個々の行為の動機づけ、イエスを含む個々の登場人物の性格・経歴描写など「文学的」要素が欠け、代わりにV・プロップが真の民間口承文芸の特徴の一つと考える行為の優位性、あるいは行為の連続から成る筋の優位性が目立ってくる。[16]

私が「原型」という理念型を構成して示そうとしたのは、キリスト論への教会的関心が拡大してイエスの人物に興味が集中するようになる以前に、むしろ被治癒者の側に叙述の視座を置いて、治癒を求めてのイエスへの接近、イエスによる治癒、それに続く「帰還」を物語り、この意味で行為と筋を優位させた治癒奇跡物語が想定されるべきだということであった。しかも、リクールによれば、物語テキストの「モデル効果」、「メタファー効果」は、他でもない、テキストの表面における筋(プロット)にこそ求められる。[17] そうだとすれば、今述べたような筋を示す治癒奇跡物語の「モデル効果」、「メタファー効果」は、そこに描かれてあるような病気や障害ゆえの生の極限状況を、イエスとの出会いにおいて再び生きられ得る現実として新しく了解し直させ、この意味で既存の社会の中への象徴的な統合を遂行する点にあると言うべきである。私はこのような筋全体を念頭に置いて、「原型」を社会復帰の価値理念に貫かれたものと考えるのである。したがって、この価値理念は、私の批判者が矮小化して言うように、[18]「治癒奇跡の結びにしか」見出されないわけではないのである。しかも、この筋がその結びで、実際の言語表現としては必ずしも常に、かつ明瞭に家族・社会への帰還命令を示すとは限らず、[19] 例えば祭司の前での「実証」の指示(マルコ一・四四)や、さらに多くの場合、単純な「退去命令」で終わるとしても、このことは私の命題にとって大差はない。言語表現の上で「実証」の指示や「退去命令」であるものも、前述のような筋の結びである限り、テキストの社会的・間人間的機能の上では明瞭な帰還命令の場合と同様、社会への統合を果たし得るからである。ただし、私が前記の論文でテキストのこれら二つの原理的に相異なる次元を十分明確に区別せずに用いたのは事実であり、このことがその後の論争を少なからず混乱させたように思われる。

いずれにせよ、治癒奇跡物語のテキストを生み出すことそのことが、そのような価値理念と主観的意味を担った社会的行為であるからこそ、それは、もともとユダヤ教共同体の中枢にいて、そこへの「統合」が希求されるべき価値となるはずもないラビ層には適合しないのである。したがってまた、ラビ文献も個々の奇跡的治癒行為に言及することがあっても、それを固有な意味での治癒奇跡物語に形態化することがないのである。逆にそのような価値理念と主観的意味——もちろん、私はこれを理念型的に取り出したのである——に最も適合的な社会的行為者を、再び理念型的な類型として推定しようとすると、[20]後一世紀前半のユダヤ社会においては、病気や障害ゆえに正常な社会生活から持続的に疎外され、場合によっては、儀礼的・物理的に遮断されて社会の外縁部に生きた最下層の人々を考えざるを得ないと思うのである。

後一世紀前半のユダヤ社会において、病気や各種の障害が単に病理学的現象として説明されて済むことではなく、むしろ宗教的・イデオロギー的な意味づけを受けていたことはよく知られている。それは本人が意識するとしないとにかかわらず犯した律法違反の罪、あるいはその人の親たちの同じ律法違反の罪のゆえに、神が下した刑罰であると考えられた(ヨハネ九・二参照)。病気や障害を身に負う者は、身体的・精神的なハンディに加えて、宗教的差別という二重の桎梏の下に喘いでいたのである。

イエスはこのような二重三重の差別社会の只中へ登場し、近づきつつある「神の支配」を述べ伝えた。それはあえて一言に尽くせば、人間相互の根源的なつながりの発見と回復、すなわち、万人の和解への招きであったと言うことができる。しかも、それは人間の側の一切の社会改良のプログラムを超え、それに先立って、一方的に神の側から起こされた神の行動であった。だからこそイエスは、「あなたがた貧しい者たちは幸いだ。神の国はあなたがたのものである」(ルカ六・二〇)に始まる一連のよく知られた言葉で、当の差別社会の現実の根源的な変革を、そこへと至るプログラムをいっさい示すことなしに、ただ端的に宣言することができたのである。彼は人々に社会改良のプログラムを求めなかったように、個々人が自己を吟味点検して「よりましな」人間となることも求めなかった。彼が求めたのはただ一つ、「神の支配」を求め、欲することであった。この欲求こそが彼の求めた「悔い改め」の意味である。また、「求めよ、そうすれば与えられるであろう」(マタイ七・七)という有名な言葉も、同じことを意味していると思われる。

新しい生へのこの根源的な欲求のあるところでだけイエスは「力あるわざ」、すなわち癒しの奇跡を行なうことができた。逆に、伝承によれば、その欲求に欠け、「この人は大工ではないか。マリヤのむすこで……」(マルコ六・三)と彼の素性にこだわる人々に向かっては何一つ「力あるわざ」を行なうことができなかった。反対に、病気や障害ゆえに二重の桎梏の下に喘いでいる者たちは、すでにそのことのゆえに、つまり彼らの存在そのものにおいて、新しい生への、神の支配への欲求に他ならなかったに違いない。だからイエスは彼らと交わり、彼らを癒したのである。しかし、イエスのこの行動は、病気や障害を癒すこと——とはつまり、律法違反の罪ゆえに神から下された刑罰を止揚すること——は、「神ひとりのほか」にはあり得ない(マルコ二・七)とされていたユダヤ社会の禁忌を破ることに他ならなかった。加えて、イエスはその癒しを、多くの伝承が証言するところでは、一再ならず選りに選って安息日に行なった。つまり、イエスは意図して二重のタブー破りを犯したと考えられる。

もちろん、何をもって病気とし、何をもってその治癒とするかの判断は、当時のユダヤ庶民の日常知のパラダイムと関係するから、知識社会学的な分析が必要である。しかし、その点はひとまず措くとしても、イエスの治癒行為が彼の主観的な意味づけにおいては、神がそれによって自らの支配を、また、それとともに古い現実の根本的な変革を実現しつつある象徴的な行為であったことはまず間違いないと思われる。(21)

現在四つの福音書の中に読むことのできる癒しと悪霊祓いの奇跡物語は、もともとそのようなイエスの象徴的行為に接した人々が、その体験を言葉によって創造し直し、それを他者にも伝えようとした時に生まれてきたものと考えることができる。(22)

以上のような推論が、どこまで妥当なものであるかは今後なお吟味の余地があるとしても、イエスの治癒奇跡物語伝承――さらにはその他の奇跡物語伝承――の発生、担い手の社会層およびその推移を、ラビ層との対比を通して分析的に推定してゆく課題そのものは、小河の批判全体をもってしても、決して不要なものとはなり得ない。その点、小河がラビ文献の跋渉の後に引き出した前述の結論は、もっぱら否定形の文章に終始していることが残念である。

三　「類的理念型」と歴史的類型化

小河はラビ文献との突き合わせに留まらず、ヘレニズムの領域の治癒奇跡物語との突き合わせも行なっている。そこでも、私の言う「原型」の結びの「帰還命令」に類似した文言がしばしば現われる。それはこの領域の治癒奇跡物語においても、様式要素として定着したものであることが予想される。小河はこの事実のために、すでにR・ライツェンシュタインとO・ヴァインライヒが宗教史学および古典文献学の立場から行なった研究を指示している。(23)そして、おそらく小河の隠された判断では、福音書の治癒奇跡物語の結びの「帰還命令」に社会復帰の価値理念を読み取ろうとする私の試みは――念のために繰り返せば、私は「原型」のこの結びにだけそれを読み取ろうというのではない――、ラビの奇跡理解との突き合わせを俟つまでもなく、すでにこの事実一つによって不可能とされるのである。ここでは、前節の冒頭に引用した小河の結論的文章の場合とは逆に、様式史的判断が最終的決定権を与えられているように見える。それは別としても、前節での私の論述が同じように様式史的観点からの比較でありながら、後一世紀パレスティナのユダヤ社会という歴史的個体の枠内に留まるのに対して、小河の様式史的判断は類、的一般性の次元での判断なのである。ここには福音書の奇跡物語の研究にとって看過できない方法上の重要な問題が現われている。

前記の二人の古典文献学者の研究は、私もすでに参照している。とくに、ヴァインライヒが集めている豊富な事例は、確かに「帰還命令」を治癒奇跡物語一般に典型的な様式要素と見なすに十分である。だがこのことは、逆に「原型」の「帰還命令」をそのような様式要素と見なすには事例が不十分ではないかという指摘[24]を他方で受けた私には、かえって好都合でこそあれ、不都合なことでは決してない。注意したいのはむしろ、このようにして共通の様式要素を確定してゆく作業は、同様にして確定される他のすべての様式要素をも内包するような治癒奇跡物語の理念型を概念的に構成しようとする試みに他ならないということである。事実、ヴァインライヒはその著作末尾の付論で、不十分ながらそのような理念型の構成を試みている。[25] しかし、こうして構成される理念型はさらに厳密に言うと、現実に見出される個々の領域の個々の治癒奇跡物語から、それらの間に存在する歴史的(文化史的・宗教史的)・地理的差違を無視して、言わば無時間的に共通要素を抽出して構成される抽象的な類概念であり、M・ウェーバーの言葉では、「類的理念型」に相当する。[26] さらに、詩学的には、この理念型を物語の通時的・連辞的構成上の主要な場面(トポス)——例えばG・タイセンのように「導入場面」、「提示場面」、「中心場面」、「終結場面」——に区分して、[27]確定されたすべての共通要素をそのそれぞれに割り振れば、治癒奇跡物語の「一般言語」(langue)と潜勢的・範例的「語彙」が得られる。福音書の治癒奇跡物語も、「帰還命令」——これは「終結場面」の潜勢的・範例的「語彙」の一つである——を含めて、この「一般的言語」の枠内にある。小河の前述の指摘は、このことの指摘として受け取れば全く正当なものである。

しかし、どの場面(トポス)が特に拡大、または縮小されるのか。「導入場面」で治癒を求める者が治癒奇跡行為者のもとへやって来る(あるいは、連れて来られる)という動機が「引用」、「実現」されるのか、あるいは逆に奇跡行為者の側の主導性という動機がそうされるのか。また「終結場面」では、被治癒者の「帰還」の動機が「引用」、「実現」されるのか、それとも、例えば奇跡に対する群衆の「歓呼」がそうされるのか。それによって前述の「一般的言語」が個々の場合にどのような個別的形態の治癒奇跡物語――例えば私の言う「原型」に近いもの――へ「実現」されてゆくかが決まってくる。だが、これらの問い、また、そうして実現された具体的な治癒奇跡物語が、いかなる社会的・間人間的機能を担うものとなるかという問いは、すでに歴史的個別性の次元に属する。それは一定の歴史的・経験的なコミュニケーション状況という文脈の中で初めて解答可能な問いである。これらの問題まで一定の無時間的な「構造」の内在的圧力というようなものによって自動的に決定されてしまうわけではない。小河は「奇跡行為者のもとに担ぎ込まれた病人の癒しを語る場面において、癒しの後に病人が自分自身で家に帰ったという動機は、奇跡の確認として極く自然のことである」と書くとき(28)、何を基準に「極く自然」云々の判断を行なっているのか。それが問題なのである。小河が意識的にせよ、無意識的にせよ考えているのは、今述べた種類の構造的圧力以外ではないはずである。だが、そうなると、現実には福音書中でさえ、小河の言う「自然さ」が崩れた治癒奇跡物語がいくつか存在するという事実(マタイ八・二八―三四、九・二一、二〇・三四/ルカ一八・四三)の説明が困難になる。小河はこれをどう説明するのか(29)。

この問題も含めて前記の問いを決定するものは、個々の治癒奇跡物語のテキストを生み出し、受容して再創造し、さらに伝承してゆく者たちを規定する一連の歴史的な条件――複合的な社会的・言語的条件――と、その中で彼らがそのテキストの生産・受容・再創造・伝達に結び付ける意図なのである。この点について一般的な理論化を図るのがテキスト理論であるが、これについては私はすでに他の場所で詳説したのでここでは繰り返さない(30)。いずれにせよ、その複合的な社会的・言語的条件と意図が、時代と場所によって一定の類型性を有しつつも異なるため、治癒奇跡物語としては同類でありながら、福音書のそれとヘレニズムの領域のそれとは必ずしも同日に断じることができず、厳密には相異なる歴史的類型として区別して扱う必要が生じてくるのである。したがって、或る「典型的」な共通要素(動機)が双方の領域に見出されるからと言って、その共通要素の、またそれを含む個々のテキストの社会的・間人間的機能の問題まで片付いてしまうわけではないのである。小河の批判は類的一般性の次元と歴史的個体性のそれとを性急に混同した議論のように、私には思われてならない。もっとも同様の混同は、従来の様式史的研究にも多かれ少なかれ認められるものである。[31] しかし、最近H・C・キーがこれを正当にも批判し、それぞれの領域の歴史的条件を知識社会学的に解明しつつ、その枠内で奇跡物語の意図と働きを明らかにしている。[32]

ヘレニズムの領域の治癒奇跡物語についてまずなされなければならないのは、右の意味での複合的な社会的・言語的条件と意図、またそれらの歴史的変遷をたどり、この変移が治癒奇跡物語の形態上、および社会的・間人間的機能の上での変化とどう対応するかを跡づけることである。これはもちろん、古典文献学と古代史についての該博な知識と深い蓄積を必要とする作業である。そのため私はその必要を認めつつも、これまで手を付けずにきた。しかし、すでにヴァインライヒ、および彼に従いつつタイセンも、ローマのアスクレピオス神殿の初期の奉納碑文のきわめて素朴かつ簡潔な形態——それは私の見るところでは、私の「原型」が示す筋の簡潔性に匹敵する唯一の例である——が、紀元後の時代に入るや、より詳細に文学化されてゆくのを跡づけ、さらにそれに対応する形でアスクレピオス信仰の担い手の社会層も下層庶民・下級兵士、病気のために遺棄された奴隷などからやがて教養層・支配層へと変移したことを、ヘレニズム史家たちの証言を踏まえて明らかにしていることは注目に値する。[33] H・C・キーの前述の研究は、同じ視点をより広範な領域と素材に及ぼしている。必要なことは、このような作業をさらに積み重ねることによって、ヘレニズム世界の奇跡物語伝承の歴史的類型化を行なうことである。そうして初めて、福音書の奇跡物語伝承の元来の担い手の社会層や社会的機能との突き合わせも方法的に確かなものとなり、有意義なものとなるであろう。ヘレニズム世界では「奇跡信仰は一般大衆に限られず、相当多数の知識人・哲学者にさえも承認されていた……」というような一般的な確認では不十分なのである。[34]

私は前記の論文「ヨハネ福音書における「しるし資料」」で、同じ歴史的類型化の作業を福音書中の奇跡物語、特に癒しの奇跡物語という歴史的個体について試みたのである。私がこの奇跡物語伝承の原初と最終段階のそれぞれに想定した理念型は、いずれもこの歴史的個体の枠内での概念である。「理想型〔理念型〕は特に、歴史的個体またはその個々の部分を発生的概念(genetische Begriffe)において捉えようとする試みなのである」[35]。同時に私は二つの段階の間に横たわる伝承史の発展の諸段階をも、伝承の担い手の社会的諸条件と意図の変化を奇跡物語の形態上および機能上の変化と対応させつつ、いわば「発展の理念型」[36]として提示しようとも試みた。

いずれの理念型も、イエスの奇跡物語の伝承史をここでは多く、かしこでは少なく支配する形態変化の法則——そのほとんどは間接的ながらR・ブルトマンもすでに指摘するところであり、決して恣意的なものではない——を論理的に昇華させて総合したものである。したがって、それらは当然その概念的純粋さにおいて現実にはどこにも見出されない「一個のユートピア」である。しかし、「我々はそれによって実在を測定し、比較し、もってその経験的内容の中の一定の意義ある部分を明瞭ならしめる」[37]ことができるのである。ところが、小河のみならず、一連の批判者たちの論評から終始読み取られるのは、そのような理念型的概念を構成することとそのことに対する究極的なところでの懐疑なのである。次節ではこの点について考えてみたい。

四　概念形成の意義について

理念型的概念形成があくまで方法論的・発見法的意図のものであることからすれば、「原型」の要素が比較的新しい二次的伝承層に現われたり、逆に伝承の古い層に最も発展した段階の理念型の要素が現われること、また伝承史の個々の場合の実際の展開が、私の提示した「発展の理念型」からずれることがあるとしても不都合はない。理念型は正にそのようなずれを明瞭に認識させることによってこそ、そのずれを生み出した原因をより個性的に認識させるのである。[38] 例えばルカが「ゲラサの悪霊憑き」やその他の治癒奇跡物語で、私の「原型」と同じように、被治癒者への関心を最後まで保持することが多いとすれば(ルカ五・一二—二五をマルコ一・一—一二と比較せよ!)、その原因として「孤独な憐れむべき人間」の状況に対するヒューマニストのルカの「興味」[39]がそれだけいっそう明瞭に認識される。あるいはルカ七・一六やマタイ九・八、一五・三一が伝承史的には二次的でありながら、イエスではなく神への讃美で話を終結させているとすれば、その原因としてルカのキリスト論の機能主義的性格(いわゆる「神の器キリスト論」[40])とマタイの奇跡理解のラビ的特徴が、それだけいっそう明瞭に記述できるようになるのである。

ところが私の批判者たちにとっては、このようなずれは私の理念型の非現実性をあげつらう理由となる。ここに至って私は、彼らのそのような批判の背後に隠されている認識論的前提が、私のそれとは根本的に異なるものであると考えざるを得ない。それは、概念というものは常に対象を忠実に模写するものでなければならないという前提であり、また当然のことながら多くの場合に、この前提を満たすことのできない概念形成行為一般に対する暗黙の懐疑である。例えば小河にとっては、治癒奇跡を自然奇跡と概念的に区別する必要がない。なぜなら、素材そのものがそれをしていないからであり、(41) さらには、奇跡物語伝承のみならず「歴史現象としてのイエスや原始キリスト教は、さまざまに錯綜した要素の複合体として諸相をそのままに把握すべき事柄」(42) だからである。

しかし、私には方法的にいったいどうすれば「諸相をそのままに把握」するというようなことが実際に可能なのか、全く理解することができない。M・ウェーバーの理解社会学、さらにはA・シュッツの他者理解の社会学の努力全体はいったい何のためであったのか。たとえどれほど微小な歴史的現実でも「諸相をそのままに把握」できない混沌であればこそ、われわれ認識主体の側の一定の観点からの概念形成による整序が不可欠となるからではなかったのか。概念形成とはそもそも、それ以上でも以下でもないのである。「治癒奇跡物語」と「自然奇跡物語」という概念区分も、その規準さえ明瞭に示されれば、認識および記述の手段として相応の役割を果たし得るはずである。(43) それが不十分ならば、他の概念区分によって置き換えることは可能であり当然でもある。しかし、そうして形成される新しい概念区分もまた、詰まるところわれわれ認識主体の側の規準による整序の試みであることに変わりはない。(44) あらゆる概念は、当事者がどこまで意識化できているかとは無関係に、結局のところ理念型的にしか構成できないのである。もしこのような概念形成が素材そのものの企図ではないという当たり前の理由によって不適切だとされるならば、そのときには様式史的方法の概念装置全体も放棄されざるを得ないばかりか、聖書学の研究成果の学的な、とはつまり方法的に再吟味可能な仕方での記述・説明ということ自体が不可能となるであろう。理念型的な概念を使用しない科学的記述・説明というようなものは、一つの幻想にすぎないからである。(45)

奇跡物語の伝承史も多様な形態と機能の不断の変転、またその多様な原因から成る混沌である。私はこの混沌を奇跡物語の社会的・間人間的機能という観点から整序しようと試みた。そして、私にこの観点を選択させたものは、私自身の個人史に根差した一つの主観的な関心なのである。キリスト教信仰はわれわれのこの社会の主導的な価値理念に対して統合的に働くべきなのか、あるいは隔離的に働くべきなのかという関心である。それは私にとっては、大袈裟に言えば、キリスト教信仰の在り方の理念にもかかわる関心である。ヘレニズム世界にも似たような治癒奇跡を行なう人物がいたとすれば、なぜなおもイエスなのか、という問いも批判者から表明された。[46] この問いに対し、私はここで明解に解答することができる。今述べたような私の関心と観点からすると、確かにヘレニズム世界に他にも少なからず存在した奇跡行為者ではなく、他ならぬイエスの、とりわけ治癒奇跡物語がいわゆる自然奇跡物語から区別されて、かつイエスの言葉伝承との対照において、有意義なものとして現われてくるのである。

しかし、関心と観点の選択が主観的であるからと言って、そこで私に明らかになってきたこと、例えば自然奇跡物語が伝承史的には一般に治癒奇跡物語に比して二次的であるという判断も[47]、恣意的な「無からの創造」だということにはならない。この関連で批判者の注意を喚起しておきたいのは、三人の共観福音書記者たちもいわゆる「まとめの句」(Sammelbericht)において、それぞれの関心と観点から――それは明らかに私の関心と観点とは異なるにもかかわらず――イエスの公活動の最も重要な点を総括する際、イエスの治癒奇跡(悪霊祓いを含む)ばかりに言及し、自然奇跡には一回も言及しないという事実である(マルコ一・三二―三九、三・七―一二、六・五三―五六など参照)。[48]

もっとも、このような私の関心と文学社会学的設問は、伝承それ自身の中心的関心事には即さないという別の批判がある。この批判の背後にあるのは一種の素材(伝承)主義である。それは奇跡物語伝承を含む福音書伝承そのものに内在しているという「中心的関心事」や「主張」との一致のみを最終的価値判断の規準として立て、それから「ずれてしまっている」関心と設問――例えば文学社会学的関心と設問――を「副次的」だと断定するのである。[49]

しかし、伝承そのものの「中心的関心事」と言っても、それ自体が、錯綜した伝承史の各段階で異なり、決して一様でないことは、すでに私が前述の「発展の理念型」で奇跡物語伝承について例示しているとおりである。この歴史的多様性に直面する時、誰しも神学的選択を避けて通ることはできない。そして、その選択の決断は直ちに選択する主体の側の関心と価値判断に関係してこざるを得ない。つまり、伝承の側に確かにそれぞれの「中心的関心事」があるように、その伝承の受け取り手であるわれわれの側にも、それぞれの「中心的関心事」があるのである。前述の批判の背後にある素材(伝承)主義は、この事態を、自らもその例外ではあり得ないにもかかわらず、不当に軽く扱っていると思われてならない。私にとって文学社会学的設問と方法が有意義かつ有効であるか否かを測る規準は、主観的な「意味探し」という批判[50]を恐れずに言えば、前述のような私の「中心的関心事」にこそあるのであって、素材(伝承)の「中心的関心事」――それが私の設問に対して示すずれと抵抗を実際の釈義の手続きの上で考慮するのは当然であるが――にあるのではない。そして、私のこの「中心的関心事」は研究者が抱き得る多様な関心事の一つに過ぎないし、私自身にとっても終始不変というのではなく、変動して当然なのである。しかし、素材(伝承)主義の立場の人にとっては、素材(伝承)そのものの「中心的関心事」が常時彼自身の唯一のそれでもあって、認識主体としての彼自身の側に関心の変動、それとともに問いの変動はないかの如くなのである。私にとってこれは不思議でならない。もしこの素材(伝承)主義の価値判断を本当に真剣に考え抜くならば、文学社会学的研究どころではない、R・ブルトマン以後のE・ケーゼマンやG・ボルンカムらを中心とする「史的イエス」の設問と探求も、それを支えた信仰的関心の真摯さは疑うべくもないにもかかわらず、「副次的」なものとならざるを得ない。周知のように、「史的イエス」は素材(伝承)の「中心的関心事」ではないからである。

「史的イエス」への関心と設問、奇跡物語伝承に対する文学社会学的関心と設問が「副次的」であるかどうかの価値判断は、素材(伝承)の側の「中心的関心事」のみに関わるのではなく、詰まるところわれわれ認識主体の側の関心と無関心の問題なのである。

最後に認識と関心の関係についてM・ウェーバーとA・シュッツの言葉を引いて結びとしたい。

「あらゆる経験的知識の客観的妥当性は、与えられた現実が、或る特殊な意味で主観的なところの、即ち我々の認識の前提を表示するところの、また経験的知識のみが与え得る真理の価値を必ず前提するところの諸範疇に従って整序されるという事実に、またこの事実にのみ基づいている。(中略)無論、彼が他の真理を求めて、これを以て科学のみが寄与し得るところのもの、即ち経験的実在でもなければ、またこれを模写するものでもなく、これを妥当な仕方で思惟的に整序せしめるところの概念と判断に代えようとしても無駄だろう。経験的社会的文化科学の領域においては、既に見たように、事象の限りなき豊かさの中で我々にとって本質的なものを有意味に認識し得るためには、必ず種別的に特殊化された性格をもつところの、且つ結局は価値理念によって整序されるところの諸観点をつねに使用せねばならぬのであるが、この価値理念そのものはなるほど意味ある一切の人間的行為の要素として経験的に確認され、体験されはするけれど、しかも経験的素材からしては妥当なるものとして根拠づけられ得ないのである。むしろ社会科学的認識の「客観性」は、経験的所与はつねに価値理念――これのみが社会科学的認識に認識価値を与える――に基づいて規整され、この価値理念からその意義が理解されるのではあるが、しかもその価値理念の妥当の証明という経験的に不可能なことのための足場とされることは断じてない、ということに依存するのである。そして我々はすべて、自己の生存の意味を結びつけている究極最高の価値理念の超経験的な妥当を何らかの形で心の中で信じているのであるが、この信念は、経験的実在がそれによって意義を獲るところの具体的諸観点の絶えざる変動を斥けるものではなく、かえってこれをも含んでいるのである。即ち生はその非合理的な現実性において、また可能的な諸意義の豊かさにおいて汲み尽くされることができず、従って価値関係の具体的な形成はつねに流動的であり、人間文化の幽遠な未来にまで変動してゆく。かの最高価値理念の与える光明は、時を貫いて流転してゆくところの、巨大な混沌たる生起の流れの中の、絶えず交替してゆく一有限部分の上にふり落ちるのである」。[51]
「他のあらゆる問題設定と同じように、歴史家の問題設定も、私たちが関心状況という見出しのもとに分析したような動機づけによっている。ところで歴史家の関心状況もまた、歴史家のその時々の今そのように依存しており、したがって歴史家の生への注意や、歴史家が前世界ばかりでなく同時世界にもそのような仕方で注目する特殊な注意変様にも依存している。個人がその体験を様々な持続の時点からそれぞれ比較できないほど多様な注意変様において回顧するように、歴史家もまた注意変様を変えるなかで、その対象を歴史家の「社会的世界一般」に関する経験の総体から注目しているのである。こうして歴史家は、意味連関を変えながら、絶えず別の類型、しかも「一個同一の」事実に関する別の経過の類型や別の人格の理念型を構成することになる」。[52]

（1）　八木誠一（書評）『聖書と教会』一九七五年三月号、四二―四三頁、八木誠一・熊野義孝「対談書評・イエス研究をめぐって」『本のひろば』一九七五年四月号、四―一〇頁（特に八―九頁）、山内真「「家族（社会）への帰還命令」か?」『形成』六九号（一九七六年九月）一九―二一頁、加山久夫「『イエスとその時代』をめぐって」『福音と世界』一九七七年一月号、五七―六四頁、松永希久夫『史的イエス像考察――荒井献《イエスとその時代》批判の試み』東京神学大学、一九七八年、一一二頁以下、田川建三（書評・荒井献『イエス・キリスト』講談社、一九七九年）『現代思想』一九七九年七月号、一八二―一八九頁、同『宗教とは何か』大和書房、一九八四年、二三七―二六〇頁、小河陽「ラビにおける奇跡理解――大貫・荒井説に対する疑問」『聖書と教会』、一九八二年一〇月号、二四―二九頁(その一)、同一一月号、二四―二九頁(その二)。

(2) 小河陽、前掲論文(その一)、二七頁上段。

(3) P. Fiebig, *Jüdische Wundergeschichten des neutestamentlichen Zeitalters*, Tübingen, 1911, p. 20 および小河陽、前掲論文(その一)、二七頁下段に要約がある。

(4) 小河陽、前掲論文(その二)、二六頁以下。

(5) K. Hruby, Perspectives rabbiniques sur le miracle, in: X. Léon-Dufour (ed.), *Les miracles de Jésus selon le Nouveau Testament*, Paris, 1977, pp. 73-94, 特に pp. 81 f. も同じ事実を指摘する。

(6) A. Schlatter, *Theologie des Neuen Testaments I*, 1909, pp. 277 f.

(7) P. Fiebig, *op. cit.*, pp. 74-75; idem, Die Wunder Jesu und die Wunder der Rabbinen, in: *ZWTh*, 1912, pp. 158-179.

(8) A. Schlatter, *Das Wunder in der Synagoge*, in: *BFChTh*, XVI, 5, Gütersloh, 1912, pp. 49-86.

(9) G. Theißen, *Urchristliche Wundergeschichten*, Gütersloh, 1974, p. 270.

(10) G. Vermes, Hanina ben Dosa, *JJSt*, 23(1972), pp. 28-50.

(11) M. Smith, *Tannaitic Parallels to the Gospels*, Philadelphia, 1951, pp. 81-84.

(12) 小河陽、前掲論文(その二)、二八頁上段。

(13) 本書第II論文一一五頁および注(44)参照。

(14) M・ウェーバー『理解社会学のカテゴリー』林道義訳、岩波文庫、一九六八年、二九頁(M. Weber, *Gesammelte Aufsätze zur Wissenschaftslehre*, Tübingen, 1968, 3. Aufl., p. 437)。ただし〔 〕は訳者補注。

(15) 本書第II論文の第一節および一一六―一一七頁参照。

(16) V・プロップ『口承文芸と現実』斎藤君子訳、三弥井書店、一九七八年、一三八、一六五頁。

(17) 本書第I論文四九頁注(114)、第II論文一一四頁注(41)参照。

(18) 小河陽、前掲論文(その一)、二五頁上段。

(19)　加山久夫、前掲書評、六一―六二頁。

(20)　理念型のこのような区分については、A・シュッツ『社会的世界の意味構成』佐藤嘉一訳、木鐸社、一九八四年、二六〇頁を参照。「『他者の行動の理念型』という表現には二つの意味が含まれている。第一は特定の産出物を措定する他我に関する理念型であり、第二は当該産出過程自体についての理念型あるいは他者の意識のなかの産出過程の記号として解釈される当該産出物に関する理念型である。ここでは前者を人格の理念型、後者を実質の理念型あるいは経過の類型と呼ぶことにしよう」。われわれの「原型」と主観的意味の再構成は「経過の類型」、その原初的担い手についての推論は「人格の理念型」の構成にあたる。

(21)　最近の研究では H. K. Nielsen, *Heilung und Verkündigung. Das Verständnis der Heilung und ihres Verhältnisses zur Verkündigung bei Jesus und in der ältesten Kirche*, Leiden, 1987 (*AThD*, XXII), pp. 103-107 が同じ見解。

(22)　私は拙論「ヨハネ福音書における「しるし資料」——様式史的考察」(本書所収第Ⅶ論文)において、癒しの奇跡物語伝承のこの原初的な産出者および伝承者たちのエートスを評して、「功利的・御利益宗教的」と規定した。病気平癒や実利を霊験として売り物にする日本各地の伝統的な神社仏閣、町の新興宗教、またヨーロッパの田舎の礼拝堂横に今でも見られる、治った手足の模型や絵馬を納めた奉献堂のことを念頭に置いてそうしたのであるが、社会学的には、社会的行為の類型論の枠内でさらに厳密な規定が必要である。さしあたりM・ウェーバーの「目的合理的」、「価値合理的」、「伝統的」、「感情的」という行為の四類型から出発する場合、癒しの奇跡物語の原初的産出者・伝承者の行動は、まず「価値合理的」と呼ぶには、彼らの希求する価値があまりに実利的(イエスの「神の国」のメッセージは全く痕跡を留めていない!)で、行為の結果を志向し過ぎているように思われる。モーセ律法の拘束力を前提にこそすれ、それを問題視することがないという点では「伝統的」と言い得るが、一人の人間(イエス)に癒しを求めている点では、伝統的規範から逸脱しており、また彼らが生み出した奇跡物語も、すでに述べたとおり、既存の文学的規範に収まらない。また「感情的行為」は行為の主観的意味が「行為の彼方にある結果ではなく、特定の行為そのもののうちにある。感情的に行為する者は、直接の報復、直接の享受、直接の帰依、瞑想による直接の浄福または直接的感情(粗野なものにせよ繊細なものにせよ)の発散によって欲求を満たす者のことである」(M. Weber, *Wirtschaft und Gesellschaft*, 5. Aufl., Tübingen, 1972, p. 12)と定義される。イエスの奇跡物語一般の成立をヌミノーゼ感情から説明する場合(八木誠一『新約思想の成立』増補第二版、新教出版社、一九六九年、七二―七三、三四二頁参照)には、この類型にならざるを得ないであろう。われわれのように社会復帰という行為の結果に対する志向を原初的と見る場合には、やはり「目的合理的行為」に分類するのがいちばん適切と思われる。ただし、そのためには行為の発端があまりに偶発的である点が障害になる。どのように社会的行為として、より正確に類型化し得るか、御利益宗教的行動一般についてと同様、なお研究の余地がある。

(23) R. Reitzenstein, *Hellenistische Wundererzählungen*, 1906, 2. Aufl., Stuttgart, 1963, p. 3, n. 2; O. Weinreich, *Antike Heilungswunder. Untersuchungen zum Wunderglauben der Griechen und Römer*, Gießen, 1909, p. 174. 小河陽、前掲論文(その一)、二五頁上段。および同『イエスの言葉』教文館、一九七八年、一四二―一四三頁も参照。

(24) 佐竹明の口頭での指摘。

(25) O. Weinreich, *op. cit.*, pp. 195-201; H. D. Betz, *Lukian von Samosata und das Neue Testament. Religionsgeschichtliche und paränetische Parallelen*, Berlin, 1961, pp. 147-160 もルキアノスの報告する癒しの奇跡物語と福音書のそれとの間の動機上の並行関係を詳細に指摘するが、厳密な意味での様式史的な比較には踏み込まない。

(26) M・ウェーバー『社会科学方法論』恒藤・富永・立野訳、岩波文庫、一九三六年、八九頁(M. Weber, *Gesammelte Aufsätze zur Wissenschaftslehre*, p. 201)

(27) G. Theißen, *op. cit.*, pp. 82 f.

(28) 小河陽、前掲論文(その一)、二五頁上段。P. Fiebig, *op. cit.*, p. 93 も全く同じ見解。

(29) この説明をすでに荒井献「イエスのいわゆる「帰還命令」――批判に答えて」『現代思想』、一九七八年一一月号、八四―九三頁、特に九〇―九一頁が求めているのだが、小河は明らかにこれを読んでいない。読まずに「牽強付会」云々の批判(前掲論文、その一、二五頁上段)はそれこそ「的はずれ」であろう。

(30) 本書第II論文の第四節参照。

(31) M. Smith, *Jesus the Magician*, New York, 1978, p. 197; J. M. Hull, *Hellenistic Magic and the Synoptic Tradition*, London, 1974.

(32) H. C. Kee, *Miracle in the Early Christian World. A Study in Sociohistorical Method*, New Haven/London, 1983, pp. 42–77, 特に pp. 51 ff. キーは知識社会学のみならずM・ウェーバーの理念型的方法、A・シュッツの現象学的社会学の概念をも積極的に援用する。この意味でキーが副題に言う sociohistorical はW・シュテーゲマン／L・ショットロフの「社会史的方法」とは区別されなければならない。

(33) O. Weinreich, *op. cit.*, pp. 31, 116; G. Theißen, *op. cit.*, pp. 266 f. さらに最近では H. C. Kee, *op. cit.*, pp. 78–104, 特に pp. 93 ff.

(34) 小河陽、前掲論文(その一)、二五頁上段。小河はこの判断の典拠としてルキアノスを引いている。確かに、ルキアノスは奇跡を物語ることが彼の時代には一つの文学的伝統として定着していたことを証言するが、大衆の素朴な奇跡信仰そのものに対しては、周知のように、同時代のプラトン主義者ケルソス同様、決然として軽蔑する立場である。したがって、大衆と同じ奇跡信仰を承認していた「知識人・哲学者」がいるとしても、それはこの時代に一般的な現象であった哲学の大衆化、いわゆる大衆哲学の意味で語られねばならないであろう。H. D. Betz, *op. cit.*, pp. 144–145; H. C. Kee, *op. cit.*, pp. 265 ff. も参照。

(35) M・ウェーバー『社会科学方法論』七八頁(*op. cit.*, p. 194)。

(36) M・ウェーバー、前掲書、九一頁(*op. cit.*, p. 203)。

(37) M・ウェーバー、前掲書、七四、七八頁(*op. cit.*, pp. 191, 194)。

(38) H. C. Kee, *op. cit.*, pp. 51 f., 295 f. も奇跡物語研究にとって、M・ウェーバーの理念型的方法が持ち得る意義を全く同じ点に認めている。

(39) 小河陽『イエスの言葉』一五七頁の表現。

(40) この点については A. George, Le miracle dans l'oeuvre de Luc, in: X. Léon-Dufour (ed.), *op. cit.*, pp. 249–268, 特に pp. 257 f.; H. C. Kee, *op. cit.*, pp. 203 f.; H. J. Nielsen, *op. cit.*, p. 152, 大貫隆「ルカ神学におけるキリスト論と終末論——J・エルンスト説への批判」『新約学研究』一三号(一九八五年)、二—一四頁参照。

(41) 小河陽、前掲論文(その二)、二五頁下段。

(42) 小河陽(書評・荒井献『イエス・キリスト』)『日本の神学』一九号(一九八〇年)、九〇―九五頁、特に九三頁。
(43) H. C. Kee, *op. cit.*, p. 163も同意見。
(44) O. Betz/W. Grimm, *Wesen und Wirklichkeit der Wunder Jesu*, Frankfurt a. M., 1977, pp. 6, 103はこの事態をよく自覚している。
(45) A・シュッツ、前掲書、第四章全体を参照。「社会的直接世界」から「社会的同時世界」へ移行するにつれて、他我認識は類型的・理念型的になり、その移行が距離的に遠くなればなるほど、その類型と理念型の内容充実度は薄くなる。この点は、シュッツによれば、その社会的世界の中に住む生活者の場合も、また観察者としてその外へ出る社会科学者の場合も変わりがない。後者は観察者(理念型構成者)の関心布置の関数である点で前者と区別される(二四九―二八八頁、特に二八四頁)。「社会的前世界」、とはつまり遺物・伝承・作品・記録など残された産出物によってのみ知られる歴史的世界についても全く同じである(二五七、二九一頁)。
(46) 加山久夫、前掲書評、五九頁。
(47) 本書第Ⅶ論文、二八〇頁参照。
(48) H. D. Betz, *op. cit.*, p. 146も同じ事実に気付いている。彼はその意図性を指摘する。つまり、福音書の著者たち自身がイエスの奇跡に概念区分と価値区分を設け始めているのである。
(49) 松永希久夫、前掲書、一〇四頁。また加山久夫、前掲書評、六四頁下段も参照。
(50) 八木誠一『聖書と教会』一九七五年三月号、四三頁下段。なお、八木の批判に対する私のさらに立ち入った反論は本書第Ⅰ論文注(33)参照。
(51) M・ウェーバー、前掲書、一〇五―一〇六頁(*op. cit.*, pp. 213 f.)。ただし訳文を一部変更。
(52) A・シュッツ、前掲書、二九五―二九六頁。「経過の類型」と「人格の理念型」については前出注(20)参照。

IX

マルコの民衆神学

――安炳茂との対話――

はじめに

民衆神学は一九七〇年代に韓国の民主化闘争の歴史的コンテキストの中から生まれた多面的・複合的な運動である。その指導者の一人である安炳茂の新約釈義に対して、同じく新約釈義学の立場から論評を加えつつ、対話することが本稿の課題である。(1)論評の対象は、私の側での言語的制約から、安の一連の論文のうち邦訳で読むことのできる次の四点に絞らざるを得ない。

I「マルコ福音書におけるイエスと民衆」(李仁夏・木田献一監修『民衆の神学』教文館、一九八四年、二二九―二六〇頁)(2)

II「民衆による伝承」(在日アジア人センター編『民衆神学II』一九八六年、一―二七頁)

III「イエスは民衆である」(『民衆神学II』四三―六八頁)

IV「イエスの出来事の伝承母体」(上=『福音と世界』一九八六年七月号、二六―三八頁、下=同八月号、六三―六九頁)

このうち、論文IとIIIはマルコの編集と神学のレベルでの民衆の問題を扱う。それに対し、論文IIとIVでは、様式史的方法への批判、いわゆるケーリュグマ伝承と区別されるべき民衆の言語と神学――安はこれを「事件の神学」

と呼び、マルコ福音書も大きくはこの系譜へ位置づけられる——など、原始キリスト教の伝承史の諸問題が検討される。

以下、私はまず第一節において、論文Ⅰ、Ⅲと対論しつつ、マルコの民衆神学について考えてみたい。(3) 続く第二節では、論文Ⅱ、Ⅳが行なっているケーリュグマ伝承と民衆の伝承の対比を、パウロの「十字架の神学」とマルコの受難物語伝承に即して批判的に取り上げ、この両者の神学の本質的な関連を検討してみたい。

一　マルコ福音書におけるイエスと民衆

1　方法上の問題点

「マルコ福音書におけるイエスと民衆」と題された論文Ⅰは、民衆神学の聖書釈義の記念碑的論文であり、その後の民衆神学が組織神学・社会倫理・朝鮮史の分野をも含んだ多面体へと展開してゆく発端となったものである。その設問と方法は、ほぼ同じ時期に欧米においても登場し、現在も盛んに推進されつつある社会史的聖書解釈と酷似し、その典型とも見做され得る。(4) にもかかわらず、この論文は、方法論的に厳密に見ると、一種独特の中間物である。言い換えれば、論文の基本的な重点が表題前半の「マルコ福音書における」にあるのか、あるいは、後半の「イエスと民衆」にあるのかという問題である。後者の場合にはマルコ福音書はあくまで資料として用いながら、史的イエスと民衆の関係の歴史的な実態に迫ろうということになる。「イエスが語りかけた人々の社会的性格を明らかにする」という論文劈頭の問題設定は、この方向を指示している。また、論文末尾(二五五―二五七頁)に七項目にわたって掲げられている「要約」のうち、たとえば第四項では、イエスと民衆の関係について、「イエスは「オクロス」に加担し、無条件にあるがままの彼らを受容する。イエスは罪人と呼ばれていた人々を決して非難しなかった。むしろ彼が非難したのは「オクロス」を批難し攻撃する人たちだけだった」と言われている。以下、第七項までの要約は、いずれも同様の視点と文言(「イエスは……」)で行なわれており、論文劈頭の問題設定と同じ方向を指示しているように読める。(5)

これに対し、同じ要約の第一項は次のようにまとめられている。

「マルコは「ラオス」という用語を意図的に避け、「ミンジュン(民衆)」を表わすために「オクロス」を用いている。この言葉は、パリサイ派によって定義された民族的宗教的枠組における神の民とは別のものである。この言葉はまた、悔い改めて新しい神の民となる人々を指すルカにおける「ラオス」とも異なっている。「ミンジュン」はこのいずれのグループにも属しておらず、またバプテスマを受けた群衆でもない。彼らは、社会の底辺に追いやられ、見捨てられた階層に属する人々である」(I二五五頁)。

これに続く第二・第三項も「マルコ福音書における「オクロス」の特徴」(6)として確認されたものであり、その確認の方法は、論文劈頭での安自身の言明を借りれば、「基本的には編集史的方法を反映している」。つまり、この局面では、前述の表題前半と後半の力点の問題に還って言えば、明らかに前半の「マルコ福音書における」に重点があると言えよう。

しかし、言うまでもないことであるが、編集史的方法によって抽出されるものは、何よりもまずそれぞれの福音書記者(たとえばマルコ)の「生の状況」と使信であって、それがそのまま史的イエスの「生の状況」と使信ではない。方法論的な原則としては、この二つを相異なるレベルとして相互に、可能な限り厳密に区別してゆくことが重要である。たとえば、史的イエスの「生の状況」と使信に接近しようという場合、福音書記者の「生の状況」と使信であることが蓋然的に確かめられたものは、まさにそうであるが故に、消去の対象となるというケースが多々起きてくる。「基本的には編集史的方法を反映」しながら、史的イエスの聴衆の社会的性格を問うという安の基本方針は、それ自体正当なものであるが、右のようなクリティカルなケースについての目配りが不十分であると感じられる。むしろ、「マルコ福音書の「オクロス」の特徴」として編集史的に確認されるものが、そのまま史的イエスの聴衆の特徴とされているという印象が、どうしても拭い切れない。この意味で論文Ⅰは、方法論的にはかなり楽天的であり、内容的にその結論は、史的イエスと民衆の関係についての文言であるのか、あるいはマルコの民衆体験と神学についての文言であるのか、判断を迷わせる場合が少なくない。(7)

具体的な例を一つ挙げよう。伝統的なイエス伝、あるいはマルコ解釈では——そしてこの見方は今も根強く残っている——、マルコ福音書の民衆は、復活後までイエスのメシア性の根本条件、受難の秘密を終始理解できない「弟子たち」にも増して、一貫してネガティヴに描かれる。彼らはイエスの奇跡に熱狂しただけで、それ以上ではなかった。だから、イエスが受難の道の終わり近くに到達すると、自分たちの期待を裏切られた群衆はイエスの十字架刑を要求する暴徒と化し、イエスは唯一人絶対的に孤独な死を死んでいったというのである。(8)

しかし、田川建三はすでに一九六八年に、このような解釈の根本的な修正を求めて、次のように書いている。

「マルコ福音書では、一三章の黙示文学的な教えの場面の前までは、イエスは常に友好的な民衆に取り囲まれている。イエスは常に民衆を教える。イエスは民衆を憐れむ。イエスにつき従うのも無名の民衆である。イエスの活動に驚くのも彼らである。(中略)一般にマルコのものとしてひろまっている民衆観とはおよそ逆に、マルコのえがく民衆には敵意がない[9]」。
「それに対して受難物語では一転してイエスは孤独である。群衆はここではイエスの敵対者の側につく(一四・四三)。彼等はイエスを十字架につけよと叫ぶ者である(一五・一一以下)。これは決して同一の群衆の心変りなどというものではない。名もない一般民衆に対する親近感が異なってこそ、このように異った叙述が生まれる[10]」。

こうして田川は、マルコ福音書を本来一三章末をもって完結していた「民衆の福音書」と見做す一方、一四章以下は、マルコが「すでにまとまって独立なものとして伝承されていた受難物語を半ば機械的に結合した」もので、「名実共に……附加でしかない」と断言したのである[11]。以後この問題は、少なくとも日本におけるマルコ解釈の中心的論点の一つとなり、島田和人・荒井献・橋本滋男・川島貞雄・高橋敬基らの所説が公にされている[12]。そのいずれもが田川の研究と同様、明確に編集史的方法に基づいてマルコの民衆理解を問うものである[13]。

このことを多少とも知る者が、論文Iの表題「マルコ福音書におけるイエスと民衆」に接する時、マルコ一―一三章の民衆と一四章以降のそれとが、そこではどのように相互に関係づけられるのか、という問いに関心を集中するのは当然であろう。加えて、安自身も田川の研究を暗黙裡に前提しているとすれば、なおさらである[14]。

ところが、この問題についての安の扱いと解答は、意外にあっさり終わっている。

「「オクロス」が支配者たちと対立していたがゆえに、支配者たちは彼らを恐れ、彼らの怒りを引き起こさないように努めていた(一一・一八、同三二、一二・一二、一五・八、同一五)。そこで、「オクロス」を支配者側につけるために、支配者たちは彼らを買収しなければならなかった。たとえば、イエスを逮捕した時、支配者たちは

「オクロス」を動員するために金を渡したといわれているが、この事実は「オクロス」のもつ力をも示唆している。しかし、彼らがこのようにして動員されたという事実は必ずしも彼らがイエスに反対していたということではなく、彼らがあやつられやすい人々であったということである」(I二三五頁)。

「イエスが「オクロス」をひとつの勢力に組織化しようとしたという印象はない。イエスは彼らの運動のためにプログラムを提供していないし、また彼らを自分の運動の目的物としなかった。イエスは彼らから何も強制的に要求しなかった。彼は自分を「オクロス」の支配者や首長にするよう求めなかった。彼はいわば受動的に「オクロス」の側に立っていた。イエスと「ミンジュン」との関係は成立したり破れたりした。彼らは無条件でイエスにつき従った。彼らはイエスを歓迎した。そしてまた彼らはイエスを裏切りもしたのである」(I二五六―二五七頁)。

前述のわれわれの問題に対して論文Iで行なわれる発言は、ほぼ以上に尽きている。終始、ガリラヤ(あるいはマルコ一―一三章)の民衆とエルサレム(あるいは受難物語)の民衆とが、相互に区別できない一つのものであることが前提となっている。E・ローマイヤー[15]以来繰り返し行なわれているそのような区別の試み――前述の田川説もその一つ――は、ガリラヤの「「ミンジュン」を美化する」ものとして峻拒される[16]。もちろん安が全体的には、一―一三章のポジティヴな民衆像を受難物語のネガティヴなそれに優先する姿勢であることは明らかである。にもかかわらず、右の二つの発言、とりわけそれぞれの末尾の傍点(大貫)を付した文言は、イエスと民衆の関係のアンビヴァレンス(両面感情)を指摘するものである。そして、私が判断する限り、この点に論文Iの研究史(マルコ解釈史)上の新しさがあるように思われる。

ところが、すでに指摘した方法論上の問題性の故に、われわれはこのアンビヴァレンスの指摘を史的イエスと彼の聴衆の関係に関わるものとして受け取るべきなのか、あるいは、マルコの民衆体験と神学に関わるものとして受け取るべきなのか、判断に迷うのである。

私は、すでに言及した協議会での発題の中でもこのことを指摘した。それに対して安は、「マルコのSitz im Leben（生の状況）とイエスのそれとをそれほどはっきり区別できるのか」と反問した。[17] これに対して、両者は非常に明確に区別することができるし、他でもない安自身のいくつかの個々の発言もその可能性を強く示唆している、と私は答えたい。第一に安によれば、マルコは、教会内的に見れば、抽象的なケーリュグマ伝承の担い手たちが「制度的教権主義」へと固まってゆきつつある状況を眼前に見ている。その一方で彼は、イエスの「事件」を物語という言語で具体的に伝えた民衆の伝承も知っていた。安によれば、「この二つを合わせて書いたものがマルコ伝」なのである（以上、論文II一七—二〇頁）。[18]「制度的教権主義」の代表的文言としてマタイ一八・一五—一七が指示されていることにも明らかなように、安はマルコの著述年代をかなり下げて考えていると思われる。このことをさらにはっきりさせるのが、二つの供食物語（マルコ六・三四—四四、八・一—一〇）についての安独自の見解である。すなわち、マルコのような小さな福音書に二回も、五〇〇〇人と四〇〇〇人の飢えた人びとがイエスについて行き、奇跡的に食事を与えられたという話があるのは「常識的ではない」と見る安は、ここに——とりわけ「イエスは……飼う者のない羊のようなそのありさまを深くあわれんで」（六・三四）、「この群衆がかわいそうである。もう三日間もわたしと一緒にいるのに、何も食べるものがない」（八・二）という導入句に——ユダヤ戦争によるエルサレム陥落とユダヤ国家の滅亡後の民衆の歴史的現実が反映していると判断する。[19] またマルコ一三章の「小黙示録」も同じ歴史的状況を示すものと考えられる。「マルコの時代、ユダヤ民族は、ユダヤ人キリスト者も含めて、彼らの国土から追放され、羊飼のいない迷える羊のように放浪の身であった」。[20]

私はとりわけこの第二の見解を、これまでにはない卓見と考える。(21) しかし、それが卓見であればこそ、国家滅亡というユダヤ民族の大破局を挟んで、その後の悲惨な状況の中に生きるマルコの生の状況、およびそこでの彼固有の民衆体験は、その破局以前に生きたイエスの生の状況、彼と民衆の関係とは決定的に異なると考えなければならないであろう。

もちろん、この関連で直ちに問題になるのは、マルコが福音書を書いたという事実である。たとえ彼が彼自身の時代における民衆の現実と彼自身の民衆体験をその叙述の中へ持ち込んでいるにしても、福音書という叙述形式をとる限り、彼は生前のイエスの言行という過去性のレベルに拘束されており、それを時間的な前後関係において物語るという制約を免れない。加えて、マルコは最古の福音書記者として、他の福音書記者たちと比べても、伝承史的により古い——とはつまり、蓋然的ながら、史的信憑性のより大きな——イエス伝承（安の言う「民衆の伝承」）を手にしていたはずである。とすれば、この福音書が描くイエスと民衆の関係は生前のイエスと民衆の関係をも——あるいは、それをこそ第一に——映すものではないのか。この問いについては、これまでの様式史的・編集史的福音書研究が到達している基本的な認識に基づいて、次のように言うことができよう。すなわち、生前のイエスと民衆の関係は、確かに受難物語伝承も含めて、イエス伝承の個々の単位の中に反映している可能性がある。しかし、それらを編集しつつ成り立っているマルコ福音書というまとまり全体から浮かび上がるイエスと民衆の関係にも、同じ意味での史的信憑性があるという保証はなにもない。この関係はむしろ、第一義的には、マルコ福音書にも承認されるべき文学的「作品」というレベルで問題にされなければならない。「オクロス」の語が、周知のように、圧倒的に多くの場合、マルコが個々の伝承片を自分の語りの筋の中へつなぎ合わせてゆくために書き加えた編集句の中に現われるという事情もそのことを示している。

安の指摘するイエスと民衆の関係のアンビヴァレンスは、われわれの見るところ、何よりもまずこのレベルの問題なのである。以下われわれは、安のこの指摘に示唆を受けつつ、そのアンビヴァレンスをまずマルコの語りの次元で確かめ、続いて、その背後にどのようなマルコ自身の民衆体験が潜んでいるのか、また、それを踏まえた彼のメッセージについて考えてみたい。

2　マルコの民衆——文学的イメージ

a　読書過程における受動的綜合

たった今われわれは、「マルコ福音書というまとまり全体から浮かび上がるイエスと民衆の関係」という言い方をした。しかし、そもそもマルコがこの関係に——あるいは、この関係における民衆に——「作品」レベルで特定の性格づけを行なっていると言える見込みがどこまであるのか、疑問に思われるかも知れない。というのは、すでに田川建三の次のような見解が打ち出されているからである。

「マルコには統一体としての民衆、「国民」が出てこず、群衆が居るだけである、という事実は重要である。従ってマルコに出てくる民衆を、特定の性格をもったまとまった行動主体とみなすわけにはいかないのである。この場面、あの場面に群衆は出てくる。それぞれの場面を構成する要素となることはある。しかし始めから終りまで、ギリシア悲劇のコロスのように特定の性格をになって一貫して登場しつづける行動主体としての集団ではない。マルコは文学作品としてととのった劇を書いているのではない。だからそもそも「マルコの民衆」

はイエスをどう理解したか、或いは理解しなかったか、などと問うのは矛盾である。「マルコの民衆」はこのような形での文章の主語にはなりえない[22]」。

マルコが終始同一の人々からなる群衆を考えているわけではなく、その都度の必要に応じていろいろな群衆を登場させている[23]、というのは、われわれも後に確認するとおり、正しい認識だと思われる。その意味でマルコは群衆の特定の性格づけを行なってはいないのである。しかしこの認識は、右の引用中、傍点（大貫）を付した文章に端的に明らかなように、また、編集史的研究方法の視点一般がそうであるように、本文（作品）を著者のサイドから分析して得られる認識である[24]。だが、本文（作品）は同時に読まれるものである。著者マルコが群衆に特定の性格づけを与えてはいないとしても、このことは読者が彼の福音書を始めから結末へと物語の筋に沿って視点を移動させつつ、群衆について一定のイメージを構成することを妨げるものではない。ただし、それは「読書過程における受動的綜合」の意味でのイメージである。これを説明してW・イーザーは次のように言う。

「そのような〔読書過程における視点の移動の結果生み出される〕綜合は特異な性質を持っている。それはテキストの言葉そのものが明示しているものでも、読者が気ままに想像するものでもない。そこで行なわれる投影も単線的に起きるものではない。すなわち、それは確かに読者自身が行なう投影であると同時に、読者の「中へと投影される」記号によって方向づけられている。したがって、この投影に読者がかかわるかかわりと記号のかかわりとを弁別することは極めて難しい。「厳密に言って、ここに浮かび上がってくるのは、主体と客体の区別が消失してしまうような複合的な現実性である」。但し、この現実性が複合的であるのは、テキストの記号が主体の投影によって初めて有意的になるからだけではなく――もっとも、その投影の輪郭はそれはまたそれで別の条件によっても決定されるのではあるが――この綜合が識閾下の現象であり、したがって、分析を目的としてその識閾を越えて運ばれない限り、それ自体として対象化されることがないからでもある。しかも、そのような分析へもたらされるような場合にも、観察の対象となり得る以前に、この綜合そのものは先ずもって形成されなければならない。そのように、この綜合は観察的意図の有無とは関係なく形成されるわけであるから、フッサールの用語を借りて、これを受動的綜合と呼び、判断ないし述語化の結果得られる綜合と区別しようと思う。したがって受動的綜合は前述語的であり、識閾下で遂行されるために、読書の間われわれは自分の意志と関係なくこの行為を続けているわけである。(中略) 受動的綜合の中核的様態はイメージである」[25]。この定義に従うとき、マルコ福音書は群衆についてどのようなイメージを読者に結ばせるであろうか。これがわれわれの当面の視点と問題である[26]。ただし、本稿は全体として史学的設問の枠内に留まるものであるから、ここに言う読者は、この福音書の元来の読者に限定されなければならない。ここでは、現在有力な説に従い、ガリラヤないしはその周辺地方に生きる教会共同体を元来の読者と考えることにする。ユダヤ人の手洗いの習慣についての解説(七・三―四)や十字架上のイエスの最後の叫びが、わざわざギリシア語に訳されていること(一五・三四)などから推論する限り、それはユダヤ人および異邦人出身者の両方を含んだ混成教会であったと思われる。時代は、安が指摘するように、紀元七〇年の直後であろう[27]。

b 一―九章

一章から九章までの間のイエスの活動の舞台はガリラヤ、デカポリス、フェニキア(ツロ、シドン)、北トランス・ヨルダンである。これだけ広い地域にわたる描写に登場する群衆が終始同じ人々によって構成されているなどと考えるのは、確かに「この上もなく無理な想像である」[28]。マルコの読者もそう想像したとは考えられない。しかし、この部分に登場する群衆には、終始ユダヤ人と異邦人の双方を含む群衆というイメージがついてまわる。

まず、マルコによる最初の「総括報告」である三・七―八では、ガリラヤからのみならず、エルサレム、イドマヤ、さらにヨルダンの向こう、ツロ、シドンのあたりからも、おびただしい群衆がイエスのもとに集まってきたと言われている。これが、E・ローマイヤーの言うように、ユダヤ民族の居住地全体の記述であるにしても[29]、ツロ、シドンの名が挙げられていることから見て、この群衆がただユダヤ人からのみなる群衆であると読むのは無理であろう。むしろ、異邦人も含んだ群衆と読むのが自然である[30]。

イエスによって癒されたゲラサ(五・一)の悪霊憑きが、その後イエスのことをデカポリス地方の人々に言い広めた(五・二〇)、とある場合も、この人々(πάντες)がユダヤ人のみを指すと読むのは、非ユダヤ人居住者が圧倒的に多かったデカポリスの事情を知る読者にとって、およそ不可能である[31]。

食前の手洗いをめぐってイエスとパリサイ人(と律法学者)たちが闘わす論争の場面(七・一以下)では、群衆は事後的に導入される(一四節)。しかし、安とともに、この群衆も最初から論争の聴衆であったと読むことが可能である[32]。すでに言及した七・三―四は、第一義的には、異邦人出身でユダヤ教の清浄規定について無知な実際の読者たちに、ユダヤ人の手洗いの習慣を説明する一種の脚注である。しかし物語の流れの中では、彼らは一四節aに至って、群衆もこれを聞いていたと了解する。彼らは、言わば、この群衆の中に自己自身を発見するのである。したがって、彼らが結ぶイメージから言えば、この群衆にも異邦人が含まれているはずである。

スロ・フェニキアの女の話(七・二四―三〇)の導入場面では、「そして、だれにも知れないように、家の中にはいられたが、隠れていることができなかった」(二四節)とのみ言われているに過ぎない。しかし、この文言はすでに一・四五、あるいは直後の七・三六に現われる同種の文言と連動して、やはり群衆の存在を強く連想させる。そし

て、その群衆のイメージは、当然のことながら、第一に異邦人のそれである。(33)

ベッサイダの盲人の癒し(八・二二—二六)とピリポ・カイザリヤにおけるペテロのキリスト告白の場面(同二七—三〇)は、大きくは、かつての四分封領主ピリポのテトラルキアに収まる。その後、大きな場所の移動は、九・三〇の「それから一行はそこを出発し、ガリラヤを通って行った」に至るまで報告されないので、ペテロのキリスト告白に続く八・三一から九・二九の記事全体も、やはりかつてのピリポのテトラルキアを暗黙の「地平」として読まれ得るであろう。(34)そして、この地方は、ヨセフス『ユダヤ戦記』II・三がガリラヤ、サマリヤ、ユダヤを地誌的に解説する件りで明言するとおり(III・三・五)、ユダヤ人と異邦人の混住する地方であった。このことはマルコにも彼の読者にも当然周知のことであったはずである。したがって、八・二二から九・二九の間に登場する群衆ないし「人々」(八・二二、三四、九・一四)が、異邦人を含む群衆と読まれても何ら不思議ではない。むしろ、あえてユダヤ人のみからなる群衆と読む方が不自然であろう。

ユダヤ人と異邦人の混住という事情は、ピリポのテトラルキアのみの特殊事情ではなく、「その点ではガリラヤも似たようなものだった」というのが定説である。(35)まして、マルコが福音書を書いている時点では、かつてのピリポのテトラルキアとヘロデ・アンティパスのそれとの境界は消滅し、新たに「シリア・パレスティナ州」という名の属州の一部として、ローマの支配下に置かれていたのである。したがって、どこまでマルコが「ガリラヤ」を狭義の限定された意味で用い、読者もそのように読んだかは疑わしいと言わねばならない。むしろ、彼らにとってガリラヤは、西方でフェニキアと、東方でかつてのピリポのテトラルキア(北トランス・ヨルダン)、そしてデカポリスと接続し、ユダヤ人と非ユダヤ人の混住の点でも大差はない地域として映っていたであろう。マタイ四・一五が引いている「異邦人のガリラヤ」(イザヤ九・一)という表現は、そこに込められた多少とも侮蔑的意味合いを別とすれば、マルコと読者の抱いているイメージにも適合すると思われる。[36]

とすれば最後に、いずれもガリラヤ湖畔を舞台とする二つの供食物語(六・三〇―四四、八・一―一〇)において、「空腹」で「飼う者のない羊」のようだと形容されている群衆についても、これをすべてユダヤ人からのみなる群衆として読むのは困難であろう。[37] むしろ、マルコも読者も、ユダヤ人と異邦人の両方を含めて、ユダヤ戦争後の悲惨な状況の中を生きる民衆の姿を連想しているはずである。[38]

c　一〇章以下

一―九章の群衆が、以上のように、終始ユダヤ人と異邦人を共に含むイメージで読めるのに対して、一〇章以下になると、群衆＝ユダヤ人という等式が強まってくる。

まず一〇・一でイエスが「ユダヤの地方とヨルダンの向こう側へ」行くと、また群衆が寄り集まる。すでにこの群衆を「ガリラヤからの巡礼」ととる解釈がある。[39] つまりこの群衆は、途中一〇・三二の「彼ら一同」、同四六の「大ぜいの群衆」を経て、一一・八でイエスとともにエルサレムに入城する群衆(「多くの人々」)まで終始同じ群衆であり、そこに描かれた入城は過越祭にガリラヤから上京した巡礼者の行進だ、というのである。[40] しかし、エルサレム入城の記事(一一・一―一一)そのものに過越祭についての言及はいっさいない。したがって、右の解釈は、ヨハネ一二・一、一二――ここでは同じ入城が過越祭の五日前とされている――に引っ張られたものでないとすれば、マルコ一四・一の「さて、過越と除酵の祭の二日前となった」から逆向きに一一・八を、さらには一〇・四六→一〇・三二→一〇・一と読んで初めて成り立つ解釈なのである。それは物語の展開をあらかじめすべて知って鳥瞰することのできる――いわゆる「全知」の――著者に一方的に自分を同一化した解釈である。しかし、物語の遠近法に従って、言わば地上を歩きながら、徐々に自分の視界(地平)を拡大してゆくしかない読者にとって、一〇・一はもちろん、一一・八の群衆を排他的に「ガリラヤからの巡礼」と読むのは不可能である。いずれの箇所でも、その時点での読者の視野に一四・一の前記の文言はまだ入っていないのであるから。

しかし読者は、一〇・一→同三二→同四六→一一・八と視点を移動させるにつれて、これらの箇所に登場する人々ないし群衆がユダヤ人であるというイメージには間違いなく導かれる。第一に「ユダヤの地方とヨルダンの向こう側」という一〇・一の表現であるが、これをイエスの旅行ルートとると不合理な道順となることは、すでに多々指摘されているとおりである。[41] むしろ、それはこの時点以後のイエスの活動区域を言い表わすものであり、「ヨルダンの向こう側」が「ユダヤの地方」の後にきているのは、マルコにとって前者が後者の下位概念だからであろう。[42] つまり、彼はすでにこの「ヨルダンの向こう側」で、一〇・四六—五二のエリコにおける盲人の癒しの話を念頭に置いているのである。そして、この話の冒頭(四六節)でイエスとともにエリコを出立したと言われる「大ぜいの群衆」は一一・八でイエスを迎え、共に入城する群衆と重なり合い、明らかにユダヤ人である。したがって読者はこの時点(一一・八)で振り返って、一〇・一、同三二の群衆についても、ユダヤ人の群衆というイメージを結ぶはずである。

これが著者マルコ自身の狙いでもあることは、九・三〇—三二に置かれたいわゆる「第二回受難予告」から明らかになる。その冒頭の文章「それから一行はそこを出発し、ガリラヤを通って行ったが、イエスは誰にも気づかれるのを好まなかった」(三〇節)は確実にマルコの編集句である。その後半は、それに続く受難予告によって明瞭に理由(動機)づけられている。しかし傍点を付した前半については、なぜこの箇所でそう言わねばならない必然性があるのか、多くの解釈者が頭を悩ましてきた。田川建三でさえ、「マルコはガリラヤという語を口にする機会さえあれば、なるべく言うようにしている」という印象を洩らさざるを得ない。[43]しかし、われわれの見るところ、この前半の文言はやはり後半と密接につながっているのであって、二つを合わせて三〇節は、それまでガリラヤを中心にユダヤ人と異邦人から成る群衆を聴衆として行なわれてきたイエスの活動が、終りを迎えたことを言い表わすものにほかならない。事実、これ以後、イエスはガリラヤの群衆の前では行動せず[44]、すでに述べたように、次に彼が活動するのは一〇・一の「ユダヤの地方とヨルダンの向こう側」なのである。つまり、九・三〇は、ユダヤ人のみならず異邦人をも暗黙の中に含むものとして読める一―九章の群衆を、圧倒的にユダヤ人から成るものとして読める一〇章以下の群衆から区別し、前者から後者へと群衆のイメージを収斂させるのである。これこそ、一見必然性がないかに見える九・三〇の前半の文言が、マルコ福音書という全体の構成の中で担う機能であろう。

さて、一〇・一あるいは一一・八の群衆を排他的にガリラヤからの巡礼と読むのは不可能であるが、以後登場するエルサレムの群衆の中に、過越祭のために上京したガリラヤのユダヤ人が含まれることは確かである。ただし、読者がこのイメージを結ぶのは、一四・二(「彼ら(=祭司長・律法学者たち)は、「祭の間はいけない。民衆が騒ぎを起こすかも知れない」と言っていた」)を経て、ペテロの否認の場面で彼に向けられる言葉「確かにあなたは彼らの仲間だ。あなたもガリラヤ人だから」(一四・七〇)、およびイエスの十字架上の最期に続いて、「彼らはイエスがガリラヤにおられたとき、そのあとに従って仕えた女たちであった。なおそのほか、イエスと共にエルサレムに上ってきた多くの女たちもいた」(一五・四一)の文章を読む時である。その際、ガリラヤからの巡礼者のすべてがイエスの同行者であったとの印象は生まれない。逆に、イエスの一行は前者の一部であることが暗黙の了解である。

エルサレム城内での群衆は、イエスの教えに喜んで耳を傾け、感動する点で(一一・一八、一二・三七、さらに一一・三二、一二・一二参照)、差し当たり一―九章の群衆と変わらない。ただし、一二・四一の「イエスは賽銭箱に向かってすわり、群衆がその箱に金を投げ入れる様子を見ておられた」の群衆は、イエスに対して好意的でもなければ、また、イエスの逮捕と判決の場面に現われる群衆のように敵対的でもなく、きわめて中立的なイメージである。マルコが終始同一の群衆を考えているのではなく、その都度ちがった群衆を登場させているという田川の指摘は、この点から見ても正しいのである。[45] イエスの逮捕に現われる群衆も「祭司長、律法学者、長老たちから送られた群衆」(一四・四三)と限定されている。イエスの十字架刑を要求する群衆(一五・八、一三—一五)は、それよりいささか広範囲という印象を与えるが、祭司長たちによって煽動された群衆である(一一節)。いずれにしても、この二つの場面に登場する敵意に満ちた群衆が、一〇・一、四六、一一・八—一〇、一八、三二、一二・一二、三七の好意的な群衆と算術的に「合同」である必然性はない。[46] むしろ、エルサレムの群衆のイメージは、差し当たり好意的な群衆から、より限定された敵対的群衆へと収斂してゆくと言うべきであろう。[47]

以上われわれは、マルコ福音書を始めから終わりまで読者が読み進む時に、群衆について結ばれるイメージが、どのように収斂してゆくかを確かめた。その結果をあえて図式化して示せば、次頁の図5のようになろう。

d　イメージの収斂と遡及効果

この結果から、われわれはさらにいくつかの点を確認することができる。

第一に、この収斂はイエスの刑死に責任を負うのがユダヤ人であることを明確に意識させる。マルコがピラトによる裁判から処刑に至る場面で、「ユダヤ人の王」あるいは「イスラエルの王」という呼称を、皮肉な意味合いでピラトおよび祭司長・律法学者たちの口に繰り返し入れていること(一五・二、九、一二、一八、二六、三二)もこの意味に解すべきである。[48] 彼は「悪しき農夫の譬え」(一二・一—一二)でも、ぶどう園主(神)の愛子(イエス)殺害の責任を

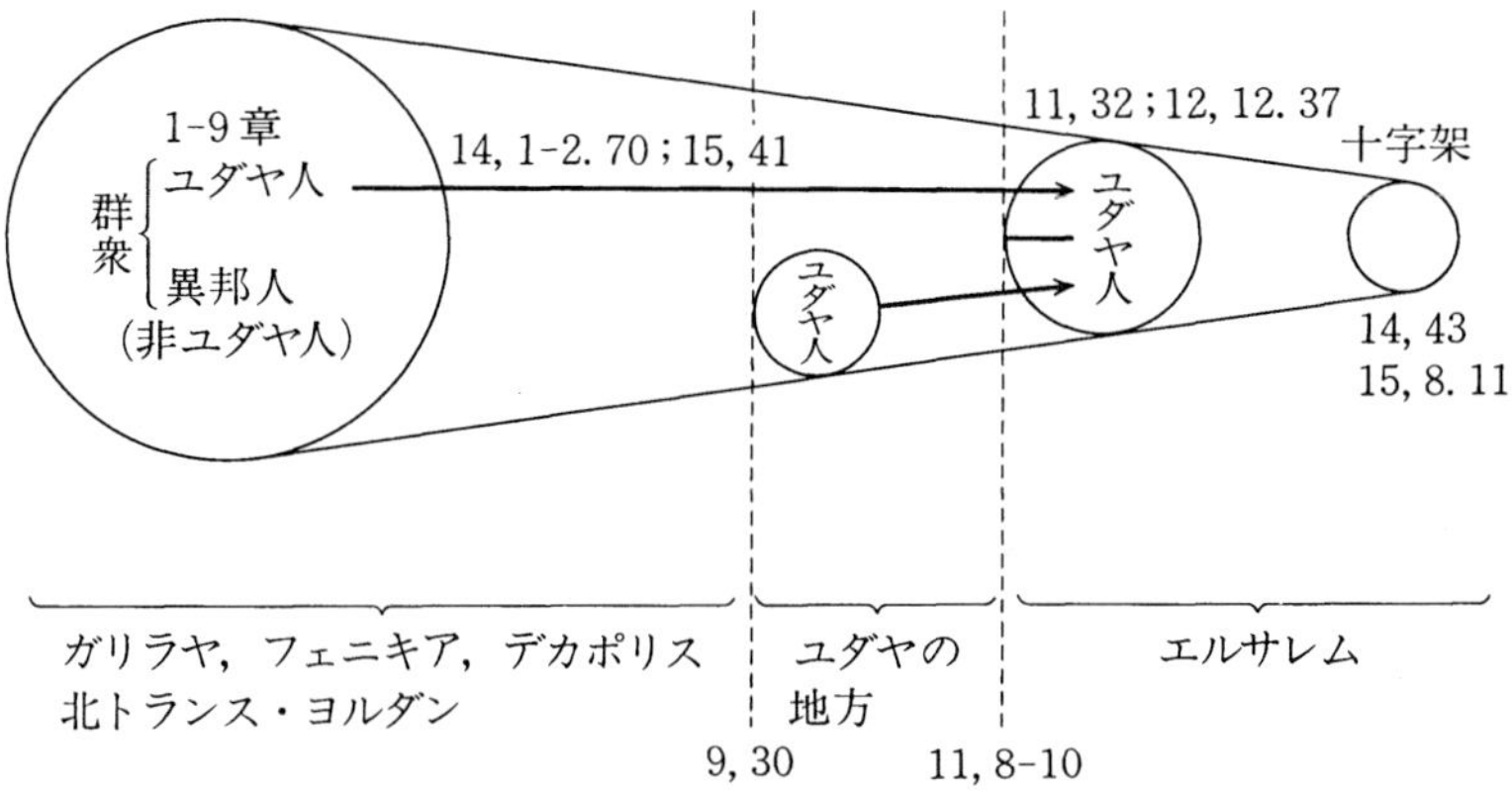

図5

悪しき農夫たち、とはつまり、ユダヤ人に帰している。もちろん、さらに厳密に言えば、この譬えの末尾(一二節)および三回の受難予告(八・三一—三三、九・三一—三二、一〇・三二—三四)から明らかになるように、マルコは祭司長・律法学者・長老たちが代表するユダヤ教指導者層と一般民衆とを区別し、イエス殺害の主たる責を前者に帰している。[49]

第二に、それにもかかわらず、エルサレムに集結したユダヤ人群衆全体のイメージが——たとえイエスの逮捕と判決に関与した敵対的群衆はその一部に過ぎないとしても——最終的に暗転することは否み難い。イエスの入城を歓迎し、その教えに感動していたはずなのに、イエスの死刑判決と処刑に際しては沈黙を守り、最終的には彼を見捨てたというイメージが避け難いからである。ガリラヤからの巡礼のユダヤ人およびイエスと同行してきた者たちも、その例外ではない。ただ一五・四〇に名を挙げられた女たちは例外と言えるかも知れない。しかし、その彼女たちも十字架上のイエスの最期を「遠くの方から」(*ἀπὸ μακρόθεν*)見守っていたに過ぎない。それは、逮捕されて大祭司のもとへ連行されるイエスの後をやはり「遠くからついて行った」ペテロ(一四・五四)のイメージと変わらない。[50]

ガリラヤからの民衆もイメージのこの暗転から自由ではないとすれば、

読者は今や一―九章に描かれたガリラヤでのイエスと群衆の親密な関係を想起して、その間に一定のアンビヴァレンスを感じ取らざるを得ないであろう。しかし、これと同質のアンビヴァレントなイメージは、実はすでに一―九章においても結ばれ得たものなのである。われわれはこれまで意識的に言及せずにきたが、四・一一と九・一九がこの関連で問題になる。

四・一一の「イエスは言われた、「あなたがた(=十二弟子とそばにいた者たち)には神の国の奥義が授けられている。しかし、あの外の者たちには、すべてが譬えで語られる」は、難解さで有名なマルコの「譬え論」(四・一〇―一二)の一部である。今ここでこの本文をめぐる諸説紛々たる解釈に立ち入ることはできない[51]。しかし、川島貞雄がこの「譬え論」を「三・一九bから本文を読んでくる者」の視点に即して解釈していることは、われわれにはたいへん適切と思われる[52]。この場合、四・一〇の「そばにいた者たち」は三・三二、三四でイエスを「囲んですわっている」群衆を指し、四・一一の「あの外の者たち」は三・三一で群衆とは対照的に家の「外に立っている」イエスの親族、および三・二二の「エルサレムから下ってきた律法学者たち」――彼らにも譬えが語られる(同二三節)!――を指すものとして読むことができる。しかし、川島を含めて一連の解釈者が、四・一一の「あの外の者たち」から、直前の四・一―九で「種まきの譬え」を聞いたばかりの群衆を除外しているのは適切ではない。「譬え論」は、いみじくもこの通称が示すとおり、譬えという言述形式そのものの効用という、かなり抽象的な問題を主題としている。この主題を読者は、三・一九b以降の記事を読むことによって具象的に獲得されている「地平」の中で受け取るのである[53]。この「地平」の中に三・二二の律法学者たち、同三一―三五のイエスの親族と群衆が入っているのは間違いないが、同時に直前の具体的な譬え(四・一―九)の聴衆である群衆が入っていないはずはない。とすれば、すべてが譬えで語られるという四・一一の「あの外の者たち」からこの群衆を除外することはきわめて困難である。

そこで注意したいのは、「種まきの譬え」の結びに「聞く耳のある者は聞くがよい」(四・九)という句がイエスの言葉として置かれていることである。これは今や譬えを聞き終わった群衆に向かって、聞いたことの真義を理解する者となるか否かの決断を要求する言葉に他ならない。群衆が聞く耳のある者とない者に分けられてゆくのである。そう読めば、直後に続く「譬え論」とのつながりが自然に了解可能となる。つまり、群衆のうち、「聞く耳のある者」はさらにイエスの「そばに」留まり(四・一〇)、十二弟子とともに譬えの真義を問い続ける。しかし、聞く耳のない者たちは「あの外の者たち」(同一一節)となり、譬えは意味不明のままであり続ける(同一二節)というのである。すなわち、「譬え論」は四・一―九の群衆のアンビヴァレントな性格を明らかにする。(54)

九・一九は、イエスが弟子たち・群衆・律法学者たちのいる前で、汚れた霊に憑かれた子供を癒す場面の一節である。全体は一見奇跡物語のようであるが、実は信仰(二三―二四節)と祈り(二九節)の関係を主題とするアポフテグマである。当の一九節の「ああ、なんという不信仰な時代であろう。いつまで私はあなたがたと一緒におられようか」に不信仰のテーマが現われるのはそのためである。注意すべきことには、ここで不信仰を叱責されている「あなたがた」が、少なくとも現在の文脈では、律法学者、あるいは弟子たちである前に、イエスに癒しを求めて駆け寄る群衆である点である。(55)しかも、「不信仰な時代」という表現と似た表現「今の時代」が、八・一二では、やはりきわめて否定的な意味で、パリサイ人に対して発せられている。もちろん、九・一九の否定的意味合いは、「信じます。不信仰な私をお助けください」(二四節)という父親の言葉によって和らげられてはいるものの、群衆のアンビヴァレントなイメージは否めない。(56)

確かに一―九章に描かれた民衆にはイエスに対する敵意はない。しかし、四・一一、九・一九について確かめたアンビヴァレントなイメージが的を射ているならば、われわれはもはや田川建三とともに、ガリラヤにおけるイエスの民衆との関係を一義的に「無知蒙昧な民衆との親近性連帯感」[57]と言い表わすことはできない。むしろマルコは、その関係をそのようなものとして描きつつも、同時に民衆を美化してはいない、という安の指摘が適切と言えよう。[58]

さて、前出の図式から引き出すことができる第三の点は、ユダヤ人対異邦人の問題に関わる。マルコがこの区別を知り、また行なっていることは、すでに第一に確認したとおり、彼がイエス殺害の責任をユダヤ人に帰していることに明らかである。ガリラヤの群衆からエルサレムのそれへのイメージの収斂も、そのことを示している。ところが、ガリラヤを中心として描かれる一—九章の群衆のイメージは、ユダヤ人対異邦人という対立をいっさい感じさせない。そこでの群衆は、すでに見たとおり、多かれ少なかれ、ユダヤ人と異邦人の両方を含むイメージなのである。このイメージは、一三・一〇(「福音はまずすべての民に……」)と一四・九(「全世界のどこででも、福音が宣べ伝えられる所では……」)に読み取られるマルコの「世界主義」に対応すると言ってよいかも知れない。それは、田川建三が適切に言うように、「ユダヤ人と意識的に対立させた異邦人主義ではない」のである。[59] とすれば逆に、われわれが四・一一と九・一九から確かめたアンビヴァレンスは、ユダヤ人のみならず、異邦人を含めたガリラヤおよびその周辺地方の群衆についてあてはまるとも言うべきであろう。

3　マルコの民衆体験

前節で明らかになった民衆のイメージは、もちろん、そのままマルコの現実の民衆体験を映すものではない。それは、マルコ福音書を始めから終わりまで、物語の遠近法に従って視点を移動させて読み進む読者が結ぶイメージだからである。けれども、「それは確かに読者自身が行なう投影であると同時に、読者の「中へと投影される」記号によって方向づけられている」[60]のである。読者にそのようなイメージを結ばせるべく、マルコが著者として、彼の記号、とはつまり、群衆についての文言――その多くが編集句！――を、どこまで意図的に配置したものか、断定は難しい。田川建三が指摘するように、マルコは群衆にギリシア悲劇のコロスのような特定の性格づけを行なってはいないとすれば[61]、それは意図せざる、識閾下の行為であったかも知れない。しかしそうであるならば逆に、読者が結ぶ前節のようなイメージには、著者マルコの現実の民衆体験が――もちろん、文学的に再創造された形においてではあるが――意図せざる仕方で反映している可能性も、それだけ大きいと言えよう。

この観点から最初に取り上げるべきは、二つの供食物語の導入句である。

「イエスは舟から上って大ぜいの群衆をごらんになり、飼う者のない羊のようなその有様を深くあわれんで、いろいろと教えはじめられた」(六・三四)。

「そのころ、また大ぜいの群衆が集まっていたが、何も食べるものがなかったので、イエスは弟子たちを呼び寄せて言われた、「この群衆がかわいそうである。もう三日間もわたしと一緒にいるのに、何も食べるものがない。もし彼らを空腹のまま家に帰らせるなら、途中で弱り切ってしまうであろう。それに、なかには遠くから来ている者もある」」(八・一―三)。

安の慧眼が見抜いたように、マルコがこれらの描写を透かして見ているものは、まず間違いなく、ユダヤ戦争前後の荒廃した民衆の現実である。例えばヨセフス『ユダヤ戦記』II・一八・一―一一は、ユダヤ戦争勃発直後にパレスティナ、シリア全土、エジプト(ことにアレキサンドリア)で繰り拡げられたユダヤ人と非ユダヤ人の間の血で血を洗う報復の有様を余すところなく伝えている。特にパレスティナに限って見れば、カイザリヤで非ユダヤ系住民が周囲のユダヤ人二万人以上を虐殺した。すると今度は全国のユダヤ人が憤激し、シリア人の村々と近隣の町々を襲って、その住民たちを掠奪・殺害したと言う。デカポリスのフィラデルフィア、ゲラサ、エセボニティス（ヘシボン）、ペルラ、スキトポリス、ガダラ、ヒッポス（ガリラヤ湖東岸）、フェニキアのカダサ、プトレマイオス（アッコ）、サマリアのセバステ、ガリラヤのガバ、加えてかつてのピリポの所領、北トランス・ヨルダンに属するガウラニティス地方の名がそこで挙げられている（一八・一）。逆にシリア全土では、非ユダヤ系住民によるユダヤ人虐殺がそれに劣らず繰り拡げられたと言う（一八・二）。とりわけ悲惨なのは、スキトポリスの一万三千余のユダヤ系住民が、自分たちの身の安全を重んじるあまり、同じ町の非ユダヤ系住民に味方し、あえて、押し寄せた同胞ユダヤ人の群れと戦いながら、最後にはスキトポリスの住民たちに騙されて惨殺されたという事件（一八・三）である。[62]

ヨセフスの歴史記述に対しては史的批判がもとより必要である。しかし、ここに報告された報復合戦が、大枠において事実そのとおりであったことを疑うべき理由はない。しかも、紀元後七〇年の最終的破局に向けて、この状況はますます拡大し、尖鋭化こそすれ、終熄することはなかったと考えなければならない。その中でユダヤ系・非ユダヤ系を問わず、多くの民衆が家・畑・親兄弟を失って（一〇・二九）難民となったに違いない。右にその名を挙げた町や地方は、そのすべてが実際にマルコ福音書で言及されるわけではないが、大きくは、この福音書の一―九章でイエスが活動の舞台とする領域と一致していることに注意したい。ヨセフスの報告する事件を、マルコが自分の目で目撃したということではないにしても、彼が目の前に見ている民衆の現実は、正にそのような状況であったに違いない。すでに引いた六・三四と八・一―三の文言は、その民衆に――「なかには遠くからきている」（八・三）難民も事実いたことであろう――マルコが寄せる同情と共感の表明にほかならないと思われる。

だがそれはマルコの民衆体験の一面であって、その反面には実は迫害の体験があるのである。

ユダヤ戦争へと登り詰めてゆく紀元一世紀の前半から中葉は、ユダヤ民族主義が昂進し、ますます偏狭化して行った時代である。ローマの支配に対し、いつ、どこで、誰がどのような抵抗運動、あるいはメシア運動に決起したかは、新約時代史の教科書を見れば明らかで、今ここで改めて縷説の必要はない。いずれにせよ、マルコは一三・二一―二二にそのような運動に揺れ動く民心を、イエスの口に託して印象的に書き留めている。

「その時、誰かがあなたがたに「見よ、ここにキリストがいる」、「見よ、あそこにいる」と言っても、それを信じるな。にせキリストたちや、にせ預言者たちが起って、しるしと奇跡とを行ない、できれば、選民をも惑わそうとするであろう。だから気をつけていなさい。いっさいの事を、あなたがたに前もって言っておく」。

このように昂進したローマ支配体制への憎悪がユダヤ戦争終結によっても消滅せず、その後も存続したことは、やがて第二次ユダヤ戦争(一三二―一三五年)が再び勃発したことに端的に明らかである。敗北そして国家滅亡直後のユダヤ教徒たちの身を切るような屈辱感は想像に難くない。

このようなユダヤ教徒の間にあって、あのナザレのイエスをメシア(キリスト)、さらには「神の子」と告白することは、いったい何を意味したであろうか。そのイエスはローマに対し、何のなすところもなく、こともあろうにローマの極刑によって屈辱の死を遂げた男であった。その屈辱と絶望の有様は、マルコ自身がイエスの最期の場面(一五・一六―三四)に余すところなく描いているとおりである。加えるに、それまでエルサレムにあったいわゆる原始エルサレム教団は、昂進する周囲のユダヤ民族主義の中で身を守るべく、終始「再ユダヤ教化」、つまり保守化の道を歩んできてはいたものの、(63) ユダヤ戦争の勃発(後六四年)直前に、一説によればデカポリスのペルラへ遁走してしまった。(64) これら一連の事情を自らの眼で見るか、あるいは伝聞によって知ったユダヤ教徒たちにとって、イエスをキリストと告白するキリスト教徒は、遁走した原始エルサレム教団との関係がどうあろうとも――そんなことはユダヤ教徒にとってどうでもよいことであったと思われる——、屈辱の上に屈辱を上塗りする卑劣な徒であったに違いない。事実、これ以後のユダヤ教は、ヤムニアに拠ったパリサイ派を中心に、自らとキリスト教との差違を明確に認識し、キリスト教徒を敵視し、迫害し始めたのである。マタイ福音書(八〇年代中葉)とヨハネ福音書(一世紀末)からは、それが時の経過とともにさらに激しくなっていった事情が読み取られる。

ユダヤ戦争直後に始まるユダヤ教とキリスト教徒のこのような関係と並んで忘れてならないのは、非ユダヤ人とユダヤ人の関係、およびその中でのキリスト教徒の位置である。もっとも、この時期のユダヤ教とローマ、あるいはパレスティナ周辺諸国との関係を伝える史料は、ユダヤ戦争終結までのそれに比べて遥かに少ない。しかし、そこから知られる限りでは、ローマ帝国支配の最上層部、つまり戦争遂行にも直接関与したウェスパシアヌス、ティトゥス帝が戦争終結後、言わば戦争責任を問うて、ユダヤ教を特に敵視・迫害したという事実はない[65]。パレスティナとディアスポラの別を問わず、ユダヤ教は依然として「公認宗教」(*religio licita*)であり続けた。パレスティナのユダヤ教徒もユダヤ国民であることを失ったものの、ユダヤ教徒として、パレスティナおよびその周辺諸国の非ユダヤ人住民の間に混住し続けたのである。ところが正にこのレベル、つまり帝国最上層部とは異なり、戦争終結後も亡国のユダヤ教徒を自らの内部および周囲に日常的に抱えて生きる周辺諸国家とその非ユダヤ系住民の間では、戦乱勃発の直後から繰り返された血で血を洗う報復の記憶が、またそれとともにユダヤ人への憎悪が生々しく生き続けていたと考えるのが妥当であろう[66]。そしてその際、彼らがどこまでユダヤ教徒とキリスト教徒の違いを知って区別し得たものか、はなはだ疑わしい[67]。すでに述べたように、ユダヤ教自身が正にこの時期になって初めて、この区別をはっきりさせ始めたのであるから。かつて二十余年ほど前、時の皇帝クラウディウスが発したユダヤ人追放令によって、ローマのキリスト教徒(アクラとプリスキラ)も追放となった時(使徒行伝一八・二)と同じように、ユダヤ戦争後もユダヤ人に浴せられ続けた非ユダヤ系住民からの憎悪は、キリスト教徒にも向けられることがあったに違いない。[68] とすればキリスト教徒はこの時期、一方ではユダヤ教徒の、他方では異邦人の二重の憎悪、あるいは迫害の中に置かれていたことになる。そしてわれわれの見るところ、マルコとその教会は正にそのような状況の中に生きていたと思われる。その証拠となる本文が一三・九―一三である。

この本文は「小黙示録」(マルコ一三章)全体と同様、生前のイエスの口に予告の形で入れられているが、ユダヤ戦争終結前後のキリスト教徒の現実を前提している。そこには、マルコの教会の体験も反映していると見なければならない。[69]

まず注目に値するのは、「あなたがたは、わたしのために、衆議所(συνέδρια)に引き渡され、会堂で打たれ、総督たち(ἡγεμόνων)や王たち(βασιλέων)の前に立たされ、証しをすることになるであろう」(九節)という文言である。「衆議所」(συνέδρια)はエルサレムの最高法院(συνέδριον)とは区別された、言わばその下部組織としての地方法廷を指す。パレスティナを中心に、少なくとも一二〇人以上のユダヤ人が居住する所で、二三人のメンバーで構成された。メンバーには必ずしも律法学者ではない者も含まれたから、文字どおり衆議所と呼ぶことができる。エルサレム陥落後は最高法院とのつながりは消滅したはずであるが、この衆議所が各地に存続したことは、現存するラビ文献から知られる。[70] したがって、その衆議所(複数！)に「引き渡され」、「会堂(複数！)で打たれる」という表現の背後には、ユダヤ戦争前後のパレスティナ各地においてキリスト教徒が受けたユダヤ教からの迫害の体験があると考えられる。そして、この迫害には律法学者(パリサイ派)のみならずユダヤ人民衆も当然関与したと考える他はない。

続く「総督たちや王たち」もユダヤ戦争前後のパレスティナおよびその周辺(シリア)の政治支配の構造を的確に

表現している。ここに言う「王たち」の一人に、マルコの同時代人であるアグリッパ二世が含まれることはまず間違いないであろう。(71)彼は後五〇年に皇帝クラウディウスからシリアのカルキス周辺の領主に任ぜられたが、五二年にはかつてのピリポのテトラルキア(北トランス・ヨルダン)に転封となり、五六年には皇帝ネロからガリラヤ湖西岸(ティベリアス、タリケア)およびペレアの一部を所領に加えられている。この時点でそれ以外のガリラヤは、カイザリヤに常駐するローマ総督の支配下に置かれた。アグリッパ二世はユダヤ戦争をローマ側に立って戦い、戦後おそらくはその論功行賞として、皇帝ウェスパシアヌスにより、北方シリアの都市トリポリ、アルカ周辺までその所領を拡大され、(72)一世紀末まで生きたものと推測される。マルコが一―九章でイエスの活動舞台として描いている地域は、ユダヤ戦争前後のこのアグリッパ二世の所領とかなり重なるわけである。しかし、彼の王位はローマ皇帝の安堵に基づくものであったから、いざ事にあたっては、ユダヤ州総督あるいはシリア州総督の指揮下に置かれた。たとえば再びヨセフス『ユダヤ戦記』II・一八・九の報告に従えば、アグリッパ二世はユダヤ戦争勃発直後、アンティオキアからエルサレムへユダヤ人制圧のために南下したシリア総督ケスティオスに、数千の歩兵と騎兵を率いて同行し、道案内を務めている。その際、北シリアのコムマゲーネーの王アンティオコス四世、同エメサの王ソアイモスも同様の兵を引き連れて同行している。つまり、いずれも属国国王という身分なのである。マルコが実際にこの二人のシリアの属国国王まで念頭に置いていたか否かは分からない。しかし、「総督たちや王たち」の表現は、「王たち」を総督たちの下位に置く点で、当時の政治態勢を正確に言い表わしているのである。おそらくマルコの教会員たちは、かつてパウロがユダヤ人に訴えられて、ローマ総督や伝道地の官憲の前で弁明させられた(特に使徒行伝一六・一九―二四参照)のと類似の経験をしつつあると考えてよいであろう。(73)

しかも、異邦人による迫害と憎悪がそのような官憲レベルに限定されていたとする論拠はない。「兄弟は兄弟を、父は子を殺すために渡し、子は両親に逆らって立ち、彼らを殺させるであろう」(一二節)という文言には、たとえこれが黙示文学に伝統的なトポスの一つであるにしても、マルコの教会員たちに向けられた迫害と憎悪が、ユダヤ教徒であれ、異邦人であれ、もっと民衆的な日常生活のレベルにも関わるものであったことを示唆するに十分である(一〇・二九—三〇も参照)[74]。そう想定して初めて、続いて彼らの自己理解が、「あなたがたはわたしの名のゆえに、すべての人に憎まれるであろう」と言い表わされる理由が納得されるであろう。

さらにマルコはこの迫害と憎悪をイエスの受難と重ね合わせて理解している。このことは「人々があなたがたを連れて行って引き渡す(*παραδίδοναι*)時」(一一節、さらに九節も参照)という表現が一種のテクニカル・タームとして、イエスの受難予告にも現われる点に明らかである。マルコの教会が直面する迫害と憎悪は、「人々の手に渡される」(九・三一)、「祭司長、律法学者たちの手に引き渡され」、さらに「異邦人(ピラト)に引き渡され」た(一〇・三三)人の子イエスのかつての運命と同じものなのである。

運命が同じならば、使命も同じである。マルコによれば、イエスはかつてガリラヤとその周辺で、ユダヤ人のみならず異邦人も含んだ群衆に神の国を宣べ伝えた。それと同じように今やマルコの教会は、直面する迫害と憎悪にもかかわらず、福音を「すべての民に」(一〇節)——とりわけ、ユダヤ戦争による荒廃の中にある目の前の民衆に——ユダヤ人と異邦人の別を問わず、宣べ伝えなければならない。

この意味で、マルコの民衆体験は運命と使命の間のアンビヴァレンスを示しつつ、同時にそれを使命の側に向かって突破しようとしていると言えよう。その時、マルコが目の前の民衆と教会員に向かって語りかけるメッセージはどのようなものであろうか。

4　マルコのメッセージ

われわれは今や改めてこの視点から、「種まきの譬え」(四・一—九)と「譬え論」(同一〇—一二)、そしてそれに続く本文を再度読み直さなければならない。すでに見たとおり、九節の「聞く耳のある者は聞くがよい」は、譬えの聴衆たる群衆をイエスの「そば」に留まって譬えの真義を問い続ける者と、聞く耳を持たない「あの外の者たち」に分ける言葉であった。われわれはこれを場面の展開そのものの内側に留まって確認したのであるが、同じ九節の文言はそれと同時に、物語の外にいる実際の読者に向かって決断を求める記号としても読まれねばならない。[75]

彼らは、マルコの教会による福音の宣教に接して、それを拒否した(「道ばたに落ちた種」四、一五節)「あの外の者たち」(一一—一二節)とは異なり、聞く耳をもってそれを受け容れた者たちである。にもかかわらず、世の心遣いと富の惑わし(一八—一九節)と並んで「御言(福音)のための困難と迫害」(一七節)が彼らを待ち受けている。彼らはそこで、かつてのペテロと他の弟子たちがイエスの受難に「つまずいた」(一四・二七 *σκανδαλίζεσθαι*)のと同様に「つまずか」ないように気をつけなければならない。彼らは「聞く耳」を持ち続けて(二三節で九節と同じ文言が弟子たちに向けられていることに注意)、福音の真義を理解し、言わば福音という種にとっての「良い地」となって、その種を「無限に拡大していく者」とならなければならない(八、二〇節)。[76] この意味で彼らに授けられている(*δέδοται*)「神の国の奥義」(一一節)は、今なお課題として授けられているのである。[77]

今一つ同じ視点から読まれるべき重要な本文は、「ペテロのキリスト告白」(八・二七—三〇)と「第一回受難予告」(同三一—三三)に続く八・三四—九・一である。この本文全体が、それまでもイエスのそばにいた弟子たちに対してだけ語られたものではなく、改めて新たに呼び寄せられた群衆をも含めて語られたという設定(三四節)になっていることに注意しよう。[78] つまりマルコは以下の本文で、自分の教会員たち(＝「弟子たち」)に対してだけではなく、彼らがかつてその一部であった民衆、そして今や彼らの語りかけ(宣教)の対象である民衆に対しても語っているのである。

その両者に対してマルコは、イエスに従う者、とはつまり、福音を受け容れて生きる者となるように語りかける(三四節後半)。しかし、彼はそれがそれぞれ「自分の十字架を負うて」の道であることを断わらなければならない。なぜなら、彼の時代、彼の地方においてキリスト者として生きようとする者には、「私(イエス)のため、また福音のために自分の生命を失う」可能性があるからである(三五節)。その可能性の前にたじろいで、イエスとイエスの言葉(福音)を「恥じる」者が現われることもマルコには明らかである(三八節)。[79] 彼はその一つの具体例を直前の受難予告の場面に実に印象的に造形して見せている。「あなたこそキリストです」(二九節)と正しい信仰告白をしたばかりのペテロが、初めての受難予告を聞くや、「イエスをわきへ引き寄せて、いさめはじめた」のである。何のなすべもなく殺されるイエスをキリストと告白することを恥じ、かつ人目(祭司長・律法学者・長老など)を恐れるペテロ――それは、すでに述べたようなユダヤ戦争の敗北直後、屈辱感に沈むユダヤ教徒の間にあって、同じ告白を恥とするか、しないかを問われているマルコの教会内外の信仰者と宣教の対象たる民衆の可能性そのものである。[80] マルコは彼らに対し、彼の福音書全巻をもって、何のなすすべもなく殺されたそのイエスこそ「真に神の子」キリストである(一五・三九)という、この時代に考え得る限りの逆説[81]を提示する一方、人の子が再臨し(三八節後半)、「神の国が力をもって来るのを見るまで」(九・一)、ペテロのようになることなく「耐え忍ぶ」(一三・一三)ように勧めるのである。[82]

マルコのメッセージは、ユダヤ戦争終結直後の「飼う者のない羊」のような民衆を——ユダヤ人・異邦人の別なく——深い同情と使命感をもって福音へと招きつつも、彼らを決して「美化」することはない。(83)

二 マルコの受難物語とパウロの「十字架の神学」

今ようやくわれわれは安の論文II、IVを論評する地点に到達した。すでに始めに述べたとおり、この二点の論文で安が行なっているケーリュグマ伝承と民衆の伝承という対比を、パウロの十字架の神学とマルコの受難物語に即して取り上げ、この両者の神学の本質的な関連いかんについて考えてみることが本節の課題である。

1 ケーリュグマ伝承と民衆の伝承

まず原始キリスト教の伝承史に関する安の基本的な見解を確認しておこう。それは大きくケーリュグマ伝承と民衆の伝承という二分法に基づいている。その際、ケーリュグマ伝承の概念が、通常の使用法とは異なり、比較的広義に用いられる点に注意を要する。すなわち、それは、パウロが第一コリント一五・三b—七に保存している、原始エルサレム教団の宣教定式およびその系譜に連なる伝承のみではなく、たとえばピリピ二・六—一一の「キリスト讃歌」のような、通常はいわゆるヘレニズム教団の領域に帰される伝承をも包括するものとされている。「ケーリュグマ伝承」の概念がこのように広義に設定される理由は、安の意図するところが、この概念を歴史的に正確に規定することにはなく、むしろそこに現われた思考と言述の性格を明らかにすることにあり、この性格の点でピリピ二・六―一一なども同類と判断されるためである。すなわちそれは、イエス事件についての教会の言わば「公式発表」[84]であって、そこではイエスの事件は具体的な事件性を奪われて「非歴史化」、「抽象化」されてゆく。あるいは事件性よりも、主観的な意味の証言が優勢となる。

古典的様式史学派（R・ブルトマン、M・ディベリウス）が、ケーリュグマ伝承（狭義）はもちろんのこと、その他多様なイエス伝承を原始教会の多面的な「生活の座」から導出・説明したことは良く知られている。その背後にあるはずの生前のイエスとその事件の実像に迫ることを断念したことを含めて、「初めに教会（ケーリュグマ）ありき」が彼らの方法論的出発点であった。安はこれに対し、激しく異を唱える。すなわち、原始キリスト教の中には、教会の公式伝承たるケーリュグマ伝承と並んで、初めから「名もない人びと、民衆」を母胎とする、もう一つの伝承の流れがあったと想定されるのである（II一七頁）。そして、奇跡物語伝承・アポフテグマ伝承・受難物語伝承――これらはいずれも、古典的様式史学派においては、やはり原始教会の教会活動の産物と見做された――が、今やそのような民衆の伝承へ系統づけられる。それは言わば「初めに事件ありき」の立場からイエスの事件そのものを語り伝える「非公式」の伝承である。[85] その言述の形式は民衆言語にもっとも特徴的な形式、つまり物語である。さらにその伝承の社会学的な形態は「流言飛語」（ルーモア）と規定される。「政治権力の暴力によって発生した」イエス事件を、なおも続く政治的抑圧の下で、ありのままに伝えようとする民衆に唯一残された方法、それが「流言飛語」である。[86] 安は共観福音書が伝えるイエスの出来事を、この視点から新たに読み直すことによって、古典的様式史学派（特にブルトマン）の「ケーリュグマの神学」に対して、「事件の神学」を考えようとしている。[87]

安のこのような異議申し立ては、二〇年近く韓国民主化闘争にかかわりつつ、教会の内外で積み重ねられた具体的な経験を踏まえたものであるだけに、安易な批判を許さない迫力に満ちている。また、福音書の読み方の問題としても、安の「流言飛語」の視点が個々のイエス伝承について、思ってもみなかったような新しい理解を開いていることも事実である。[88] にもかかわらず、細かな点で批判の余地が全くないわけではもちろんない。たとえばアポフテグマ伝承を単純に――安の言う意味での――民衆の伝承へ算入することは、私の見るところ、困難である。奇跡物語を素材に使ったアポフテグマに典型的に見られるとおり、元来教会の「生活の座」とは無関係な民衆の伝承であったものが、教会の中に取り込まれて、訓話や対外的論争という目的に使われるべくアポフテグマ化されたというケースが、かなり多数、かつ相当の蓋然性をもって想定できるからである。そのように言わば「教会化」される前の奇跡物語は、安の言う民衆の伝承の典型であるが、それもやはり伝承されねばならないものである以上は、一定の様式化を避けることはできず、伝承史につれてその様式が一定の法則に従って変化することを免れない。[89] つまり、民衆が伝える物語は、たとえ「流言飛語」という形態で伝わるにしても、それ自身一定の様式史を示すはずなのである。この意味で、「流言飛語」という視点を様式史的視点一般に単純に対立させることは妥当ではない。むしろ、古典的様式史が教会内部に限定していた「生活の座」の概念を今や拡大して、「教会化」される前のイエス伝承にも適用可能なものとすることが必要なのである。G・タイセンが文学社会学的視点から、L・ショットロフやW・シュテーゲマンに代表されるグループが社会史的視点から試みていることもそのことに他ならない。[90]

しかし、安のブルトマン、ディベリウス批判も大きくはこれと軌を一にしていることは明らかである。また、安が民衆言語の最大の特徴として指摘する物語性についても、最近の欧米で活発化しつつある Narrative Theology ――教会的実践としてのそれと、物語(聖書)研究としてのそれの両面を含めて[91]――の関心を先取りしたものと言うことができるであろう。

2　パウロの「十字架の神学」

さて、安は原始キリスト教の伝承史をおおむね以上のように理解した上で、パウロをケーリュグマ伝承の系譜に位置づける。第二コリント五・一六におけるパウロの発言「それだから、わたしたちは今後、だれをも肉によって知ることはすまい。かつてはキリストを肉によって知っていたとしても、今はもうそのような知り方をすまい」も通説に従って、パウロの関心がケーリュグマのキリストに集中し、歴史のイエスにはないことを表明したものと解される。パウロが時折引用する「主の言葉」も歴史のイエスの言葉ではなく、ケーリュグマの言葉であると言う[92]。しかし、それと同時にここでも安の慧眼は、パウロがイエスの死を十字架の死と明言する点で、ケーリュグマ伝承と決定的に異なることを見過ごさない。

「しかし、パウロは偉大でした。ただ「イエスの死」という抽象的な言葉を用いずに、「十字架」と言う以上、イエスは死んだのではなく、殺されたのだ、ということは伝わります。十字架はローマの支配下で政治犯が処刑される死刑台なのです。その時の状況を知る者は、「十字架以上なにも知ろうとしない」というパウロの言葉に隠されている反ローマ的な内容を読みとったかもしれません。ですから、「死」という言葉と、「十字架」という言葉は全然違います。ただ「死」と言う場合には、仏教との区別はほとんどないでしょう。でも「十字架」は違います。パウロはその「十字架」という言葉を用いました。しかし、それ以上のことは言えませんでした」(II一九、二二頁[93])。

これは実に素晴らしい指摘である。全く同じ指摘を、日本では青野太潮が、安とは独立に、この一〇年来精力的に展開してきた佐竹明・八木誠一らとの対論の中で、繰り返し行なってきた。その所説のうち、今、われわれにとって核心的な論点のみを記せば、エルサレム教団に発するケーリュグマ伝承(第一コリント一五・三b―七)は抽象的にイエスの死について語り、それに贖罪の出来事という救済意義を直接的に承認するものであった。それにつれて、そこでは十字架の刑死というイエスの死の具体的なかたちが見失われてゆかざるを得なかった。それに対してパウロは、十字架という呪われたかたちにこだわり続け、十字架上のイエスの苦難と悲惨、絶望と弱さを見据えていた。それは、人間の目から見て、ただ逆説的にのみ救いの出来事、すなわち神が神なき者たちをそのままに受け容れ、その友となるために独り子を虚無に渡した出来事であり、ただ逆説的にのみ、そこに神の強さと力が現われている。(94)

青野が繰り返し強調して止まないこの相違は、福音と律法というキリスト教信仰の根本問題にかかわる重大な相違であり、事実歴史的に見ても、パウロ以後の原始キリスト教の展開を大きく分ける分岐点となった。エルサレム教会のケーリュグマの贖罪信仰では、イエスの死は、人間の「罪」(複数)、とはつまりモーセ律法への違反を、同じモーセ律法が別に定める贖罪規定(たとえばレビ記一六章)を満足することによって贖ったと理解されたために、イエスの死は、必ずしもモーセ律法全体の規範力を止揚することにつながらなかったのである。エルサレム教会が、すでに述べたように、ユダヤ戦争前後の時期に再びユダヤ教的色彩を強めていった際の、内的要因はそこにあったと考えなければならない。逆にパウロによれば、イエスの十字架の刑死はモーセ律法が「呪われた者」の死として、律法の枠の外へ捨て去っている死なのである(ガラテヤ三・一三、申命記二一・二三)。神がそのようなイエスの運命に自己を同一化し、今や新しく行動を起こしたことによって、律法の規範性は根底から止揚されてしまっているのである。(95) この意味でわれわれは、青野が警告して止まないとおり、パウロの十字架の神学を贖罪信仰という曖昧なカテゴリーに含めることに慎重でなければならないであろう。その場合には、ケーリュグマ伝承の贖罪論との本質的な違いが看過されかねないからである。

青野はパウロのこのような十字架の神学を、それが含む逆説において、ナザレのイエスの神の国の逆説に本質的に接続するものと考える。彼によれば、「山上の垂訓」中のいくつかの文言、無条件で徹底的なゆるしの言葉(マルコ三・二八/マタイ一二・三二)、取税人や遊女の方が先に神の国に入るという宣言(マタイ二一・三二)、罪深く弱い人間たちのただ中に現に神の「しかり」があるという断言(ルカ一七・二一)などは、事柄上のみならず、実際にパウロにも知られていて、彼の手紙のここかしこに反映しているのである。

「パウロの手紙の中には生前のイエスの言行に関する言及があまりにも希薄であるために、しばしばパウロは地上のイエスに全く無関心だったのではないかと解されるのであるが、おそらくそれはパウロの書き残したものが手紙のみであるという事実に起因しているのであって、例えばヨハネ福音書を生み出したのと同じ共同体に属していたにちがいない著者によるヨハネの手紙群が、福音書とは対照的にイエスの言行にほとんど全く言及しないという事情から説明がつくであろう。パウロは地上のイエスに無関心であったどころか、深くその言行に思いを馳せていたにちがいないように私には思われるのである(96)」。

パウロがどこまでイエスの言行を実際に知り得ていたものか、今ここで伝承史的に立ち入って吟味している余裕はない。しかし、パウロは生前のイエスの言行に無関心であったという判断が――安も含めて――従来のパウロ研究の暗黙の公理となっていた観は確かに否めないところで、青野の発言はその見直しを迫るものとして傾聴に値する。

ここではわれわれとしても一つだけ、その公理に対して疑義を提出しておきたい。すなわち、現在も支配的な解釈によれば、すでに引いた第二コリント五・一六こそ、生前のイエスの言行への無関心をパウロ自身が明言したものに他ならない。その場合、ギリシア語原文に言う κατὰ σάρκα(「肉によって」)は、それに直続する Χριστόν つまり認識対象の側の状態に関わらせて解釈されるのが通例である。安がこの箇所に触れて、「私〔パウロ〕は今後「肉によって」主を知ろうとはしないとまで宣言します。歴史について私〔パウロ〕は知るつもりはないというのです」と解釈するのはその典型と言えよう。(97) ここでは「肉」＝歴史のイエスという等式が成り立っている。しかし、それならばなぜパウロは Χριστὸν κατὰ σάρκα ＝「肉によるキリスト」と言わなかったのか。「わたしたちの肉による先祖アブラハム」(ローマ四・一)、「わたしの兄弟、肉による同族」(同九・三)などのように、κατὰ σάρκα を直前の名詞に形容詞句としてかける表現法をパウロは他ではしているだけに、右の疑問は深い。しかもパウロは、彼の手紙の執筆順に沿って見る時、第二コリント五・一六の言明以後も「肉によるキリスト」について事実上二回発言しているのである。すなわち、一回はローマ一・三「御子は肉によればダビデの子孫から生まれ」であり、もう一回は同九・五「また父祖たちも彼ら〔イスラエル民族〕のものであり、肉によればキリストも彼らから出られたのである」という文言である。(98)

これらの疑問は、問題の κατὰ σάρκα をむしろ直前の ἐγνώκαμεν にかけて読めば氷解するように思われる。原文の語順も、パウロ書簡中の多くの並行例に照らして、そのように解するのが文法的に自然であろう。この場合 κατὰ σάρκα は認識対象の様態を限定するものではなくなり、認識の主体の側の姿勢の問題となる！ 事実、パウロにおける κατὰ σάρκα の用例の圧倒的多数は、κατὰ πνεῦμα(「霊によって」)と対立するネガティヴな意味で、人間(信仰者)の日々の歩み(ローマ八・四、第二コリント一〇・二)、計画(第二コリント一・一七)、闘い(同一〇・三)、誇り(同一一・一八)などの行為、ひいては実存全体(ローマ八・五―一三)の在り方を意味している。したがって、われわれの箇所の κατὰ σάρκα も、第一義的には信仰者としてのパウロの側の問題として解すべきであろう。つまり彼はこの箇所で、キリストについて人間の知恵に頼って（第一コリント一・二六参照）知ろうとは思わないと宣言しているのではないのか。(99) 彼の目には、かつてキリストの迫害者であった自分の姿が、あるいは今現に「自己推薦」をして誇るコリント教会内の「論敵」の姿が浮かんでいたかも知れない（第二コリント五・一二参照）。その点はどうであれ、パウロにとって肝要なのは、キリストを人間の知恵に頼って知ることではなく、「霊によって」知ることである。だが、それは認識主体の姿勢を言うのであって、青野が言うように、生前のイエスの言行に「深く思いを馳せる」ことを決して妨げるものではない。このことは他でもない、逆に福音書というものの根本性格の側から見ても明らかであろう。生前のイエスの言行を初めて物語にまとめ上げたマルコにおいてさえ、生前のイエスの生の歴史的・客観的に忠実な記録が目的であったのではなく、その生が体現する救済意義が問題であったのである。この限りでの事件から意味への超出はマルコにおいてさえ否定することができない。

3　マルコの受難物語

そのマルコが福音書の末尾一四―一六章に伝える受難物語は、安によれば民衆の伝承である。安はそれをケーリュグマ伝承の中に言及されるイエスの死と対照させて、次のように特徴づけている。

「全体的に見て受難物語は過渡的事件ではなく、それ自体として独立したものとして、徹底的に絶望の現場をさらけ出している。すでに指摘した如く、神の出現のような、超自然的でもない文字通りの赤裸々な、神不在の暗黒の現実を露呈させていた。ゲッセマネの苦闘、不条理の裁判過程、最後の十字架の絶叫に至るまでの受難の現実は、どんな英雄伝や宗教的人物叙述でも、見ることのできない凄絶な絶望状態を描き出した。これは復活、つまり勝利に焦点をおき、それに意味を与えるための一つの過程的事件として、イエスの死について言及したケリュグマ的性格とは根本的に異なり、これを伝承する民衆の生の場と一致する」(Ⅳ下・六四―六五)。

さらに安によれば、「十字架のイエスの絶叫は、くやしい事件を目撃した伝承者たちの絶叫と一致する」(Ⅳ下・六五頁)。この意味でマルコの受難物語は「流言飛語」、「事件の神学」の代表的な事例なのである。厳密に言えば、安はこのことをマルコ以前にまとまっていたはずの受難物語について語っていること、さらにこの引用文ではイエスの十字架の刑死が復活への過渡的事件ではなく、それ自体で独立の事件、つまり神不在の絶望の現場であることを指摘するに留め、この絶望の現場が逆説的に、そのまま同時に神の現存の場であるとは言っていない点に注意が必要である。[100]しかし、安はまた別の箇所では、自らの「民衆の神学」形成のきっかけを説明して、次のように語っている。

「勝利した栄光のイエスではなくて、苦しみ殺されるという絶望的な状態にあり、弟子たちや自分の民族から捨てられただけでなく、神からも捨てられた状態にある、まさにマルコ伝に現わされたイエスの状況こそが苦難の現場で言える最もふさわしいイエスの姿でした。そこで、苦難のイエス、受難のイエスこそが民衆神学を形成する最も重要な意味を持ったのです」(Ⅲ五七頁)。

「韓国の長い歴史の間に神は全く降臨しませんでした。イエスの受難と同じように神不在の現場でした。私たちは宗教的な意味での奇跡を期待できません。そういうことは全然起こりませんでした。それは私たちに限ったことではなくて、いわゆる、私たちが神の子、メシアと崇拝するイエスの事件においても同じことが起こったということは、苦難の中にいる人びとの大きな慰めになったのです」(Ⅲ六〇頁)。

いずれも「マルコ伝をどのように見るべきか」という問いを文脈としての発言である。すなわち、ここではマルコ以前の受難物語伝承についてのみならず、現在われわれに伝わるマルコ福音書というまとまりの結びとしての、マルコの受難物語についても同じことが語られ、しかも、そのような神不在の絶望の中にあってイエスは神の子メシアであるという逆説が指摘されている。マルコは「今敗北の中での叫びにわれわれの関心を集中させる。なぜか。かのギリシアの作家たちにおいて見るように、一つの悲劇を経験させるためであろうか。しかし彼は悲劇作家ではない。彼は十字架の事件においてキリストに出会えというのである。これは、地平線上のこの叫びの中で〈超越〉に出会えということである[101]」。

この逆説は、われわれの見るところでは、すでに見たパウロの「十字架の神学」の逆説と同じものである。U・ルツがすでに一九六五年に、マルコでは復活はすでに十字架の中で出来事となっていると述べたのも同じ逆説を言い表わしたものに他ならないであろう[102]。同様に青野によれば、マルコ福音書は、他ならぬ十字架に絶叫して果てたイエスにこそ「まことにこの人は神の子であった」という信仰が告白される(一五・三九)という逆説によって神学的に完結しているのであり、それゆえにこそ彼は復活のイエスの顕現と出会いの物語なしですますことが神学的にも可能であったのである[103]。彼はマルコのこの逆説を「マルコの「十字架の神学」」と呼んで、パウロの「十字架の神学」からの本質的な延長線上において捉えている[104]。「民衆の伝承」として、「民衆の言語」をもって、イエスの刑死を物語ったマルコの「事件の神学」と、基本的にはケーリュグマ伝承に依拠しつつも、それを決定的な一点において超えて行ったパウロの「十字架の神学」との隔たりは、安が論文ⅡとⅣで考えるよりは遥かに小さいと言わねばならない[105]。

(1)　本稿は富坂キリスト教センター「民衆神学研究会」(一九八五年発足)が一九八八年八月一—一五日に安炳茂以下韓国側代表

団を招いて行なった「第一回民衆神学日韓協議会」での発題にさかのぼる。その後、この協議会の成果をまとめた『民衆が時代を拓く——民衆神学をめぐる日韓の対話』富坂キリスト教センター編、新教出版社、一九九〇年、一四三—二一一頁に印刷・公刊された。今回本書に収録するに当たり、紙幅の都合から、特に注を中心に縮小を余儀なくされた。

(2) この『民衆の神学』の底本はアジア・キリスト教協議会神学研究委員会編の英語版 *Minjung Theology. People as Subjects of History*, Singapore, 1981 である。これを韓国NCC神学研究委員会が大幅に増補の上編集した韓国語版『民衆と韓国神学』(一九八二)、およびこれを底本とするドイツ語版 J. Moltmann (ed.), *Minjung-Theologie des Volkes Gottes in Süd-Korea*, Neukirchen-Vluyn, 1984 にのみ収められた安のその他の釈義的論文には、以下では直接的には立ち入らない。しかし、私の判断では、そこで表明されている本質的な論点は、ほとんどすべて邦訳論文II、III、IVでも取り上げられていると思われる。右のドイツ語版は時間的・技術的な都合から参照できなかったが、後出のクリスティーネ・リーネマン (Christine Lienemann) が「民衆神学」をテーマに現在準備しつつある教授資格論文の草稿を通して間接的に参照している。

(3) 「マルコの民衆神学」という表現が、どこまで実体を伴って可能であるか、このこと自体がすでに問題である。むしろ本論文全体が、この表現の正当性を明らかにしなければならない。

(4) 西ドイツ福音主義教会伝道機構神学委員会(EMW)が韓国の民衆神学者たちに宛てた書簡「『民衆の神学』との対話のために——韓国の民衆の神学者へ」=『福音と世界』一九八六年七月号、四八—六〇頁(大貫隆訳)が、同じ見解(特に五〇頁)。

(5) 同じ論文Iの二三六—二三七頁に収められた中間要約の第四項、および二三八—二四六頁の第三節全体についても同様である。

(6) これが論文Iの第二節全体の見出しである(ただし、傍点は大貫)。

(7) この点、論文IIは異なる。そこでの安の視点は一貫してマルコの叙述と神学に集中している(特に九頁以下)。

(8) イエス伝の領域での古典的代表の一つは、E・ルナン『イエス伝』(一八六三年)、津田穣訳、岩波文庫、一九四一年。その他のイエス伝研究史全般については、A・シュヴァイツァー『イエス伝研究史』(上・中・下=『シュヴァイツァー著作集』第一七・一八・一九巻)、遠藤・森田訳、白水社、一九六〇—六一年、同『イエスの生涯——メシアと受難の秘密』(一九〇一年)波木居訳、岩波文庫、一九五七年、一七―二五頁を参照。周知のように遠藤周作『イエスの生涯』新潮社、一九七三年、もこの解釈の典型。

(9) 田川建三『原始キリスト教史の一断面――福音書文学の成立』勁草書房、一九六八年、一二一頁(ただし、中略は大貫)。

(10) 田川建三、前掲書、三四五頁。

(11) 田川建三、前掲書、三四八、三四九頁(中略は大貫)。

(12) 島田和人「マルコ福音書一四章以下は付録か――田川説批判の試み(上・下)」『聖書と教会』日本基督教団出版局、一九七四年、五・六月号、小河陽『イエスの言葉』教文館、一九七八年、七三―一〇九頁、荒井献『イエス・キリスト』講談社、一九七九年、三八八―三九七頁、橋本滋男「共観福音書(第三節　マルコによる福音書)」、荒井献ほか『総説新約聖書』日本基督教団出版局、一九八一年、一一三―一一四頁、川島貞雄『十字架への道イエス』講談社、一九八四年、二三九―二四七頁、高橋敬基「福音のはじめ」(マルコ福音書を読む2)『福音と世界』一九八六年一〇月号、六―一一頁。その他、滝沢武人「マルコの復活観」、桃山学院大学『キリスト教論集』第二四号(一九八八年)、五一―七六頁、加山久夫『聖書を読む2・マルコによる福音書』筑摩書房、一九八九年、一〇―一四頁も参照。

(13) 私自身も一四章以下を二次的付加とは考えない。その論拠については後出の注(47)を参照。しかし、受難物語(特に一四・四三、一五・一一以下)の群衆がそれ以前の群衆と性格を異にする、というのは問題の指摘として正当だと考える。小河陽、前掲書、一〇五頁は、この問題に対して田川が与えた解答を批判するに急なあまり、問題そのものを一緒に消去してしまっている。この点については、高橋敬基「ガリラヤとエルサレム――空間的枠組について」『福音と世界』一九八七年四月号、五六―六三頁、特に五七―五八頁の小河批判も参照のこと。

(14) 田川説に対する安の論評は独訳「マルコの神学」(私はこれを参照できなかった)で公にされている。しかし、われわれの論評の対象である論文Ⅰ―Ⅳにおいても、終始田川説が意識されていることは明らかである。

(15) E. Lohmeyer, *Galiläa und Jerusalem*, Göttingen, 1936.

(16) 論文Ⅰ二五九頁注(8)。同二五五頁(要約の第二項)も参照。

(17) 安はこの反問とセットにして、「イエスとイエスを信じる民衆は区別できない」とも主張した。安にとっては個(In-

dividum)としてのイエスよりも、民衆をも包括した集合体(Kollektiv)が重要なのである(論文Ⅲ五九―六〇頁参照)。Ch・リーネマンの表現を借りれば、「イエスは民衆を人格化したもの、逆に民衆はイエスの集合的形姿」(前出注(1)に挙げた論文草稿一五二頁)と言うことができる。個人としてのイエスではなく、集合的なイエス運動を社会学的、あるいは社会史的に捉えようという視点は、G・タイセン『イエス運動の社会学』(荒井・渡辺訳、ヨルダン社、一九八一年)、同 Wanderradikalismus. Literatursoziologische Aspekte der Überlieferung von Worten Jesu im Urchristentum, *ZThK*, 70 (1973), pp. 245-271 や L・ショットロフ/W・シュテーゲマン『ナザレのイエス――貧しい者の希望』(L. Schottroff/W. Stegemann, *Jesus von Nazareth. Hoffnung der Armen*, Stuttgart, 1978, pp. 10-14 = 大貫隆訳、日本基督教団出版局、一九八九年、二〇―二八頁)にも見られるものである。ただし、いずれも集合体としての原初的イエス運動を時間的には比較的短く限定し、以後それが地域的・文化的・時代的に変容してゆく様を跡づけようとしている点に注意が必要である。そこでは、マルコの時代のキリスト教が原初的イエス運動と同日に論じられることはない。

(18) この命題の前提にはR・ブルトマン『共観福音書伝承史・II』加山宏路訳、新教出版社、一九八七年、二三九頁の類似の命題があると思われる。

(19) 論文Ⅰ二五八頁注(4)、Ⅲ五四―五五頁参照。

(20) 論文Ⅰ二三三頁。Ⅲ五二頁では紀元後七三年がマルコの著作年と想定されている。

(21) この理由から六・三四と八・二―三はマルコの編集句、ないしは編集の筆がかなり加わったものと見做すべきである。六・三四については、すでに田川建三、前掲書、一五三頁がやはりマルコの編集の手を見ている。旧約以来選民イスラエルを指すものとして用いられてきた「飼う者のない羊」の表現をマルコは名もない群衆にあてはめ、「伝統的な民族主義的意味あいをぬき去って」いると言う。ただし、田川はマルコの著作年代をかなり早期(主の兄弟ヤコブがエルサレム教団の主導権を掌握していた時期――五〇年代)に設定するので(前掲書、三三、一二二、二三六頁参照)、安が見るような時代史との関わりは視野に入ってこない。逆にいずれの導入句も基本的に伝承に帰すのは L. Schenke, *Die Wundererzählungen des Markusevangeliums*, Stuttgart, 1974, p. 221; J. Gnilka, *Das Evangelium nach Markus*, Bd. 1, Zürich/Neukirchen-Vluyn, 1978, pp. 255, 301 など。

(22)　田川建三、前掲書、一一九頁。

(23)　田川建三、前掲書、一三四―一三五頁。

(24)　編集史的研究方法の作品(本文)分析の立場は圧倒的に「叙述美学」のそれであって、「作用美学」の視点に無反省のままで来た。この点について、私はすでに「テキスト効用論的釈義の試み――ヨハネ一五18―一六4aに寄せて」、『聖書学論集20』(一九八五年)、九五―一二七頁(特に九五―九七頁)で立ち入って指摘している(=本書所収第Ⅳ論文、一七六―一八〇頁参照)。N. R. Petersen, Die "Perspektive" in der Erzählung des Markusevangeliums, in: F. Hahn(ed.), *Der Erzähler des Evangeliums. Methodische Neuansätze in der Markusforschung*, Stuttgart, 1985, pp. 67-91は物語分析の立場から従来の編集史的方法の不十分さを指摘するが、「全知の語り手」の視点からの分析に留まっている点でわれわれには物足りない。C. Breytenbach, *Nachfolge und Zukunftserwartung nach Markus. Eine methodenkritische Studie*, Zürich, 1984, pp. 110-132も基本的に同様な物語分析の立場で、作用美学的・解釈学的視点を明確に意識しているものの、従来の編集史の視点との違いを極小化しようとする姿勢である。マルコ福音書の最も新しい注解書の一つであるD. Lührmann, *Das Markusevangelium*, Tübingen, 1987(*HbNT*, 3)も基本的に編集史の立場であるが、一貫して読者の読み行為の視点からの注解を心がけている点で新しい。

(25)　W. Iser, *Der Akt des Lesens. Theorie ästhetischer Wirkung*, München, 1976, pp. 219 f. =『行為としての読書――美的作用の理論』轡田訳、岩波書店、一九八二年、二三五―二三六頁。ただし、本文での引用はこの邦訳をかなり修正している。

(26)　最近の個別研究の中ではR. C. Tannehill, The Gospel of Mark as Narrative Christology, *Semeia*, 16(1980), pp. 57-96; H.-J. Klauck, Die erzählerische Rolle der Jünger im Markusevangelium. Eine narrative Analyse, *NovTes*, XXIV(1982), pp. 1-26がわれわれの方法に近い。しかし、どちらも「群衆」への視点を欠落させている点が致命的欠陥である。もっとも、この視点は従来の欧米のマルコ研究一般においても一貫して不当に等閑視されてきたところであり、田川建三のフランス語の学位論文(*Miracles et Évangile. La pensée personnelle de l'évangéliste Marc*, Paris, 1966)を別とすれば、P. S. Minear, Audience Criticism and Markan Ecclesiology, in: H. Baltensweiler/B. Reicke(ed.), *Neues Testament und Geschichte*(Festschrift für O. Cullmann zum 70. Geburtstag), Zürich/Tübingen, 1972, pp. 79-89が例外的に「群衆」の重要性を強調して、それまでの等

閑視を批判している。ただし、彼の唱える「聴衆区分」(audience criticism)も一種の物語分析には違いないが、方法としての理論的基礎づけが不十分である。

(27) 荒井献、前掲書(前出注(12))、四〇九―四一〇、四一八、四三三頁(ただし、成立年代を五〇年代末―六〇年代初期と見る)、橋本滋男、前掲論文、一二七―一三〇頁(成立年代=七〇年の終戦直前)、川島貞雄、前掲書、二一一―二二三頁(エルサレム陥落直後)、高橋敬基「福音のはじめ」(マルコ福音書を読む3)『福音と世界』一九八六年一一月号、七頁(エルサレム陥落危機下の六七―六九年)。その他、各種の概説書も参照のこと。例えば、W・マルクセン『新約聖書緒論』渡辺訳、教文館、一九八四年、二五九―二六〇頁。

読者については異邦人出身のキリスト教徒を考える研究者が多い(上記の中では橋本・川島)。しかし、ガリラヤからそう遠くない地域で、ユダヤ教出身者を含まない純然たる異邦人教会を想定するのは、まず歴史的に困難であろう。加えて、マルコ福音書一―九章の「群衆」は、以下論証を試みるとおり、ユダヤ人と非ユダヤ人の両方を含んだイメージである。この群衆のイメージと弟子のイメージから、マルコ福音書の実際の、言わば史的読者(der real-historische Leser)を推量するための内証――とはすなわち、いわゆる「内的読者」(der implizite Leser)、または「抽象的読者」(der abstrakte Leser)――が抽出できる。逆に、この「内的(抽象的)読者」の抽出を経ないでは、実際の読者について何一つ推定できない。それはちょうど、実際の著者は不明でも、本文から彼の意図や意識が抽出できる限り、抽象的に――通常は鍵括弧つきで――「マルコ」という著者について語るのと同様である。この意味での内証から推量する限り――もちろん、以下の論述を循環論法的に先取りすることになるが――、マルコ福音書の実際の読者もユダヤ人と異邦人の両方を含んだ混成教会であったと考えるべきであろう。田川建三、前掲書、一六三―一六四頁、注(22)もこの可能性を強く示唆している。また、高橋敬基「ガリラヤとエルサレム――空間的枠組について」『福音と世界』一九八七年四月号、六一―六二頁は、マルコ福音書の成立母胎をアンティオキア教会に求めている。そのために持ち出される独特の内証の是非は別として、ユダヤ人と異邦人の混成教会を考える点では賛同できる。さらにC. Breytenbach, *op. cit.*, p. 324も参照。

なお、実際の史的著者・読者と「内的(抽象的)」著者・読者の理論的区別について、より詳しくはH.J. Klauck, *op. cit.*, pp.

3-6; N. R. Petersen, *op. cit.*, p. 86, および W. Iser, *Der implizite Leser. Kommunikationsformen des Romans von Bunyan bis Beckett*, München, 1979^2 を見よ。これら二つの次元と物語本文の表面に登場する「虚構の語り手」(der fiktive Erzähler) および「虚構の聴衆」(der fiktive Adressat) との区別も、われわれの視点にとって重要である。C. Kahrmann/G. Reiß/M. Schluchter, *Erzähltextanalyse. Eine Einführung*, Königstein, 1986^2, pp. 43-53 を参照。

(28) 田川建三、前掲書、一三四頁。

(29) E. Lohmeyer, *Das Evangelium des Markus*, Göttingen, 1967^{18}, p. 71.

(30) E・ローマイヤー(前掲箇所)が同時に暗示している解釈によれば、ここに挙げられた地名は、マルコの執筆時にキリスト教徒が居住していた地域を示すものであり、マルコはガリラヤ湖岸を彼らが終末論的な「新しいイスラエル」としてやがて結集すべき地と考えているという。W. Marxsen, *Der Evangelist Markus*, Göttingen, 1959, pp. 39-41; R. Pesch, *Das Markusevangelium*, 1. Teil, Freiburg, i. B., 1980, p. 200 がこれに賛同している。J. Gnilka, *op. cit.*, (Bd. 1), p. 134 は「イエスの活動の普遍的性格」の表現を見るに留めている。あるいは G. Schille, Die Topographie des Markusevangeliums, ihre Hintergründe und ihre Einordnung, *ZDPV*, 73 (1957), pp. 133-165 のように、マルコの異邦人伝道への関心をここに見る者もある。いずれにしても、この箇所の群衆がユダヤ人のみならず、異邦人をも含むことを前提にした解釈と言えよう。加藤善治の *Die Völkermission im Markusevangelium*, Bern, 1986, pp. 29-31 も同様で、復活節後に初めて開始された世界主義的な異邦人伝道による「新しい神の民」の姿が、生前のイエスの時代へ先取りされたものと見る。しかし、加藤は同時に、この箇所の群衆をユダヤ人のみから成ると解する可能性も捨て切れないでいる (p. 31, n. 38)。その理由は、生前のイエスの宣教がイスラエル (ユダヤ人) のみに限定されていたという救済史的時代区分を、できればマルコにも一貫して読み取ろうとするからである。この救済式の図式は、たとえば R. Pesch の前掲注解書を初め、かなり広範囲に見られるものであるが、われわれには保持困難と思われる。後出注(59)参照。

(31) 加藤の前掲書は、前注で述べたのと同じ理由から、五・二〇の「人々はみな驚き怪しんだ」を否定的意味合いで解せざるをえない。荒井献『イエス・キリスト』四一七—四一八頁、川島貞雄、前掲書、九〇頁は正反対の解釈。

(32) 安炳茂、論文I二四八頁。

(33) 七・二七のイエスの言葉、「まず子供たちに十分食べさせるべきである。子供たちのパンを取って小犬に投げてやるのはよくない」は、従来の多数意見に従って、「子供たち」をユダヤ人の、「小犬」を異邦人のそれぞれ隠喩と解すると、この記事以前に描かれたイエスの宣教活動が、あたかもユダヤ人群衆のみを対象とするものであったかのようなイメージが生まれかねない。しかし、田川建三、前掲書、一五五―一六〇頁は、この解釈が不適切であることを説得的に明らかにしている。田川によれば、誰が子供で誰が犬などというのではなく、休息を必要としている者(イエス自身、またイエスの福音を伝える者たち)から、それを取り上げるのはよくないというイエスの比喩に、女もまた機知をもって答えたというのが、マルコの言わんとするところである。

(34) 「地平」はここでは文字通りの空間的・地理的意味においてだけではなく、読者が物語のさまざまな遠近法を綜合しつつ、読み行為のその都度の時点で獲得している視界の意味をも含めて用いられている。詳しくは後出注(53)参照。

(35) 田川建三、前掲書、九二、一五〇頁参照。その他 J.-M. van Cangh, La Galilée dans L'Évangile de Marc: Un lieu théologique? *RB*, 79(1972), pp. 59-75, 特に p. 73 n. 46 に挙げられた古典的研究文献、逆に新しいところでは W. Bösen, *Galiläa als Lebensraum und Wirkungsfeld Jesu*, Freiburg, i. B., 1985, pp. 146 ff. を参照。

(36) J.-M. van Cangh, *op. cit.*, pp. 72-74 参照。

(37) 前世紀の末以来、第一の供食物語の群衆はユダヤ人、第二のそれは異邦人とする解釈が伝統的である。最近のところでは、加藤善治 *op. cit.*, pp. 69, 98-100, 189, 191 がこの解釈。R. Pesch, *op. cit.*, p. 402 は、八章の群衆を「ユダヤ人と異邦人」と見るが、六章のそれはユダヤ人と解する(p. 356)。その前提には、イエスの宣教は一―六章でガリラヤのユダヤ人を対象にし、七―八章に至って初めて異邦人を対象に行なわれるようになるという段階区分がある。これは加藤の場合も同じである。ただし、加藤の場合は、この段階区分に、前出注(30)に述べた復活節を境目とする今一つ別の救済史の区分が重複してくる。この点に関する私のさらに立ち入った批判は、前掲『民衆が時代を拓く』所収の拙論、一九九頁注(37)参照。

(38) 安はこの関連で終始「ユダヤ戦争後祖国を追われたキリスト者を含むイスラエルの民」(I二五八頁、注(4))、あるいは「クリスチャンを含めたユダヤ人の状況」(Ⅲ五五頁)という言い方をしている。異邦人(非ユダヤ人)への視点が欠落している点が、われわれには物足りない。

(39) R. Pesch, *op. cit.*, 2. Teil (1977), pp. 121, 170, 182; P. S. Minear, *op. cit.*, p. 86.

(40) 一一・八をこう解釈するのが、ほぼ定説であるかの観がある。前注に挙げた文献以外にE. Lohmeyer, *Das Evangelium des Markus*, p. 231; J. Gnilka, *op. cit.*, Bd. 2 (1979), p. 117; W. Bösen, *op. cit.*, p. 269, n. 30 参照。この解釈は伝統的に古いもので、すでにA・シュヴァイツァー『イエスの生涯』(初版一九〇一)、二四頁にも見えている。

(41) 田川建三、前掲書、一〇〇―一〇一頁に紹介されている諸説を参照。

(42) 田川建三、前掲書、一〇一―一〇二頁に賛成する。

(43) 田川建三、前掲書、三九頁。小河陽、前掲書、八一―八二頁が、田川に対置する解釈も説得力に乏しい。その他、K.-G. Reploh, *Markus—Lehrer der Gemeinde. Eine redaktionsgeschichtliche Studie zu den Jüngerperikopen des Markus-Evangeliums*, Stuttgart, 1969 (*SBM, 9*), p. 105; R. Pesch, *op. cit.*, 2. Teil, p. 99 も参照。

(44) 田川建三、前掲書、一〇〇頁は、後続の九・三三以下にガリラヤでの「平常の活動」が継続していると見る。しかし、九・三三以下はカペナウムのある家の中で行なわれる弟子たちへの訓話であり、群衆を相手とした「平常の活動」とは言えない。田川の仏語の論文 *Miracles et Évangile*, pp. 33 f. の同じ見解に対し、J. Gnilka, *op. cit.*, Bd. 2, p. 53, n. 5 に批判がある。後者が九・三〇にガリラヤを中心とするイエスの活動の終わりを見ているのは正当である。

(45) 前出注(23)参照。

(46) 田川建三、前掲書、一三四―一三五頁以外に、P. S. Minear, *op. cit.*, p. 87 も同意見。

(47) ここで一四章以下をマルコ自身による「半ば機械的」な付加だとする田川説(前述三二八頁参照)に対し、私自身の見解を述べておかねばならない。前出注(13)に挙げた文献がそれぞれこの田川説に対して加える反証は、いずれも妥当なものであるが、私としてはそれに加えて、一二章の最後の記事「やもめの献金」(一二・四一―四四)と一四章の冒頭の「ベタニアの塗油」(一四・三―九)が、もともとこの順で近距離に置かれていたものが、一三章の「小黙示録」が二次的に現在の位置に挿入されたことによって分断されたと想定する。この想定の立ち入った根拠づけについては拙論 Die johanneischen Abschiedsreden und die synoptische Tradition, *AJBI*, III(1977), pp. 157-268, 特に p. 194 参照。

さて、元来の文脈がそのようであったとすると、一二・三七、四一の「群衆」が「オクロス」(ὄχλος)であるのに、そのほとんど直後の一四・二では「ラオス」(λαός)と表記されることが余計に唐突な変化となる。確かにこの一四・二は、過越祭第一夜にイエスの逮捕が行なわれたとする以下の叙述と正面から衝突する文言(「祭の間はいけない」)を含んでいるから、マルコ以前の古い伝承である可能性が大きい。しかし、たとえそうであっても、マルコがそこに含まれた「ラオス」を「オクロス」とそれほどの近距離に並列させて放っておくことができたという事実は動かない。そしてこのことは、「オクロス」と「ラオス」のマルコの使い分けが――彼が意識して前者を多用していることは明らかだが――必ずしも絶対的なものではないのではないかという感じを抱かせる。いずれにしても、一四・二の「ラオス」に対する安の釈義的扱いが粗略であるのは惜しまれる。論文I二三五頁(二行目)では一四・二の「ラオス」について言及があって然るべきであり、II一五頁でそれが旧約引用の一部であるかのように言われるのも、もちろん不正確である。

(48) 田川建三、前掲書、一四六頁の解釈は、これとは異なる。

(49) もっとも第二回受難予告のみは例外で、この区別を行なっていない。

(50) 荒井献『新約聖書の女性観』岩波書店、一九八八年、八〇―八一頁参照。

(51) 日本語の文献だけを挙げれば、田川建三『マルコ福音書』上巻、新教出版社、一九七二年、二八八―二九八頁、小河陽、前掲書、一七三頁以下、荒井献『イエス・キリスト』四二五―四三〇頁、川島貞雄、前掲書、七八―八五頁、高橋敬基「時は満ちた、神の国は近づいた」(マルコ福音書を読む10)、『福音と世界』、一九八七年六月号、六八―七〇頁。

(52) 川島貞雄、前掲書、八一頁。

(53) 文学作品を読む者が本文が用意している主題―地平構造からどのように影響されるかという点については、W. Iser, *Der Akt des Lesens*, pp. 161 ff.(前掲邦訳、一六七頁以下)の理論的分析を参照。

(54) P. S. Minear, *op. cit.*, p. 83では四・一―九の聴衆は一〇節の「そばにいた者たち」と同定されるため、われわれの言うアンビヴァレントな性格は失われる。加藤善治 *op. cit.*, p. 29 は、以上のわれわれの解釈と同様の方向を示唆している。

(55) この点での伝承と編集のずれについては、R. Pesch, *op. cit.*, 2. Teil, pp. 90, 95 を参照。

(56) 荒井献『イエス・キリスト』三九三頁も同じことを指摘している。田川建三『原始キリスト教史の一断面』には九・一九についての本格的釈義が見出せない。

(57) 田川建三、前掲書、一二八頁(ただし表記を一部変更)。

(58) ただし、安は『解放者イエス』新教出版社、一九七七年、一九〇頁では、ガリラヤを指して「そこは、イエスとの関係における出発点であり、愛と服従と希望、そして平和だけが支配していたところである」と述べている。しかし、これは安自身の説教の言葉である。

(59) 田川建三、前掲書、一四八頁。田川は「ユダヤ人対異邦人」の図式が、イエスの活動段階の地理的枠づけの意味でも、また原始教会の伝道論・民族意識の意味においても、マルコには無縁であることを繰り返し強調している(前掲書、四八―四九、七三頁以下、一四三頁以下、『マルコ福音書上巻』三六六頁など)。すでに指摘したように、マルコがイエスの処刑の責任を明確にユダヤ人(指導者層)に帰しているという点を別にすれば、われわれにはきわめて適切な解釈と思われる。

(60) 前出本文、一五五頁に引用したW・イーザーの文章。

(61) 前出本文、一五四頁の引用参照。

(62) 以上についてさらに詳しくは、新井佑造「第一次ユダヤ戦争の起因――ヨセフスを中心として」『基督教研究』第四五巻第一号、五三―八一(特に六一)頁を参照。

(63) 佐竹明『使徒パウロ――伝道にかけた生涯』(NHKブックス)、一九八一年、一二五―一二八頁が、このことをパウロの異邦人伝道との関連でよく明らかにしている。

(64) エウセビオス『教会史』III・五・三。

(65) Bo Reicke, *Neutestamentliche Zeitgeschichte*, Berlin, 1982³, pp. 283-286, 291. しかし、最も新しいところでは M. Goodmann, *The Ruling Class of Judaea. The Origins of the Jewish Revolt against Rome A. D. 66-70*, Cambridge, 1987, pp. 231-

251が反対意見である。

(66) M・シュテルン／S・サフライ『ユダヤ民族史2・古代編II』石田友雄訳、六興出版、一九七七年、二一四—二二〇頁に、この点についての論述がある。

(67) 使徒行伝一六・一九—二四(特に二〇節!)、一七・一—九、一八・一二—一七、一九・二三—四一、二五・一九—二〇からも、前提されている時代は異なるものの、ユダヤ人とキリスト教の区別が、異教徒にとっていかに困難であったかが窺われる。

(68) M. J. Cook, *Mark's Treatment of the Jewish Leaders*, Leiden, 1978, p. 6; H. C. Kee, *Community of the New Age, Studies in Mark's Gospel*, Philadelphia, 1977, p. 100; C. Breytenbach, *op. cit.*, pp. 326-328もこの意見。

(69) W. Marxsen, *Der Evangelist Markus*, pp. 102-128, 加山久夫、前掲書、八頁など参照。

(70) H. Strack/P. Billerbeck, *Kommentar zum Neuen Testament aus Talmud und Midrasch*, Bd. 1, München, 1969^5, pp. 575 f.; E. Lohse, **συνέδριον**: *ThWNT*, Bd. VII, pp. 864 f. 参照。

(71) 注解書の中ではR. Pesch, *op. cit.*, 2. Teil, p. 284がアグリッパ二世の名を挙げている。逆にD. Lührmann, *op. cit.*, p. 220が「総督たち」、「王たち」をいずれもローマ人支配者であるかのように注解するのは適切でない。

(72) ヨセフス『ユダヤ戦記』VII・五・一からの推測。

(73) G. Theißen, *Lokalkolorit und Zeitgeschichte in den Evangelien*, Fribourg/Göttingen, 1989 (*NTOA* 8), p. 283もわれわれと全く同じ時代史的背景を想定する。

(74) 一つの類比例を前出(三四六頁)のスキトポリスをめぐるユダヤ人の同胞殺戮に見ることがゆるされるであろう。なおマルコ一三・一二についてはC. Breytenbach, *op. cit.*, p. 327; G. Theißen, *op. cit.*, p. 283もわれわれと殆ど同一の解釈である。

(75) H.-J. Klauck, *op. cit.*, pp. 17 f. は、四・九(および二三)を一三・一四の「読者よ、悟れ」、同三七「目をさましていなさい。私があなたがたに言う言葉は、すべての人々に言うのである」とともに、「虚構の語り手」・「虚構の聴衆」のレベルに位置づけている。ルカ一・三と行伝一・一の「わたし」と「テオピロ」ほど明確にではないが、マルコ福音書にもこのレベルは確かに認められてよいであろう。しかし、われわれには、右の箇所の文言はすべて「内的(抽象的)著者・読者」のレベル、さらに「実際の著者・読者」のレベルにも位置づけるべきだと思われる。

(76) 荒井献『イエス・キリスト』四三〇頁参照。

(77) 一二節第三行冒頭の μήποτε を否定の目的節を導入する接続詞(「……ゆるされることがないためである」)ととらず、行伝五・三九と同様に「かも知れない」の意の間接疑問詞ととる場合(P. Lampe, Die markinische Deutung des Gleichnisses vom Sämann, *ZNW*, 65/1974, p. 143; D. Lührmann, *op. cit.*, p. 87)には、「あの外の者たち」にもなお立ち帰りの可能性が残されていることになる。マルコの教会の信徒たち(読者)にとって「神の国の奥義」が今なお課題として授けられているのと対応して、「あの外の者たち」への宣教の使命もなお消滅していないのである。

(78) P. S. Minear, *op. cit.*, pp. 84 f. はこの設定が決して偶然のものではないことをよく見ている。

(79) K. G. Reploh, *op. cit.*, p. 137 も同様の解釈。

(80) 橋本滋男、前掲書、一一五頁、加山久夫、前掲書、七二—七三頁はともに、ペテロがイエスを「いさめた」のは、イエスの受難予告が自分の「通俗的メシア観」(橋本)に合致しなかったので、イエスの計画を変更させようとしたのだと解している。これは言わば教義的解釈とでも呼ぶべきもので、むしろマタイ一六・二二にはよく適合するであろう。しかし、マルコ八・三二の解釈としては安易に過ぎる。ペテロは人目を恐れたのである。マルコはこのことを、さらに一四・六六以下で見事に描き出している。周囲の人間の視線に耐えかねて、三度までもイエスを否むペテロの姿、それはマルコにとって他人事ではないのである。

(81) 川島貞雄、前掲書、二四八—二四九頁が、この逆説の衝撃性を強調している。

(82) K. G. Reploh, *op. cit.*, pp. 139 f. も八・三一—三三の受難予告が、続く三四節以下でのマルコのメッセージの不可欠の前提であることを正しく指摘している。

(83) マルコの使命感は、イエスが「飼う者のない羊」のような有様の群衆を見て、弟子たちに発する使命、「あなたがたの手で食物をやりなさい」(六・三七)によく表わされている。傍点を付した「あなたがた」とは、そのまま教会のことに他ならない。したがって、「ガリラヤの民衆」を「弟子」と対立させ、さらに後者をエルサレム教団と等置して、そこにマルコのエルサレム教団批判を見ようとする解釈(田川建三、前掲書、二〇〇—二五六頁)に私は賛同できない。このことは以上の論述全体から、自ずと明らかであろう。右の対立図式は容易に「ガリラヤの民衆」を美化する解釈になりやすい。滝沢武人の前掲論文(前出注(12)参照)がその一つの典型である。エルサレム教会が、ペテロと弟子たちに復活のイエスが顕現したことを根拠に教団神学を形成しつつあった時に、マルコはこの顕現の事実性を否定し(一六・八b!)、むしろ「ガリラヤ民衆の心の奥底に今もなおイエスが生きつづけていることを素朴に信じていた。イエスは、十字架の死にもかかわらず、その死をのりこえて民衆の中に今も復活しているのである」(七四—七五頁)と言う。ところが、別の箇所では「その復活は殉教の死を覚悟した者達、殉教の死にまで至るであろうイエスのような活動を続けることを覚悟した者達にのみ理解される事柄なのである」(五五頁)と言われている。しかしマルコと彼の教会に、そのような殉教の死を予感させるほどに迫害しているのは歴史的にはいったい誰なのか。「ガリラヤの民衆」はその迫害にいっさいノータッチだと言えるのであろうか。本稿がこれまで努めてきたのは、これらの問題を含めてマルコの民衆神学を明らかにすることであった。滝沢の論文ではこれらの問題は未反省のままである。もっともこれは程度の差こそあれ、荒井献、橋本滋男、川島貞雄のマルコ解釈についても言えることである。

(84) 論文II六頁、IV(上)三〇頁参照。

(85) 論文IV(上)二八、三四頁。安のこの見解を、たとえば前田護郎『新約聖書概説』岩波全書、一九五六年、一二五頁の次のような様式史学派批判と混同しないように注意が必要である。——「伝承について、はじめに宣教ありき、と様式史はいうが、むしろはじめにイエスありき、でなければならない」。田川、前掲書、二一頁注(7)がこの批判を反批判して、「この種の批判は、方法論的順序と史的順序とを混同している」と述べるのは正しい認識である。しかし、安の様式史批判は、「はじめにイエスありき」のみならず、イエス伝承を伝承する行為を排他的に狭義の(「制度的」)教会の宣教活動にのみ結びつけてはならないともいうのであって、福音書研究の方法論とも密接にかかわっているのである。

(86) 「流言飛語」の社会学的に立ち入った定義は、論文IV三四—三五頁。

(87) 『解放者イエス』一九五—二〇六頁、II二二—二三頁参照。

(88) マルコ二・一六(〃イエスは取税人や罪人などと食事をしている〃、さらにマタイ一一・一九の〃イエスは貪食家で酒飲み〃も参照)、三・二一(〃イエスは気が狂っている〃)、同三〇(〃イエスは汚れた霊に憑かれている〃)などは、安(IV上・三六頁)によれば、「イエスの加害者たちがでっちあげて広めた流言飛語の一部分」である。

(89) 私はこのことをすでに拙論「ヨハネ福音書における「しるし資料」——様式史的考察」『宗教研究』(日本宗教学会)、二二三号(一九七五年)、一—二四頁(＝本書所収第Ⅶ論文)で詳細に論証している。

(90) G. Theißen, *Urchristliche Wundergeschichten. Ein Beitrag zur formgeschichtlichen Erforschung der synoptischen Evangelien*, Gütersloh, 1974, p. 39 ; L Schottroff/W. Stegemann, *Jesus von Nazareth*, pp. 14, 29 f.(＝L・ショットロフ／シュテーゲマン『ナザレのイエス——貧しい者の希望』大貫訳、二七、五〇頁)。その他、別の視点からではあるがE. Güttgemanns, *Offene Fragen zur Formgeschichte des Evangeliums*, München, 1971², pp. 167-177 も参照。なお、高橋敬基「福音のはじめ」、『福音と世界』一九八六年一〇月号、一〇頁の指摘も重要である。——「口伝伝承は様式化されつつさらに伝承されていくのであり、口伝伝承がつねに「流言飛語」であるわけではない」。

(91) 福音書研究の方法としての Narrative Theology は、雑誌論文を含めれば枚挙に暇がないほどである。R. C. Tannehill と H.-J. Klauck の前掲論文(注(26)参照)はそのごく限られた一部に過ぎない。逆に、実践としての Narrative Theology は、少なくとも聖書学との関わりでは、非常に少ないように思われる。その中では次の二点が注目に値する。L. Steiger, *Erzählter Glaube. Die Evangelien*, Gütersloh, 1978 ; G. Theißen, *Der Schatten des Galiläers*, München, 1986².

(92) 以上、論文Ⅱ八—九頁参照。

(93) 『解放者イエス』一九六頁も参照。

(94) 現在、青野の一連の論考は単行本『「十字架の神学」の成立』ヨルダン社、一九八九年にまとめられている。

(95) この点について私自身のさらに立ち入った発言は、「律法の隙間とエゴイズム——「アンテオケの衝突」に寄せて」『共助』(基督教共助会)、一九八九年一月号、二—五頁。

(96) 青野太潮「キリスト教信仰の成立」『理想』(一九八二年一二月)、二一二頁、『「十字架の神学」の成立』四七七—四七八頁。ただし、青野がここで二回にわたって「地上のイエス」という表現を使っているのは気になるところである。この概念は歴史のイエスへの史的関心を捨象した思弁的キリスト論の中にも場を持ち得るものであるから、混乱を避ける意味で、「歴史のイエス」、あるいは「生前のイエス」と言うべきであろう。
(97) 論文II八頁(傍点は大貫)。他に『解放者イエス』一九五—一九六頁も参照。
(98) さらにガラテヤ四・四の「御子を女から生れさせ」を挙げることができよう。この箇所については、安(II八頁)自身が言及している。
(99) 私は『民衆が時代を拓く』所収の本稿では、この箇所(注(99))において、「この解釈がどこまで妥当なものであるか、より広汎な研究文献とも突き合わせながら、今後なお検討してみなければならない」と書いた。しかし、すでに青野自身が前掲書八八—九〇頁において、八木誠一の解釈(安炳茂の解釈と同一)を批判して、私がここに述べたのと実質的に同じ解釈を提示しているのみならず、該当する研究文献をも挙げている。私は自分の不注意を認め、訂正する。
(100) 受難物語を「流言飛語」によって活性化された民衆の伝承(IV上・三八頁)と規定しようとする安にとって難しい問題となるのは、この物語を時に明示的、時に暗示的に貫く周知の旧約引用である。一連の旧約引用は、イエスの刑死事件の意味が反省的に問われたことを証明するものに他ならず、そのようなものとして「流言飛語」による伝承にはなじまないように思われる。それとも安は、この「意味への問い」をやはり二次的なものと説明するのであろうか。とすれば、受難物語の原初的形態とは何なのか。これらの問いが安においては未決のままである。
(101) 『現存する神』新教出版社、一九八五年、五八—五九頁。以上の一連の引用によれば、十字架の刑死というイエスの運命は、この出来事を「流言飛語」をもって伝承した民衆の苦難(さらには韓国民衆の苦難)をも同時に体現するものとなる。あるいはマルコはイエスの刑死の運命を描くことによって、自分の時代の民衆の苦難を描いたのである。ところが、その受難物語の本文の表面そのものにおいては、他でもない「群衆」(一四・四三、一五・八、一一)がイエスの十字架刑を要求しているのである。ここで歴史的には、この「群衆」から受難物語伝承の原初的な担い手であった民衆はどう区別されるのか、という問いが避け難くなる。この問いも安において未決である。また、マルコの民衆神学のレベルで言えば、右の「群衆」を含めてエルサレムの群衆とガリラヤの群衆をマルコは区別していないというのが安の見解(II二五九頁注(8))であるだけに、マルコは自分の時代の民衆を苦難の民衆(「ガリラヤの民衆」)として描いて、その運命をイエスの刑死に重ね合わせると同時に、イエスのこの刑死を要求する群衆としても描いていることになる。あるいは逆に、イエスを見捨てる群衆がそのまま同時に、イエスと同様の苦難の運命に見捨てられた民衆と等しいことになる。Ch・リーネマンは前出（注(1)参照）の教授資格論文の草稿（一五〇頁）で、この第二の等式を一方的に強調して、安の釈義では「民衆は決してイエスの敵対者として登場しない」と言う。しかし、この見方は的を射ていないと言うべきである。安は、前述の「第一回民衆神学日韓協議会」の席上でこの点を質した私に対して、「イエスの苦難の中に自己を再発見した自分」と「イエスを裏切った自分」のアンビヴァレンスを、受難物語の中にも読むのだと答えた。

(102) U. Luz, Das Geheimnismotiv und die markinische Christologie, *ZNW*, 56(1965), pp. 9-30, abgedr. in: R. Pesch(ed.), *Das Markus-Evangelium*, Darmstadt, 1979(*WdF* CDXI), pp. 211-237(特に p. 224).

(103) 青野「キリスト教信仰の成立」二〇三―二〇四頁、『「十字架の神学」の成立』四六四頁。

(104) 青野、同二〇七頁、『「十字架の神学」の成立』四七〇頁。なお、言うまでもないことであるが「マルコの「十字架の神学」」という表現は青野の創始ではない。むしろ、マルコ福音書を「長い序文を備えた受難物語」と呼んだM・ケーラー「いわゆる史的イエスと歴史的＝聖書的キリスト」(『現代キリスト教思想叢書』2、森田訳、白水社、一九七四年)以来、現在のマルコ研究でも頻繁に顔を出す表現である。ただし、そこでは、イエスの受難と復活が福音の中心というほどの意味でこの表現が用いられる場合があり、その場合にはケーリュグマ伝承の福音理解と「本質的落差がない」(荒井献『イエス・キリスト』三八九頁)ことになってしまう。しかし、青野が言う「マルコの「十字架の神学」」の核心は、ケーリュグマ伝承の贖罪論にはない逆説なのである。

(105) 安自身も『解放者イエス』四頁では、マルコの受難物語をパウロの十字架理解と同一文脈で並置しており、逆に同一九五―二〇六頁の小論が「事件の神学」という表題の下で取り上げるのは、パウロの十字架論に他ならない。

初出一覧

Ⅰ　未発表
Ⅱ　*AJBI*, VIII (1982), pp. 162-215
Ⅲ　『理想』一九八四年一二月号、一八八―二〇〇頁
Ⅳ　『聖書学論集』(日本聖書学研究所)二〇号、一九八五年、九五―一二七頁
Ⅴ　『西洋古典学研究』(日本西洋古典学会)二九号、一九八一年、九七―一〇八頁
Ⅵ　『東京女子大学比較文化研究所　紀要』第五〇巻、一九八九年、二九―四七頁
Ⅶ　『宗教研究』(日本宗教学会)二二三号、一九七五年、一―二四頁
Ⅷ　『聖書と教会』(日本基督教団出版局)一九八三年六月号、二四―二九頁、七月号、二四―二九頁
Ⅸ　富坂キリスト教センター編『民衆が時代を拓く――民衆神学をめぐる日韓の対話』新教出版社、一九九〇年、一四三―二一一頁

■岩波オンデマンドブックス■

福音書研究と文学社会学

1991 年 6 月10日　第 1 刷発行
2015 年 6 月10日　オンデマンド版発行

著　者　大貫《おおぬき》 隆《たかし》

発行者　岡本 厚

発行所　株式会社 岩波書店
〒101-8002 東京都千代田区一ツ橋 2-5-5
電話案内 03-5210-4000
http://www.iwanami.co.jp/

印刷／製本・法令印刷

ISBN 978-4-00-730206-0　Printed in Japan

人名索引

（言及された研究文献の著者・編者，原資料の編者・訳者に限る）

I　欧米語表記名（本文でカタカナ表記したものも原綴で表示）

S

T

V

W

Y

Z

II　漢字表記名（五十音順）

あ 行

か 行

さ 行

た 行